A figura de Orson Welles no cinema de Rogério Sganzerla

A figura de Orson Welles no cinema de Rogério Sganzerla

Samuel Paiva

alameda

Grafia atualizada segundo o Acordo Ortográfico da Língua Portuguesa de 1990, que entrou em vigor no Brasil em 2009.

Edição: Haroldo Ceravolo Sereza
Editora assistente: Camila Hama
Projeto gráfico, diagramação e capa: Cristina Terada Tamada
Revisão: Juarez Antunes
Assistente acadêmica: Bruna Marques

Este livro foi publicado com o apoio da Fapesp

CIP-BRASIL. CATALOGAÇÃO NA PUBLICAÇÃO
SINDICATO NACIONAL DOS EDITORES DE LIVROS, RJ

P17f

Paiva, Samuel
A figura de Orson Welles no cinema de Rogério Sganzerla
Samuel Paiva. - 1. ed.
São Paulo : Alameda, 2015.
398 p. ; 23 cm.

Inclui bibliografia
ISBN 978-85-7939-363-1

1. Welles, Orson, 1915-1985. 2. Sganzerla, Rogério, 1946-2004. 3. Diretores e produtores de cinema - Estados Unidos - Biografia. 4. Diretores e produtores de cinema - Brasil - Biografia. I. Título

15-27817 CDD: 927.91430233
CDU: 929:791.43.071.2

ALAMEDA CASA EDITORIAL
Rua Conselheiro Ramalho, 694 – Bela Vista
CEP: 01325-000 – São Paulo – SP
Tel.: (11) 3012-2400
www.alamedaeditorial.com.br

À minha mãe, Marisa,
à minha irmã, Tereza,
e aos meus irmãos,
Osório, Fernando, Marcos, Flávio e Alexandre,
com amor.

SUMÁRIO

PREFÁCIO

Welles enquanto Brasil

Rubens Machado Jr.

Rogério Sganzerla vem se constituindo em figura chave na história do cinema brasileiro. Correspondeu, como poucos, à fase mais aguda por que passamos em termos de manifestações do moderno, e bem quando este mais se radicalizava. É entre todos os nossos cineastas um dos mais lembrados, ao lado de Glauber Rocha, quando juntamos o cinema aos maiores estrondos estéticos verificados na cultura brasileira de seu tempo, se pensarmos por exemplo no Tropicalismo.

Crítico de cinema ainda muito jovem, antes de começar a filmar, mostra grande sensibilidade para o que de mais arrojado se percebesse nas telas em meados dos anos sessenta, e vinha se antenar, um tanto isoladamente em São Paulo, com o que então eclodia do Cinema Novo, sobretudo no Rio de Janeiro, e sem maior repercussão local. Com efeito, o viés industrial paulista além de se opor aos cinemanovistas e à Estética da Fome, acaba se convertendo em ingrediente polarizador e decisivo na formação da estética sganzerliana, pelo seu modo controverso de engrenar progresso e atraso numa só e inextricável configuração.

Já em seu primeiro longa-metragem, *O Bandido da luz vermelha*, o impacto que proporciona exprimirá no final de 1968 contradições centrais da vida brasileira que se foram acumulando durante pelo menos toda a década que o antecede. A explicação só cinéfila deixaria muito a desejar, mesmo quando cultivada do debate brasileiro do Moderno e do Tropicalismo: — Uma deglutição antropófaga do policial B estadunidense via Nouvelle Vague e Jean-Luc Godard — a par do próprio Cinema Novo (do qual, aliás, se ramifica), do cinema "sério" paulista, a que o Sganzerla crítico havia chamado de "expressionismo caipira", ou o não-sério de Carbonari, a Chanchada etc. O fato é que também se manifesta em seu timbre espalhafatoso muito mais do que o cinéfilo gostaria de imaginar: — uma pobre TV nascente, a inspiração tonificante do rádio, a imprensa popular, os quadrinhos, todo um universo mediático que se mimetizará em novidade, na sua fórmula impactante. Neste quadro, *O Bandido da luz vermelha*, assim como o seu longa do ano seguinte, *A Mulher de Todos*, se dispunham como um divisor de águas na história do filme nacional, sugerindo qualquer coisa como um cinema pré e um pós mídia.

Quando Rogério Sganzerla falava sobre as dificuldades e desafios que a sua perspectiva estética acarretava, por ocasião do lançamento de *A Mulher de Todos*, em texto publicado no *Jornal do Brasil*, em 20 de fevereiro de 1970, arrematava as suas considerações com uma perplexidade irônica, característica do seu estilo, e que me parece lapidar. Dizia: "Enfim, meus filmes são antes de tudo óbvias autocríticas que os intelectuais jamais poderão entender; meus filmes são seus próprios defeitos; meus filmes são aquilo que a produção não conseguiu; meus filmes são exata e concretamente aquilo que nunca poderei filmar porque, como todo o mundo sabe, o cinema brasileiro é o máximo porque é o impossível."

Exprime-se aí repentinamente uma precariedade congênita de sua proverbial megalomania, utópico desígnio que identificaria o seu projeto ao do próprio cinema brasileiro tal como por ele sonhado. Isso dito, fica mais curiosa para nós a incursão que faz Samuel Paiva em sua pesquisa, escolhendo justamente o diálogo de Sganzerla, tanto o crítico como o cineasta, com o cinema de Orson Welles. As relações contraditórias do grande artista mediático com a indústria ianque, a inviabilidade de uma trajetória continuada a partir do alto teor de invenção de suas propostas, a identificação direta do cineasta americano quando aqui esteve filmando com os traços característicos da nossa cultura redundando afinal na impossibilidade de sua acabada realização, ainda que já perfeitamente delineada enquanto projeto. Contrapartida do que Hollywood recalcou na trajetória wellesiana, decalca-se na obra sganzerliana o desenho do que é mais potencialidade de realização e de estilo, que filmografia propriamente dita. Na figura de Welles garimpada na obra escrita e filmada de Sganzerla, Samuel nos traz inscritos alguns dos traços mais tensos de seu enigmático desejo de um Brasil cinematográfico.

CONSIDERAÇÕES INICIAIS

Sobre a noção de Orson Welles como figura

Muitos estudos sobre o cinema de Rogério Sganzerla se detêm naquela que é considerada a sua obra-prima: *O bandido da luz vermelha* (1968). Seria difícil enumerá-los em sua totalidade, dada a quantidade de textos produzidos sobre esse filme. Ainda assim, convém lembrar que algumas análises empreendidas sobre o primeiro longa-metragem do diretor catarinense percebem a questão da identidade do protagonista como um aspecto fundamental de sua concepção. Um exemplo significativo, até por constituir uma referência fundamental para as questões que me proponho a discutir neste trabalho, é o livro de Ismail Xavier, *Alegorias do subdesenvolvimento.*[1] Apontarei resumidamente algumas de suas proposições, para esboçar um certo horizonte a partir do qual surgiram os parâmetros específicos da intertextualidade entre as obras de Rogério Sganzerla e Orson Welles tal como aqui ela será compreendida.

Em seu texto, Ismail Xavier estabelece um recorte no cinema brasileiro, selecionando para a análise obras vinculadas ao emblema de 1968.[2] E propõe uma reflexão sobre como, em um contexto de crise política, social e estética,

---

1 XAVIER, Ismail . *Alegorias do subdesenvolvimento: Cinema Novo, Tropicalismo, Cinema Marginal*, 2ª. ed. São Paulo: Cosac Naify, 2012.

2 Ismail Xavier analisa, por ordem de apresentação em seu livro (*ibidem*), os filmes *Terra em transe* (Glauber Rocha, 1967); *O bandido da luz vermelha* (Sganzerla, 1968); *Brasil ano 2000* (Walter Lima Jr., 1969); *Macunaíma* (Joaquim Pedro de Andrade, 1969); *O dragão da maldade contra o santo guerreiro* (Glauber Rocha,1969); *O anjo nasceu* (Júlio Bressane, 1969);*Matou a famíliae foi ao cinema* (Júlio Bressane, 1969);e *Bang bang* (Andrea Tonacci, 1970).

os cineastas constroem alegorias nacionais em seus filmes. Sobre *O bandido da luz vermelha*, especificamente, a análise de Ismail Xavier está centrada em grande medida no protagonista. Para compreendê-lo na perspectiva das alegorias do subdesenvolvimento, o autor inicialmente descreve algumas sequências, chamando a atenção para aspectos diversos de uma representação irônica, cujas estratégias envolvem a colagem, a paródia, os múltiplos focos narrativos, o jogo de vozes, a referência das histórias em quadrinhos, o clichê, as locuções radiofônicas, o diálogo tenso com Glauber Rocha, entre outras questões. Logo no início desse discurso irônico, como diz, se sobressai a questão do "quem sou eu?", pergunta que instaura o percurso do personagem principal. "Um gênio ou uma besta" são as opções de resposta, construídas sobre uma dialética do sucesso/fracasso que se espalha ao longo das sequências do início ao fim do filme. A fragmentação, a descontinuidade, a justaposição de vozes, tudo concorre para a descentralização da narrativa e para uma impossibilidade de delimitação de uma identidade unívoca da personagem principal.

> Ao longo do filme, a voz *over* do protagonista fará retornar os temas de identidade, ambição, fracasso, suicídio. A montagem vertical vai explorar esta descontinuidade entre visível e comentário, com a participação dominante das vozes do rádio. Mantida a tônica do processo narrativo, a relação entre som e imagem tende a reproduzir este padrão descrito e haverá dificuldade de marcar com rigor o presente da voz narradora do bandido, seu ponto de ancoragem no tempo. Há indícios da circularidade clássica do flashback– imagens e frases que já antecipam o final – mas chegaremos à última sequência sem que se especifique o ponto focal (de onde fala esta voz?).[3]

Essa impossibilidade de uma definição precisa quanto à procedência, ao local e ao tempo de onde fala essa voz do protagonista, pode nos remeter a outro estudo também muito significativo para as questões que aqui serão trabalhadas. Refiro-me ao texto de Jean-Claude Bernardet sobre *O bandido da luz vermelha* incluído em seu livro *O vôo dos anjos*, mais precisamente ao capítulo intitulado "O Mundo sem Limite".[4] Certamente convém contextualizar

3 *Ibidem*, p. 130.

4 BERNARDET, Jean-Claude. "O mundo sem limite". In:*O vôo dos anjos: estudos sobre a criação cinematográfica*. São Paulo: Editora Brasiliense, 1991, p. 155-218.

esse capítulo no livro como um todo, que tem como proposta a análise dos primeiros longas-metragens de Rogério Sganzerla e Júlio Bressane a partir de uma psicanálise de suas escritas cinematográficas.[5] Mas, especificamente em relação ao primeiro longa-metragem de Sganzerla, a ideia de "um mundo sem limite" será inicialmente também relacionada às dúvidas sobre a identidade do Bandido – elaborada sobre a perspectiva do permanente fracasso ("fracassei, mas vem outro", diz ele) – e à incerteza quanto à sua procedência local e temporal. Partindo dessa discussão sobre a identidade indefinível do personagem, associada, por exemplo, às freqüentes trocas de figurino do protagonista, entre outros tantos dados, a uma certa altura Bernardet chega à discussão sobre as trocas e proliferações dos espaços:

> Há espaços que são indicados: o filme ambienta-se principalmente na Boca do Lixo (que os espectadores paulistanos identificarão com uma região de São Paulo) e apresenta-se como um faroeste do Terceiro Mundo. Mas na realidade não há uma concentração em torno desses espaços; nas falas e nas informações do luminoso prolifera uma infindável quantidade de topônimos. Vou citando: Egito, Paraguai, Bauru, Araraquara, América (do Norte), Cuiabá, Lima, Guarujá, Hamburgo, Los Angeles, Belo Horizonte, Marrakech, Acapulco etc.[6]

Mais adiante, essa linha de pensamento sobre o espaço chega a uma formulação segundo a qual, em *O bandido da luz vermelha*, "o espaço e o mundo não são percebidos como um sistema concatenado, mas como um acúmulo desordenado,"[7] ainda que a Boca do Lixo exerça uma certa tensão como espaço central da história. Não é, contudo, possível admitir essa opção da centralidade da Boca porque o filme não permite. O próprio quarto do personagem principal, supostamente localizado na Boca, muda a todo instante de

5 Explica Jean-Claude Bernardet na introdução de *O vôo dos anjos* que seu interesse não é ver os filmes como um sintoma da psicologia dos autores, nem tampouco como psicanálise de personagens, entre outras vertentes dos estudos de psicanálise e cinema. Em vez disso: "Me interessou foi algo como uma psicologia da escrita. O quê da composição dramática, construção dos personagens, uso da câmera, montagem etc., da relação entre estes elementos no interior de um filme ou de um filme para outro, podíamos intuir sobre o *deslanchar* [grifo do autor] de um processo criador". *Ibidem*, p. 20.

6 *Ibidem.*, p. 161-162.

7 *Ibidem.*, p. 162.

caracterização, impossibilitando uma delimitação de sua localização. Desse e de outros exemplos relacionados ao espaço, Bernardet chega à noção de que "a Boca não tem fronteiras, ela se expande, se espalha" e, mais que isso, "nada neste mundo [do filme] tem fronteiras".[8]

Em relação ao tempo, ocorre algo equivalente. Como diz o autor de *O vôo dosanjos*, em *O bandido da luz vermelha* "o tempo é elástico".[9] E a instabilidade temporal é exemplificada com o tempo verbal imperfeito nas falas dos locutores da rádio; com a repetição de planos realizados em uma mesma filmagem, mas inseridos em diferentes momentos do filme (os policiais fazendo ronda a cavalo, por exemplo, dando a impressão de um tempo que não evolui); com sequências diante das quais o espectador perde a dimensão de presente e passado. Em suma, resumindo uma ampla argumentação, é possível afirmar que Bernardet defende o mundo sem limite em *O bandido da luz vermelha* tanto na perspectiva do personagem principal quanto em relação ao espaço e ao tempo.[10] Em sua análise, essa indefinição espaço-temporal decorre de uma espécie de contaminação que o espaço e o tempo sofrem a partir da figura do Bandido que, nesse sentido, assume uma posição preponderante em toda a indeterminação verificada no filme:

> Diria do bandido que é um personagem hemorrágico, no sentido de que não tem demarcação, não tem fronteiras. Ele não tem fronteiras, o mundo não tem fronteiras, não há territórios demarcados, não há balizas e referências em relação às quais agir. Comentando a Boca do Lixo, os locutores dizem num momento: "É o lixo sem limites, senhoras e senhores". Não só ao lixo e à Boca aplica-se essa frase tão bem achada.[11]

8 *Ibidem.*, p. 163.

9 *Ibidem.*, p. 163.

10 É interessante notar o contraponto que Bernardet estabelece entre o personagem do Bandido e o ator que o interpreta. Embora o personagem não tenha limite, o corpo do ator Paulo Villaça lhe atribui uma unidade do início ao fim do filme. "Não resta dúvida de que o ator Paulo Vilaça [sic] tem limite. Sua pele, sua boca, seus olhos delimitam um dentro e um fora. Ele, sim. O personagem, não". *Ibidem*, p. 164.

11 *Ibidem*, p. 167.

A referência *It´s all true*

As premissas apresentadas em linhas gerais até este momento, ou seja, os textos de Ismail Xavier e Jean-Claude Bernardet, certamente são fundamentais para as questões que me proponho a discutir sobre o cinema de Rogério Sganzerla. Isso porque vários pontos analisados por esses autores reaparecem em filmes que Sganzerla realizará muito tempo depois de *O bandido da luz vermelha*. Produções como *Nem tudo é verdade* (1986), *Linguagem de Orson Welles* (1991), *Tudo é Brasil* (1997) e *O signo do caos* (2003) trazem Orson Welles como protagonista ou pelo menos como figura catalisadora da narrativa. Esses filmes inspirados por *It´s all true* (1942), por um lado, remetem-se ao fato histórico – a viagem de Orson Welles ao Brasil, em 1942, para a realização de parte significativa do referido projeto –, mas, por outro lado, extrapolam o evento específico *It´s all true*, ampliando os limites espacial e temporal da experiência brasileira e latino-americana de Orson Welles.

É evidente, em todo caso, a referência a *It´s all true* como um parâmetro fundamental para a compreensão dos problemas envolvidos na construção da figura de Welles no cinema de Rogério Sganzerla. Como baliza para essa questão, há a tese de Catherine Benamou, que justamente defende a perspectiva de um "cinema transcultural" de Orson Welles, apresentando uma reconstrução histórica e textual de *It´sall true*.[12] Definindo a noção de "transculturação", Benamou se remete a alguns autores que, partindo de uma base antropológica do conceito, introduzido pela crítica cultural de Angel Rama, chegam à ideia de "uma transformação mútua de culturas", no contato entre elas. Em contrapartida, explica a autora, a "aculturação" refere-se ao domínio de uma cultura sobre outra.[13] Mesmo reconhecendo que as questões implicadas nesses conceitos estão abertas à discussão, Benamou admite utilizá-los para compreender as representações das relações inter-americanas e as construções da identidade nacional no contexto neocolonial da Segunda Guerra Mundial. Resumindo pontos de sua tese, é relevante acompanhar alguns dados iniciais sobre o projeto de Orson Welles no contexto do pan-americanismo.

---

12 BENAMOU, Catherine. *Orson Welles´s transcultural cinema: an historical/textual reconstruction of the suspended film, It´s all true, 1941-1993*. Tese (doutorado em Cinema Studies) – NYU, 1997.Versão mais compacta da tese é o livro que dela resulta: BENAMOU, Catherine L. *It´s all true – Orson Welles's Pan-american odyssey*. Berkeley, Los Angeles, London: University of California Press, 2007.

13 BENAMOU, 1997, p. 5.

As filmagens de *It's all true* ocorreram no México e no Brasil entre 1941 e 1942. Aspectos inovadores do filme podem ser contextualizados no envolvimento de Orson Welles com a política progressista do New Deal – orientada por questões relacionadas aos direitos dos trabalhadores e à luta pela igualdade racial, entre outras propostas de transformação social. Em termos de produção, *It's all true* foi coproduzido pela RKO Radio Pictures e pelo Office of the Coordinator of Inter-American Affairs (OCIAA). O contrato de Welles com a RKO, cabe lembrar, já possibilitara a realização de seus primeiros longas-metragens, *Cidadão Kane* (1941) e *Soberba* (1942). Por sua vez, a participação do OCIAA no projeto tem um caráter mais explicitamente político. O OCIAA foi criado em 1940 por Nelson Rockefeller, como um departamento federal cuja função era apoiar a causa dos Aliados, antes mesmo de os Estados Unidos entrarem na Guerra (o que ocorre em dezembro de 1941). O principal objetivo do OCIAA consistia, no quadro da Política da Boa Vizinhança, em reforçar a solidariedade entre os países dos continentes americanos, procurando afastar as investidas dos nazistas, promovendo em contrapartida uma série de programas culturais, econômicos e mesmo de saúde, valendo-se, para tanto, dos meios de comunicação: rádio, cinema e mídia impressa. Dentro desse espírito pan-americano, foi planejado um filme de episódios inspirados em *histórias verdadeiras* ocorridas em lugares diversos dos continentes em questão. Algumas histórias nunca saíram de um estágio de concepção inicial por não serem consideradas suficientemente verdadeiras, tais como *The story of jazz, The captain's chair* e *Love story*. Mas três episódios efetivamente chegaram a ser rodados: *Bonito, the bull, The raid of São Pedro* e *Carnaval*. *Bonito, the Bull* ou *My friend Bonito*[14] contava a história de um garoto mexicano e o seu amigo, um bravo touro, em vias de enfrentar uma luta na Cidade do México. A história do menino e do touro foi roteirizada por John Fante e Norman Foster e deveria ser dirigida por Welles que, entretanto, estando ainda envolvido com a produção de *Soberba*, designou Foster para a direção do episódio. Welles dirigiu efetivamente as histórias filmadas no Brasil. *The raid of São Pedro* ou *Four man on a raft* ou *Jangadeiros* era a reencenação da viagem de quatro jangadeiros – Raimundo Correia de Lima (conhecido como Tatá), Manuel Pereira da Silva (Manuel Preto), Jerônimo André de Souza e

14 Ao reconstruir o processo textual e histórico de *It's all true*, Catherine Benamou refere-se gradualmente aos vários títulos que os episódios receberam no transcorrer das várias etapas de criação: elaboração de argumento, roteiro, produção.

Manoel Olímpio Meira (Jacaré). Durante 61 dias, eles viajaram de Fortaleza ao Rio de Janeiro, na jangada São Pedro, para conversar com o presidente Getúlio Vargas sobre as condições dos pescadores nordestinos em termos de previdência social.

Mas as primeiras cenas filmadas pela equipe de Welles no Brasil, na verdade, diziam respeito ao episódio do *Carnaval*. Para filmá-lo, entre o final de janeiro e início de fevereiro chegava ao Rio de Janeiro, além de Welles (que desembarcou no dia 08 de fevereiro), o vice-presidente da RKO, Phil Reisman, e um grupo de 27 profissionais de cinema, todos provenientes dos Estados Unidos. Logo o trabalho foi iniciado, com a equipe dividida entre um grupo responsável pela produção de imagens em *technicolor* e outro, por imagens em preto-e-branco, além dos responsáveis pelo som direto. No episódio sobre o *Carnaval*, aos americanos reuniram-se brasileiros como Herivelto Martins e Grande Otelo, entre outros artistas e intelectuais incumbidos de vários aspectos da produção: pesquisa histórica, composição musical, interpretação, etc. Como bem observa Banamou, Welles investigava o samba, procurando tanto a sua diversidade de ritmos (partido alto, samba-enredo, etc.) como também a sua relação com diversos contextos socioculturais, trabalhando, em suma, com uma noção de diversidade que funcionava como um "comentário" e um "antídoto" à arregimentação do samba como um símbolo "unívoco" de identidade nacional.[15] Esta certamente foi uma dentre outras razões que levaram à interrupção de *It´s all true*, tais como: o desgaste entre Welles e a RKO em razão da montagem de *Soberba* (1942); o fato de Welles ter contratado atores não-profissionais e afrodescendentes para os episódios brasileiros; a morte de Jacaré durante a reencenação da aventura dos jangadeiros; os memorandos com críticas negativas a respeito do processo de produção, escritos por funcionário da RKO e dirigidos tanto à produtora nos Estados Unidos quanto ao Departamento de Imprensa e Propaganda (DIP) do governo Vargas; as mudanças de executivos na presidência da RKO, levando à redefinição das prioridades da empresa. Com tantos problemas, por fim Welles saiu do Brasil em 29 de julho de 1942, completando sua viagem como "embaixador da boa vizinhança" com passagens por outros países, como Uruguai e Argentina. De volta aos Estados Unidos, ele ainda tentou, durante anos, obter os recursos para finalizar o projeto. Não sendo, contudo, bem sucedido, em 1945 desistiu definitivamente de finalizá-lo.

15 BENAMOU, 1997, p. 51.

A passagem de Orson Welles pelo Brasil exerce um fascínio sobre Rogério Sganzerla, que passa, a partir dos anos 1980, a recontar essa História repetidamente. Em tal perspectiva de reconstrução da História, a figura de Orson Welles se expande nos filmes de Sganzerla, sendo impossível encerrá-la em um determinado tempo e espaço. Tanto Welles quanto a sua viagem ao Brasil vão assim definindo diversos sentidos. E aqui a noção de um *mundo sem limite* pode ser evocada a partir dessa recriação incessante de um mesmo texto. Tal repetição, no entanto, tem sempre o Brasil como um ponto de inflexão preponderante. Tanto que, em seus artigos ou filmes voltados para *It´s all true*, Sganzerla pouco se interessa pela trajetória do material filmado por Orson Welles depois de sua saída do Brasil. Sabe-se que, entre 1945 e 1956, a RKO utilizou ideias e mesmo fragmentos de *It´s all true* em produções diversas.[16] Sabe-se que os arquivos da RKO foram comprados em 1957 pela Desilu Studios, cujos arquivos, por sua vez, foram adquiridos em 1967 pela Gulf and Western (proprietária da Paramount Pictures). Sabe-se que, em 1980, Fred Chandler encontrou na Paramount grande parte do material referente aos três episódios filmados no México e no Brasil(309 latas de negativos e 5 latas de positivo não identificado). Sabe-se afinal que, em 1986, Richard Wilson (que integrou a equipe de Welles em 1942) iniciou um processo de reconstrução do episódio dos *Jangadeiros* que resultou, em 1993, no longa-metragem*It´s all true, sobre um filme inacabado de Orson Welles*, dirigido pelo próprio Richard Wilson e mais Myron Meisel e Bill Krohn. Esse processo de recuperação de *It´s all true* constitui um interesse para Rogério Sganzerla, que efetivamente se envolveu com esta produção dirigida por Wilson, Meisel e Krohn. O investimento de Sganzerla, em suma, passa efetivamente pela recriação dessa História.

Um outro dado é instigante quando se tem em pauta o reconhecimento de seu*mundo sem limite* relacionado a*It´s all true*. Refiro-me a uma conexão que Jean-Claude Bernardet, em *O vôo dos anjos*, estabelece entre *O bandido da luz vermelha* e *Nem tudo éverdade*, ou seja, entre o primeiro longa-metragem de Sganzerla e o primeiro filme de sua tetralogia sobre *It´s all true*. Depois de reconhecer que *Obandido da luz vermelha*, assim como muitos outros filmes do pós-guerra em todo o mundo, é marcado pela experiência de *Cidadão Kane*,

16 Sobre a trajetória dos negativos de *It´s all true* depois da saída de Welles do Brasil, *ibidem*, p. 71-75.

Bernardet admite que essa referência de Orson Welles tem sentidos específicos para Sganzerla.

> A retomada não parece limitar-se à autocitação narcisista, mas sugerir que o filme [*Nemtudo é verdade*] centrado em Welles, em relação a quem "Sganzerla" nutre incontida admiração, embora não isenta de ironia (a começar pelo título), retoma uma problemática que estava no bojo do *Bandido*, no qual ela aflora mas não chega a ser plenamente elaborada, como se a remetência ao *Bandido* nos dissesse que a problemática de *Nem tudo* pertence à fase do *Bandido*, deveria ou poderia ter sido traçada no primeiro longa-metragem. Isso pode nos levar à conclusão de que o Bandido não conseguiu resolver todos os problemas de vinculação paterna que se manifestam nele, o que poderá ter tido graves conseqüências sobre a carreira de "Sganzerla" enquanto criador. São conjeturas aqui propostas a título hipotético.[17]

Não percebo as "graves conseqüências" sugeridas por Bernardet. Pelo contrário, acho que a abertura de sentidos que a figura de Orson Welles representa na obra de Sganzerla não permite "vinculação" tão fechada. Em todo caso, é inegável que há alguma coisa identificável em *O bandido da luz vermelha* que também é perceptível em *Nem tudo é verdade*, *Linguagem de Orson Welles*, *Tudo é Brasil* e *O signo do caos*. Essa alguma coisa comum a todos esses filmes tem a ver com a noção de *figura*. Voltarei a este ponto um pouco mais adiante.

Por ora, há ainda um outro argumento favorável ao *mundo sem limite*, no caso, na última fase da produção de Rogério Sganzerla (justamente o período de sua concentração em Orson Welles e, mais especificamente, em *It's all true*). Trata-se do livro que Sganzerla lançou em 2001 sob o título *Por um cinema sem limite*,[18] no qual reuniu críticas de cinema de sua autoria, publicadas em vários jornais de São Paulo basicamente em dois momentos: os anos 1960 e o início da década de 1980. As críticas de Sganzerla constituem uma chave preciosa para a compreensão de seu cinema. São textos quase desconhecidos pelas gerações que não acompanharam suas publicações em jornais como *O Estado de S.Paulo*, *Jornal da Tarde*, *Folha da Tarde* e *Folha de S.Paulo*. Mas eles demonstram a coerência do projeto de Sganzerla, inclusive, em seus parado-

17 *Ibidem.*, p. 188.

18 SGANZERLA, Rogério. *Por um cinema sem limite*. Rio de Janeiro: Azougue Editorial, 2001.

xos e contradições, à medida que revelam a elaboração de seu pensamento cinematográfico. Por isso, minha perspectiva, ao pensar nas possibilidades do *mundo sem limite* de Sganzerla, está fortemente orientada pela teoria sobre cinema que se percebe em suas críticas. Já nesses textos para jornais diversos percebem-se as questões que os filmes vão retomar, inclusive, em relação à figura de Welles. Em síntese, tudo se relaciona com as premissas até então apresentadas, levando à ideia de que Orson Welles é uma figura que, sendo frequentemente recriada nos textos de Sganzerla, atinge um nível de amplitude de contornos tão relativos que chega a uma indeterminação das relações de tempo e espaço em seu discurso cinematográfico.

Esta, digamos, imprecisão da figura de Orson Welles está intrinsecamente relacionada à dialética do sucesso/fracasso que perpassa a obra de Sganzerla em seu interesse pela alteridade nacional. E nesse sentido, sem dúvida, dos anos 1960 para os anos 2000, há deslocamentos implicados no Brasil e no mundo, os quais certamente repercutem nos filmes de Sganzerla. Nesse intervalo, inclusive, a aproximação entre Sganzerla e Welles se intensificou. Em relação aos anos 1960, Ismail Xavier já observava (no livro *Alegorias do subdesenvolvimento*) a intensa intertextualidade entre *O bandido da luz vermelha* e a obra de Orson Welles, notando, por exemplo, a questão da "consumação da identidade e seus enigmas",[19] como o fogo que consome as imagens de São Jorge, em *O bandido da luz vermelha*, e o trenó (Rosebud), em *Cidadão Kane*; ou a conexão entre o suicídio do Bandido e o apocalipse anunciado pelos locutores da rádio, que retoma a experiência radiofônica de *A guerra dos mundos* (1938), entre outras referências, como o *Pierrot le fou*, de Godard.. E na medida em que se aproximam os anos 2000, Sganzerla assume completamente Orson Welles como uma figura protagonista na tetralogia inspirada em *It´s all true*. A ideia de um *mundo sem limite* permanece nesse intervalo de tempo no qual Orson Welles e seu filme latino-americano chegam a alcançar na produção de Sganzerla a dimensão de figuras capazes de relacionar tempos e espaços indefiníveis, amplos, abertos. A partir de Orson Welles e na perspectiva de um *mundo sem limites*, Sganzerla recupera aspectos históricos, temáticos, formais e até mesmo de produção. Afinal, *It´s alltrue* pode ser considerado como um ponto de ruptura de Orson Welles com a indústria de Hollywood, o marco inicial de uma produção que passava a ser independente em grande medida.

19 XAVIER, Ismail, *op. cit.*, p. 135.

Por outro lado, esse filme também é, no cinema de Orson Welles, o primeiro projeto internacional, a partir da qual Welles desenvolve, para além dos interesses imediatos da Política da Boa Vizinhança e da indústria americana de cinema, a visão de um mundo de fronteiras flexíveis. Em suma, no projeto *It´s all true* a ideia da ruptura de limites ou da flexibilização de fronteiras se impõe sob várias perspectivas. Como observa Catherine Benamou,[20] para Orson Welles *It´s all true* foi a primeira experiência cinematográfica em locação estrangeira e com atores não-profissionais. Na tese de Benamou são apontados sistematicamente, na perspectiva de *It´s alltrue*, pontos nos quais a ideia de uma flexibilização de fronteiras são perceptíveis. Sintomaticamente, ela fala em "meridianos da trama" e aponta: (01) a tênue fronteira entre documentário e ficção; (02) a afro-diáspora; (03) a transição entre cinema mudo e cinema sonoro; (04) a promessa de modernidade e as crises de modernização;(05) o dialogismo e o hibridismo; (06) o discurso de Orson Welles sobre as transformações sociais e de poder; (07) o fenômeno da marginalidade cultural, a representação das subjetividades marginais, o corpo de Welles na dimensão de um narrador que se coloca no centro e nas margens do texto fílmico.[21]Ao destacar exemplos da perspectiva dialógica de *It's all true*, Benamou faz inclusive menção ao *drink* "samba em Berlim", que teria sido inventado por Welles, uma mistura de cachaça com coca-cola. *Samba em Berlim* (Luiz de Barros, 1943), vale lembrar, assim como *Berlim na batucada* (Luiz de Barros, 1944), foram a propósito filmes produzidos pela Cinédia, certamente como efeito da passagem de Orson Welles por seus estúdios para realizar o episódio do Carnaval.Todos esses pontos identificados por Benamou em *It´s all true* são também reconhecíveis em alguma medida nos filmes de Sganzerla que têm o projeto de Welles como referência. Na verdade, vários desses pontos são reconhecíveis já desde *O bandido da luz vermelha*.

Assim como ocorre nos filmes de Orson Welles, os personagens, os tempos, os espaços nos textos de Rogério Sganzerla, mesmo tendendo para o mundo sem limite ou para as fronteiras flexíveis, têm ancoragem na História. Em relação aos personagens, há correspondências entre o Bandido e Cidadão Kane no próprio enigma relacionado ao "quem sou eu?". A ditadura de Vargas intercepta *It´s all true* assim como a ditadura instalada com o golpe militar

20 BENAMOU, Catherine, 1997., p. 8.

21 *Ibidem*., p. 460-492

de 1964 intercepta *O bandido da luz vermelha*. O pan-americanismo do New Deal sugere conexões com a Área de Livre Comércio das Américas (Alca) e os mercados comuns propagados nos anos 1980. Entretanto, apesar de toda essa *confusão* – e aqui *O signo do caos* justamente pode ser lembrado como uma espécie de somatória de tantas experiências centrípetas e centrífugas, segundo as quais *It's all true* seria simultaneamente um ponto de convergência e divergência de tantas implicações alegóricas, políticas, históricas, etc. –, há relações claramente elaboradas sobre personagens, tempos, espaços, de uma forma tal que uns parecem preencher os sentidos de outros.

Orson Welles como figura

Diante do quadro de premissas até então apresentado, tudo levava a pensar na possibilidade de Orson Welles constituir uma alegoria no cinema de Sganzerla, com sua figura assumindo significados diversos. De fato, no início desta pesquisa sobre o cinema de Sganzerla, a ideia de Orson Welles constituir uma alegoria foi o ponto de partida. E isso porque, ao falar de Welles, Sganzerla parece, na verdade, querer dizer uma outra coisa relacionada, por exemplo, ao Brasil – e aí teríamos uma certa noção clássica de alegoria: falar uma coisa querendo dizer outra. Mas, além disso, a perspectiva contemporânea do sentido de alegoria também se faz notar na obra em questão, uma vez que Orson Welles faz parte, no cinema de Sganzerla, de um discurso cuja organização apresenta um "caráter descontínuo da organização das imagens", que obriga o espectador a uma postura crítica, analítica.[22] Em tal perspectiva, as estratégias características do discurso de Sganzerla levariam à ideia de um *mundo sem limite*, articulado sobre a colagem de imagens e sons de origens diversas; orientado por citações de vários cineastas, especialmente, Welles

22 Ismail Xavier encontra a base para a compreensão dessa noção contemporânea de alegoria, interessada na "textura da fala alegórica", em Angus Fletcher: "Um tratado recente (1964) sobre a alegoria como modalidade de representação, o do ensaísta norte-americano Angus Fletcher, apresenta observações que pretendem ter um alcance geral justamente nesta caracterização de textura, independente das transformações que a expressão e a leitura alegórica sofreram ao longo da história. O traço que Fletcher acentua como próprio à alegoria é o caráter descontínuo da organização das imagens. Segundo ele, o discurso tipicamente alegórico apresenta brechas, lacunas, e tal particularidade tende a colocar o receptor numa postura analítica: 'qualquer enunciado fragmentado assume a aparência de mensagem cifrada que solicita o deciframento'". Ver XAVIER, Ismail. "Alegoria, Modernidade, Nacionalismo". *Cadernos do NEP – Núcleo de Estudos e Pesquisa*, 1985, p. 6.

e Godard; vinculado ironicamente à referência dos gêneros como fator da indústria cultural internacional. Foi na exploração dessas possibilidades da alegoria como referencial teórico oportuno à pesquisa sobre o significado de Orson Welles na obra de Sganzerla que emergiu o conceito de *figura*.

No caso, veio à tona a noção de figura tal como a concebe um dos maiores estudiosos do assunto, Erich Auerbach. Segundo Auerbach, o conceito de figura, na verdade, está relacionado ao de alegoria, porém, com algumas diferenças. Figura diz respeito a "algo real e histórico que anuncia outra coisa que também é histórica e real".[23] O conceito de figura existe e evolui desde a Antiguidade, em diversos autores. Atinge na Igreja o ápice como método de interpretação dos escritos religiosos, mas chega a uma versão secular caracterizada pela historicidade dos eventos envolvidos. Nas palavras de Auerbach:

> Como na interpretação figural uma coisa está no lugar da outra, já que uma coisa significa e representa a outra, a interpretação figural é "alegórica" no sentido mais amplo. Mas difere da maior parte das formas alegóricas conhecidas tanto pela historicidade do signo quanto pelo que significa. A maior parte das alegorias que encontramos na literatura ou na arte representa uma virtude (por exemplo, sabedoria), uma paixão (ciúme), uma instituição (justiça) ou, no máximo, uma síntese muito geral de um fenômeno histórico (a paz, a pátria) – nunca um acontecimento definido em sua plena historicidade.[24]

Um dos exemplos utilizados por Auerbach na demonstração da noção de figura diz respeito ao papel que o poeta Virgílio assume em *A divina comédia*, de Dante Alighieri.[25] Seria aqui possível uma analogia, para se afirmar que Orson Welles ocupa posição equivalente no cinema de Sganzerla. Trata-se de um artista que, existindo de fato na História, assume a dimensão de uma representação em um texto poético. Sua experiência nos anos 1940, no Brasil, é um evento que antecipa e se completa com os filmes de Sganzerla quatro décadas depois. Sua associação ao sucesso/fracasso de *It´s all true* antecede a mesma dialética problematizada na tetralogia de Sganzerla inspirada nesse filme.

---

23 CARONE, Modesto. "Um Roteiro do Conceito de Figura". In: AUERBACH, Erich.*Figura*. São Paulo: Ática, 1997, p. 7.

24 AUERBACH, Erich, *Figura*. São Paulo: Ática, 1997, p. 46.

25 ALIGHIERI, Dante. *A divina comédia*. São Paulo: Editora 34, 1998.

Nesse sentido, é possível pensar em um esforço de "representação da realidade",[26] relacionada à passagem de Welles pelo Brasil e verificada em *Nemtudo é verdade, Linguagem de Orson Welles, Tudo é Brasil* e *O signo do caos*. Como explica Edward Said, prefaciando uma edição comemorativa da obra-prima de Auerbach – *Mimesis: a representação da realidade na literatura ocidental* –, para o filólogo alemão as noções de figura e de interpretação figural estão intrinsecamente envolvidas com a possibilidade de representação da realidade. Esta deve ser compreendida como a apresentação dramática com que cada autor traz à tona seus personagens, construindo seus mundos. Said também explica que a ideia de representação da realidade para Auerbach está relacionada à sua referência a Giambattista Vico. Em síntese, para Vico, o analista do tempo presente precisa empreender um esforço no sentido de se posicionar no lugar onde se localizava o autor ou o texto do passado analisado, procurando observar as diversas relações então possíveis, uma vez que a História é criada como um processo de desdobramentos, contradições e representações, tendo, cada época, sua própria maneira de articular a realidade. Daí porque o analista do tempo presente deve se posicionar sobre os diversos pontos de vista da época passada, ainda que, para reconstruí-la ou representá-la, sua compreensão do *real* esteja comprometida por uma reflexão que parte do momento atual. Para Vico, quem faz a História são os homens e, por isso, mesmo as ideias metafísicas precisam ser contextualizadas historicamente. Isso para Auebach tem um papel fundamental na comparação que ele estabelece entre os textos clássicos (de poetas greco-romanos) e os textos dos Evangelhos, a partir da observação dos seus *estilos* elitistas e/ou populares. Como Said reconhece, a noção de interpretação figural de Auerbach se desenvolve eminentemente a partir de seu interesse em investigar pensadores cristãos cujo projeto era reconciliar o *Velho* e o *Novo testamento*, devido às grandes diferenças entre ambos.

> A solução [para a conciliação entre o *Velho* e o *Novo testamento*], segundo Auerbach, é a noção de que o *Velho testamento* profeticamente prefigura o *Novo testamento* que, em contrapartida, pode ser lido como figural e, acrescenta, como realização ou interpretação carnal (no sentido de encarnada, real) do *Velho testamento*. O primeiro evento ou figura é "real e histórico e anuncia outra coisa que

26 AUERBACH, Erich. *Mimesis: a representação da realidade na literatura ocidental*.4ª. ed. São Paulo: Perspectiva, 2002.

> também é histórica e real" (...). Por fim, nós começamos a perceber que, assim como a própria interpretação, a História não se move apenas para frente, mas também para trás, com as oscilações entre as eras conduzindo ao desenvolvimento de um maior realismo, a uma "espessura" (para usar um termo da descrição antropológica atual) mais substancial, a um nível mais elevado de verdade.[27]

Mesmo o sentido religioso encontrado nessa base da interpretação figural pode ser associado à produção de Sganzerla, como será possível verificar na seção dedicada à análise dos filmes, especialmente *O signo do caos*, com o seu interesse pela memória como fator temporal e atemporal. Mas, por enquanto, como ponto de ligação entre os eventos dos anos 1940 e os filmes da tetralogia inspirada em *It's all true*, permanece uma preocupação com a História, perpassada por questões tais como a alteridade nacional e a possibilidade de percepção de um cinema, de um *mundo sem limite*, onde as fronteiras são flexibilizadas em prol de uma maior integração da Humanidade, o que certamente implica uma visão de mundo pautada pela *utopia*, compreendida como um "não-lugar".[28]

Ainda considerando a referência de Auerbach, é relevante observar como, nas análises empreendidas por ele sobre textos de autores tais como Homero, Petrônio, Dante, Boccaccio, Rabelais, Montaigne, Shakespeare, Cervantes, Molière, Schiller, Stendhal, Balzac, Proust, Virginia Woolf, entre muitos e muitos outros, a questão do estilo é um ponto fundamental em relação às construções da realidade na literatura. Trata-se resumidamente da capacidade que tem cada autor de transpor ao seu texto os pontos de vista e as vozes dos personagens em seus conflitos.

Nesse sentido, convém considerar os elementos comuns à literatura e ao cinema como fatores de definição de um estilo. Os estudos de um autor como Gérard Genette, por exemplo, são prova disso, com suas considerações sobre a narrativa.[29] Porém, um exemplo mais emblemático, no sentido das conexões entre literatura e cinema partindo de Auerbach, é o ensaio de Jacques Aumont no qual este autor, interessado nos problemas concernentes à análise fílmica, discute justamente implicações da utilização do conceito de

27 SAID, Edward. In: AUERBACH, 2002, p. xxi.

28 MORE, Thomas. *Utopia*. São Paulo: Martins Fontes, 1999.

29 GENETTE, Gérard. *Discurso da narrativa*. Lisboa: Vega, sd.

figura, assim como de suas variáveis, tais como *figuração*, *figurativo*, *figural*.[30] Não por acaso, um dos pensadores-chave para as considerações de Aumont é justamente Erich Auerbach. Porém, antes de chegar ao filólogo alemão, Aumont trata de situar o problema da figura no campo de seu próprio interesse – a imagem – estabelecendo uma trajetória filosófica, cercando pensadores como Hegel, Sartre, Kant e Freud. Apresentado seu quadro introdutório de referências, o autor de *A quoi pensent les films* continua seu percurso questionando o que afinal, na imagem, autoriza a criação de um sentido, propondo como hipótese a força da *figura*. E por que a figura, um conceito tão complexo quanto a própria noção de imagem? Porque a concepção de figura, sendo ao mesmo tempo ante e pós-fotográfica, tem a grande vantagem de não ter acompanhado o desenvolvimento de uma teoria da representação fundada no fotográfico.

> O fotográfico não é mais o modelo dominante da nossa idéia de imagem, tanto na instituição artística como no cotidiano, acentuando cada vez mais duas características: a imagem é a manifestação de fenômenos por natureza invisíveis ("imateriais", como dizia abusivamente o título de uma exposição no Museu Nacional de Arte Moderna); ao mesmo tempo, ela resulta de uma manipulação inteiramente material e cada vez mais acentuada. Ora, por esses dois traços ela encontra o registro duplo sobre o qual funciona a noção de figura.[31]

A questão da visibilidade e da invisibilidade da imagem será trabalhada por Rogério Sganzerla associada à questão da memória, como veremos especialmente no capítulo dedicado à análise de *O signo do caos*. Mas voltando às considerações de Jacques Aumont, é nesse ponto do seu ensaio, ou seja, quando ocorre a crítica ao fotográfico como modelo dominante para a ideia de imagem, que se introduz Erich Auerbach como referência. São apresentados

30 AUMONT, Jacques. "Figurable, figuratif, figural". In: *À quoi pensent les films*. Paris: Séguier, 1996, p. 148-173.

31 Minha tradução do seguinte texto: "Le photographique n'est plus le modèle dominant de notre idée d'image, dans l'institution artistique comme dans le quotidian, accentuent de plus en plus deux caractères: l'image est la manifestation de phénoménes par nature invisibles ("immatériels" comme l'avait dit abusivement le titre d'une exposition au Musée national d'art moderne); symétriquement elle resulte d'une manipulation, tout à fait matérielle et de plus em plus soulignée. Or, par ces deux traits elle retrouve le doublé registre sur lequel joue la notion de figure". *Ibidem*, p. 158.

três pontos fundamentais da noção de figura segundo Auerbach: 01) o sentido latino de *forma* (modelo inicial, aparência) e *imago* (cópia, tropo, figura retórica); 02) o sentido religioso de *interpretação figurativa* ou de "profecia em ato", uma operação que pode ser exemplificada com o já citado vínculo entre o *Velho* e o *Novo testamento*; 03) a noção contemporânea de *figurativo* que, nascendo da arte figurativa, paradoxalmente encontra sua origem na discussão sobre a arte abstrata. Erich Auerbach passa a ser desde então o ponto fundamental para outras prospecções sobre a definição de figura. Por exemplo, a propósito da idéia de *figuração*, Aumont relembra as apresentações teatrais que, desde o século XVIII, utilizam figurantes, ou seja, atores que, não tendo fala, valem por sua presença, por sua aparência, em suma, por sua figura. Nesse sentido, *aparecer* e *figurar* são sinônimos.

Mas com tantos possíveis significados para um conceito, pergunta-se novamente o autor do ensaio, afinal, como é possível responder ao problema dos sentidos da imagem? Resposta: é necessário semiotizá-la, reconhecê-la como um vetor semiótico. Justificando sua afirmação, Aumont recorre a Pierre Francastel,[32] para quem o signo plástico é figurativo, quer dizer, está relacionado às leis da percepção e às leis de elaboração do signo. O figurativo não escapa totalmente à arbitrariedade do signo, pois é um termo intermediário entre a intelecção e a ideação. Porém, o figurativo só é arbitrário até um certo ponto, porque *percebe* automaticamente, por natureza, desde a nossa primeira ligação intelectual com o mundo. Seguindo esse raciocínio, a imagem é uma estrutura abstrata composta de relações entre objetos figurativos e objetos de civilização. A imagem está relacionada aos objetos do mundo, que já têm significado, objetos de civilização, mas por via de procedimentos semióticos, por via do trabalho figurativo, ela responde à significação desses objetos, ou seja, à sua sociabilidade e à sua História. Dessa forma, o trabalho de *figuração* em um filme (ou em um conjunto de filmes, posso acrescentar) consiste em produzir e elaborar figuras, confrontando, justapondo, cruzando umas com as outras. Tal perspectiva certamente está presente neste trabalho, na medida em que a pesquisa sobre a construção de Orson Welles como figura ocorre em vários instantes da obra de Rogério Sganzerla.

32 A edição citada por Aumont é a seguinte: FRANCASTEL, Pierre. *La réalité figurative*. Denoel--Gonthier, 1965.

Avançando na discussão, Jacques Aumont chega a um outro ponto, igualmente válido no âmbito dos problemas aqui propostos. Trata-se da noção de *motivo*. Cercando as possibilidades em torno desse novo horizonte para a compreensão do conceito de figura, o autor retoma a ideia de motivo, por exemplo, na pintura (um elemento temático ou formal destacável em determinada obra) e na música (uma pequena unidade melódico-rítmica que se repete). O motivo caracteriza-se, em suma, como um elemento marcado e recorrente.

Há mais um ponto igualmente instigante do ensaio e diz respeito ao momento em que entram em pauta as *figuras de linguagem*. No plano da linguagem verbal, as figuras de linguagem estão associadas ao *tropo*, ou seja, ao emprego da palavra em sentido figurado. Em outras palavras, o *tropo* consiste em tornar sensorial um pensamento abstrato. O *tropo*, que apresenta um pensamento tentando tornar acessível os sentidos de sua imaterialidade, está em grande medida coberto pela metáfora. Observa-se ainda que, no campo das figuras de linguagem, a palavra é modelada numa perspectiva *plástica*. Aumont lembra, a propósito, um verso de Verlaine, no qual a chuva que cai sobre a cidade se torna uma metáfora de tristeza: "*il pleure dans mon coeur*" (chove no meu coração).[33]

Mais um autor a ser notado por Aumont no percurso que ele traça para compreender as possibilidades da noção de figura é Jean-François Lyotard e sua concepção de *figural*.[34] Para Lyotard, o figural está associado a uma dinâmica da produção de sentido lá onde ele é novo, singular, original. A indistinção entre o sentido e sua manifestação implica uma relação entre o *figural* e o *desejo*. Em tal perspectiva, Lyotard estabelece uma distinção entre linguagem e arte. A linguagem, ao significar o objeto, perde a dimensão figural. A arte, em contrapartida, é o outro da linguagem, porque é simultaneamente plasticidade e desejo. O figural, em suma, está associado à energia psíquica e, dependendo de como se relaciona com ela, pode se constituir em diferentes figuras. Aumont critica o figural tal como proposto por Lyotard, primeiro, em razão de sua prerrogativa de originalidade, pois um sentido original seria um sentido "louco" e, segundo, porque a partir daí não seria possível a comunicação, já que se perderia a possibilidade do comunicável.

33 AUMONT, Jacques, *op. cit.*, p. 166.

34 A edição citada por Aumont, no caso, é a seguinte: LYOTARD, J.-F.. *Discours figure*. Klincksieck, 1971.

O último pensador a ser considerado nessa trajetória da figura é Freud.[35] Em sua teoria do sonho como formação significante, Freud formula a hipótese de que o inconsciente modela a *frase*, a *imagem* ou a *figura* do sonho. O trabalho do sonho permite a passagem dos pensamentos latentes ao seu conteúdo manifesto combinando três operações fundamentais: o *deslocamento*, a *condensação* e a *figuração*. Esse trânsito dos pensamentos pressupõe uma reserva de sentido. Mas se essa reserva de sentido é muito ou pouco explorada, na verdade, na perspectiva de Aumont isso pouco importa, porque o que interessa para ele é a operação que permite o acesso a essa reserva de sentido.

E como sempre, mais adiante, o problema é reposto: afinal, como fazer justiça a todos os elementos de figuração em um filme, já que a análise fílmica nunca é interminável? E curiosamente o ensaio termina com uma última pergunta: se a análise deve levar em conta as "configurações", quais, enfim, seriam seus gestos iniciais?

Tentarei responder a esta pergunta levando em conta os filmes da tetralogia de Sganzerla sobre *It´s all true*, procurando manter em perspectiva sua relação com os textos sobre cinema publicados por ele em diversos momentos, cotejo que vai nos levar, nas considerações finais deste trabalho, à percepção de configurações relacionadas ao Carnaval, à Viagem e ao Metacinema. Mas, por ora, cabe observar que, tendo em vista o ensaio de Jacques Aumont, é possível reafirmar Erich Auerbach como uma referência teórica fundamental para a compreensão da figura de Welles no cinema de Sganzerla. Isso não implica, contudo, a desconsideração de outras possibilidades sobre a noção de figura, tais como as que foram tratadas há pouco, quando houver oportunidade e segundo critérios específicos a serem apresentados no momento devido.

O paradigma "ocupante/ocupado"

No âmbito da cultura brasileira, a relação com o estrangeiro sempre foi um ponto crucial do debate sobre a identidade nacional, por implicar relações de poder e dominação pelo menos desde a "invenção do Brasil".[36] No

35 A edição citada por Aumont, no caso, é a seguinte: FREUD, S. *L'Interprétation des rêves*, trad. Fr. , P.U.F., 1926, éd revue, 1967.

36 A ideia de "invenção" (em lugar de *descobrimento*) do Brasil é defendida por Sganzerla em um artigo que ele escreveu para a *Folha de S.Paulo* em 1980. Essa proposição é coerente com a ideia

século XX, o parâmetro fundamental de tal reflexão sem dúvida foi a Antropofagia Cultural proposta por Oswald de Andrade, retomada em grande medida pela geração de cineastas que se estabelece com o Cinema Novo e com o Tropicalismo. As relações entre Sganzerla e Oswald de Andrade são, inclusive, discutidas por Ismail Xavier em sua análise de *O bandidoda luz vermelha,* filme para o qual foram transcritos trechos do prefácio escrito por Oswald de Andrade, em 1933, para a edição de *Serafim PonteGrande.*

Mas também no contexto mais recente a referência oswaldiana continua associada ao cinema de Sganzerla. Basta lembrar, como indício, o prêmio que *Tudo é Brasil* recebeu no Festival de Brasília de 1998, quando foi reconhecido como a Melhor Montagem Antropofágica. Quando assistimos a esse e aos outros filmes de Sganzerla cujo argumento parte de *It´sall true,* realmente é possível o reconhecimento de aspectos apontados por estudiosos como característicos do autor do *Manifesto pau-brasil* e do *Manifesto antropófago.* Discutindo a poesia pau-brasil, Haroldo de Campos,[37] por exemplo, aponta questões formais na obra de Oswald de Andrade que, em princípio, são igualmente reconhecíveis na obra de Sganzerla, tais como o antiilusionismo; o efeito de choque relacionado à montagem cinematográfica; uma dialética da destruição/construção; conexões com o Dadaísmo; a dialética local/universal, etc. Benedito Nunes,[38] analisando o *Manifesto antropófago,* também reconhece a dialética local/universal, estabelecendo, entretanto, três diferentes planos de análise – (a) uma "simbólica da repressão"; (b) a "revolução caraíba"; e (c) "idéias metafísicas". Tais planos são perceptíveis no trabalho de Sganzerla em vários momentos, por exemplo, no retorno ao passado histórico da sociedade brasileira, com as oposições confrontadas no campo do Direito, da Moral, da Religião, envolvendo os conflitos entre brancos, índios e negros, perpassando instituições como o Estado, a Igreja e os poderes locais; por exemplo, na perspectiva de uma revolução

---

de que as nações são comunidades imaginadas, tal como defende Benedict Anderson. Ao mesmo tempo, a ideia de invenção, em lugar de descobrimento, destitui a perspectiva eurocêntrica, combatida por Ella Shohat e Robert Stam, por exemplo, quando eles analisam a chegada dos europeus à América. Ver SGANZERLA, Rogério. "Sono das Nações". *Folha de S.Paulo,* caderno Ilustrada, 11/01/1980. ANDERSON, Benedict. *Nação e consciência nacional,* 1989. SHOHAT, Ella, STAM, Robert. *Unthinking eurocentrism: multiculturalism and the media,* 1994.

37 CAMPOS, Haroldo. "Uma poética da radicalidade". In: ANDRADE, Oswald. *Pau-Brasil.* 5ª. ed. São Paulo: Editora Globo, 2000.

38 NUNES, Benedito. "A antropofagia ao alcance de todos". In: ANDRADE, Oswald. *A utopia antropofágica.*2ª. ed. São Paulo: Editora Globo, 1995.

universal que pode nos levar de volta ao matriarcado; por exemplo, nas "idéias metafísicas" relacionadas aos mitos bárbaros, ao seu poder primitivo capaz de liberar a libido, como dado da psique e do corpo.

Mas cabe observar o seguinte: se por um lado Oswald de Andrade pode ser pensado como um parâmetro mais amplo da cultura brasileira no que diz respeito às relações com o estrangeiro, por outro, no campo mais específico do cinema essa discussão encontra suas próprias posições ao longo da História (algumas dessas posições estarão na pauta de questionamentos ao longo deste trabalho). Por ora, destacarei apenas aquela que propiciou a construção de uma hipótese para a compreensão de Orson Welles como figura no cinema de Sganzerla. Refiro-me ao crítico Paulo Emilio Salles Gomes, mais precisamente ao seu ensaio *Cinema: trajetória no subdesenvolvimento*,[39] texto no qual o estrangeiro é uma baliza fundamental para o crítico em sua avaliação do cinema brasileiro. Já no início do ensaio, estabelecendo uma comparação internacional, Paulo Emilio Salles Gomes traça um panorama da situação dos cinemas da Índia, do Japão, de países árabes, etc. Em relação ao Brasil, como demonstra, a situação é diversa dessas anteriormente descritas, na medida em que "somos um prolongamento do Ocidente",[40] pois, ao chegar na terra onde um dia nasceria o Brasil, os europeus aqui trataram de criar uma civilização à sua imagem e semelhança.

> A importação maciça de reprodutores seguida de cruzamento variado assegurou o êxito na criação do ocupado, apesar da incompetência do ocupante agravar as adversidades naturais. A peculiaridade do processo, o fato do ocupante ter criado o ocupado aproximadamente à sua imagem e semelhança, fez deste último, até certo ponto, o seu semelhante.[41]

Em tal perspectiva, os eventos da História nacional – e aí o crítico recorda a proclamação da Independência, República, Revolução de 1930 – são disputas entre ocupantes. Entretanto, a ambiguidade do texto *Cinema: trajetória no subdesenvolvimento* não chega a impedir uma leitura segundo a qual o ocupante poderia ser identificado exclusivamente com o estrangeiro e o ocupa-

39 GOMES, Paulo Emilio Salles. *Cinema: trajetória no subdesenvolvimento*. Rio de Janeiro: Paz e Terra, 1980.

40 *Ibidem*, p. 77.

41 *Ibidem*, p. 77.

do, com o brasileiro. Há por trás dessa ambiguidade um aspecto *tático*,que diz respeito a uma estratégia do militante Paulo Emilio Salles Gomes para sensibilizar indivíduos na defesa da causa nacional.[42] Mas, por outro lado, como bem observa Maria Rita Galvão, a ideia de que "nada nos é estrangeiro porque tudo o é", proposta no texto de Paulo Emilio, impõe necessariamente uma mediação entre "nós" e o "outro". Diante dessa possibilidade, uma síntese relevante é feita por Antonio Candido, que vê *Cinema: trajetória nosubdesenvolvimento* como um texto dialeticamente contraditório:

> Pois eu acho que todo o artigo do Paulo [Emilio Salles Gomes], como todo artigo muito rico e que enfrenta uma realidade difícil de ser definida, é dialeticamente contraditório. (...) Pois nós todos somos ocupantes, de acordo com o artigo do Paulo Emilio. E justamente um aspecto patético desse artigo está nisso. Há um trecho em que ele diz o seguinte: "Não somos europeus nem americanos do norte. Mas destituídos de cultura original, nada nos é estrangeiro pois tudo o é. A penosa construção de nós mesmos se desenvolve na dialética rarefeita entre não ser e ser o outro". Eu diria que isso é o centro da reflexão de Paulo Emilio. (...) Não se trata propriamente de ver quais são os ocupantes ou os ocupados dentro das elites, porque as elites são todas de ocupantes. O problema é colocar os dilaceramentos de consciência que a situação traz. E pelo o que ele diz aqui a cultura brasileira e dentro dela o cinema, vive desses dilaceramentos de consciência.[43]

Eis afinal minha hipótese: o eco de tal enunciado – "nada nos é estrangeiro pois tudo o é" – repercute na criação de Rogério Sganzerla, quando ele escolhe Orson Welles como seu protagonista e *It´s all true* como seu argumento para tantos filmes, nos quais há como que uma aplicação dos conceitos apresentados em *Cinema: trajetória no subdesenvolvimento*. Os sentidos da figura de Orson Welles nos filmes de Rogério Sganzerla guardam, em suma,

42 Uma relevante fonte para a pesquisa sobre a ambiguidade de *Cinema: trajetória no subdesenvolvimento* é a edição da revista *Filme Cultura* que reproduz uma mesa-redonda sobre o referido texto, que ocorreu em 27 de outubro de 1977, no Museu Lasar Segall, em São Paulo. A mesa contou com a participação de Maria Rita Galvão, Antonio Candido, Ismail Xavier, Jean-Claude Bernardet e Maurício Segall. Posteriormente, Zulmira Ribeiro Tavares acrescentou suas observações para a publicação do debate. Ver "Cinema: Trajetória no Subdesenvolvimento", in *Filme Cultura*, Embrafilme, ano XIII, jul./ago./set., 1980, nº 35/36.

43 *Ibidem*, p. 4.

uma grande proximidade com a ambiguidade dos termos "ocupante" e "ocupado", na medida em que o protagonista conjuga atributos de um e outro, problematizando as relações possíveis e as improváveis entre ambos.

Diante de tal cenário, é possível a exposição dos objetivos deste trabalho de uma forma, finalmente, mais concisa. A ideia é compreender como se forma a figura de Orson Welles no cinema de Rogério Sganzerla, observando o seu deslocamento desde os anos 1960 até as produções mais recentes, dos anos 1980 em diante até a tetralogia inspirada em *It´s all true*. Para compreender esse deslocamento, estabeleci um recorte em duas partes.

A primeira – intitulada "A Alteridade Nacional na Crítica de Cinema" – diz respeito a uma área ainda pouco explorada pelos estudiosos do cinema de Sganzerla de uma maneira geral. Trata-se das críticas escritas por ele para jornais de São Paulo: *O Estado de S.Paulo* (1964-1967), *Jornal da Tarde* (1966-1967), *Folha da Tarde* (1967) e *Folha de S.Paulo* (1978-2003). Nessa primeira parte, também estão incluídas considerações sobre dois livros, a saber, *O pensamento vivo de Orson Welles*, organizado por Sganzerla, e *Por um cinema sem limite*, de sua autoria, texto sobre o qual eu falava há pouco. Entretanto, é possível afirmar que a ênfase da primeira parte deste trabalho, em grande medida, recai sobre o Suplemento Literário do *Estado de S.Paulo*, espaço por onde circulava o próprio Paulo Emilio Salles Gomes, além de outros intelectuais que foram referência para o jovem Sganzerla em início de carreira, como Decio de Almeida Prado e Almeida Salles.

A produção para o *Jornal da Tarde* e para a *Folha da Tarde* guarda muitas semelhanças: são escritos pautados eminentemente por filmes do circuito comercial, então exibidos em várias salas de São Paulo. O universo é o da indústria cultural. Os textos de Sganzerla nesses periódicos são mais objetivos, fugindo à perspectiva de artigo ou ensaio. Como característica da produção industrial, chamam a atenção do crítico os gêneros cinematográficos tal como elaborados principalmente pelos cinemas americano, japonês europeu e brasileiro.

Já na *Folha de S.Paulo*, depois de um longo intervalo durante o qual se manteve afastado da produção jornalística, Sganzerla volta a escrever, mas com um estilo muito diferente, se comparados os textos para este jornal com os das publicações anteriores: sua voz assume nesse momento uma conotação mais pessoal, subjetiva, própria de um colunista que escolhe os temas sobre os quais vai tratar a cada semana.

O capítulo sobre *O pensamento vivo de Orson Welles*[44] é dedicado à análise do livro organizado por Rogério Sganzerla e lançado em 1986, como número da coleção Pensamento Vivo, concebida pelo editor Martin Claret, que tinha como proposta organizar a "biografia de idéias", de uma forma popular, de "homens que mudaram o nosso modo de pensar", tais como Einstein, Chaplin, Freud, Picasso, entre muitos outros. A edição procura oferecer ao leitor "um livro onde forma e conteúdo se complementam harmoniosamente".[45] Nesse sentido, as escolhas de textos empreendidas por Sganzerla sobre Orson Welles revelam algo sobre a maneira como um autor vê o outro. Também inserido no contexto da indústria cultural, o livro é voltado para um público popular. É relevante cotejá-lo levando-se em conta o fato de que sua organização coincide com o lançamento de *Nem tudo é verdade* (1986), primeiro filme da tetralogia de Sganzerla sobre *It´s all true*.

Concluindo a primeira parte do trabalho, há o capítulo dedicado a *Por um cinema sem limite* (Rio de Janeiro, Azougue Editorial, 2001), no qual Sganzerla apresenta uma antologia de suas críticas de cinema publicadas nos jornais há pouco citados, compreendendo um intervalo de produção entre a década de 1960 e 1980.

A segunda e última parte deste trabalho – "Configurações da História na Tetratologia sobre *It´s all True*" – consiste em uma análise do discurso fílmico de *Nem tudo é verdade, Linguagem de Orson Welles, Tudo é Brasil* e *O signo do caos*. Para isso, seguirei o princípio da *interpretação figural*, considerando tanto os eventos de 1942 como os instantes nos quais emerge a referida tetralogia. O interesse está em identificar os dados singulares da figura do protagonista, Orson Welles, em cada filme, mas sem perder a visão do conjunto. As diferentes versões de Sganzerla sobre a passagem de Orson Welles pelo Brasil, como pretendo demonstrar, revelam um pensamento sobre a História, construído a partir do cinema. Nesse sentido, os conceitos discutidos anteriormente, na reflexão sobre as críticas publicadas nos diversos jornais, retornam, para ser confrontados com os próprios filmes.

Na conclusão, proponho que Orson Welles seja compreendido como a representação maior de uma utopia perceptível no cinema de Rogério Sganzer-

---

44 SGANZERLA, Rogério (org.). *O pensamento vivo de Orson Welles*. São Paulo: Martin Claret Editores, 1986.

45 CLARET, Martin. "Idealização da Coleção Pensamento Vivo". In: SGANZERLA, Rogério (org.). *O pensamento vivo de Orson Welles*. São Paulo: Martin Claret Editores, 1986, p. 9-11.

la, a partir de atributos de um cineasta americano identificado com o Brasil, figura apresentada do início ao fim de sua obraa partir de configurações tais como *carnavalização, viagem* e *metacinema.*

PARTE I

A ALTERIDADE NACIONAL NA CRÍTICA DE CINEMA

Um aspecto notável do cinema de Sganzerla diz respeito ao fato de que ele se desdobra não só em vários filmes, mas também em diversos textos publicados em jornais. Esses filmes e artigos mantêm um diálogo intertextual permanente, criando uma perspectiva específica do cinema sganzerliano. Desde logo cabe observar que essa intertextualidade entre matérias de jornal e filmes remete o observador da obra em questão a algumas de suas principais fontes de referência. Como se sabe, a relação entre as diferentes possibilidades de escrita cinematográfica, sobre a circulação de ideias entre elas, torna-se evidente, sobretudo, quando se percebe na intersecção crítico/diretor momentos deflagadores de toda uma concepção moderna do audiovisual. Nesse sentido, um exemplo emblemático é a *Cahiers du cinéma*.[1]

Já no Brasil não por acaso a passagem da crítica à realização de filmes ocorre de uma forma mais significativa em torno do Cinema Novo. Sair da teoria e partir para a prática, ou tornar a teoria evidente na prática, é algo que está no cerne das discussões empreendidas entre os cinemanovistas brasileiros no início dos anos 1960, como bem observam Maria Rita Galvão e Jean-Claude Bernardet:

---

1 Revista fundada por André Bazin no início dos anos 1950 e da qual participaram Jean-Luc Godard, François Truffaut, Claude Chabrol, Jacques Rivette e Eric Rohmer, então críticos que passaram à direção de filmes defendendo ideias que acabaram constituindo a "política dos autores" da Nouvelle Vague francesa.

> A novidade é a prática, e é por isso que a teoria correspondente é nova, porque os jovens realizadores souberam encarnar em filmes as novas idéias sobre temática, linguagem e produção no cinema nacional. Justamente o que o Cinema Novo iria reivindicar como absoluta novidade, contribuição sua ao cinema brasileiro, era o íntimo relacionamento entre teoria e prática...[2]

Fazer filmes e escrever críticas eram ações similares, complementares. Como diz José Carlos Avellar, "nós vivíamos num momento onde não existia nenhuma diferença entre fazer cinema escrevendo ou fazer cinema filmando".[3] Para essa geração, a partir da qual Sganzerla se forma, a percepção do cinema como uma escrita define um horizonte de atuação no qual a provocação, a discussão, o debate e a postura do crítico-cineasta diante do que se produziu e do que se passa a produzir provoca uma série de elaborações, reflexões frequentemente polêmicas, um projeto cuja abrangência pode envolver, na tentativa de fundar tradições e lançar as bases de um novo cinema, inúmeros textos, tantos e tão amplos quanto a utilização da caneta e da câmera-caneta[4] possa permitir para a afirmação de uma *autoria*[5] e de um *cinema nacional*.

A afirmação da questão nacional aqui, como ocorre em outros momentos da história do cinema brasileiro, mesmo não sendo algo facilmente definível,

---

2 Ver GALVÃO, Maria Rita, BERNARDET, Jean-Claude. *O nacional e o popular na cultura brasileira – Cinema*. Rio de Janeiro/São Paulo: Embrafilme/Brasiliense, 1983, p. 197.

3 A entrevista de José Carlos Avellar está no vídeo *Retratos Brasileiros: Jean-Claude Bernardet*, do Canal Brasil, cuja primeira veiculação ocorreu em 25 de janeiro de 2004.

4 A metáfora da câmera como caneta foi proposta por Alexandre Astruc ("*Naissance d'une Nouvelle Avant-Garde: la Câmera-Stylo*", *L'Ecran Française*, Paris, nº 144, 30/03/1948) e remete à ideia de o cinema constituir uma linguagem a partir da qual seja possível a expressão de um pensamento. Diz Astruc: "O cinema está pura e simplesmente tornando-se uma linguagem, isto é, uma forma na qual e pela qual um artista pode expressar seu pensamento, por mais abstrato que seja, ou traduzir suas obsessões como ocorre hoje no ensaio ou no romance. Por isso, chamo essa nova idade do cinema a da câmera-caneta". Trecho citado e traduzido em BERNARDET, Jean-Claude, *O autor no cinema: a política dos autores – França, Brasil anos 50 e 60*. São Paulo: Brasiliense/Edusp, 1994, p. 20.

5 Aqui "autoria" inscreve-se na concepção de André Bazin e da "política dos autores", compreendendo (como diz STAM, Robert, BURGOYNE, Robert, FLITTERMAN-LEWIS, Sandy, *Nuevos conceptos de la teoria Del cine: estructuralismo, semiótica, narratología, psicoanálisis, intertextualidad*.. Trad. José Pavía Cogollos. Barcelona, Buenos Aires, México: Paidós, 1999, p. 218) o processo analítico de "eleger na criação artística o fator pessoal como um critério de referência", considerando, inclusive, a progressão de uma obra a outra. Ver também BAZIN, André *et al*. *A política dos autores*. Lisboa: Assírio & Alvim, 1976.

tem um peso fundamental, como indica a produção de vários críticos, cineastas e artistas de áreas diversas. No caso específico de Sganzerla, as possibilidades, variações e tensões sobre o que se compreende como caráter nacional no transcorrer da década de 1960 incidirão de uma forma marcante sobre sua produção. Já no início dessa década, Sganzerla engaja-se no Cinema Novo. Prova disso é o seu papel de divulgador do movimento em São Paulo, onde ele abre um amplo espaço do Suplemento Literário do jornal *O Estado de S.Paulo* para depoimentos de Glauber Rocha, Carlos Diegues, Gustavo Dahl, entre outros representantes do Cinema Novo. Mas o final da década de 1960 encontra Sganzerla rompendo com os cinemanovistas e alinhando-se com o que viria a se designar como o Cinema Marginal. Do final da década de 1970 em diante, ele faz um movimento auto-referente, no sentido de uma certa restrição a interlocutores e de um encerramento em temas e interesses próprios.

Considerada sua obra como um todo, o debate sobre o cinema e a cultura brasileira está presente do começo ao fim, inclusive, quando Orson Welles passa a despontar como a figura principal de sua produção filmográfica, com o lançamento de *Nem tudo é verdade* em 1986. Mas em um período bem anterior ao surgimento desse filme, a questão da dialética entre o nacional e o estrangeiro já estava colocada, movendo-se, no caso, em uma corrente de muitas ondas na cultura brasileira. Ficando no intervalo que agora interessa mais imediatamente, basta lembrar que, no início dos anos 1960, o questionamento sobre nossa *situação colonial*[6] constituía para a esquerda um ponto de inflexão incontornável no debate sobre a cultura, a política, a economia. No contexto de uma situação colonial, a esquerda percebia os norte-americanos, especialmente, como a essência do imperialismo. Mas havia também entre os segmentos do nacionalismo de direita o receio das influências vindas de fora, como o marxismo. De um lado como do outro, na esquerda como na direita, a questão era *subtrair* a presença estrangeira como forma de alcançar o *autêntico* caráter nacional. Como diz Roberto Schwarz:

6 No campo do cinema, o texto "Uma Situação Colonial?", de Paulo Emilio Salles Gomes, publicado no Suplemento Literário do *Estado de S.Paulo* em 19 de novembro de 1960, foi em grande parte responsável por esse debate. A propósito, ver GALVÃO, Maria Rita, BERNARDET, Jean-Claude, *op. cit.*, p. 164-181. É interessante observar como o texto de Paulo Emilio está marcado por uma interrogação. Entretanto, como afirmam Galvão e Bernardet, a interrogação era ignorada ou preterida em nome da afirmação. Essa reação, digamos, tática, também será provocada anos depois por outro texto de Paulo Emilio Salles Gomes: "Cinema: Trajetória no Subdesenvolvimento".

> Quando os nacionalistas de direita em 64 denunciavam como alienígena o marxismo talvez imaginassem que o fascismo fosse invenção brasileira. Neste ponto, guardadas as devidas diferenças, as duas vertentes nacionalistas coincidiam: esperavam achar o que buscavam através da eliminação do que não é nativo.[7]

No âmbito cultural, em que mais diretamente se inserem os problemas aqui apontados, naquele momento os ideais da esquerda pareciam prevalecer. Para assumir esta premissa de que na década de 1960, apesar do Golpe e do AI-5, a esquerda prevaleceu no campo cultural, parto das ideias defendidas por Roberto Schwarz, quando, em um texto escrito entre 1969 e 1970, portanto, no calor da hora, diz ele:

> Em 1964 instalou-se no Brasil o regime militar, a fim de garantir o capital contra o socialismo. O governo populista de Goulart, apesar da vasta mobilização esquerdizante a que procedera, temia a luta de classes e recuou diante da possível guerra civil. (...) Entretanto, para surpresa de todos, a presença cultural da esquerda não foi liquidada naquela data, e mais, de lá para cá não parou de crescer. A sua produção é de qualidade notável nalguns campos, e é dominante. *Apesar da ditadura da direita há relativa hegemonia cultural da esquerda no país*" [grifo do autor].[8]

Um segmento da crítica de cinema, por exemplo, interrogava-se sobre a validade de uma produção interessada em filmes de outros países, já que não seria possível estabelecer com eles algum nível de interação.[9] No plano da economia do cinema, a presença do capital estrangeiro, sobretudo depois do fracasso das empresas paulistas, como a Vera Cruz e a Maristela, era recriminada. Em um dado momento, chegou a ser implementada a retenção da remessa de lucros para o exterior, como previa o artigo 45 da Lei nº 4.131, de 3 de setembro de 1962.[10]

---

7 Ver SCHWARZ, Roberto, "Nacional por subtração". In: *Que horas são?: ensaios*. São Paulo: Companhia das Letras, 1987, p. 33.

8 Ver SCHWARZ, Roberto. "Cultura e Política, 1964-1969". In:*O pai de família e outros estudos*. 2ª. ed. Rio de Janeiro: Paz e Terra, 1992, p. 61-92.

9 A referência principal aqui é o texto de Paulo Emilio Salles Gomes "Uma situação colonial?", publicado em 19 de novembro de 1960 no Suplemento Literário do jornal *Estado de S.Paulo*. Ver GOMES, Paulo Emilio Salles, *Crítica de cinema no Suplemento Literário*, vol. 2. Rio de Janeiro: Paz e Terra, 1981, p. 286-291.

10 Sobre a questão da presença de capital estrangeiro em coproduções havia muitos conflitos.

Apesar das divergências entre as várias tendências de esquerda, era ponto de convergência, de acordo com os setores envolvidos com a política cultural, a defesa dos interesses nacionais. E dentro do aspecto nacional, na ânsia de encontrar as nossas raízes, era fundamental atingir o povo e elegê-lo como objeto central da representação. Sobre a melhor estratégia para isso, também não havia acordo. Havia, por exemplo, divergências entre o Centro Popular de Cultura (CPC) e o Cinema Novo. O CPC, cabe lembrar, foi criado em 1962 no Rio de Janeiro por artistas e intelectuais identificados com a esquerda – entre eles, Oduvaldo Viana Filho, Leon Hirszman e o sociólogo Carlos Estevam Martins – em associação com a União Nacional dos Estudantes (UNE), com o objetivo de produzir e difundir uma arte politizada e em sintonia com os interesses do povo. A proposta gradualmente ganhou mais e mais adesões, difundindo-se pelo país com o apoio das uniões estaduais de estudantes.

Para os cinemanovistas, seria interessante criar novas referências, inclusive, formais, com a proposição de uma linguagem que fosse capaz de acabar com a alienação do povo e neutralizar os efeitos nefastos principalmente do cinema americano. Para eles, cópias degradadas de Hollywood, como a Chanchada, não seriam válidas. O cinema brasileiro não podia ser apenas isso. Só valeria o *verdadeiro*, o *autêntico* caráter nacional. Nesse sentido, Glauber Rocha redescobria Humberto Mauro, consagrando-o como uma tradição do Cinema Novo, e isso por meio de uma escrita cinematográfica também impressa em páginas de livros, revistas e jornais – como o *Diário de Notícias*, da Bahia, e o *Jornal do Brasil*, do Rio de Janeiro. Ismail Xavier contextualiza essa redescoberta de Humberto Mauro por Glauber Rocha, esclarecendo:

> Glauber exagera ao falar em descoberta de Mauro. O cineasta mineiro já havia sido redescoberto, nas retrospectivas dos anos 50; seu aporte original é o novo sentido que sua leitura traz, ao tornar Mauro uma estação obrigatória num processo que tem direção definida.[11]

Verificava-se, por exemplo, um certo posicionamento da esquerda que, segundo Roberto Schwarz, mantinha a ideia de que o capital estrangeiro não estava interessado na industrialização do cinema nacional. Nesse contexto, incluem-se muitas polêmicas em torno das coproduções e da lei da retenção de remessa de lucro para o exterior. Esses dados encontram-se em GALVÃO, Maria Rita, BERNARDET, Jean-Claude, *op. cit.*, p. 175-181.

11 Ver XAVIER, Ismail, "Prefácio". In: ROCHA, Glauber. *Revisão crítica do cinema brasileiro*. São Paulo: Cosac e Naify, 2003, p. 12. A primeira edição do livro de Glauber foi lançada em 1963 pela editora Civilização Brasileira.

Assim como Glauber, Sganzerla também sai em defesa do mestre de Cataguases. Esse estabelecimento de tradições é simultâneo à busca de um *estilo* próprio ao Brasil. A máxima "uma câmera na mão e uma ideia na cabeça" sintetiza o esforço de criação envolvido com a *mise-en-scène*, com a fotografia, com a montagem e também com um sistema de produção adequado a um país do Terceiro Mundo. Mas existiam paradoxos nesse contexto de uma nacionalidade por subtração do estrangeiro, pois, apesar da situação colonial, identificava-se o interesse por alguns estrangeiros. Rosselini e Eisenstein, por exemplo, eram referências constantes para os cinemanovistas. E para alguns, de fato, não havia constrangimento em assumir as influências do exterior, afinal, "nacionalismo não é isolacionismo".[12]

A dialética nacional/estrangeiro parece intensificar uma de suas dimensões quando, já em meados da década de 1960, o Cinema Novo demarca a América Latina como parte do seu projeto, como indica o próprio manifesto "Por uma Estética da Fome,"[13] de Glauber Rocha. "A fome latina (...) não é somente um sintoma alarmante: é o nervo de sua própria sociedade. Aí reside a trágica originalidade do Cinema Novo diante do cinema mundial: nossa originalidade é nossa fome..."[14] Mais tarde, a mistura de Brasil e América será bastante cara aos interesses dos tropicalistas, embora assuma tonalidades diversas, propondo visões que destoarão um tanto da perspectiva glauberiana verificada no manifesto há pouco citado. Nesse sentido, um exemplo sem dúvida emblemático é o romance *Panamérica,*[15] de José Agrippino de Paula.

Em todo caso, enquanto o final da década não chegava, um impulso de Brasil que se confunde com o (Terceiro) Mundo empenhava-se. Gustavo Dahl em 1965, avaliando os rumos do cinema brasileiro, cogitando a essa altura a passagem da produção independente para a industrialização, dizia então: "essa geração [do Cinema Novo] começou, já na crítica, a colocar os proble-

12 A frase "nacionalismo não é isolacionismo" é atribuída a Alex Viany. Ver GALVÃO, Maria Rita, BERNARDET, Jean-Claude, *op. cit.*, p. 208.

13 ROCHA, Glauber. "Por uma Estética da Fome". *Revista Civilização Brasileira*, nº 3, 1965.

14 ROCHA, Glauber. "Eztetyka da Fome". In: *Revolução do cinema novo*. Rio de Janeiro: Alhambra/Embrafilme, 1981, p. 30.

15 A primeira edição de *Panamérica* data de 1967. Ver PAULA, José Agrippino de. *Panamérica*. 3ª. ed. São Paulo: Editora Papagaio, 2001.

mas do cinema nacional nos mesmos termos de exigência com que colocava os do cinema mundial".[16]

Mas surge um novo cenário quando em meados da década de 1960 são lançadas as bases daquilo que alguns identificam como uma segunda fase do Cinema Novo, quando foram questionadas as "estruturas econômicas tradicionais"[17] e cogitadas as possibilidades de uma maior aproximação com o público. Sganzerla, assim como outros cineastas que logo seriam identificados com o Cinema Marginal, se opõe aos rumos então defendidos por esses segmentos. Não tardarão o lançamento de *O bandido da luz vermelha* (1968) e a ruptura com os cinemanovistas. Quando isso ocorre, tanto o cinema de Sganzerla quanto um âmbito abrangente da cultura brasileira estão lidando, no debate sobre o caráter nacional, com um dado a essa altura incontestável: o Tropicalismo.

Como afirma Roberto Schwarz, o movimento tropicalista teve propensão à construção de alegorias do Brasil, porém, com uma abertura ampla para as influências vindas de fora. Contextualizando sua visão do Tropicalismo, Schwarz percebe que o Golpe de 64 alçou um certo "pensamento caseiro", relacionado a formas arcaicas de poder, à eminência histórica. Diz ele:

> Arriscando um pouco, talvez se possa dizer que o efeito básico do tropicalismo está justamente na submissão de anacronismos desse tipo, grotescos à primeira vista, inevitáveis à segunda, à luz branca do ultra-moderno, transformando-se o resultado em alegoria do Brasil. A reserva de imagens próprias ao país patriarcal, rural e urbano, é exposta à forma ou técnica mais avançada ou na moda mundial – música eletrônica, montagem eisensteiniana, cores e montagem do pop, prosa de *Finnegans Wake*, cena ao mesmo tempo crua e alegórica, atacando fisicamente a platéia.[18]

Na crítica que Sganzerla passa a empreender (especialmente a Glauber Rocha, com quem estabelece o diálogo mais tenso) verifica-se a inclusão de

16 O depoimento de Gustavo Dahl está em GALVÃO, Maria Rita, BERNARDET, Jean-Claude, *op. cit.*, 1983, p. 213.

17 DAHL, Gustavo. "Cinema Novo e Estruturas Econômicas Tradicionais". In: *Revista Civilização Brasileira*, nº 5/6, março, 1966. Este texto de Gustavo Dahl é bem significativo das mudanças por que passa o Cinema Novo a partir de meados da década de 1960.

18 Ver SCHWARZ, Roberto, "Cultura e Política, 1964-1969". In: *O pai de família e outros estudos*. 2ª. ed. Rio de Janeiro: Paz e Terra, 1992, p. 73-74.

elementos da cultura nacional antes *rebaixados*, como a própria Chanchada, as narrativas policialescas do rádio, as histórias em quadrinhos. Percebe-se, além disso, uma abertura para a cultura estrangeira por via da citação e da colagem despudoradas, sem constrangimentos, inclusive, com a incorporação antropofágica dos produtos mais diretamente inseridos na indústria cultural internacionalizada.

Dado esse panorama resumido da década de 1960, observa-se que Sganzerla passa por alguns estágios, sedimentando uma base para um cinema, o seu próprio, que vai problematizar em grande medida as teses então existentes nos diversos segmentos da modernidade cinematográfica no Brasil. Ele começa como um discípulo aplicado do Cinema Novo. Escrevendo para o Suplemento Literário do *Estado de S. Paulo*, insere-se pouco a pouco no debate político-cultural. Observando o trabalho de outros cineastas e críticos, começa a expressar alguns conceitos de sua própria visão de cinema. Sua estreia como diretor se dá com *Documentário*, de 1966, e desde então suas ideias, formuladas primeiramente nas páginas de jornal, passam a se reconhecer nos seus filmes. Quando, na virada das décadas de 1960 para 1970, rompe com o Cinema Novo, torna-se uma referência de uma ainda mais nova vertente da cultura brasileira. A vertente tropicalista, da qual se aproxima, abre de uma certa maneira as portas para a incorporação do estrangeiro como dado da cultura nacional.

Nesse processo, ou seja, dos engajamentos e rupturas empreendidas no percurso do início ao final da década de 1960, percebem-se recorrências de *figuras* tanto nas suas críticas quanto nos filmes. Tais figuras conectam os textos entre si, como *motivos* temáticos e formais recorrentes, estabelecendo relações entre o passado e o presente de um modo tal que o primeiro prefigura ou profetiza o segundo. Constituídos como figuras, Orson Welles, Godard, Jimmy Hendrix, Noel Rosa e João Gilberto, principalmente, constituem signos do pensamento de Sganzerla, adquirindo significados específicos durante o processo de elaboração dos artigos e filmes. Welles, especialmente, destaca-se sobre os demais porque se torna a figura mais reelaborada, assumindo uma dimensão excepcional quando considerada a obra de Sganzerla como um todo. Essa reelaboração progressiva da figura de Welles, objeto da análise aqui empreendida, implica uma atenção desdobrada de texto a texto, de crítica a crítica, de filme a filme, de uma forma tal que os dados parciais possam favorecer uma percepção sobre cada momento específico da obra e também sobre a sua totalidade. Nessa elaboração de sua figura, fica indicada, desde já, uma "dialética da fragmentação e da totalização" como construção típica do processo alegórico.[19]

19 Discutindo a "dialética da fragmentação e da totalização", Ismail Xavier se reporta a Angus Fletcher e sua percepção da alegoria como uma mensagem codificada que precisa ser decifrada. Ver XAVIER, Ismail, "Historical Allegory". In: MILLER, Toby, STAM, Robert (eds.). *A companion to film theory*. Malden (MA): Blackwell Publising, 2004, p. 333-362.

CAPÍTULO 1

Um laboratório de conceitos: o suplemento literário do jornal *O Estado de S. Pão Paulo*

Quando chega em São Paulo, em 1961,[1] Rogério Sganzerla começa a frequentar as sessões promovidas pela Cinemateca Brasileira. Inicia-se na atividade cineclubista graças a Almeida Salles, e logo é conduzido ao espaço onde se reunia parte significativa da intelectualidade brasileira, o Suplemento Literário do jornal *O Estado de S. Paulo*. Como afirma Rubens Machado Jr.:

> Decio de Almeida Prado, que dirigia então o Suplemento Literário do jornal *O Estado de S.Paulo*, ampara o jovem talento, que viria a desempenhar um papel discreto, mas sistemático, de intérprete e defensor do Cinema Novo, um tanto solitário na imprensa paulista. Além de sua colaboração no jornal *Estadão* (1964–1967), iniciada aos 17 anos com um artigo sobre *Os cafajestes* (1962), de Ruy Guerra, escreve também no *Jornal da Tarde* (1966–1967), na *Folha da Tarde* (1967–1968). Desde 1978, é articulista bissexto da *Folha de S.Paulo*, discorrendo sobre os seus próprios temas de criação, revisitando fielmente um estável e restrito panteão de cineastas, músicos e cantores.[2]

O Suplemento Literário, no qual o Sganzerla crítico pôde desenvolver seu trabalho durante um intervalo de tempo amplo, surge ao que tudo indica como uma espécie de laboratório conceitual, uma escola de cinema, se

---

1 Sobre a sua chegada em São Paulo, ver o depoimento do próprio Rogério Sganzerla no filme *Mr. Sganzerla, os signos da luz* (Joel Pizzini, 2011).

2 MACHADO JR., Rubens. "Sganzerla, Rogério". In: RAMOS, Fernão, MIRANDA, Luiz Felipe (orgs.). *Enciclopédia do cinema brasileiro*. São Paulo: Editora do Senac, 2000, p. 510.

se pressupõe o debate entre os envolvidos com essa publicação. Reflexos desse debate ou, mais propriamente, das ideias defendidas por Sganzerla (que trazem também indícios da edição de seus mestres) nas páginas do jornal chegarão mais tarde aos seus filmes. Mas nesse momento, década de 1960, em torno do Suplemento Literário encontrava-se um grupo de intelectuais cujo caráter de formador de uma geração vem sendo cada vez mais reconhecido em trabalhos diversos. José Inacio de Melo Souza, por exemplo, diz que "o Suplemento foi pensado e planejado originalmente por Antonio Candido".[3] Como, entretanto, Antonio Candido não tinha interesse em assumir a coordenação do projeto, indicou Decio de Almeida Prado. No mesmo jornal, entre 1950 e 1961, Almeida Salles também "exerceu a crítica quase diária",[4] voltando a escrever especificamente para o Suplemento Literário em 1965 e 1966, quando voltou de Paris, onde estivera como adido cultural desde 1962. Por sua vez, Paulo Emilio Salles Gomes passou a colaborar escrevendo semanalmente, de 1956 a 1960, e posteriormente com artigos intermitentes até 1965.

A intervenção desses críticos ligados ao Suplemento Literário, na verdade, começou muito antes e foi decisiva para os rumos da produção cultural no país. Eles exerceram um papel decisivo, por exemplo, na formação de uma cultura cineclubista, estimulada por experiências anteriores como a do Clube de Cinema de São Paulo, iniciativa de Paulo Emilio Salles Gomes e Decio de Almeida Prado que, depois de uma primeira tentativa frustrada pela ação do Departamento de Imprensa e Propaganda (DIP), resultou na Filmoteca do Museu de Arte Moderna (1948) e depois na Cinemateca Brasileira (1955).

São esses intelectuais – entre outros, como Vinicius de Moraes (no jornal *A manhã*, do Rio de Janeiro) – em grande medida os responsáveis pela crítica moderna de literatura, teatro e cinema no Brasil. Paulo Emilio Salles Gomes, Decio de Almeida Prado e Almeida Salles já participavam de publicações diversas antes mesmo do lançamento da revista *Clima*, em 1941, um veículo de expressão dos alunos da Faculdade de Filosofia da Universidade de São Paulo, uma publicação marcante para uma geração

---

3 SOUZA, José Inacio de Melo. *Paulo Emílio no paraíso*. Rio de Janeiro/São Paulo: Editora Record, 2002, p. 435-436.

4 MIRANDA, Luiz Felipe. "Salles, Almeida (Francisco Luís de Almeida Salles)", in RAMOS, Fernão, MIRANDA, Luiz Felipe (orgs.), *op. cit.*, p.482.

da época em que "o cinema brasileiro era um mistério",[5] sendo "sua existência ignorada".[6]

Um ano depois do lançamento de *Clima*, Orson Welles chegou ao Brasil (em 1942, precisamente) e a sua presença e a de *Cidadão Kane* foram elementos decisivos na polêmica então existente na crítica brasileira entre os defensores do cinema mudo em contraposição aos defensores do cinema sonoro, no que parece ser um prolongamento dos debates ocorridos desde o final da década de 1920. Mesmo sem entrar em detalhes, é relevante observar como, além da própria presença de Orson Welles, ecos desse debate – por exemplo, a dimensão pura que seria característica do verdadeiro cinema-arte, o cinema mudo, sem a contaminação da literatura ou do teatro – aparecerão mais tarde nas críticas de Sganzerla para o Suplemento Literário.

A chegada de Welles ao Brasil conseguiu até mesmo remover a posição de um empedernido defensor do mudo, como Vinicius de Moraes, que a partir de *Cidadão Kane* passou admitir o "som como função do movimento".[7] Como admite José Inacio de Melo Souza, o efeito de *Cidadão Kane* será também decisivo na concepção de cinema de Paulo Emilio Salles Gomes.[8] Quase duas décadas depois do lançamento do filme de Orson Welles, Paulo Emilio encontra-se no Suplemento Literário dedicando alguns artigos ao cineasta americano. Tal persistência é indicativa da importância da obra de Welles aos olhos de Paulo Emilio que, nesses textos, destaca aspectos como o prodígio revelado desde a infância ("Orson Welles nunca se tornou realmente um adulto");[9] suas virtudes fundamentais ("a voz, a presença, o talento como

5 SOUZA, José Inacio de Melo. *A carga da brigada ligeira: intelectuais e crítica cinematográfica, 1941-1945*. 2 v. Tese (doutorado em Ciências da Comunicação) – ECA-USP, 1995, v.1, p. 13.

6 *Ibidem*, p. 13

7 *Ibidem* p. 109.

8 "Para o crítico de *Clima*, *Kane* não podia ser visto como um filme qualquer. Ele era uma aventura do espírito e, como tal, assim seria a crítica: uma 'aventura narrada'. Ele assistiu ao filme várias vezes: 'A partir de então, quer dizer, depois de visto três, quatro ou cinco vezes, o filme começa. É esse *Citizen Kane* que aqui se examinará'. A observação seguida do filme visava também desembaraçar o crítico de outros obstáculos como o astro Orson Welles, 'um elemento perturbador', e a fotografia de Gregg Tolland, virtuosística no seu uso de luzes e sombras. *Ibidem*, p. 111.

9 GOMES, Paulo Emilio Salles. "Orson Welles, o americano". In: *Crítica de cinema no Suplemento Literário*. 2 v. Rio de Janeiro: Paz e Terra, 1981, vol. 1, p. 272.

diretor, o americanismo"),[10] associadas à experiência do rádio, do teatro, do espetáculo; seu embate com a indústria; o enigma como fio condutor da história de Kane; a relação desse personagem com o próprio Welles (mais do que com William Hearst), etc. Um dos aspectos mais importantes das observações de Paulo Emilio sobre Orson Welles, quando está em pauta a presença deste como figura na obra de Sganzerla, está relacionado com a seguinte citação, parte final de um artigo sobre Charles Foster Kane escrito para o Suplemento Literário: "Obra profundamente americana, esse primeiro filme de Orson Welles é um convite para meditarmos sobre o sucesso e a frustração".[11] Essa relação entre sucesso e frustração, apontada por Paulo Emilio a propósito de Welles, constituirá uma das matrizes do cinema de Rogério Sganzerla, perpassado pela dialética "um gênio ou uma besta", proposta desde *O bandido da luz vermelha*. Isso já foi apontado por alguns críticos, que reconhecem claramente a questão do "fracasso" como um aspecto característico do cinema de Sganzerla. Referindo-se especificamente aos filmes inspirados na viagem de Welles ao Brasil, Rubens Machado Jr., por exemplo, admite:

> Desenvolve-se aqui o seu tradicional tema do fazer cinema no Brasil, agora como tarefa hollywoodiana às avessas: a identificação do Welles malogrado é contraposta à dificuldade de um projeto audiovisual brasileiro em moldes redentores, ambos como contrapartida ao *status quo* repressivo da indústria cultural. (...) O tema do fracasso, central na obra de Sganzerla, adquire nessa empreitada mítica do gênio hollywoodiano uma importância decisiva. O Brasil, isto é, as culturas visual e radiofônica brasileiras, sempre em causa, e chave do seu corte estético na história do cinema brasileiro, atingem uma dimensão universal na medida de sua irrealização cinematográfica mundial, incrustrando-se e comprovando-se na experiência fracassada de Welles.[12]

---

10 *Ibidem*, p. 273.

11 GOMES, Paulo Emilio Salles. "Charles Foster Kane". In: *Crítica de cinema no Suplemento Literário*. 2 v. Rio de Janeiro: Paz e Terra, 1981, vol. 1, p. 279. O referido artigo foi publicado pela primeira vez, no Suplemento Literário, em 22 de fevereiro de 1958.

12 Ver MACHADO JR., Rubens, "Sganzerla, Rogério". In: RAMOS, Fernão, MIRANDA, Luiz Felipe (orgs.), *op. cit.*, p. 512-513. Ver também a análise de Ismail Xavier sobre *O bandido da luz vermelha* (XAVIER, Ismail. "O Bandido da Luz Vermelha: alegoria e ironia". In: *Alegorias do subdesenvolvimento: Cinema Novo, Tropicalismo, Cinema Marginal*. 2ª. ed. São Paulo: Brasiliense, 1993, p. 71-115).

Parece, portanto, lógica a seguinte dedução: em grande medida a percepção de Paulo Emilio Salles Gomes – ao analisar o primeiro filme de Orson Welles, ao refletir sobre a presença deste no Brasil, ao associar Kane a uma dialética do sucesso e da frustração – acabou por se disseminar entre artistas e intelectuais que, como Sganzerla, a uma certa altura circulavam por espaços como a Cinemateca Brasileira e o Suplemento Literário do *O Estado de S.Paulo*, para não falar de outros lugares onde possivelmente pudessem se reunir os cinéfilos. É certamente presumível que, ao falar sobre a dialética do sucesso e da frustração, Paulo Emilio estivesse a par das ideias de André Bazin sobre Orson Welles (fato a ser discutido posteriormente, nas considerações sobre o livro *O pensamento vivo de Orson Welles*).

Em todo caso, no Brasil, a dinâmica dessas ideias circulantes entre uns e outros certamente existe de uma forma ampla e reveste-se de nuances com as frequentes transformações no cenário político e cultural, pelo menos desde a ditadura Vargas até a virada do século XX para o século XXI. Perceber a obra de Sganzerla implica, portanto, identificar a maneira muito própria como ele processará, ao longo das diferentes fases, as informações existentes em seu entorno de uma forma tal que sua singularidade como cineasta venha à tona. Nesse sentido, é fundamental verificar suas escolhas centrais, perseguindo-se as reiterações, tanto nos textos jornalísticos quanto nos fílmicos. Cronologicamente, os artigos publicados no Suplemento Literário são o ponto de partida. São escritos nos quais Sganzerla pela primeira vez, ao menos em um veículo de grande circulação, revela sua compreensão do cinema. E já nesse momento percebem-se conceitos gradualmente reconsiderados, revistos, revisados e às vezes até mesmo renegados pelo próprio autor. Ao seguir os seus passos a partir desse ponto, estarei particularmente atento à questão do nacional/estrangeiro, obviamente com especial interesse pela figura de Orson Welles.

Ruy Guerra e o Contexto dos Marginais

Os primeiro artigos de Sganzerla publicados no Suplemento Literário discutem *Os cafajestes* (1962), de Ruy Guerra.[13] A dificuldade existencial, o tédio, as impossibilidades vividas por Leda, Jandir, Vilma e Vavá, personagens do filme, remetem-se, na perspectiva de Sganzerla, à "procura universal do

13 "Revisão de *Os Cafajestes* I" e "Revisão de *Os Cafajestes* II", publicados no Suplemento Literário do jornal *O Estado de S.Paulo* respectivamente em 04-01-1964 e 11-01-1964

homem".[14] Aos olhos do crítico, os personagens de Ruy Guerra fazem parte de uma tragédia. Referindo-se à cena inicial, ele diz que a câmera simboliza um ato amoroso ao adentrar um túnel: "Esta cena funciona também como aviso e prevenção de que a tragédia passa-se no submundo, que Ruy Guerra usa como símbolo do próprio mundo".

Sganzerla situa dois momentos que percebe como fundamentais no filme: um "momento de procura" e um "momento de revolta". A passagem de um a outro desses momentos constitui, para o ser humano, uma condição existencial trágica, da qual resulta a revolta, resultado da procura frustrada. Diante da *frustração* – e aqui temos um tema que como vimos há pouco é de fundamental importância para Sganzerla – ocorre uma nova procura.

> Ambos os momentos [a procura e a revolta] significam, para as personagens, tentativas frustradas. Mesmo assim, o ciclo persiste (procura-revolta-procura-revolta...) e isto significa que um personagem, depois de fracassar no segundo momento, retornará ao primeiro, e assim continuadamente, persistindo numa procura aprisionante.

Dessa forma se estabelece um ciclo de repetição contra o qual nada é possível. Os personagens estão presos em uma cadeia metafísica. E essa repetição está associada ao "fatalismo", que encontra no *travelling* circular em torno de Leda sua forma mais eloquente, tornando inútil qualquer saída racional, qualquer reconhecimento da razão. Também as tentativas de suicídio de Leda são atos desesperados de fuga diante de um destino que despreza o esforço racional. Tentativas de suicídio, é oportuno lembrar, também ocorrem com o protagonista em *O bandido da luz vermelha*.

Essa impotência, niilismo implicado na inutilidade de qualquer gesto da razão, durante muito tempo encontra-se alheia, distanciada da História. O alheamento ao que acontece fora do universo das quatro personagens de *Os cafajestes* é proposto pelo filme, pelo menos até o momento final, quando Jandir resta sozinho, dirigindo o carro, ouvindo as notícias trazidas pelo rádio, o que acentua sua marginalidade diante dos contextos sociais, políticos, econômicos. Na leitura de Sganzerla ressalta-se o dado universal: os personagens de Ruy Guerra representam uma fusão de passado, presente e futuro, evidenciada pela "consciência da

---

14 SGANZERLA, Rogério, "Revisão de *Os Cafajestes* I", Suplemento Literário do jornal *O Estado de S.Paulo*, 04-01-1964. As citações seguintes, indicadas pelas aspas ou pelo recuo das margens, fazem parte desse texto.

dor total". A posição do crítico, ao evitar contextualizações históricas, inclusive, sobre a própria produção do filme, não deixa de ser surpreendente, se considerado o momento de publicação do texto, já que, nesse momento, a questão do *fracasso* é importante para vários diretores do Cinema Novo, interessados em debater a realidade do país em um momento de grandes embates políticos.[15] Porém, para Sganzerla, como se pode deduzir de sua leitura de *Os cafajestes* às vésperas do golpe militar de 1964, esse fracasso tem uma dimensão metafísica, fatalista, um destino irremediavelmente trágico a ser vivido pelo homem.

A câmera cínica diante do herói vazio

A noção de "câmera cínica"[16] surge em um texto no qual Sganzerla procura definir o cinema moderno. De início, ele identifica tanto no romance quanto no cinema contemporâneos "uma acentuada preocupação pela visão, pelo olhar, como forma de captação da realidade". E entre os interessados por esse olhar, além da fenomenologia, da ciência moderna e de escritores do *noveau-roman*, o cinema tem maior relevância: "Que arte, melhor que o cinema, consegue captar os objetos em sua aparência, dependendo fundamentalmente da visão?" – questiona. Assim, interessa perseguir a "pura visibilidade", como fazem, por exemplo, Howard Hawks, Samuel Füller e Jean-Luc Godard. Além desses, ainda serão lembrados Brecht – a "distanciação brechtiana" – e novamente Samuel Füller, em *A lei dos marginais* (1961), filmando "um assassino em plano distanciado e em suavíssimo *travelling* lateral". Em suma, à medida que se afasta do drama, do personagem, a câmera cínica ganha autonomia para registrar livremente "o acontecimento visual", entrando em contato efetivo com a realidade.

15 Tenho em mente, ao afirmar que o fracasso era um tema recorrente do Cinema Novo, o livro *Brasil em tempo de Cinema*, em que Jean-Claude Bernardet analisa, entre outros aspectos, o "marginalismo" (em vários filmes, como *Cinco vezes favela*, 1962, e *A grande feira*, 1961), a "temática do definhamento" (em *A falecida*, 1965, de Leon Hirszman), a "decadência" (em *Menino de engenho*, 1965, de Walter Lima Jr., e *Porto das caixas*, 1962, de Sarraceni,), a fuga fracassada (*São Paulo S.A*, de Luís Sérgio Person). Ver BERNARDET, Jean-Claude. *Brasil em tempo de cinema: ensaio sobre o cinema brasileiro*. 3ª. ed. Rio de Janeiro: Paz e Terra, 1978. A primeira edição desse livro foi lançada em 1967 pela editora Civilização Brasileira.

16 SGANZERLA, Rogério. "A Câmera Cínica", Suplemento Literário do jornal *O Estado de S.Paulo*, 11-07-1964. As citações seguintes, indicadas pelas aspas ou pelo recuo das margens, fazem parte desse texto.

> A "câmera" realiza, então, um trabalho difícil: o esvaziamento do heroísmo das personagens. São esvaziadas de qualquer inteligência, de moral, de psicologia, de sociologia, de utilitarismo, de dependência ao espaço e ao tempo etc., o que subsiste é a visão pura delas.

Os heróis vazios são personagens que agem sem que se possa realmente conhecê-los. Só é possível vê-los. Em um artigo posterior, entretanto, o herói vazio vai se transformar em "herói fechado". E ainda que Orson Welles não seja lembrado no texto sobre a câmera cínica, mais tarde *Cidadão Kane* será considerado o provável protótipo do herói fechado – cabe aqui observar essa dinâmica própria ao crítico, de retomar conceitos para reiterá-los ou corrigi-los ou transformá-los. Em todo caso, a noção de herói vazio é pertinente à crise de identidade que personagens como Kane e o Bandido apresentam. Em *O bandido da luz vermelha*, por exemplo, a pergunta que instaura o conflito inicial – "quem sou eu?" – obterá inúmeras respostas no transcorrer da narrativa, todas, porém, indicativas da impossibilidade de reconhecimento efetivo da personagem. Será difícil apreender a perspectiva dramática do protagonista, até porque a noção norteadora não é a do encadeamento de motivos do tipo causa-consequência. As imagens e os sons colocam-se como um desafio, indicando possibilidades ao leitor. "Um gênio ou uma besta" é uma alternativa que *O bandido da luz vermelha* propõe sobre um protagonista enigmático, que por sua vez não cessa de se interrogar: "quem sou eu?", ocorrendo uma reiteração do enunciado e da enunciação sobre a impossibilidade de responder à pergunta, que é novamente colocada, recompondo o enigma, fugindo a uma racionalidade previsível. Sganzerla chega mesmo a afirmar que a pura visibilidade é irracional:

> A câmera cínica procura captar a visão irracional dos seres e objetos, preocupando-se em reter a visibilidade absoluta dos seres e objetos a fim de alcançar a pretendida realidade absoluta, despojada de qualquer interferência racionalista, intelectual.

A oposição ao racionalismo, discutida há pouco na perspectiva do fatalismo encontrado em *Os cafajestes*, retorna a propósito da câmera cínica e aqui se conjuga com uma certa noção de realidade. A dimensão da realidade em questão certamente está relacionada com o realismo tal como compreendido por André Bazin, orientado, em resumo, pela persistência do objeto filmado, de seu movimento, do fluxo de sua existência no tempo diante da câmera, seguindo um princípio fenomenológico.

Kane e os heróis fechados em um tempo solto

Alguns meses depois de apresentar o texto sobre a câmera cínica, o crítico permanece interessado em definir o herói moderno, suas características de ruptura em relação ao herói tradicional. Escreve então um artigo para definir o "herói fechado",[17] que continua, na verdade, relacionado à câmera cínica, que não vê interesse na psicologia, na moral ou na sociologia. Não é possível desvendar o interior do herói fechado.

> Não é possível conhecer o seu íntimo, no máximo o que se pode fazer é olhá-lo. Chamá-lo-ei de herói fechado. Sofre crises profundas e insondáveis, que não são definidas pelo filme.

Para o crítico, "o precursor e também protótipo do herói fechado é, provavelmente, *Cidadão Kane* (1941)". Como afirma, *Rosebud* é "uma palavra desconhecida e inexplicável". E ele continua a discorrer sobre o filme de Orson Welles, sobre a crise impenetrável de Kane, a possibilidade de apreensão de sua aparência, a impossibilidade de apreensão de sua essência. Ou seja, ao falar de Kane retoma questões tais como o irracionalismo associado ao desprezo das relações de causa e consequência e o fatalismo que impossibilita uma resposta racional ao enigma da existência. Sganzerla parte de Orson Welles, mas também avança na pesquisa sobre o herói moderno em outros autores. Considera, a propósito de *Acossado* (Godard, 1960), a ignorância do espectador sobre as causas relacionadas à atitude suicida de Michel. Cita Yoshida (*Sede de sangue*, 1960) e Samuel Füller (*Casa de bambu*, 1955), mas retorna a Orson Welles como exemplo de narrativa moderna.

> "Cidadão Kane" é também precursor da construção narrativa moderna. A vida de Charles Foster Kane é relatada em fragmentos, isto é, em seis depoimentos de contemporâneos seus, focalizando-o em diversas fases de sua existência, da infância à velhice. A cronologia quebra-se, então. Esta fragmentação temporal viria a ser um dos recursos fundamentais do filme moderno.

Chama a atenção para o tempo que não se desenvolve de forma progressiva. "O tempo é solto" quando ele se estende para um limite incomensurável e vincula-se ao princípio de repetição.

---

17 SGANZERLA, Rogério. "Becos sem Saída", Suplemento Literário do jornal *O Estado de S.Paulo*, 21-11-1964. As citações seguintes, indicadas pelas aspas ou pelo recuo das margens, fazem parte desse texto.

> Em Yoshida, Godard, Sugawa ou Resnais, não há aquele desenvolvimento progressivo: o tempo é solto. Usam a repetição constante, que não evolui e é um eterno errar, retornar, continuar, em círculo vicioso. Com este processo o herói está preso numa sucessão circular, vale dizer, encarcerado no tempo.

A morte como saída

Em um tempo tão extenso, o herói fechado encontra-se preso e busca uma saída. A procura da liberdade, considerada como "a tônica dos personagens modernos", quase sempre esbarra no círculo de repetição, no sem-saída do tempo solto. Mas uma possibilidade de escapar ao encarceramento do tempo pode ser a morte. Nas palavras do crítico, "a liberdade dá-se com a destruição do herói". Como esclarece, "trata-se do tema da saída através da morte". A propósito, Godard ("usa-o quase exclusivamente"), Fuller ("idem"), Louis Malle (*Vida privada*, 1962) e David Lean (*Lawrence da Arábia*, 1962) são, entre outros, lembrados como exemplos. A morte como saída indica de alguma forma que "estes filmes mantêm a estrutura da tragédia". Porém, se ocorre a recusa da morte como saída, se os personagens resultam vivos ao final da narrativa, eles vêem-se então enredados em um ciclo eterno de repetição, como ocorre em *A noite* (1961), de Antonioni, "com os personagens repetindo-se a si mesmos, não alcançando nenhuma modificação", como acontece com os heróis de *cartoon*, que repetem eternas peripécias, mas nunca morrem, voltando sempre ao ponto inicial.

A questão da morte como saída, introduzida por Sganzerla a propósito de *Cidadão Kane*, na verdade, assumia na década de 1960 um papel significativo também em alguns filmes brasileiros. No contexto da produção brasileira, a morte como saída foi discutida por Jean-Claude Bernardet, em *Brasil em tempo de cinema* (cuja primeira edição data de 1967), a propósito de alguns filmes de Roberto Farias, como *Assalto ao trem pagador* (1962) e *Selva trágica* (1964), nos quais se identificou um esforço malogrado das "aspirações do marginal", pois "o marginal heroizado não pode senão morrer no fim do filme e sua morte é a extinção de uma força da natureza".[18]

18 Ver BERNARDET, Jean-Claude, *op. cit.*, 1978, p. 50.

A visão cínica a partir de Godard

Em dezembro de 1964, Sganzerla dedica dois artigos a *Viver a vida* (1962).[19] Ocorre aqui, mais precisamente na abertura do primeiro texto, uma recriminação do crítico ao mercado brasileiro, que não exibe as obras de Godard, a não ser raramente. Essa introdução estabelece uma conexão explícita, ainda que rápida, entre os filmes, os temas debatidos até então e a realidade da distribuição e exibição no Brasil (questão que será acentuada com o passar do tempo, na produção crítica de Sganzerla nos outros jornais). Logo depois, as observações se voltam especificamente para o universo do filme. Destacam-se o seu "tratamento despojado" e o tema "amor e morte", próprio de personagens trágicos que encontram "a morte como saída".[20]

> A trajetória de Nana (heroína de *Viver a vida*) e Michel (de *Acossado*) dirige-se para a morte, solução final do conflito. São personagens trágicos; desde as primeiras imagens estão condenados à destruição. Em todos os momentos da fita sente-se a onipresença da morte.

No decorrer dos textos sobre *Viver a vida*, Sganzerla retorna a algumas noções anteriores, tais como: tragédia ("não percebemos a tragédia [de Nana] em todas as suas minúcias"); quebra no encadeamento de motivos ("desconhecemos as causas e os efeitos do que acontece a Nana"); irracionalismo ("não há uma lógica dramática: quem são os perseguidores? Por que a matam?") e pura visibilidade ("ausência de aparatos dramáticos; a ação é perfeitamente integrada na dimensão ocular"). O tempo é outro fator revisto. Na percepção do crítico, enquanto para alguns diretores o elemento fundamental é o espaço (Wajda e Cacoyannis), para outros, como Godard, é o tempo. Mas isso não significa, como esclarece Sganzerla, lidar com *flashbacks* ou monólogo interior: "Godard explora a duração da imagem, funcionalizando os instantes que 'sobram' após os gestos e atos das figuras, em que não acontece nenhuma ação, os 'tempos mortos'".[21]

---

19 "Viver a Vida I" e "Viver a vida II", publicados no Suplemento Literário do jornal *O Estado de S.Paulo*, respectivamente em 05-12-1964 e 12-12-1964.

20 SGANZERLA, Rogério. "Viver a Vida I", Suplemento Literário do jornal *O Estado de S.Paulo*, 05-12-1964. As citações seguintes, indicadas pelas aspas ou pelo recuo das margens, fazem parte desse texto.

21 SGANZERLA, Rogério. "Viver a Vida II", Suplemento Literário do jornal *O Estado de S.Paulo*, 12-12-1964. As citações seguintes, indicadas pelas aspas ou pelo recuo das margens, fazem parte desse texto.

Além disso, continua, Godard não tem interesse pela psicologia, moral, drama ou sociologia. Despreza a sintaxe convencional do cinema e chega a uma "visão cínica" (certamente estruturada pela câmera cínica).

> A visão cínica é a renúncia ao julgamento, analogia e comparação dos elementos entre si. Segundo Godard, não se pode julgá-los; seja um julgamento psicológico, como no cinema tradicional; moral, como em fitas antigas ou antiquadas (Griffith, Welles, John Ford, Lang e boa parte da escola norte-americana; no cinema italiano os detestáveis Fellini, Zurlini, Bolognini; sem esquecer Claude Chabrol); julgamento social ou sociológico, ou ambos ao mesmo tempo, que muita gente ainda pretende reviver.

É relevante observar nesta última citação a inclusão de Orson Welles no rol dos cineastas relacionados às "fitas antigas ou antiquadas", numa espécie de contraposição em relação a Godard, referência inabalável de modernidade em vários textos de Sganzerla.

Personagens fundamentados nos intérpretes

Novas noções sobre cinema moderno são ainda apresentadas no âmbito das observações sobre Godard. Um exemplo é a fusão entre documentário e ficção, no caso, associada ao fato de as personagens estarem fundamentadas nos seus intérpretes, nos atores. *Acossado* seria, nessa perspectiva, um documentário sobre Jean Seberg e Jean Paul Belmondo. Outro aspecto inédito, na delimitação de conceitos, diz respeito àquilo que Sganzerla percebe como uma passagem do domínio masculino para o feminino na filmografia de Godard, cujos primeiros filmes estão inscritos num universo masculino (por exemplo, *Acossado*), ocorrendo posteriormente um deslocamento para o universo feminino (*Uma mulher é uma mulher*, 1961, e *Viver a vida*, 1962). E aqui é tentadora uma comparação com a passagem de *O bandido da luz vermelha* para *A mulher de todos* (1969), filmes que marcam a passagem de Helena Ignez de coadjuvante a protagonista, estabelecendo uma tensão a partir da atriz que passa de musa do Cinema Novo à musa do Cinema Marginal.

Mais um dado novo, ao menos na maneira como aparece detalhado: a nostalgia do cinema silencioso. A propósito, Sganzerla lembra *Le mépris* (Godard, 1963) em que um personagem afirma ser "preciso realizar fitas como em 1920, época de Griffith e dos Artistas Associados". Lembra também *Acossado* (as "aberturas" à Griffith), *Uma mulher é uma mulher* ("Lumière em 1961"). De fato, até esse momento Godard é uma das maiores referências para Sganzerla, pela maneira como é admirado, respeitado e, principalmente, mantido no mesmo patamar de respeito e admiração. Alguns críticos já aprofundaram análises sobre o intenso grau de intertextualidade entre Sganzerla e Godard. Lembro, a título de exemplo, Ismail Xavier, em *Alegorias do subdesenvolvimento*, estabelecendo um cotejo entre os suicídios de *Pierrot le fou* e *O bandido da luz vermelha*.[22] Também Jairo Ferreira, no livro *Cinema de invenção*, diz que "Luz Vermelha morre como *Pierrot le fou*".[23]

Defesa do cinema-cinema

No texto "Cinema impuro?",[24] publicado a propósito do lançamento do livro *Alexandre Astruc*, de Raymond Bellour,[25] Sganzerla defenderá a pureza do "cinema-cinema" contra o cinema impuro, mas não sem deixar de considerar as possibilidades da impureza, como de fato esse artigo comprova. E não por acaso, mais tarde, ele vai reconsiderar sua posição em defesa do cinema puro. Vejamos a questão desde o início: Bellour apresenta uma classificação em função da relação do cinema com as outras artes, em seis categorias. São elas: cinema-epopéia, cinema-conto, cinema-ensaio, cinema-novela, cinema-teatro e cinema-romance.

1. Cinema-epopéia – Diz Sganzerla, interpretando Raymond Bellour: "O personagem não é mais do que o signo da História, e esta substitui o tempo e espaço à sua vontade". Como exemplos são lembrados Eisenstein, Pudovkin e a escola russa. Sganzerla acrescenta alguns filmes da fase muda de Fritz Lang ("especialmente *Siegfried*", 1924), Flaherty (*O homem de Aran*, 1934), Murnau (alguns trechos de *Tabu*, 1931) e, no cinema moderno, Francesco Rosi

---

22 Trata-se de uma comparação entre o suicídio de Ferdinand e o do Bandido: "Em *O bandido*, a evocação é acompanhada do rebaixamento da cena para um contexto precário de calculada feiúra, lixo em branco e preto, que contrasta com o universo azul de céu e mar de *Pierrot le fou*". Ver XAVIER, Ismail, *op. cit.*, 1993, p. 78.

23 FERREIRA, Jairo. *Cinema de invenção*. 2ª. ed. São Paulo: Limiar, 2000, p. 58.

24 SGANZERLA, Rogério. "Cinema Impuro?". Suplemento Literário do jornal *O Estado de S.Paulo*, 23-01-1965. As citações seguintes, indicadas pelas aspas ou pelo recuo das margens, fazem parte desse texto.

25 BELLOUR, Raymond. *Alexandre Astruc*. Paris: Editions Seghers, 1963.

(*O bandido Giuliano*, 1962). Em suma, "o cinema-epopéia é de essência expressionista; a câmera é um olho absoluto e onisciente – a narração ideal que vê a História como 'Deus veria os homens na terra...'".

2. Cinema-conto – Aqui "desaparece a descrição psicológica dos personagens em favor do seu valor simbólico, em lugar do tempo há a ilusão do tempo". Exemplos: o musical e a comédia americana, na maioria das vezes.

3. Cinema-ensaio – Esta será a classificação mais considerada por Sganzerla que, de fato, tende a aproximá-la às concepções de cinema moderno, inclusive, citando várias vezes a Nouvelle Vague. Sganzerla defende que o cinema-ensaio "opõe-se frontalmente ao cinema tradicional e ao cinema-romance (com sua narração lógica, perfeitamente raciocinada e 'arrumada')". Retoma princípios como o da visão relativa (em contraposição à visão onisciente), a valorização do improviso, a influência dos cinejornais e da televisão, a relevância do documentário. Recupera também a ideia de os atores fazerem seu próprio papel, interpretando a si mesmos: "elimina-se o personagem, subsiste o ator – muitas vezes consciente de que está representando (fala com a plateia etc.)." Os exemplos citados são Jean Rouch, Alain Resnais e a Nouvelle Vague:

> A nouvelle-vague de modo geral pretendia fazer cinema-ensaio. Valorizou-se a improvisação, os diretores franceses influenciaram-se pelo cinema americano, os jornais de atualidade e a televisão (a mesma displicência na montagem, os *falsos-racords* [*sic*], predomínio dos *close-ups* – a fim de oferecer a presença física dos atores).

4. Cinema-novela – Os conflitos ocorrem "numa cena reduzida", sem que se saiba até mesmo por que se estabelecem. As ações são concentradas. Como explica, "em lugar do corte longitudinal do romance, é o corte transversal que se pratica na psicologia dos personagens". Entre os exemplos discutidos, *Trois femmes* (1952), de André Michel, *O trabalho*, de Visconti (*Boccacio 70*, 1962), considerados "perfeitas ilustrações do gênero".

5. Cinema-teatro – Uma categoria que será também aproximada a "uma certa tendência do cinema francês", mas também a outras filmografias, como, por exemplo, Joseph Manckievicz (*A malvada*, 1950, e *A condessa descalça*, 1954), Cacoyannis ("é essencialmente cinema-teatro"), Visconti (*Rocco e seus irmãos*, 1960), Hitchcock (*Festim diabólico*, 1948). A ênfase, entretanto, está novamente na Nouvelle Vague:

> A nouvelle-vague também faz teatro, ou melhor, usa recursos teatrais. Godard (a distanciação brechtiana), Truffaut, De Broca, Demy, Chabrol, Molinaro, Deville, realizam fitas não muito distantes deste gênero. Passam-se em curto período temporal, há acúmulo de diálogos, poucos *décors*, impressão de rapidez. E, para tanto, referem-se à comédia e ao musical norte-americano."

6. Cinema-Romance – Segundo Sganzerla, "Bellour considera esta a forma mais positiva de cinema". Aliás, explica que também para Bazin era essa a forma ideal, um cinema "cinematográfico em seus meios, mas romanesco nas estruturas intelectuais e estéticas profundas". E vem uma série de exemplos: Ophuls, Leenhardt, Renoir, Hitchcock, René Clement, Clouzot, Astruc, grande parte dos filmes italianos e "quase todos do cinema americano". Ao situar o pensamento de Bellour sobre o cinema-romance, Sganzerla faz suas próprias considerações, incluindo mais alguns realizadores na categoria, entre os quais Orson Welles. Diz o crítico:

> Alguns afundam-se no barroco; a narrativa torna-se difícil ou pouco compreensível (Welles). Mas não deixam de ser romanescos, e esta visualização aproxima-se de um Balzac, por exemplo. O cinema-romance é mais uma maneira de impor o visual que o visual em si.

Em suma, ainda que considerando as várias categorias, relembrando os exemplos de Bellour e ainda acrescentando outros de sua própria percepção, por enquanto, ou seja, até o final desse artigo que já no título traz uma interrogação ("Cinema Impuro?"), Sganzerla não defende a impureza proposta por Bellour. Pelo contrário, ele sai em defesa do "cinema-cinema":

> Competir com o romance ou o teatro, o cinema não pode; fundir-se seria uma solução provisória, como na maioria dos cineastas pré-modernos (Ophuls, Renoir). Com isto quero dizer que a classificação mais conseqüente seria: o cinema-cinema. Praticado justamente pelos homens que não o confundem com filosofia, "cultura", humanismo, moral, psicologia, sociologia, etc. etc., mas que o abraçam pelo que ele é, por si mesmo. Lembro-me, por exemplo, de homens como David Wark Griffith, Murnau, Hawks, Godard.

Nesse debate, não deixa de ser oportuno lembrar os antecedentes. Tanto Bellour, com o seu livro, quanto Sganzerla, com a sua crítica, na verdade, repõem uma discussão verificada há muito na história do cinema, já desde pelo menos as primeiras décadas do século XX (lembro particularmente das polêmicas entre escritores e cineastas em torno do *Autorenfilm*, no âmbito do expressionismo alemão). Mas o debate proposto nesse artigo, na verdade, revela o quanto a questão da pureza e/ou impureza do cinema continua absolutamente em pauta no contexto dos cinemas novos.

"Noções de cinema moderno"[26]

Ao leitor que se depara com o esforço de Sganzerla para definir o cinema moderno, como indica o título do artigo que ora entra em pauta – "Noções de Cinema Moderno" –, chama a atenção a ausência total de cineastas brasileiros entre os exemplos escolhidos. A essa altura, como comprovam os textos discutidos anteriormente, verifica-se uma certa tendência do crítico a destacar o cinema estrangeiro, com mais citações e referências. A propósito, considere-se o exemplo desse artigo.

Inicia-se didaticamente com o estabelecimento das características do cinema clássico, para que se esclareçam suas distinções em relação ao cinema moderno. O clássico "constrói uma intriga", desenvolvendo-a até um "clímax", finalizando-a "dentro de rígidos princípios de narração e descrição". No cinema clássico, a câmera é "onisciente" e a montagem é "lógica", ou seja, "tem por objeto relacionar fatos ocorridos em função de uma intriga lógica, disciplinada e evidente". Filma-se em estúdio, com campo-contracampo e há uma progressão dramática. O *plongée* define fragilidade, o *contre-plongée*, o inverso. "A grande fase é, sem dúvida, a década de 30, após a eclosão do sonoro." O cinema clássico "vê do alto" (tem uma espécie de onisciência, um ponto de vista divino). Alguns realizadores exemplares são Lang ("que vê as personagens com uma certa superioridade, uma certa indiferença") e Welles ("outro expressionista").

Cabe neste momento sublinhar o fato de que, aqui, Welles é considerado como um cineasta clássico, embora antes (no artigo "Becos sem Saída") *Cidadão Kane* tenha sido apontado como "precursor da construção narrativa moderna". Esse paradoxo, aliás, como outros que se percebem na escrita de

---

26 SGANZERLA, Rogério. "Noções de Cinema Moderno". Suplemento Literário do jornal *O Estado de S.Paulo*, 30-01-1965. As citações seguintes, indicadas pelas aspas ou pelo recuo das margens, fazem parte desse texto.

Sganzerla, talvez possa se associar a uma certa tendência tropicalista, o gosto pelo paradoxo e pelas contradições, já perceptível nesse momento em sua produção.[27] Em todo caso, mais adiante o problema colocar-se-á de uma outra maneira: o ideal será uma síntese entre o clássico e o moderno. Mas por enquanto, ainda explicando a transição de um ao outro, continua o crítico:

> A partir de 1955, alguns realizadores compreenderam a desatualização da sintaxe cinematográfica tradicional e tentaram novas formas. Depois veio "*the spontaneous cinema*" norte-americano, a "*nouvelle-vague*" e as diversas modalidades publicitárias... Em todo caso, é evidente a requisição de uma liberdade expressiva, o desuso da retórica convencional.

No lugar da onisciência clássica, com o cinema moderno "verifica-se uma passagem ao relativo". O cinema passa a se situar "à altura do olho", desprezando a eloquência expressionista. E essa mudança de uma perspectiva onisciente para uma relativa é associada a uma "vocação neobarroca":

> A consciência da limitação do espetáculo cinematográfico é um fenômeno paralelo ao postulado da "limitação" na arte barroca, que é necessária para que a arte possa afirmar-se. Esta identificação torna mais evidente a vocação neobarroca do cinema moderno.[28]

Nesse sentido, a "câmera na mão" é associada ao princípio de relatividade:

> A câmera na mão pode ser considerada como uma forma primitiva de relatividade cinematográfica, fornecida pela sensação de limitação e fragilidade.

A câmera na mão permite uma maior liberdade e a expansão dos movimentos. Verifica-se, a partir dela, uma integração com o real, à medida que se abandona a estrutura cartesiana. Abandona-se a idealização da realidade para se buscar uma integração com o real: "a câmera procura captar os ob-

---

27 Sobre o paradoxo e a contradição na perspectiva tropicalista, convém lembrar o prefácio de Luiz Tatit à terceira edição do livro *Tropicália, alegoria, alegria*, de Celso Favaretto: "O tropicalismo adotou como dicção, entre outras coisas, a própria contradição, o que veio exigir de seus observadores uma revisão de critérios descritivos e maior agilidade no campo conceitual". Ver TATIT, Luiz. "Prefácio". In: FAVARETTO, Celso, *Tropicália, alegoria, alegria*. Cotia: Ateliê Editorial, 2000, p. 12-13.

28 Este texto corresponde a uma nota de rodapé que consta do texto "Noções de Cinema Moderno". Suplemento Literário do jornal *O Estado de S.Paulo*, 30-01-1965.

jetos tais como são – destituídos de qualquer aura romântica". Procuram-se os ambientes exteriores e a improvisação. Diante do ser ou objeto a ser filmado, a câmera assume autonomia. A câmera individualiza-se e toma posição frente à intriga. A câmera define o autor e sua capacidade de criar, improvisar, como ocorre "em experimentadores como Jean Rouch, Jean-Luc Godard", realizadores para os quais "o ponto de referência é o do homem com uma câmera: o mais avançado conceito de autor de cinema".

Note-se, a propósito dessas observações sobre a câmera na mão, como, aliás, sobre as demais características apresentadas como próprias do cinema moderno até o final do artigo, a total ausência de exemplos brasileiros. E ainda são apresentados como elementos da modernidade cinematográfica: a influência dos cinejornais, da televisão; a valorização do instante presente; o documentário:

> ... os grandes cineastas da atualidade são, todos eles, documentaristas: Antonioni, Resnais, Visconti (documentaristas da alma), Godard, Losey, Hawks (documentaristas do corpo). Ou, quando adotam uma ficção, dão-lhe um tratamento que pode ser definido como uma ficção documental.

A última das noções de cinema moderno a ser apresentada é a de "montagem displicente". Em alguns realizadores, diz Sganzerla referindo-se a Godard, Rouch, John Cassavetes e Chris Marker, "verifica-se uma displicência geral na montagem, o amor pela cena longa e os movimentos insinuantes, além de uma absoluta liberdade narrativa", que significa, no caso, a "ausência de progressão dramática, sequências longas ao lado de curtas; ritmo na imagem e não na montagem etc."

O canto da saudade: nosso *Ivã, o Terrível* ou o *Cidadão Kane* mineiro

Poucos dias depois da apresentação das noções de cinema moderno, texto sem menções a cineastas brasileiros, Sganzerla escreve e publica um artigo sobre Humberto Mauro, no qual este será devidamente reconhecido como um grande autor.[29] A matéria decorre de uma exibição de *O canto da saudade* (1950) ocorrida então na Cinemateca Brasileira (no ano de 1965).

29 SGANZERLA, Rogério. "Humberto Mauro, Autor". Suplemento Literário do jornal *O Estado de S.Paulo*, 16-02-1965. As citações seguintes, indicadas pelas aspas ou pelo recuo das margens, fazem parte desse texto.

Sganzerla considera Mauro na perspectiva do cinema moderno, admitindo que o trabalho do cineasta mineiro precisa ser debatido, inclusive, em publicações que possam esclarecer para as novas gerações a sua importância. Propõe então uma série de argumentos nesse sentido, tais como: modestos recursos de produção, despojamento; cinema direto; opção por ambientes exteriores; tratamento puro do regional; cinema concreto (em oposição ao "cinema impressionista", exemplificado com *Ganga bruta*, 1933, do mesmo Humberto Mauro); predominância de cenas longas ("o plano sequência revela o diretor"); "filmagem diante do ator em *close-up*"; "vale mais o ator do que o personagem" (um acordeonista faz o papel de si próprio); cinema verdadeiro. Em síntese, na perspectiva de Sganzerla, Humberto Mauro seria um precursor do "cinema físico":

> "O canto da saudade" é cinema físico. Não há interpretação naquele sentido romanesco que estamos acostumados a ver *fracassar* [grifo meu] aqui no Brasil, direção de elenco, fotografia dramática. Vale a presença física de homens, mulheres e objetos diante da objetiva.

Observe-se que, se por um lado o precursor do cinema físico afasta-se de uma vertente *fracassada* do cinema brasileiro, por outro, aproxima-se de importantes referências estrangeiras. Em uma delas, quando está em questão o aspecto documental-ficcional relacionado ao fato de Humberto Mauro interpretar um personagem em seu próprio filme, são evocados tanto Eisenstein quanto Orson Welles:

> Como a figura do coronel, extraordinariamente interpretado pelo diretor, o cinema brasileiro conquista o nosso "Ivan, o terrível" [1944] – o "Cidadão Kane" mineiro. Humberto Mauro também empreende a apologia e a crítica da personagem e do regime que a criou.

Pouco depois, Sganzerla reconhece que Humberto Mauro inspira-se na obra de Griffith, que lhe serve de modelo, assim como o cinema americano, raiz do cinema moderno.

> Pode-se também dizer que a fita [*O canto da saudade*] prenuncia certos elementos que viriam a ser desenvolvidos pelo cinema moderno; a montagem sem compasso regular; o ritmo provém do diálogo e não do corte e montagem; a câmera localiza-se frente à realidade – já não há o jogo de campo-contracampo. Provavelmente porque a formação de Mauro provém do cinema americano (a mais sólida de

> todas: griffithiana) e certamente é o cinema ianque que forneceu as raízes do cinema moderno.

Nessa defesa de Humberto Mauro como precursor do cinema físico, Sganzerla considera e reconsidera dialéticas como universal/regional, ficção/documentário, drama/comédia, passado/presente, rural/urbano, centro/periferia, entre outras. Mas, principalmente, ele está perfeitamente afinado com o ideário do Cinema Novo, reconhecendo a relevância do diretor mineiro como uma espécie de primeiro criador de uma linguagem brasileira moderna no campo audiovisual, assim como fizeram críticos como Paulo Emilio Salles Gomes e Glauber Rocha.

Cineastas da alma[30]

Partindo daquilo que identifica como as "expressões mais simples e irredutíveis da existência humana" – a alma e o corpo –, Sganzerla percebe nos cineastas uma característica que ora os aproxima de uma, ora os aproxima do outro: são os cineastas da alma e os cineastas do corpo. Os primeiros serão criticados e os segundos, elogiados (em artigo posterior). Mas, por fim, será defendida uma síntese do corpo mais alma.

A discussão começa com os cineastas da alma – e desde então são citados Antonioni, Fellini, Bresson, Bergman, Visconti, Resnais. Percebe-se já nos primeiros parágrafos do artigo a resistência ao cinema que eles realizam. E gradualmente o crítico deixa clara a sua oposição, chegando a afirmar que "estamos diante da mais autêntica e consagrada demagogia". Antes, porém, ele apresenta os argumentos que vão levá-lo a tal conclusão. Descreve inicialmente os cineastas da alma com afirmações tais como: "Usam eles de argumentos sempre semelhantes: preocupo-me com os conflitos interiores do homem, não me interessam os exteriores. Acredito que o seu drama está na consciência..."

Na visão de Sganzerla, os cineastas da alma são racionalistas e afastam-se do cinema na medida em que estão em grande medida influenciados pelos romances do século XIX, perseguindo a "profundidade" dos personagens. Em outras palavras, para ele, os cineastas da alma fazem "literatura em fita".

30 SGANZERLA, Rogério. "Cineastas da Alma". Suplemento Literário do jornal *O Estado de S.Paulo*, 12-06-1965. As citações seguintes, indicadas pelas aspas ou pelo recuo das margens, fazem parte desse texto.

Mas, como parte do jogo paradoxal, curiosamente, ao final do artigo há uma reconsideração dessa questão:

> O fato de um filme ter ligações com movimentos literários ou apresentar elementos afins, não constitui, a meu ver, defeito ou deformidade. Basta dizer que a maioria dos novos recursos narrativos provêm, direta ou indiretamente, de conquistas formais do romance. Mas as influências devem entrosar-se e integrar uma obra de arte, longe de alterá-la ou bitolá-la.

Cineastas do corpo[31]

> – Não, o cinema não tem alma; pelo menos o cinema de Howard Hawks, de Samuel Füller, de Losey antes de *Eva* [1962], talvez de Godard e de outros de certa tradição norte-americana, sobretudo Raoul Walsh. [...] Chamá-los-ei de "cineastas do corpo", em oposição às pretensões dos já citados "cineastas da alma".

Os cineastas do corpo, continua Sganzerla, são capazes de valorizar as "estruturas orgânicas" dos personagens e das coisas. Nesse cinema do corpo "a violência assume uma importância incomum", tanto no plano narrativo como no dramático, como ocorre com Lang, Losey, Walsh, Füller, Hawks, Godard:

> cineastas materialistas preocupados (mas não muito) com a destruição dos homens pelos agentes externos, os meios criados pela nossa civilização (o avião; o automóvel; a metralhadora; o cinema, responsável pela morte dos personagens de Godard).

Nessa "tragédia física", ocorre um conflito resultante da oposição entre o homem e os objetos, que "resulta inevitavelmente na destruição de um deles: o homem ou o objeto, a máquina ou o animal". Nesse sentido, o crítico lembra filmes como *Acossado, Casa de bambu* (1955), *Scarface* (1932), que "são tragédias físicas". Estas e o cinema relacionam-se pela "violência", que, pelo "movimento" e pela "velocidade" (que se opõem à segurança dos cineastas da alma), dirige-se à destruição. Mais uma vez, Hawks e Godard são referências imprescindíveis:

---

31 SGANZERLA, Rogério. "Cineastas do Corpo". Suplemento Literário do jornal *O Estado de S.Paulo*, 26-06-1965. As citações seguintes, indicadas pelas aspas ou pelo recuo das margens, fazem parte desse texto.

> Nas fitas de Hawks ou Godard não há um drama, no sentido tradicional da expressão. Evitam o prolongamento do conflito no tempo, o drama com suas implicações entre passado e presente na consciência dos personagens. (O que o cinema italiano, de maneira quase geral, ambiciona fazer e foi conseguido em "Os cafajestes".)

Apesar da citação a *Os cafajestes* (1962) no trecho reproduzido acima, a explicação sobre o sentido do automóvel será exemplificada com Godard. Diz Sganzerla referindo-se a Godard que o automóvel tem a ver com "apreender o fluxo do tempo com a sucessão do espaço". (Aqui talvez fosse possível a lembrança do carro de bois de Humberto Mauro, cineasta apresentado em texto anterior como precursor do cinema físico.)[32] O tempo-espaço percorrido pelo automóvel permite uma relação com o "instante presente", conceito cujo desdobramento leva ao estabelecimento de uma conexão entre os cineastas do corpo e a arte pop: "Trata-se do cinema, arte do presente e das aparências; próximo das atuais concepções de "pop-art"; de um cinema sem memória, em suma, de um cinema sem alma".

Assim como esse vínculo entre o automóvel, o instante presente e a arte pop, outras ideias surgem na análise dos cineastas do corpo. É o caso, por exemplo, da argumentação em torno do "chavão" (não confundir com o "lugar-comum" que, segundo o crítico, é próprio dos cineastas da alma).

> Os cineastas do corpo tratam histórias consagradas, usam o chavão (relação concreta entre personagens, ao contrário das relações sutis, difíceis e contraditórias de conseguir-se no cinema: então apela-se para a literatura, para os diálogos salvadores da questão).

A partir do "chavão" Sganzerla estabelece a conexão entre o cinema moderno e o cinema clássico:

> O cinema moderno vive do clássico e do silencioso; absorve-os, recorre a eles. E sua tradição mais eminente é o chavão cinematográfico, proveniente do desenvolvimento da sétima arte nos inícios do século: que fita define melhor a situação do que *Hatari* [Howard Hawks, 1962] obra incompreendida e inadmitida pela maior parte de críticos e cinéfilos?

32 A propósito de *O canto da saudade*, de Humberto Mauro, Sganzerla afirma o seguinte: "Cinema físico: os objetos estão valorizados na mesma medida que os homens e mulheres: o carro de bois, por exemplo, é um personagem concreto". Ver SGANZERLA, Rogério, "Humberto Mauro, Autor", Suplemento Literário do jornal *O Estado de S.Paulo*, 16-02-1965.

O chavão, o interesse pelos objetos, como o automóvel, a violência ou as estruturas orgânicas características do cinema físico e dos cineastas do corpo são transpostos aos filmes de Sganzerla, como já indicaram algumas análises voltadas para as suas produções dos anos 1960. O conflito entre o homem e os objetos tem um especial interesse na análise de Jean-Claude Bernardet sobre *O bandido da luz vermelha* e *A mulher de todos*, por exemplo, em sua percepção de identidades-objetos relacionadas aos personagens.[33] Uma cena emblemática, nesse sentido, é aquela na qual Janete Jane abre o porta-malas do carro e percebe, pelas coisas que estão lá, que seu ex-amante é o bandido da luz vermelha.

Corpo mais alma[34]

Se antes corpo e alma eram inconciliáveis e se havia uma predileção de um sobre outro – do corpo sobre a alma –, agora parece haver a possibilidade de uma interação, aliás, desejável, na perspectiva do crítico, entre ambos. Com efeito, ele afirma:

> Sabe-se que os grandes filmes são aqueles que apresentam uma perfeita conjugação entre aquelas alternativas (aparentemente inconciliáveis), a síntese almejada em toda a atividade artística. Lembro *Noites de circo* [1953], *Scarface*, *Marienbad* [1961], *Intolerância* [1916], algumas obras de Lang – filmes clássicos, isto é, modernos.

Clássico e moderno aqui chegam à mesma dimensão. A síntese entre o corpo e a alma ocorre perfeitamente, permitindo uma valorização daquilo que antes era desprezado, como, por exemplo, a "profundidade" dos cineastas da alma:

> Fragmentos e fases da realidade unem-se num bloco indivisível; os dramas interiores com os exteriores, sem predomínio ou exclusão de um ou outro; o concreto dirige-se ao abstrato e vice-versa; ficção é documentário e este é ficção; fundem-se harmoniosamente gêneros e até estilos diferentes, sem rupturas do tom geral; o belo e o feio não se distinguem mais, etc., idem o corpo e a alma.

33 BERNARDET, Jean-Claude. *O vôo dos anjos: estudos sobre a criação cinematográfica*. São Paulo: Brasiliense, 1991.

34 SGANZERLA, Rogério, "Corpo Mais Alma", Suplemento Literário do jornal *O Estado de S.Paulo*, 31-07-1965. As citações seguintes, indicadas pelas aspas ou pelo recuo das margens, fazem parte desse texto.

Essa integração entre o corpo e a alma seria então o ideal do cinema. Como é grande, entretanto, a dificuldade para atingi-la, muitos cairão em "apelações". São então apresentados dois tipos de apelação que, logo depois, serão reunidas em uma única e grande apelação. Orson Welles será citado mais de uma vez no rol dos que apelam:

> 1*a*. apelação. Alguns diretores ambicionam a exteriorização absoluta dos conflitos a ponto de conduzi-los à farsa autodestrutiva. Dá-se a materialização dos sentimentos humanos; e eles chegam ao cinema concreto pelo caminho oposto de um Hawks ou Fuller, não se desligando plenamente dos cineastas da alma. Entre outros lembro Stanley Kubrick em "Dr. Fantástico" [1964]; Orson Welles em "O Processo" [1962]; Vincent Minelli [sic], diretor de "Um amor do outro mundo" [1964].

O segundo tipo de apelação diz respeito à pseudoprofundidade de personagens, cujo tratamento oscilaria entre o interesse por suas consciências subjetivas e dados objetivos. Aí são lembrados filmes como *Marnie, confissões de uma ladra* (1964), de Hitchcock, e *O professor aloprado* (1963), de Jerry Lewis. Mas, por fim, Sganzerla apresenta uma síntese entre esta última apelação e a anterior.

> Enfim, não são duas mas uma só apelação: tais diretores captam a realidade através de sua manifestação conturbada, através do desequilíbrio. Isto é, adotam uma ou outra tendência, isoladamente, mas sem dominá-la plenamente e [sem] desengajar-se da outra. E quando o desequilíbrio é voluntariamente requisitado temos um filme "gag" como "O processo" de Orson Welles.

Para Sganzerla, quem consegue sínteses interessantes entre o corpo e a alma são alguns diretores que ele considera como referências dessa tendência, tais como Tomu Uchida, Jean-Luc Godard e Louis Malle, respectivamente, em seus filmes *Aventuras de Miyamoto Musashi, 4º episódio* (1964); *Viver a vida* (1962) e *Trinta anos essa noite* (1963), considerados pelo crítico como os melhores do ano de 1964. Também é lembrado o Bergman de *Noites de circo* (e não de outros filmes, "abstrações pura e simples" como "*Morangos silvestres*", 1957). De todos, porém, os destaques mesmo são Jean-Luc Godard e Tomu Uchida, que são capazes de destruir as antinomias entre o corpo e a alma, objetividade e subjetividade, propondo a síntese destas alternativas.

Em relação a Welles, ainda haverá uma nota, quando a questão em pauta é o "distanciamento" da câmera em relação ao que está sendo filmado:

> O cinema moderno é uma questão de distância, assim penso, entre câmera e personagens, ou de equilíbrio entre personagem e ator, drama e comédia, realidade e ficção... O predomínio de uma ou outra opção pode ocasionar condicionamentos; veja-se o caso de Antonioni, que não é um perfeito clássico porque tende ao drama – talvez leve-o por demais a sério – ou de Welles, que se engaja na ficção levada às últimas conseqüências. Ou o recuo de Mizogouchi; em nenhum deles observa-se a distância ideal.

Ponto de inflexão: Cidadão Kane[35]

"A reprise mais ansiosamente aguardada pelos cinéfilos brasileiros." Tal afirmação surge no primeiro parágrafo do artigo dedicado a *Cidadão Kane*. O entusiasmo parece bem indicativo da dificuldade de acesso ao filme de Orson Welles até aquele momento, agosto de 1965, no Brasil. Esse fato não escapa à observação do crítico. É provável, aliás, que ele próprio tenha sofrido um grande impacto com os efeitos causados pela exibição do filme, passando a partir daí a considerar o criador de Kane como referência incontestável, vislumbrando a possibilidade de "romper um mito" com o acesso à obra (a possibilidade de reconhecimento da figura de Orson Welles como mito será discutida no capítulo sobre sua produção para a *Folha de S.Paulo*).

> Todos os iniciantes na sétima arte têm o seu complexo de "Cidadão Kane"; afinal, fala-se, discute-se e escreve-se bastante mas poucos conhecem o filme. Teremos agora a oportunidade de romper um mito, efetuar uma revisão crítica e histórica, além de tomar contato com um realizador semidesconhecido entre nós. Esta projeção certamente constituir-se-á num dos acontecimentos capitais do ano de 1965 na vida cultural brasileira.

Na medida em que o texto prossegue, é apresentado um perfil biográfico de Orson Welles, no qual obviamente se destacam dados relevantes aos olhos do autor da matéria. Os dados são indicativos da maneira como Welles será

35 SGANZERLA, Rogério. "Cidadão Kane", Suplemento Literário do jornal *O Estado de S.Paulo*, 07-08-1965. As citações seguintes, indicadas pelas aspas ou pelo recuo das margens, fazem parte desse texto.

posteriormente incorporado como figura nos filmes de Sganzerla. Há, por exemplo, uma percepção de *Cidadão Kane* como ponto de inflexão fundamental, a grande síntese da história do cinema.

> "Cidadão Kane" é um filme especial, "que resume todos e antecipa todos os outros", como diz Truffaut – e certamente a melhor introdução a esta obra é justamente a carreira de seu autor.

Nos dados biográficos então apresentados verifica-se a posição de Orson Welles como a de uma figura em conflito com situações de poder (lembrando os termos de Paulo Emilio Salles Gomes, é possível pensar em uma figura que oscila entre as posições de ocupante e ocupado). O texto situa inicialmente o nascimento do diretor americano e sua provável descendência de uma família nobre italiana.

> Orson Welles nasceu em maio de 1915 numa pequena cidade do interior dos E.U.A. O prenome Orson provém de Orsini, pois descende de uma família nobre italiana – e alguns ancestrais excêntricos já antecipam certos aspectos de sua personalidade: amoralismo, atração pelo luxo, mistura do trágico com o humor, cinismo desenvolto, fraco pela bebida, originalidade e capacidade de invenção.

Na verdade, nem mesmo o próprio Welles reconhece essa origem aristocrática, como ele próprio esclarece, inclusive, em entrevista reproduzida em *O pensamento vivo de Orson Welles* (assunto que será discutido no capítulo dedicado a esse livro organizado por Sganzerla). Em todo caso, Sganzerla continua a biografia de Welles destacando sua erudição e o gosto pelas viagens, que se iniciam muito cedo e são consequência do *status* de uma família culta e abastada. O interesse pelo teatro e especialmente por Shakespeare começa ainda na infância. Ainda criança, Welles desenvolve-se em várias expressões artísticas e intelectuais: desenvolve o desenho, pesquisa o ilusionismo (recebendo, diz Sganzerla, lições de Houdini), aproxima-se da ópera, escreve ensaio sobre filosofia (aos onze anos, segundo o crítico, escreveu um ensaio sobre *Assim falava Zaratustra*, de Nietzsche). Esses dados de uma formação sofisticada são exemplificados a todo instante e relacionados à respectiva obra.

> Desde cedo revela-se como criança prodígio; aos dois anos fala como adulto. Com a morte da mãe, Dr. Bernstein, que surge como

> personagem em "Cidadão Kane", encarrega-se de sua educação; dá-lhe um teatro de marionetes e Welles inicia-se na "mise-en-scène" adaptando e representando Shakespeare, admiração que o acompanha até hoje.

Sobre a questão da *infância* de Welles, é interessante observarmos como este é um dado reiterado, considerado um elemento importante na conexão entre a vida e a obra de Orson Welles, aspecto que, aliás, fora apontado por Paulo Emilio Salles Gomes nesse mesmo Suplemento Literário. Continua Sganzerla: "Mas sua infância teria morrido tão bruscamente? Ou permaneceu, resguardada e impenetrável, para ressurgir no filme através da palavra "Rosebud?"

As viagens são outro dado excepcional e incluem, no intervalo compreendido entre a infância e a juventude, países como China, Marrocos, Espanha e Irlanda. É na volta aos Estados Unidos, contudo, que o vínculo com o poder se estabelece em uma dimensão de proporções nacionais. Welles ingressa profissionalmente na companhia teatral de Katherine Cornell. Logo depois:

> Em 1934/35 empreende duas alianças fundamentais: casa-se com Virginia Nicholson, atriz e filha de industriais, e associa-se com John Houseman. O futuro "produtor mais intelectualizado" dos EUA era então um jovem ambicioso e idealista.

Seguindo a cronologia biográfica, depois de falar sobre a fundação do Phoenix Theatre, no qual Welles encenou peças de crítica social, e sobre o programa diário de rádio *The march of time* (transposto ao *News on the march* de *Cidadão Kane*), Sganzerla se detém na ligação de Welles com o presidente Roosevelt:

> O.W. sempre esteve ligado à progressista administração do governo Roosevelt, chegando a colaborar na redação de discursos para o líder americano – sempre citando a Bíblia. O próprio Roosevelt disse que não concebia Orson Welles sem o auxílio da Bíblia! Com subvenção estatal, Houseman e Welles inauguraram o Federal Theatre em princípios de 1936. Estréia: *Macbeth*, adaptação e direção de um jovem de 21 anos, inteiramente interpretado por negros.

Não há dúvida quanto à percepção de Sganzerla sobre Orson Welles como alguém vinculado ao poder. Entretanto, Sganzerla não deixa de pontuar em seu texto o interesse de Welles em problematizar justamente esse poder. Por exemplo, Shakespeare, um dramaturgo para quem o tema do poder é central, foi há pouco relacionado, na montagem de *Macbeth*, a atores negros. Tal fato não deixa de estar associado a outros citados no texto, como as publicações que Welles organizou ao retornar aos Estados Unidos depois da temporada na Europa: as obras completas de Shakespeare e uma biografia sobre o líder abolicionista John Brown.

O aspecto político implicado no perfil biográfico em andamento é orientado tanto pela obra do biografado quanto pelos fatos que a contextualizam. O fim do Federal Theatre ocorreu em função das pressões dos republicanos. Eis o fato ao qual logo se vinculam considerações sobre a fundação do Mercury Theatre e suas encenações, como a estréia em 1938 de *Julio César*, em uma montagem interessada em discutir o fascismo. Também em 1938 fundava-se o *Mercury Theatre on the Air*, na rádio C.B.S., para uma emissão semanal. Aqui o interesse maior se concentra em *A guerra dos mundos*.

> Depois de adaptar "A Ilha do Tesouro", "Os 39 degraus", "Lincoln", "Jane Eyre", "Julio Cesar", "A volta ao mundo em 80 dias", "Oliver Twist" etc., Welles e Houseman escolheram "A guerra dos mundos" de H.G. Wells. Sem muita certeza do sucesso, procuraram dar foros de realidade à ficção e Welles escolheu nomes de lugares e cidades reais, ambientando uma invasão marciana nas proximidades de New Jersey.

Seguem-se então comentários sobre os efeitos da célebre emissão radiofônica. E o passo seguinte é a viagem para Hollywood, onde Welles chegará contratado pela RKO, para realizar um filme por ano. Há então uma descrição de todos os percalços do jovem aprendiz de cinema até o momento de sua estréia com *Cidadão Kane*, seguida da polêmica em torno de William Hearst. Fica aí demarcado um jogo de forças entre o cineasta e a RKO, embate cujo rompimento se concretiza pouco depois com *It´s all true*, tornando-se esse filme um ponto de inflexão para a produção independente de Welles. Nas palavras de Sganzerla:

> Seu contrato com a RKO possibilitou-lhe ainda a realização de *A soberba* (1942) e o inacabado *It's all true*, filmado na América do Sul e Brasil (em "tecnicolor"). Desde então, viveu uma carreira independente, corajosa e sem recursos na produção cinematográfica.

Partindo para a conclusão do artigo, não deixa de ser notável em Sganzerla a sugestão de algumas ideias muito próximas daquelas propostas por Paulo

Emilio Salles Gomes nos textos que este escrevera anteriormente, no mesmo Suplemento Literário, sobre Orson Welles e *Cidadão Kane*. Isso ocorre, por exemplo, em relação à infância não superada[36] de Welles que, para Paulo Emilio, está fortemente imbricada com a questão do poder. Afirma Paulo Emilio:

> O parentesco psicológico entre ele próprio e o personagem que criou é certamente muito maior do que o existente entre Kane e Hearst. A *vontade de poder* [grifo meu] em Welles e Kane, meio bárbara e igualmente ilógica, reflete uma igual insegurança e desequilíbrio, e se liga nos dois casos aos choques emotivos provocados pela contemporaneidade entre a criança e o adulto.[37]

Também nas considerações sobre *Soberba* (*The magnificent Ambersons*), Paulo Emilio identifica o tema da infância como central na elaboração da obra e na discussão sobre o poder. Convém reproduzir o trecho:

> A novela de Booth Tarkington, *The Magnificent Ambersons* é em geral considerada convencional e medíocre. É em todo caso evidente que o livro serviu para Welles apenas como ponto de partida para uma fita que se tornou tão pessoal quanto *Citizen Kane*. Mais uma vez estamos diante de um drama do poder e do orgulho, reavivando-se numa trama nova o tema das raízes infantis do egocentrismo adulto.[38]

Tampouco escapara a Paulo Emilio a clareza sobre a disposição da indústria para destruir Orson Welles depois de ter absorvido sua força criativa. Nem lhe escapou a dimensão do fracasso, como contraponto ao poder. Em

36 Diz Paulo Emilio Salles Gomes: "Ele [Orson Welles] não foi só um menino prodígio mas alguém que ainda em plena adolescência conheceu os mais espetaculares sucessos. Ao mesmo tempo, como tanta gente, Orson Welles nunca se tornou realmente um adulto, não encontrou um equilíbrio espontâneo nas relações humanas e foi levado pelo mecanismo das necessidades crescentes a se apresentar cada vez mais capaz de compreensão e criação universais". Ver GOMES, Paulo Emilio Salles, "Orson Welles, o Americano". In: *Crítica de cinema no Suplemento Literário*, vol. 1, 1981, p. 272-273. Esse texto foi publicado primeiramente no Suplemento Literário em 15 de fevereiro de 1958.

37 GOMES, Paulo Emilio Salles, "Charles Foster Kane". In: *Crítica de cinema no Suplemento Literário*, vol. 1, 1981, p. 279. Esse texto foi publicado primeiramente no Suplemento Literário em 22 de fevereiro de 1958.

38 GOMES, Paulo Emilio Salles, "A Decepção de Orson Welles". In: *Crítica de cinema no Suplemento Literário*, vol. 1, 1981, p. 281. Texto publicado primeiramente no Suplemento Literário em 01 de março de 1958.

um de seus textos, Paulo Emilio se detém justamente nas dificuldades enfrentadas pelo diretor de *Dom Quixote* para conseguir o financiamento necessário à conclusão desse filme, citando inclusive um trecho de uma entrevista para a *Cahiers du cinema* (nº 84) na qual Welles, cogitando abandonar a carreira no cinema, afirma: "Não estou mais em situação de dar-me ao luxo de muitas outras derrotas. É preciso encontrar um terreno qualquer no qual as possibilidades de fracasso não sejam superiores às de vitória".[39]

Sganzerla, assim como seu antecessor no Suplemento Literário, percebe esses movimentos próprios de uma dialética do poder e do fracasso, reconhece em Orson Welles "todo um talento quantitativo, tão próprio da civilização americana",[40] admira-se por seu engajamento em causas anti-segregacionistas, antifascistas. Mas por fim questiona uma possível contradição:

> Afinal, Welles talvez seja um humanista destinado a viver uma contradição permanente: o homem liberal e racional em luta com o ser monstruoso e absolutista. E a questão surge à tona mais uma vez: este adulto-prodígio é um bárbaro ou um homem da Renascença?

Tal jogo de contradições será realçado em outro artigo – escrito pouco depois – sobre "O Legado de Kane".[41] A exemplo de outras ideias anteriormente apresentadas a propósito de Orson Welles ou do cinema moderno, como o princípio relativista, a organização fragmentada da narrativa, a estética da conversa fiada como resposta a incapacidade de agir, etc., a contradição retorna e é situada na dialética constituída por, de um lado, um personagem ou herói fechado e, de outro, uma estrutura aberta: "O filme já não possui estrutura fechada e definitiva, é aberto enquanto o personagem é 'fechado'; invertem-se os papéis clássicos de filme e personagem diante do mundo".

39 Citado em GOMES, Paulo Emilio Salles, "Orson Welles: D. Quixote", in *Crítica de cinema no Suplemento Literário,* vol. 1, 1981, p. 375. Texto publicado primeiramente no Suplemento Literário em 01 de março de 1958.

40 SGANZERLA, Rogério. "Cidadão Kane", Suplemento Literário do jornal *O Estado de S.Paulo,* 07-08-1965. A citação seguinte, indicada pelo recuo das margens, também faz parte desse texto.

41 SGANZERLA, Rogério. "O Legado de Kane", Suplemento Literário do jornal *O Estado de S.Paulo,* 28-08-1965. A citação seguinte, indicada pelo recuo das margens, faz parte desse texto.

Expressionismo caipira

Dois artigos sobre *São Paulo S/A* (1964), de Luiz Sérgio Person, são particularmente reveladores de uma certa relação entre a produção nacional e a estrangeira, na perspectiva de Sganzerla. O primeiro deles, "Filmar São Paulo I",[42] justamente começa por afirmar que há de tudo em São Paulo, incluindo-se congestionamentos, edifícios, Oswald de Andrade e poesia concreta. Porém, não há cinema. Ou pelo menos não havia até o lançamento de *São Paulo S/A*. Toda a produção paulista anterior a esse filme de Person é desconsiderada. Sganzerla critica "o famoso estilo do cinema paulista, desagradável e indestrutível". Reconhece a influência da Vera Cruz e da Maristela nas produções de então, o que é, segundo ele, um péssimo sinal, pois é possível se perceber um denominador comum a esses filmes: "o mais autêntico provincianismo e também o mais ingênuo". Para ele, o cinema paulista repete experiências ultrapassadas. As produtoras mencionadas são vinculadas à imitação da Hollywood dos anos 1930 e 1940.

É a partir daí que surge o conceito de "expressionismo caipira", verificado tanto nos aspectos formais (a opção por estúdios, por exemplo) quanto no conteúdo (melodramas levados a sério). Direta ou indiretamente, são incluídos no "expressionismo caipira": Walter Hugo Khouri, Anselmo Duarte, Flávio Tambellini, entre outros, cujos filmes apresentam um "complexo de seriedade".

Exceção nesse cenário é *São Paulo S/A*. Porém, é interessante observar como, a propósito desse filme, ele não deixa de reconhecer a referência estrangeira, mais precisamente, européia:

> "São Paulo S/A" constitui, desde 1960, o primeiro passo não provinciano do cinema paulista. O ritmo trepidante dos rolos iniciais, o verismo de muitas situações, a desenvoltura da montagem e a elegância de uma "mise-en-scène" européia fazem da estréia de Person um acontecimento perfeitamente inédito entre nós.

Como se pode deduzir desta afirmação, o problema do expressionismo caipira – ou dos diretores que no cinema paulista não conseguem o mesmo resultado obtido por Person em *São Paulo S.A.* – não é a referência ao cinema

42 SGANZERLA, Rogério. "Filmar São Paulo I", Suplemento Literário do jornal *O Estado de S.Paulo*, 16-10-1965. As citações seguintes, indicadas pelas aspas ou pelo recuo das margens, fazem parte desse texto.

estrangeiro pura e simplesmente, mas, digamos, sua estratégia de intertextualidade, fundamentada sobre o esforço de *copiar* a produção hollywoodiana. Em contrapartida, para a genialidade do "realismo personiano" contribuíram suas escolhas: o *décor* ("a cidade de São Paulo com 5 milhões de habitantes") e um herói anônimo, um homem comum. E a trajetória individual desse homem comum encontra ressonância em um contexto maior, a cidade, o país que se industrializa.

A dialética indivíduo/coletividade

No segundo texto[43] sobre *São Paulo S/A*, a questão da dialética do indivíduo/coletividade será ressaltada na comparação que Sganzerla estabelece entre Person e cineastas como Glauber Rocha e Ruy Guerra.

> Como o Ruy Guerra de "Os Fuzis" [1963], e ao contrário de Glauber Rocha, Luiz Sergio Person trata o problema social em termos individuais. Na tela, o homem não é a causa, não simboliza idéias ou proposições coletivas – é um efeito, sofre na carne os contrastes ditados por nossa civilização. Daí o realismo interno de uma obra que trata de maneira honesta e atual o tão batido tema da angústia individual projetado no coletivo.

E a comparação continua:

> Person pensa este universo [de *São Paulo S/A*] mas sem clamor por sua destruição – como Glauber em "Deus e o Diabo". No máximo, sugere a necessidade de transformações – exatamente como Ruy Guerra em "Os Cafajestes" e "Os Fuzis".

Mesmo que as ideias a propósito do criador de *Deus e o diabo na terra do sol* (1964) não estejam de todo esclarecidas, é clara, contudo, a distinção estabelecida por Sganzerla entre, de um lado, Glauber Rocha, e por outro Ruy Guerra e Luís Sérgio Person. Essa divisão de alguma forma indica desdobramentos posteriores, ao menos na maneira como esses cineastas surgem como referência em *O bandido da luz vermelha*. Como alguns críticos apontam, nesse filme as citações irônicas ao Cinema Novo constroem-se em grande medida a

43 SGANZERLA, Rogério. "Filmar São Paulo II", Suplemento Literário do jornal *O Estado de S.Paulo*, 23-10-1965. As citações seguintes, indicadas pelas aspas ou pelo recuo das margens, fazem parte desse texto.

partir de *Terra em transe* (1967). O mesmo, contudo, não seria possível afirmar a respeito de Person e Ruy Guerra, de quem, por exemplo, respectivamente, a dialética indivíduo/coletividade e o fatalismo são compartilhados em *O bandido da luz vermelha*.

É relevante ainda destacar, no artigo em pauta, as comparações empreendidas entre *São Paulo S/A* e o cinema europeu, observando-se como a ideia de frustração trabalhada nesse filme pode se associar a uma origem européia:

> Esta imensa sociedade anônima – e isto Person aprendeu do cinema europeu – é uma pátria de frustrados inconscientes (ou de "desesperados", como propõe o título em francês). Trata-se de um desespero equívoco; não vem do amor ou do dinheiro (dois temas até então vigentes do cinema brasileiro) mas de um complexo de situações entrelaçadas e indivisíveis.

Há então a indicação de uma crise do indivíduo na sociedade moderna, industrializada. Nesse sentido, depois de chamar a atenção do leitor para a admiração de Person pelo cinema de Francesco Rosi, com destaque para *O bandido Giuliano*, afirma Sganzerla:

> Assim, a estrutura da fita [*São Paulo S/A*] corresponde aos conflitos da consciência hesitante do personagem, como seus avanços e rupturas resnaianos [sic], suas obsessões fellinianas, com seu cansaço antonionico e, finalmente, com sua inquietação personiana.

Essa frustração, se assim se pode resumir todas essas diversas vertentes exemplares do cinema europeu e por fim brasileiro, fora igualmente reconhecida em artigo anterior sobre *Os cafajestes*. Agora, na análise de *São Paulo S/A*, essas referências mais uma vez chamam a atenção do crítico, que identifica a frustração universal no nível de "uma pátria de frustrados inconscientes ou desesperados".

E ainda que o filme de Person não consiga sozinho reverter os estragos causados pelo expressionismo caipira, ele se aproxima, na opinião de Sganzerla, de algo muito positivo que se sente no ar: "algo que há alguns meses começa a pairar na atmosfera paulistana, algo impreciso, ameaçador e ao mesmo tempo animador". Talvez seja o Cinema Marginal, em gestação.

Diálogo com Glauber Rocha

Em maio de 1966, por duas semanas, Sganzerla abriu espaço no Suplemento Literário para entrevistas com Glauber Rocha. Os textos indicam, naquele momento, as convergências de ambos. Na primeira entrevista,[44] Glauber inicia seu discurso definindo uma espécie de grupo fundador do Cinema Novo, então integrado, como diz, por ele próprio e mais Nelson Pereira dos Santos, Carlos Diegues e Saraceni, referindo-se a "nós que desde o início fizemos cinema como política cinematográfica". Esse início situa bem o tom das declarações. É proposta uma concepção de cinema ampla, com uma profunda ancoragem na realidade sócio-política e econômica do país (o que até então não se percebe de forma tão explícita no pensamento de Sganzerla). Essa realidade factual é apresentada por Glauber como um projeto cinemanovista desdobrado em três frentes: (1) uma distribuidora: a Difilm; (2) a formação de técnicos e fotógrafos, como Dib Lutfi, Mário Carneiro, Luiz Carlos Barreto, entre outros; e (3) a criação de uma política de produção capaz de formar diretores/produtores independentes.

Logo depois, Glauber Rocha apresenta a segunda geração do Cinema Novo, lembrando cineastas como Walter Lima Jr. (que, vale lembrar, já havia dirigido *Menino de engenho,* filme de 1965, e estava então possivelmente pensando em *Brasil ano 2000,* que é de 1967) e Arnaldo Jabor (concebendo então, provavelmente, *Opinião pública,* que é de 1967). Glauber segue sua argumentação afirmando que, a partir das experiências da geração anterior, essa nova geração pôde desenvolver "um cinema mais amadurecido e principalmente mais comunicativo". E dessa forma Glauber Rocha acaba por introduzir uma questão que, se não estava ausente até então nos textos anteriores, pelo menos não chegou a ter grande ênfase. Trata-se de reconhecer *uma escola de cinema brasileiro capaz de influenciar a produção nacional.*

> O filme brasileiro já se influencia a si próprio. Ele só tem a ganhar com o perpétuo diálogo de renovação entre seus diretores. É um fenômeno discutido na Europa. Em cinco anos o Cinema Novo conquistou 22 prêmios internacionais.

---

44 SGANZERLA, Rogério. "Fala Glauber Rocha I", Suplemento Literário do jornal *O Estado de S.Paulo,* 07-05-1966. As citações seguintes, indicadas pelas aspas ou pelo recuo das margens, fazem parte desse texto.

A ideia de cinema como política cinematográfica assume, para Glauber Rocha, um caráter prático, um engajamento explícito. No esforço de construção da história dessa "revolução cultural", ele situa, retrospectivamente, Mario de Andrade e a Semana de 22, o Concretismo, o Teatro de Arena, estabelecendo conexões entre uns e outros, assumindo claramente uma perspectiva nacionalista.

> Não se deve negar, contudo, que o movimento do Teatro de Arena nasceu independentemente do concretismo, sendo – embora falho – em termos de linguagem, muito mais salutar, porque redescobriu em termos políticos o nacionalismo que fora descoberto em 22 em termos estéticos.

Glauber não hesita em afirmar que o país só então está despertando, assim como o Cinema Novo. Ambos, o cinema e o país, na verdade, são uma coisa só:

> O CN passou pela própria revolução social por que passou o Brasil. No momento em que surgia Brasília e o País despertava. E é justamente por causa desta novidade – a novidade do País que desperta – que a linguagem deste cinema, embora presa de influências estrangeiras, pôde apresentar momentos especiais de criação.

Há um ponto na exposição de Glauber que se aproxima bastante do universo de Sganzerla. Trata-se do momento no qual o autor de *Terra em transe*, filme à época em fase de pré-produção, reconhece "a importância do momento histórico dos mais importantes deste século XX", apontando, contudo, seus dois principais problemas: "E na verdade só há dois problemas neste século: o apocalipse entre a era atômica e a era subdesenvolvida, que conhecemos. A bomba e a fome dividem a Terra". Esta perspectiva apocalíptica sem dúvida perpassa a profecia apresentada em *O bandido da luz vermelha*: "o terceiro mundo vai explodir, quem tiver de sapato não sobra". A fome remete, entre outras, à personagem interpretada por Maria Gladys em *Sem essa, Aranha* (1970), gritando inúmeras vezes ao longo do filme: "Eu tô com fome".

A relação entre o Brasil e o mundo continua em relevo na segunda entrevista de Sganzerla com Glauber Rocha, publicada na semana seguinte.[45] Na verdade, o esforço de Glauber segue no sentido de definir o cinema brasileiro a partir de sua alteridade. Assim, o primeiro Cinema Novo (que segundo ele vai de *Rio, 40 graus*, 1955, a *Vidas secas*, 1963) remete à fase "de iniciação e superação do neo-realismo italiano". Já a segunda fase (de *Deus e o diabo* e *O desafio*, 1965) "marca uma superação do moderno cinema europeu". O cinema americano não entra em pauta, porém, é considerado na medida em que serve de modelo para Humberto Mauro. Em suma, para Glauber é difícil chegar a uma definição exata do que seja o país e o seu cinema:

> É muito cedo para se definir qual "o cinema brasileiro por excelência". Para mim, o estilo por excelência é esta inquietação em busca de um estilo; porque não temos tradição cinematográfica e vivemos fatos político-sociais-econômicos novos a cada instante e o Brasil se desenvolve aos brados, aos gritos, aos impulsos, aos abortos. Um cinema verdadeiramente expressivo é o que se desenvolve assim: – aos brados, aos gritos, aos impulsos, aos abortos.

Sganzerla pergunta então sobre o papel do produtor, questionando se este, na visão do Cinema Novo, deve ser considerado como autor. Ao responder, Glauber cita a distribuidora Difilm e a produtora Mapa Filmes, falando sobre *Menino de engenho*, de Walter Lima Jr., como um resultado bem-sucedido. Menciona ainda um longa-metragem com cinco *sketches* – *O doce esporte do sexo* – que seria então dirigido por estreantes, inclusive, o próprio Rogério Sganzerla e Júlio Bressane. (Um filme homônimo foi dirigido por Zelito Viana, 1971.) Glauber ainda defende a si e a outros cinemanovistas da acusação de "cupinchagem" e formação de "igrejinha". Prevê algo novo formando-se no horizonte cinematográfico de São Paulo, alguma coisa capaz de levar ao estabelecimento de uma indústria de cinema autoral, "para concorrer com a televisão e o cinema estrangeiro, interna e externamente".

Ao que tudo indica a passagem do criador de *Terra em transe* pelo Suplemento Literário causou forte impressão naquele que o entrevistou, pois a partir de então Sganzerla passa a contextualizar de uma forma mais visível os eventos que apresenta, situando referências da política cinematográfica brasileira.

---

45 SGANZERLA, Rogério. "Fala Glauber Rocha II", Suplemento Literário do jornal *O Estado de S.Paulo*, 14-05-1966. As citações seguintes, indicadas pelas aspas ou pelo recuo das margens, fazem parte desse texto.

Defesa do cinema brasileiro: *O desafio*

Um texto que escreve Sganzerla sobre *O desafio* (1965),[46] de Saraceni, é indicativo de como os dados do contexto da época passam a ganhar mais importância depois da publicação das entrevistas com Glauber Rocha. Sganzerla defende de forma contundente Paulo César Saraceni, acusando os críticos e o público de não terem compreendido *O desafio*. Em sua argumentação, curiosamente, a incompreensão da platéia brasileira ao filme encontra sua causa no exterior: "Cansadas de Antonioni e Bergman, as platéias intelectuais brasileiras 'queimaram' nosso melhor filme de 65".

Em sua defesa revoltada, sobram reclamos para vários setores da vida brasileira. Os acadêmicos são recriminados por não acreditarem que "em quatorze dias não pode sair filme que preste", e aqui temos uma vertente que, com o passar do tempo, ganhará cada vez mais espaço: a crítica aos intelectuais. Setores da esquerda, mais precisamente a "esquerda festiva", ficou contrariada porque não quis fazer autocrítica. Em suma, ninguém entendeu nada, a não ser algumas poucas exceções como, entre outros, Paulo Emilio Salles Gomes, Almeida Salles e Gustavo Dahl.

Separados o joio e o trigo, Sganzerla parte para a análise do filme, propondo com todas as letras que Saraceni seja visto como um "marginal". O termo, que como se sabe será posteriormente uma das denominações da produção orientada pela chamada "estética do lixo", é várias vezes citado ao longo do texto. E há, por parte do autor da matéria, uma preocupação em defini-lo. São dados da "marginalidade" de Saraceni: cortes bruscos, câmera na mão, panorâmicas em "300 graus" (sic), "cinema concentrado no ator", trilha sonora com um papel fundamental na narrativa, o aspecto documental que dimensiona o contexto de uma forma abrangente. Além disso, *O desafio* é "cinema bate-papo", apresenta um "bandido falante". Observe-se que também aqui, nessa análise que Sganzerla realiza do filme como marginal, ele cita fontes contextualizadas na produção crítica no Brasil daquele momento. Exemplo disso são suas observações a propósito do protagonista do filme como um sujeito hesitante que, na impossibilidade de agir, fala. Diz Sganzerla: "Reagindo ele fala, como disse Jean-Claude". A referência a Jean-Claude

46 SGANZERLA, Rogério. "O Marginal Paulo Cezar", Suplemento Literário do jornal *O Estado de S.Paulo*, 21-05-1966. As citações seguintes, indicadas pelas aspas ou pelo recuo das margens, fazem parte desse texto.

Bernardet, apresentada rapidamente, sem uma fonte precisa (talvez seja uma alusão ao próprio Suplemento Literário, no qual Bernardet também escreveu em um dado momento), de qualquer forma encontrará respaldo pouco tempo depois, com a publicação da primeira edição de *Brasil em tempo de cinema* (1967), livro no qual a questão das personagens do Cinema Novo como marginais é discutida com sentidos diversos.[47]

Além disso, é interessante observar como Sganzerla torna explícito o dado alegórico de *O desafio*, no sentido de associar a personagem de Marcelo à nação: "O cinema de Paulo Cezar é tão 'sincero', como diz Biáfora, que, filmando Marcelo, apresenta o drama – nascimento ou morte – de uma nação". Isso, entretanto, não o impede de localizar a origem desse cinema para além das fronteiras nacionais. Referindo-se a Saraceni, reconhece: "Eis aí o verdadeiro cinema de invenção, o mais moderno já feito no Brasil, descendente de Lumiére, Rosselini, Godard e o cinema-verdade". A proposta de um "cinema de invenção", termo com que Jairo Ferreira designa o Cinema Marginal, é aqui também sintomática.

Além disso, em tal contexto, é significativa a alusão a Rubem Biáfora (1922-1996), citado há pouco. Biáfora foi crítico do jornal *O Estado de S.Paulo* no período compreendido entre 1953 e 1982, fato que sugere sua aproximação com Sganzerla, uma vez que ambos trabalhavam na mesma empresa e tratavam do mesmo assunto. É interessante notar, nesse sentido, que, entre as suas diversas atividades, Biáfora organizou, em 1950, um Grupo de Cinema Orson Welles. Como crítico, cabe lembrar, Biáfora foi considerado por alguns como americanófilo. Não nutria muitas simpatias pelo Cinema Novo sendo, em contrapartida, atraído pela Chanchada e posteriormente pela produção da Boca do Lixo.[48]

Voltando então ao aspecto da alegoria nacional identificada por Sganzerla em *O desafio*, é relevante observar elementos que, em suas observações, caracterizam a nacionalidade brasileira tal como proposta pelo Cinema Novo. Avaliando, por exemplo, o protagonista do filme de Sarraceni, relacionando-o inclusive a outros personagens da produção cinemanovista, o crítico relaciona sua marginalidade à de um "gângster enrustido".[49]

---

47 Bernardet discute, por exemplo, *O assalto ao trem pagador* (1962), de Roberto Farias, falando de marginais que tentam se integrar à sociedade. Ver BERNARDET, Jean-Claude. *Brasil em tempo de cinema: ensaio sobre cinema brasileiro*, 1978, p. 35-50.

48 Ver a esse respeito MIRANDA, Luiz Felipe, "Biáfora, Rubem", in RAMOS, Fernão, MIRANDA, Luiz Felipe (orgs.), *op. cit.*, p. 58.

49 SGANZERLA, Rogério. "O Marginal Paulo Cezar", Suplemento Literário do jornal *O Estado*

> Imerso no subdesenvolvimento, forçosamente reprimido pelas circunstâncias do Brasil atual, ele [Marcelo] se revela como um solitário "gangster" enrustido (veja-se o Antonio das Mortes de "Deus e o Diabo"; "Matraga" [*A hora e a vez de Augusto Matraga*, 1965], de certa maneira; os agentes funerários de "A Falecida" [1965]; Pitanga em "Bahia de Todos os Santos" [1960] e "Barravento" [1962]).

As circunstâncias do Brasil de então não são pormenorizadas na explicação sobre as características do gângster enrustido, o período, contudo, é de uma ditadura militar. Em todo caso, o parâmetro "gângster" indica um interesse de Sganzerla em conectar referências transnacionais – como o filme de gênero – em suas observações sobre o contexto nacional. De fato, fica sugerido, a partir das colocações sobre *O desafio*, mais precisamente sobre a ideia do gângster enrustido, um certo interesse do crítico, ainda que por enquanto um tanto disfarçado, pelo cinema de gênero (o que vai se tornar explícito depois, nos textos do *Jornal da Tarde* e da *Folha da Tarde*). Esse interesse será revelado em várias produções, desde *O bandido da luz vermelha* até *O signo do caos*. J.B da Silva (no *Bandido*), Dr. Plirtz (em *A mulher de todos*), Aranha (em *Sem essa, Aranha*), Dr. Grilo (em *Copacabana mon amour*, 1970), Dr. Amnésio (em *O signo do caos*) são alguns dos personagens exemplares do gângster, tal como construído por Sganzerla. Seus poderes, suas masculinidades, estão sempre confrontadas por *femmes fatales* como Janete Jane, Ângela Carne e Osso e Sônia Silk. Em vez de "enrustidos", eles, pelo contrário, são espalhafatosos, estão no plano da avacalhação característica da estética do Cinema Marginal.

David Neves e um filme de cinema

Meses depois da publicação do artigo sobre *O desafio*, a conexão entre o Brasil e o mundo permanece em pauta em um texto[50] sobre o curta-metragem *Mauro, Humberto* (1964), de David Neves. Sganzerla vale-se do

de S.Paulo, 21-05-1966. A citação seguinte, indicada pelo recuo das margens, também faz parte desse texto.

50 SGANZERLA, Rogério. "Um Autor e um Ofício", Suplemento Literário do jornal *O Estado de S.Paulo*, 24-09-1966. As citações seguintes, indicadas pelas aspas ou pelo recuo das margens, fazem parte desse texto.

filme para retomar as homenagens a Humberto Mauro, considerando simultaneamente David Neves como um autor que realiza "filme de cinema". Esta expressão – "filme de cinema" – torna-se cada vez mais cara aos textos de Sganzerla para o Suplemento Literário e aparecerá posteriormente no letreiro eletrônico visto nas cenas iniciais de seu filme *O bandido da luz vermelha*. Certamente a expressão "filme de cinema" pode ser interpretada como uma oposição ao chamado *filme de arte* e ao intelectualismo nele pressuposto. Mas, pela maneira como se encontra contextualizada no Suplemento Literário, a expressão também pode adquirir outras conotações. Pode estar relacionada à ideia de um cinema-cinema (em contraposição ao cinema-romance, cinema-teatro, etc., segundo as categorias anteriormente discutidas no artigo sobre o livro de Raymond Bellour que tem Alexandre Astruc como foco). Mas, além disso, nesse texto sobre o curta-metragem de David Neves a expressão "filme de cinema" estabelece associação com a ideia de autoria, o que é devidamente explicado.

> Não digo autoria óbvia porque seria banal dizer que foi David Neves quem fez tudo (menos a montagem), quem escreveu, fotografou, produziu e dirigiu o filme. Autoria aqui significa presença do autor e ao mesmo tempo uma distância diante das coisas. É esta contradição, essa dialética que eu imagino como sendo a *mise-en-scène*.

Logo vem uma explicação sobre a "contradição" como um dado que faz parte do processo cinematográfico de uma forma universal.

> Bresson já disse que a "liberdade é o reencontro do exterior com o interior". Quer dizer: combinação de coisas opostas. Os grandes filmes, os filmes puros, são necessariamente impuros. Ou melhor, têm obrigatoriamente aquelas impurezas, as contradições internas que constituem a violência de uma obra...

David Neves, continua o crítico, está ajustado com esse princípio da contradição universal:

> A coerência de "Mauro, Humberto" vem das contradições essenciais do grande cinema. Primeiro, um dado pitoresco: é um filme-verdade em "eastman color", que alia a constatação radiofônica com a fotografia européia, o imediatismo com o requinte.

Os paradoxos da realidade brasileira, portanto, podem e devem, para Sganzerla, estabelecer relação com as "contradições essenciais do grande cinema". E aqueles que ao longo da história do cinema brasileiro aceitam esse fato, perseguindo as contradições, incorporando-as como estilo, transformam-se, na perspectiva do crítico, em parâmetros louváveis da produção nacional.

> Talvez haja uma explicação histórica porque o cinema brasileiro é um cinema marginal, sem nenhuma tradição decente até 1960 (salvo H. Mauro e os dois Santos, Nelson e Roberto). Nossas situações são tão precárias que não há, por isso, nada a defender. O cinema brasileiro não tem nada a ganhar ou a perder. Não há risco no risco. Essa contradição anárquica combina-se com o estilo adotado [pelo Cinema Novo]: a variação entre pólos opostos, entre timidez subdesenvolvida e a extrema pretensão revolucionária. Por isto é que nossos filmes são melhores à medida que acentuam estes contrastes (*O desafio, Deus e o diabo*).

Sobre este trecho citado, cabe notar que a ideia de "timidez subdesenvolvida" do Cinema Novo, tal como defendida por Sganzerla, certamente é questionável.[51] Mas a proposição dessa ideia não deixa de ser significativa no sentido de demonstrar aspectos relacionados ao Brasil – segundo Sganzerla, o "subdesenvolvimento" e a "pretensão revolucionária" – no contexto de repressão política da ditadura militar. Anteriormente, questão semelhante fora apontada, mais ou menos nos mesmos termos, a propósito do gângster enrustido em *O desafio* e em outros filmes do Cinema Novo. Agora, nas observações sobre *Mauro, Humberto*, tais aspectos se reiteram na indicação de autores e filmes considerados na constituição de uma tradição cinematográfica brasileira, cuja relevância está justamente em seu esforço em revelar os paradoxos, as contradições, os contrastes do país ao longo do tempo e sobretudo durante o regime militar.

Godard: a grande síntese

Um texto publicado aproximadamente um mês depois do artigo sobre *Mauro, Humberto* detém-se em *Alphaville* (1965), de Godard: "Alpha, Cidade

51 Como pensar, diante da suposta "timidez subdesenvolvida" do Cinema Novo, personagens como Paulo Martins, de *Terra em transe*? O questionamento sobre essa proposição de Sganzerla foi sugerido por Ismail Xavier no Exame de Qualificação da minha tese de doutoramento, ponto de partida para este livro.

Aberta".[52] Persistem então várias questões antes debatidas a propósito do filme de David Neves e de outras obras analisadas, por exemplo, a contradição como estratégia de construção cinematográfica.

> Em "Alphaville" Godard faz (mais ainda) o jogo dos grandes cineastas: Murnau, Rosselini, Hawks, Fuller. Seu cinema cada vez mais se concentra em torno de paradoxos geniais. A força de "Alphaville" está nas *contradições internas* [grifo meu] de seus personagens.

Agora, esse princípio da contradição avança até a defesa de um "cinema de síntese", realizado por Godard. Sganzerla continua sua exposição destacando, por exemplo, na *mise-en-scène*, na cenografia, a tensão entre a verdade e a mentira. Não deixa tampouco de mencionar várias vezes a relação de Godard com o cinema americano. Realça, contudo, outras referências, como é o caso, por exemplo, quando discute o movimento de câmera que acompanha Eddie Constantine e Anna Karina, destacando uma dialética do particular e do global.

> Esta trajetória, que vai do geral ao particular e vice-versa, também se encontra em Welles, Preminger e Eisenstein (e, por incrível que pareça, o filme lembra Eisenstein) e, de outra forma, em Lang: a tensão do seu cinema vem do detalhe perfeitamente inserido numa perspectiva global.

Logo depois, ele explica o que quer dizer:

> Com isso eu quero dizer o seguinte: o filme oscila a cada momento entre pólos extremos, fundindo o limite do concreto com o abstrato. Lemmy Caution [protagonista de *Alphaville*], por exemplo, é uma mistura de Dick Tracy com intelectual europeu.

Na perspectiva de Sganzerla, esse poder de síntese exibido em *Alphaville* tem a ver com a capacidade de Godard para reunir o melhor do cinema, pois, como diz, demarcando bem uma posição nas últimas linhas de seu artigo, "Godard é tudo o que o cinema desejou se tornar desde Lumière, Griffith, Jean Vigo e Orson Welles".

---

52 SGANZERLA, Rogério. "Alpha, Cidade Aberta", Suplemento Literário do jornal *O Estado de S.Paulo*, 22-10-1966. As citações seguintes, indicadas pelas aspas ou pelo recuo das margens, fazem parte desse texto.

"Fala Gustavo Dahl"

Alguma semanas depois das considerações sobre *Alphaville*, tem continuidade a série de entrevistas com os representantes do Cinema Novo. Agora "Fala Gustavo Dahl" sobre sua visão do cinema brasileiro e mundial.[53] Gustavo Dahl, "uma das consciências mais agudas do cinema novo", segundo Sganzerla, responde às perguntas do crítico, que intervém na fala de seu entrevistado muito mais do que fizera, anteriormente, na conversa com Glauber Rocha. Obviamente, os questionamentos revelam em grande parte o que se passa no pensamento de Sganzerla diante de Gustavo Dahl. E a primeira pergunta diz justamente respeito à diferença do cinema brasileiro em relação aos demais. A resposta de Gustavo Dahl situa uma especificidade – "o Brasil é o único país subdesenvolvido que faz um cinema de grandes ambições artísticas" – e apresenta uma série de comparações com nações tais como Venezuela, Argentina, Itália, Checoslováquia, Hungria e mesmo França, tratando de esmiuçar diferenças em âmbitos diversos, explicando a proposta do Cinema Novo. (Essa estratégia comparativa mais tarde se encontra, cabe lembrar, em *Cinema: trajetória no subdesenvolvimento* quando, no início do texto, Paulo Emilio Salles Gomes situa o cinema de vários países antes de entrar no caso do cinema brasileiro.)

Nesse ponto, Sganzerla novamente intervém, perguntando a Gustavo Dahl qual é a sua opinião sobre uma certa cisão perceptível nos "dois bolinhos" de cineastas do Rio de Janeiro, complementando logo em seguida: "Eu tentei esquematizar duas correntes fundamentais do nosso cinema novo". O entrevistado admite uma cisão estética, porém, nada além disso, e continua sua argumentação demonstrando proximidades entre Joaquim Pedro de Andrade (*O padre e a moça*, 1966), Saraceni (*Capitu*, 1968, então em fase de pré-produção) e ele próprio, Gustavo Dahl (*Em busca do ouro*, 1964). Sganzerla, contudo, volta à carga, questionando: "E o atual estágio do Cinema Novo? É de euforia ou depressão?" De fato, suas intervenções indicam, de alguma maneira, uma certa desconfiança em relação aos rumos do Cinema Novo e, embora faça elogios ao trabalho de seu interlocutor, não deixa de confrontá-

53 SGANZERLA, Rogério. "Fala Gustavo Dahl", Suplemento Literário do jornal *O Estado de S.Paulo*, 05-11-1966. As citações seguintes, indicadas pelas aspas ou pelo recuo das margens, fazem parte desse texto.

-lo em alguns momentos. Quando, por exemplo, Gustavo Dahl investe em uma teoria sobre uma provável tensão entre o "rigor" e o "pudor", verificável no seu filme *Em busca do ouro*, o crítico rebate: "Você não acha isto muito intelectual?" E ouve a seguinte resposta de Gustavo Dahl: "Acho sim. Para mim, intelectual não é pejorativo". Essa crítica à intelectualidade do Cinema Novo, como já se falou, será posteriormente uma tônica, ampliada, na obra de Sganzerla.

A questão da intelectualidade também serve de ponto de partida para a discussão sobre as diferenças entre a produção do Rio de Janeiro e a de São Paulo. Sganzerla questiona por que Gustavo Dahl, ao voltar da Europa (onde estivera estudando e realizando cinema, inclusive, escrevendo para a *Cahiers du cinéma*), preferiu o Rio a São Paulo, uma vez que nesta última cidade ele antes "era crítico e participava do ambiente intelectual" (inclusive, embora Sganzerla não diga, escrevendo para o próprio Suplemento Literário). O entrevistado sai então na defesa do Rio de Janeiro, defendendo, por exemplo, a facilidade de obtenção de empréstimos para a realização dos filmes. E aí Sganzerla sai em defesa de São Paulo, lembrando o trabalho de cineastas como Person, Roberto Santos e Capovilla e sugerindo, além disso, uma política estatal como estratégia para viabilizar a produção.

> – Não, Gustavo, mas aqui [em São Paulo] também se consegue crédito bancário. Só que sai muito caro: 3%, 4% e até mais de juro mensal. Para começar os filmes, teríamos que ter um apoio oficial inicial, para preparar o filme (que demora um certo tempo) sem pagar juros tão altos e não encarecer a produção. Entende?

E a entrevista encaminha-se para o seu término com o questionamento sobre a importância de Jean-Luc Godard e sobre o futuro do Cinema Novo. Em resposta a esta última pergunta, o entrevistado fala sobre como o Neo-Realismo italiano, antes da Nouvelle Vague, foi o começo de uma consciência sobre a importância do diretor. E nesse momento Sganzerla faz sua última intervenção contra-argumentando: "Mas *muita gente* [grifo meu] diz que foi Welles em 1941 quem trouxe esta consciência". Gustavo Dahl não concorda, porque vê Welles mais como o ponto final de uma primeira grande etapa do cinema.

Carlos Diegues e sua pop-chanchada

Ao aproximar-se o final do ano de 1966, por algumas vezes Carlos Diegues é o tema das publicações. Na primeira delas, ele é mencionado em artigo sobre o seu filme, *A grande cidade* (1965).[54] Nesse texto, Sganzerla reitera ideias apresentadas anteriormente em outros artigos, como é o caso, por exemplo, da defesa de um cinema brasileiro de contrates e sínteses em sintonia com as modernas produções mundiais. A grande ênfase está na música brasileira, popular e erudita, em vários momentos: Villa Lobos, modinhas do século XIX, Roberto Carlos, etc. Sganzerla vê *A grande cidade* como um "filmemusical" que traz, além das inúmeras referências à música, outras tantas citações cinematográficas.

> Carlos Diegues atinge a profunda musicalidade do novo e do antigo (a "chanchada") cinema brasileiro. E também dirige-se a uma nova noção de espetáculo, que sempre o preocupou em seus tempos de crítico, a famosa fusão de Brecht com Pasolini, de Godard com Glauber Rocha, da tragédia grega com a literatura de cordel, de cinema verdade com cinema americano e muitas outras coisas.

Apesar de apontar essa tendência de Carlos Diegues para os contrastes e sínteses, defendendo-a até porque ela condiz com suas próprias concepções de cinema, o que a essa altura já se pode afirmar graças à leitura dos artigos anteriores, Sganzerla assume agora, de forma mais explícita, uma defesa do caráter nacional da produção analisada, sem deixar, contudo, de indicá-la como um dado para o mundo.

> Sem deixar de ser brasileiro, *A grande cidade* é um pop-filme – uma montagem (colagem) das coisas mais diferentes desse mundo: *Porto das caixas* [1962] com macetes de cinema mudo, por exemplo. Modifico o *slogan*: é uma pop-chanchada que constata os mais diversos tipos de espetáculo, uma reflexão extremamente brasileira sobre o cinema em geral – assim como aquela (a maior e melhor) "chanchada" do cinema brasileiro: *Rio, quarenta graus* [1955].

A definição do pop como a montagem-colagem das coisas mais diferentes do mundo indica a tendência para uma consideração do todo global. Entretanto, a totalidade é considerada a partir de um ponto de vista local, nacio-

54 SGANZERLA, Rogério. "A Grande Cidade", Suplemento Literário do jornal *O Estado de S.Paulo*, 26-11-1966. As citações seguintes, indicadas pelas aspas ou pelo recuo das margens, fazem parte desse texto.

nal, como bem exemplifica o trecho seguinte do texto, no qual se comemora a autocitação no cinema brasileiro.

> "A Grande Cidade" é também, depois de "Mauro, Humberto" de David Neves, o primeiro filme de citação sobre o nosso cinema. Está certo, "São Paulo S/A" e "O desafio" eram filmes de citações – mas citações européias no primeiro caso, híbridas no segundo. Destituindo-se do tom íntimo ou familiar de "Mauro, Humberto", Diegues cita deliberadamente três autores: Nelson Pereira dos Santos, Glauber Rocha e Paulo Cezar Saraceni...

Pouquíssimos textos, se é que algum dentre os analisados até este momento, demonstraram uma empolgação tão clara no sentido de festejar uma nacionalidade em "nosso cinema". Não deixa de chamar a atenção, entretanto, o fato de o aspecto nacional apresentar-se matizado, graças à evocação que o próprio autor faz da internacionalidade do pop. Esse dado é fundamental, principalmente quando se considera o fato de Sganzerla, em sua tetralogia inspirada em *It´s all true*, discutir o Brasil a partir da figura de Orson Welles.

Carlos Diegues volta novamente às páginas do Suplemento Literário na virada do ano de 1966 para o de 1967, em duas entrevistas.[55] O tema dessa vez é o Cinema Novo, mais precisamente os rumos a serem seguidos pelos cineastas aí incluídos, sobretudo com o então recente surgimento do INC – Instituto Nacional de Cinema (criado, depois de décadas de negociações, pelo Decreto-Lei nº 43, de 18 de novembro de 1966, definindo uma participação mais efetiva do Estado brasileiro na produção nacional). As perguntas de Sganzerla ao seu entrevistado revelam uma certa inquietação, ou mesmo desconfiança, sobre as possibilidades futuras. Ele questiona se o Cinema Novo vive uma crise, uma depressão; se está mais difícil estrear como longa-metragista; e para onde vão todos os caminhos do cinema brasileiro.

Nas respostas de Carlos Diegues também se evidenciam sinais de esgotamento de um ciclo para o início de outro, por exemplo, quando admite: "Acho que daqui para a frente a gente só pode falar em cinema brasileiro; discriminando, evidentemente, o que é bom ou mau. E que o cinema novo fique

---

55 SGANZERLA, Rogério. "Carlos Diegues Depõe I", "Carlos Diegues Depõe II", Suplemento Literário do jornal *O Estado de S.Paulo,* respectivamente em 24-12-1966 e 07-01-1967.

como referência histórica".[56] Ao afirmar tais palavras, Cacá Diegues contextualiza um cenário para uma nova geração de cineastas que, embora inspirada pela "moda" cinemanovista, não estaria preparada para lidar com "todas as frustrações do mundo". Mas cabe esclarecer que, também na perspectiva do autor de *A grande cidade*, essa frustração não é um atributo especificamente brasileiro, pois ele atribui a Godard a ideia de que "ser cineasta é como ser judeu ou negro numa sociedade que os repele". A frustração pode ser então pensada como um dado inerente a um autor posto diante da violência do mundo. Para Sganzerla, caberá cada vez mais a investigação sobre a contribuição do Brasil nesta história.

Uma figura construída sobre contrastes

Ao término da leitura dos artigos escritos por Sganzerla para o Suplemento Literário, está delineada uma figura de Orson Welles um tanto controversa, paradoxal. Há uma oscilação de sua formação entre aspectos vários, às vezes discordantes entre si. Welles, como criador de *Cidadão Kane*, é o precursor da construção de uma narrativa moderna. É o criador do herói fechado, que representa o enigma da existência. Kane introduz a questão da morte como saída no ciclo inevitável das repetições metafísicas. Já o Welles de *O processo* constrói um filme *gag* e encontra-se, na síntese entre os cineastas da alma e os cineastas do corpo, entre aqueles que apelam para a exteriorização dos conflitos a ponto de chegar à farsa autodestrutiva. Em outro momento, Welles é considerado mais um expressionista, que foge à pura visibilidade. Não está entre os realizadores de cinema-cinema, mas entre os diretores de cinema-romance. Ainda estabelece julgamentos morais, evita a visão cínica.

A partir da exibição de *Cidadão Kane* para o público brasileiro em 1965, evidencia-se, contudo, o caráter de síntese de tantas correntes reconhecidas nessa obra e em seu autor. Esse momento assume a dimensão de uma revelação para o crítico, que questiona se Orson Welles é um homem da Renascença ou um bárbaro, remetendo a imaginação de seus leitores a remotos períodos da História em que foram "descobertas" as terras do "Novo Mundo". Seria esse o momento de desfazer o mito Orson Welles, como imagina Sganzerla ao

56 SGANZERLA, Rogério. "Carlos Diegues Depõe I", Suplemento Literário do jornal *O Estado de S.Paulo*, 24-12-1966. As citações seguintes, indicadas pelas aspas, fazem parte desse texto.

especular sobre o impacto dessa exibição de *Cidadão Kane* para os brasileiros, ou, pelo contrário, é a partir daí que ele começa a ser construído? O fato é que Sganzerla retornará inúmeras vezes à produção de Welles, como alegoria do Brasil, da América, de um mundo sem limites.

Outro dado verificado na elaboração da figura de Welles diz respeito à ideia de frustração. Tal fato foi primeiramente identificado por Paulo Emilio Salles Gomes. Para Sganzerla, contudo, a frustração é um dado da condição existencial do homem que, entretanto, assume características próprias diante de instâncias de poder específicas. Nesse sentido, para superá-las no campo do cinema, a saída de Orson Welles parece apontar para a produção independente. Diante das dificuldades, ele promove a síntese das dicotomias, paradoxos, contradições, a convergência entre ocupantes e ocupados. O nacional e o estrangeiro podem assim convergir em momentos diversos, perseguindo, mais que identidades, identificações. Humberto Mauro pode ser o *Cidadão Kane* mineiro. Orson Welles pode ser uma alegoria do Brasil.

No quadro do nacional por subtração da década de 1960, chega a ser surpreendente uma posição como a de Sganzerla no Suplemento Literário. Seu posicionamento não causa tanto alarde naquele momento talvez por ser ainda bastante incipiente, na maneira como introduz o encontro de contradições. Mas hoje já é conhecido e debatido o impacto que foi causado pelo Tropicalismo ao final da década de 1960, justamente quando a disposição para reunir, não só o antigo e o novo, mas também o nacional e o estrangeiro, surpreendeu inclusive a esquerda do país.

Por fim, é notável a maneira como o Suplemento Literário do jornal *O Estado de S.Paulo* constitui um espaço, uma espécie de laboratório, no qual Sganzerla experimenta, organiza, desorganiza, articula, expõe uma série de questões, conceitos, constituindo uma espécie de corpo teórico fundamental para a compreensão do seu cinema.

CAPÍTULO 2

As nações e os seus cinemas: *Jornal da Tarde*

Enquanto ainda escrevia para o Suplemento Literário do jornal *Estado de S.Paulo*, Sganzerla passou também a participar de outro periódico da mesma empresa, o *Jornal da Tarde*. Incluídos na seção "Cinema" ou "Crítica de Cinema", geralmente publicada uma vez por semana, às terças-feiras, os textos do *Jornal da Tarde* não têm o mesmo grau de profundidade encontrado no Suplemento Literário, até em função do espaço reduzido que lhes é reservado: uma página para todos os filmes que estreavam na semana, espaço no qual vários críticos expunham suas opiniões. Entre os autores das críticas encontram-se regularmente, além de Sganzerla, por exemplo, Maurice Capovilla e Antonio Lima, que também vão se confirmar como diretores de cinema. Ao filme analisado, cada crítico atribui uma espécie de nota de avaliação, indicada por um grafismo que sugere um olho, disposto bem no início da matéria. Assim, ao filme ruim equivale um olho; ao regular, dois olhos; ao bom, três olhos; e ao ótimo, quatro olhos.

Dada a característica dos textos, em vez de classificá-los como críticas, talvez fosse mais adequado pensá-los em alguns casos como resenhas ou crônicas, por diversas razões. Trata-se de uma escrita voltada eminentemente para os filmes exibidos no circuito comercial. São textos curtos, produzidos no calor da hora, com a intenção imediata de orientar o leitor quanto às opções existentes na semana nas diversas salas de São Paulo. A própria recepção do público é registrada, com a reprodução de seus comentários à saída da sessão. Não há espaço para a proposição de teorias, embora se perceba nas entrelinhas uma certa concepção de cinema de acordo com o autor da matéria. É possível o reconhecimento, por exemplo, da noção de "visão cínica", de Sganzerla, apresentada por ele de forma minuciosa anteriormente, no Suplemento Literário do *Estado de S. Paulo*. No *Jornal da Tarde* a "visão cínica" retorna relacionada a alguns diretores, como Howard Hawks, entre outros, mas sem maiores detalhamentos quanto ao seu significado, sem especificações quanto ao seu papel, por exemplo, na relação com a "câmera cínica". Um exemplo:

> [*Rio Bravo*, 1959] Caracteriza a visão cínica de Howard Hawks, um primitivista americano, que sem intelectualismos e apelações, faz o melhor cinema possível: livre, repleto de variações de tom: da aventura à piadinha, dos longos bate-papos à violência fria, dos tiroteios a science-ficcion (a explosão final da casa dos bandidos).[1]

A distinção quanto às características dos textos apresentados em um veículo ou em outro sugere a lembrança de Almeida Salles, quando ele propõe que a teoria de cinema seja aplicada em espaços mais especializados, revistas voltadas ao ensaio, por exemplo, enquanto os textos diários devem abrir mão de maiores pretensões, como afirma: "Acho que se deve jogar toda a teoria nos ensaios, nas revistas, mas a crítica diária não pode ser pretensiosa nem teórica".[2]

Orson Welles como Figura: Condensações e Deslocamentos

Em relação aos problemas relacionados à construção da figura de Orson Welles a partir do paradigma ocupante/ocupado, convém atentar para alguns aspectos. De fato, dentre os filmes criticados por Sganzerla no *Jornal da Tarde*, o único no qual Orson Welles tem um papel explícito é *O terceiro homem* (1949). Dirigido por Carol Reed, o trabalho deste não é tão considerável aos olhos do crítico, como veremos. Ainda assim, Sganzerla atribui ao filme três olhos (o que significa "bom"), explicando: "Os três olhos negros vão pela presença extravagante de Orson Welles".[3]

1 SGANZERLA, Rogério. "Pode Entrar Sossegado". *Jornal da Tarde*, 10/05/1966, p. 9.

2 SALLES, Francisco Luiz de Almeida, *Cinema e verdade*. São Paulo: Companhia das Letras,1988, p. 326.

3 SGANZERLA, Rogério. "Terceiro Homem Já Não Tem mais Segredo". *Jornal da Tarde*, 26/01/1966, p. 8.

Mas, mesmo que não se verifiquem outras participações diretas de Welles na filmografia comentada por Sganzerla no *Jornal da Tarde*, convém lembrar que a construção de uma alegoria implica condensações e deslocamentos entre fatos diversos implicados no processo de alegorização.[4] Nesse sentido, vários aspectos da construção de Orson Welles como figura podem ser percebidos, por exemplo, quando Sganzerla elabora suas observações sobre o cinema produzido em vários países do mundo, Estados Unidos à frente, pelo maior volume de produção exibida nas salas brasileiras.[5] A leitura desses textos pouco a pouco revela parte de sua visão sobre Hollywood e os Estados Unidos, assim como também expressa sua percepção sobre outras cinematografias nacionais, oriundas principalmente da Europa e do Japão.

Considerados os filmes resenhados, o cinema brasileiro comparece com um percentual que não chega a atingir 10% do total. Certamente por essa razão Sganzerla recriminará insistentemente as políticas de distribuição e exibição no Brasil.

Mas, como um todo, incluídas as produções nacionais e estrangeiras, é possível enxergar nessa produção de Sganzerla para o *Jornal da Tarde* uma espécie de geografia do cinema mundial, que identifica cada nação com as suas características cinematográficas próprias, específicas. Isso faz lembrar em alguma medida um projeto como o de Georges Sadoul, por exemplo, de construção de uma *História do cinema mundial* em que prevalece a perspectiva das várias cinematografias nacionais.[6]

---

4 "A alegoria realiza uma figuração do significante primeiro, gerada pelo duplo movimento de deslocamento e condensação. É uma formulação de duplo sentido que designa o outro de si mesma. A relação que ela estabelece entre o sentido primeiro e o figurado é variada; tanto pode desaparecer o primeiro como os dois podem unir-se." Ver FAVARETTO, Celso. *Tropicália, alegoria, alegria*. 3ª. ed. Cotia: Ateliê Editorial, 2000, p. 125.

5 Para esta abordagem sobre o trabalho de Sganzerla no *Jornal da Tarde*, foram analisados aproximadamente 106 textos, dos quais 44 discorreram sobre filmes americanos (41,5% do total); 18 sobre filmes japoneses (16,9%); 10 sobre filmes brasileiros (9,4%); 07 sobre filmes alemães (6,6%); 07 sobre filmes italianos (6,6%); 04 sobre filmes mexicanos (3,7%); 03 sobre filmes franceses (2,8%); 03 sobre filmes ingleses (2,8%), 01 sobre filme argentino (0,9%); 01 sobre filme espanhol (0,9%); 01 sobre filme polonês (0,9%); 07 sobre coproduções internacionais (6,6%).

6 SADOUL, Georges. *História do cinema mundial: das origens a nossos dias*, 2 v. São Paulo: Livraria Martins Editora, sd.

Nesse sentido é válido investigar como a percepção de Sganzerla poderia estar voltada para a busca de uma autenticidade e unidade nacionais a serem reveladas nos discursos que seriam próprios de uma determinada nação. Aqui entraria em pauta a possibilidade de uma cultura nacional ser pensada como um sistema de representação. Diz por exemplo Stuart Hall:

> Uma cultura nacional é um discurso – um modo de construir sentidos que influencia e organiza tanto as nossas ações quanto a concepção que temos de nós mesmos. (...) As culturas nacionais, ao produzir sentidos sobre "a nação", sentidos com os quais podemos nos identificar, constroem identidades. Esses sentidos estão contidos nas estórias que são contadas sobre a nação, memórias que conectam seu presente com seu passado e imagens que dela são construídas. Como argumentou Benedict Anderson, a identidade nacional é uma "comunidade imaginada".[7]

Mas, sobretudo, no âmbito desse debate sobre culturas nacionais, é imprescindível projetar o próprio Paulo Emilio Salles Gomes, em *Cinema: trajetória no subdesenvolvimento*, ensaio que se inicia justamente com uma comparação das condições estruturais e estéticas do cinema de vários países, entre outros, Índia, Japão e Egito.[8] Para entrar nessa discussão, é oportuno recordar o contexto implicado nas definições sobre o que seria o *cinema nacional* – e por extensão o *cinema estrangeiro* – no Brasil dos anos 1960, quando algumas tendências destacavam-se,[9] entre elas: (01) a ideia de associar o nacional ao popular, embora a compreensão desse caráter relacionado ao povo não constituísse consenso; (2) a tendência a compreender o nacional em oposição ao estrangeiro – em um debate ensejado em grande medida pelo texto "Uma situação colonial?",[10] de Paulo Emilio Salles Gomes, parâmetro para a consideração dos conflitos de interesse econômico entre a produção do Brasil e a

---

7 Ver HALL, Stuart. *A identidade cultural na pós-modernidade*. 3ª. ed. Rio de Janeiro: DP&A, 1999, p. 50-51. Ver também ANDERSON, Benedict, *Comunidades imaginadas: reflexões sobre a origem e a difusão do nacionalismo*. São Paulo: Companhia das Letras, 2011.

8 GOMES, Paulo Emilio Salles. *Cinema: trajetória no subdesenvolvimento*. Rio de Janeiro: Paz e Terra, 1980, p.75-87.

9 GALVÃO, Maria Rita, BERNARDET, Jean-Claude. *O nacional e o popular na cultura brasileira: cinema*. Rio de Janeiro/São Paulo: Embrafilme/Brasiliense, 1983, p. 131-259.

10 Ver GOMES, Paulo Emilio Salles. "Uma Situação Colonial?". In: *Crítica de cinema no Suplemento Literário*, vol. 2. Rio de Janeiro: Paz e Terra, 1981, p. 286-291.

de outros países; (3) a percepção de um *estilo nacional* próprio, cujas implicações envolviam polemicamente o estímulo à produção em quantidade e qualidade (em uma dialética dimensionada pelos fatores arte e indústria), um pensamento crítico descolonizado, a valorização de gêneros como a comédia (um dos pontos de grande tensão entre as correntes do debate), a recusa ao folclore e ao exotismo, a capacidade dos filmes para instigar consciências, para problematizar, para instaurar uma estética distanciada dos cânones estrangeiros em nome de uma especificidade nacional.

Esse debate sobre o caráter nacional, tal como perpetrado naquele momento no contexto da produção brasileira, certamente influencia a abordagem de Sganzerla sobre os filmes brasileiros e sobre os oriundos de outros países. Sobretudo nos textos produzidos sobre os filmes estrangeiros, percebe-se uma clara tendência do crítico para demarcar aquilo que seria próprio do *estilo* americano, inglês, japonês, mexicano, entre outras possibilidades de adjetivos pátrios relacionados eminentemente, no caso, a uma produção industrial. A ideia de que certos traços definem características de um cinema produzido em um determinado país levará Sganzerla a criticar várias produções, nas quais ele enxerga algo como uma tentativa de cópia de um estilo alheio, ou seja, a tentativa de reprodução de um estilo que seria próprio de outra nacionalidade. Isso também se aplica ao Brasil, como prova o "expressionismo caipira" da Vera Cruz, em seu empenho de reproduzir uma "Hollywood nos trópicos".

Outro dado revelador, inserido no contexto das preocupações com a nossa situação colonial, diz respeito aos parâmetros do comércio de produtos industriais impostos aos mercados subdesenvolvidos, e aí se observa o Brasil como uma grande síntese de tal situação. Diversas vezes Sganzerla questionará o mercado de produção, distribuição e exibição, tomando o partido da produção brasileira na luta de interesses em jogo entre nacionais e estrangeiros.

Há ainda que se notar, no lidar de Sganzerla com a indústria cinematográfica estrangeira, uma certa proposição do texto *Cinema: trajetória no subdesenvolvimento*, mais precisamente relacionada à ideia de que "a penosa construção de nós mesmos se desenvolve na dialética rarefeita entre o não ser e o ser outro".[11] Seria esta, na visão de alguns participantes de uma mesa-redonda sobre o referido texto de Paulo Emilio Salles Gomes, a afirmação que impede uma deli-

11 GOMES, Paulo Emilio Salles, *op. cit.*, p. 77.

mitação precisa da antinomia ocupante/ocupado, que ora está relacionada à conquista de mercado, ora à dimensão da cultura e suas ideologias, ora às lutas de classe. Certamente no contexto do debate que ocorria na década de 1960, a inquietação com o estrangeiro era um dado fundamental para a compreensão do produto nacional, no sentido de poder constituir uma referência válida – leia-se filme de autor – para o nosso cinema. Como foi possível observar, isso é muito claro nos textos que Sganzerla produziu para o Suplemento Literário do *Estado de S.Paulo*, onde estão em pauta diretores como Hawks, Godard, Welles, além de brasileiros como Humberto Mauro, Glauber Rocha, Saraceni, Person, Gustavo Dahl e Cacá Diegues. Mas, ao se deparar com os textos do *Jornal da Tarde*, o leitor percebe uma preocupação eminente de Sganzerla com os produtos da indústria cultural, assim como pelos efeitos que eventualmente esses produtos podem suscitar no público brasileiro. Tal preocupação com o público é recorrente, como podem comprovar os vários registros sobre a reação da plateia paulistana aos filmes exibidos. Por um lado, são questionadas a distribuição e a exibição de vários filmes. Mas, por outro, curiosamente, o interesse no efeito de produtos industriais estrangeiros sobre o público em geral parece já sinalizar algo que posteriormente alguns filmes de Sganzerla vão revelar, ou seja, uma capacidade excepcional de comunicação com públicos populares (além dos eruditos). Como se sabe, *O bandido da luz vermelha* e *A mulher de todos* obtiveram um sucesso considerável de público. Trata-se, como definiu Julio Bressane, de um "cinema popular sofisticado",[12] para o qual certamente contribui a familiaridade do crítico com a produção industrial que constituiu objeto de seus textos para o *Jornal da Tarde*.

A tensão aí parece permanente. Se em um momento é posto em questão o sistema mercadológico desfavorável aos filmes brasileiros, em outro, se sobressai certo esforço de esclarecimento sobre as características próprias aos diversos gêneros cinematográficos, ao empenho de comunicação simplificada que lhes é peculiar. Nesse sentido, já se percebe aqui algum afastamento em relação ao Cinema Novo. Um dos aspectos significativos dessa ruptura está justamente relacionado a uma maior abertura dos integrantes do Cinema

12 A afirmação de Bressane ocorreu em palestra no Cinesesc, de São Paulo, em 17 de dezembro de 2003. A conferência foi um dos eventos de uma mostra retrospectiva de sua obra: *Cinema Inocente – Retrospectiva Júlio Bressane 2003*. A propósito, ver também: BRESSANE, Júlio. "O Signo Sganzerla". In: Catálogo da Mostra *Rogério Sganzerla por um Cinema sem Limite*, 2004, p. 7-11.

Marginal para a incorporação do estrangeiro, assim como para a valorização de segmentos nacionais que foram desconsiderados pelo Cinema Novo, como a Chanchada. Como reconhece Fernão Ramos:

> O Cinema Marginal não é a terceira geração do Cinema Novo, e a estética de seus filmes, seu modo de produzir, suas expectativas de divulgação da obra, vão se confrontar com algumas das ambições da geração mais velha. Nessa caracterização, dois elementos estruturais, ausentes das obras-chave do Cinema Novo dos anos 60, passam a ocupar espaço central: a ideologia da contracultura (que emerge do final da década importada dos Estados Unidos, pode ser sintetizada no horizonte ideológico de "sexo, droga e rock&roll") e a abertura para um diálogo lúdico e intertextual com o classicismo narrativo e o filme de gênero hollywoodiano.[13]

Apresentado o panorama dos problemas implicados nos textos do *Jornal da Tarde*, minha argumentação procura acompanhar o desenvolvimento do raciocínio de Sganzerla em seus textos, a partir justamente dos parâmetros nacionais indicados pela origem dos produtores e/ou diretores responsáveis pelos filmes em questão. Na verdade, os Estados Unidos e o Japão, devido à grande quantidade de seus filmes no mercado brasileiro, serão considerados isoladamente. Em seguida, foram agrupadas as cinematografias europeias e, logo depois, as latino-americanas. Por último, vem a discussão sobre a produção brasileira.

O cinema dos Estados Unidos

Há momentos nos quais se percebem impulsos de Sganzerla no sentido de sintetizar em algumas frases considerações que englobam o cinema americano como um todo discernível, a partir do estabelecimento de características genéricas que lhe definiriam a distinção em relação a outras cinematografias. Nessa geografia cinematográfica, são muitos os elementos indicadores de uma identidade reconhecível. Em um texto sobre, por exemplo, *Plano para matar* (1966), de William Castle, encontram-se afirmações tais como:

> Como todo filme americano, *Plano para matar* é essencialmente falado, os personagens ganham uma interdependência e os conflitos

13 Ver RAMOS, Fernão, "Cinema Marginal", in RAMOS, Fernão, MIRANDA, Luiz Felipe, *Enciclopédia do cinema brasileiro*. São Paulo: Senac, 2000, p. 141.

> estão sumariamente expostos – com o primitivismo fascinante dos grandes autores.[14]

Já sobre *Caçada humana* (1966), de Arthur Penn, Sganzerla diz o seguinte:

> *Caçada humana* poderia ser uma excepcional análise da sociedade norte-americana, mas a roteirista Lilian Helman preservou eloqüentemente os lugares comuns da novela original. Sobrepõe uma série de temas vitais sem aprofundá-los: o racismo, a política, o amor e a convulsão norte-americana.[15]

Há de se notar que, progressivamente, a produção dos Estados Unidos se constitui como uma referência primordial do cinema na perspectiva de Sganzerla. Mas, como a cinematografia de qualquer outro país, essa também apresenta exemplos desprezíveis aos seus olhos, como *Diário de um homem solteiro*:

> Ontem na sessão das 18 no Pigalle tinha 26 pessoas. Exatamente o número de espectadores que *Diário de um homem solteiro* merecia: nem mais nem menos. Porque, além de ser imbecil, o filme tem o privilégio de reunir os piores atores e as mulheres mais pavorosas já filmadas pelo cinema americano (trata-se de uma produção independente de Nova York). Lá, como em Moscou, Londres ou São Paulo, se repete a mesma coisa: o cinema impotente e sem emoção. Exatamente como os personagens: os verdadeiros filmes melancólicos são os que não se comunicam com o público.[16]

A consideração sobre a reação da plateia ao que se passa na tela é, como afirmei, uma característica dos textos de Sganzerla no *Jornal da Tarde*. No caso específico dos filmes americanos, esse empenho também se revela em momentos nos quais o crítico procura acompanhar os movimentos do próprio público americano em relação à recepção das produções em voga. Por exemplo, a respeito de *Meu sangue ficou gelado* (William Conrad, 1965), ele observa que "galãs psicopatas vêm fazendo muito sucesso nos Estados Unidos ultimamente".[17]

---

14 SGANZERLA, Rogério. "As Brincadeiras do Garoto Mentiroso". *Jornal da Tarde*, 22/11/1966, p. 9.

15 SGANZERLA, Rogério. "Mal dos Grandes Temas". *Jornal da Tarde*, 06/12/1966, p. 9.

16 SGANZERLA, Rogério. "A Solidão no Filme Dá Muita Melancolia". *Jornal da Tarde*, 07/06/1966, p. 9.

17 SGANZERLA, Rogério. "Alma Penada Não Morre do Coração". *Jornal da Tarde*, 01/03/1966, p. 9.

A questão do gênero é outro dado geral, ou seja, um parâmetro para a observação de muitos filmes, mas tem especificidades quando a pauta diz respeito aos filmes hollywoodianos. Há uma preocupação de Sganzerla em relacionar os atributos do faroeste, do melodrama, da aventura, do policial, procurando apontar seus cânones, sua história, questionando as opções encontradas pelos diretores na resolução da *mise-en-scène*, criticando as adequações mal-engendradas ou as fórmulas desgastadas. Sobre um clássico de Hitchcock, por exemplo, propõe o seguinte:

> *Ladrão de casaca* [1955] é um filme que tenta demonstrar que as aparências enganam e o crime não compensa, duas teses clássicas do cinema americano. Hitchcock continua disfarçando histórias gastas com efeitos dosados e fórmulas artificiais.[18]

Apesar da presença de Hitchcock no trecho acima, na verdade, só raramente os comentários estão voltados para a obra de diretores reconhecidos como representantes do cinema de autor. Em geral, as críticas se dirigem a produções de diretores pouco conhecidos, procurando lhes reconhecer os méritos e deméritos. Sobre um filme policial que apresenta a história de um assassino serial de mulheres, eis a seguinte afirmação:

> Narrado com parcos recursos, este *Estrangulador de mulheres* [1964] conduz bem um conflito interessante ainda que o arraste por demais. Não traz nada de novo ao gênero, além de uma elaborada trilha sonora e efeitos de corte. Mas tem certo charme próprio do filme policial americano.[19]

Apesar dessa e de outras referências ao filme policial, dentre os gêneros, o faroeste certamente é o mais privilegiado. Em parte, isso ocorre porque a própria indústria americana produzia faroestes em grande escala. A propósito, Ella Shohat e Robert Stam afirmam:

> Como vem sendo frequentemente observado, a alta proporção de *westerns* nos filmes de época hollywoodianos – cujo peso corresponde a um-quarto da produção de longas entre 1926 e 1967 – é tão notável como se revelasse uma espécie de obsessão nacional.[20]

---

18 SGANZERLA, Rogério. "Ladrão de Hith Está Gasto" (sic). *Jornal da Tarde*, 04/01/1966, p. 22.

19 SGANZERLA, Rogério. "O Maníaco Odiava as Mulheres". *Jornal da Tarde*, 02/08/1966, p. 9.

20 Minha tradução para o seguinte texto: "As has often been noted, the high proportion of

De outra parte, o interesse pelo *western* também acontece porque distribuidores e exibidores, certamente seguindo uma lógica de escoamento dos filmes proporcional aos volumes da produção industrial, programavam nessa época para as salas de São Paulo um grande número de filmes desse gênero.

Além das contigências contextuais, Sganzerla também expressa uma demanda pessoal, um claro interesse que ele demonstra pelo *western*, o que será comprovado incontestavelmente com *O bandido da luz vermelha* e com o respectivo manifesto *Cinema fora da lei*:

> Meu filme é um far-west sobre o III Mundo. Isto é, fusão e mixagem de vários gêneros. Fiz um filme-soma, um far-west mas também musical, documentário, policial, comédia (ou chanchada?) e ficção científica. Do documentário, a sinceridade (Rossellini); do policial, a violência (Fuller); da comédia, o ritmo anárquico (Sennett, Keaton); do western, a simplificação brutal dos conflitos (Mann).[21]

Alguns desses fatores explicitados no manifesto, em boa medida, já aparecem em suas considerações a respeito da produção americana nos textos publicados no *Jornal da Tarde*. Valendo-se dos produtos encontrados no circuito de exibição, Sganzerla aproveita a oportunidade para refletir sobre as narrativas de época, sobre os gêneros cinematográficos e sobre a formação dos Estados Unidos. A propósito de uma dessas produções, por exemplo, ele diz:

> *A estrada de Santa Fé* [Michael Curtiz, 1940] pretende ser um painel histórico sobre o desenvolvimento das ferrovias e do racismo nos Estados Unidos, devidamente acompanhado de histórias românticas entre oficiais e mocinhas ricas. John Brown acredita ser um enviado de Deus para redimir os negros e prega longos sermões sobre "a culpa de uma nação".[22]

---

westerns in Hollywood' s costume-film – roughly one-fourth of all Hollywood features between 1926 through 1967 – is so striking as to betray a kind of national obsession". Ver SHOHAT, Ella, STAM, Robert. *Unthinking eurocentrism: multiculturalism and the media*. London/New York: Routledge, 1994, p. 114-115.

21 SGANZERLA, Rogério. "Cinema fora da lei". In: Catálogo da Mostra Rogério Sganzerla. São Paulo: MIS, 2015. O manifesto foi escrito em 1968, durante as filmagens de *O bandido da luz vermelha*.

22 SGANZERLA, Rogério. "Velho Western Não Entusiasma". *Jornal da Tarde*, 18/01/1966, p. 9.

Em outro momento, a ideia de que o deslocamento constitui o cenário de confronto entre as diversas etnias que constituem o homem americano e suas nações surge nas observações sobre *Expedição sangrenta* (Rudolph Maté, 1955).

> A ação se passa em 1806, quando uma expedição faz o reconhecimento oficial da região entre as Montanhas Rochosas e o Oceano Atlântico. (...) Acontece pouca ação menos ainda que em *westerns* comuns. O filme é um relato lento, esquemático mas sólido – quase um documentário – sobre a expedição militar. Melhor ainda, um diário de viagem sobre os atos de seus participantes, os usos e costumes indígenas.[23]

Tampouco faltam comentários sobre a pertinência da realização segundo os códigos específicos do gênero. Por exemplo, ele vê *As pistolas do diabo* (Boris Segal, 1965) como "um bangue bangue contraditório, que evita os habituais ingredientes do gênero e tenta introduzir certas preocupações que ele não comporta",[24] como, por exemplo, a ambientação em estúdio (Metro), a falta de paisagens amplas, a ausência de diálogos enxutos, a pretensão de parecer "adulto", no sentido de demonstrar uma certa complexidade.

Já sobre *Patrulha de heróis* (Lesley Selander, 1965) a consideração é diversa: "As lutas e tiroteios são eficientes. Apesar de mal montada, esta produção barata – independente – reúne toda uma tradição do cinema diurno que conquista-nos pela solidez da ação e pela veracidade dos cenários".[25]

Também *Diligência para o inferno* (William F. Claxton, 1964) é construído em boa parte de acordo com as regras do gênero.

> Do bom faroeste clássico só faltam em *Diligência para o inferno* (Art--Palacio), a estação de trem e uma canção no *saloon*. Do resto tem tudo que é preciso: rivalidades entre bandidos que acabam em duelo; viagens em diligências; o drama de uma moça do interior que se perde na capital mas volta à casa dos pais – tudo, principalmente cinema limpo, simples, em doses exatas.[26]

---

23 SGANZERLA, Rogério. "Heston, Bom Mocinho em Faroeste Sangrento". *Jornal da Tarde*, 26/01/1966, p. 8.

24 SGANZERLA, Rogério. "Faroeste Pacato sem Perseguição". *Jornal da Tarde*, 08/03/1966, p. 8

25 SGANZERLA, Rogério. "Missão Suicida em Faroeste Sangrento". *Jornal da Tarde*, 29/03/1966, p. 9.

26 SGANZERLA, Rogério. "Diligência Resiste ao Tempo". *Jornal da Tarde*, 26/04/1966, p. 9.

Nos faroestes, a relação Estados Unidos/México (cerne da discussão proposta por Orson Welles em *A marca da maldade*) ganha relevo, em especial, com a questão da fronteira. Esse tema se sobressai nos comentários de Sganzerla sobre um filme no qual um pistoleiro americano parte em uma *Cavalgada para o inferno* (George Sherman, 1958), ou seja, para a fronteira dos Estados Unidos com o México, onde ele deve concretizar sua "felicidade":

> Como todo faroeste que se preza, *Cavalgada para o inferno* (Art-Palacio) fala da busca do conforto e da felicidade pelos homens. Isto é, a busca do dinheiro. Um pistoleiro profissional (Jack Mahoney) chega a uma cidadezinha perdida para receber uma missão esquisita: procurar no México um milionário que sumira trinta anos antes, sem dar notícias à família.[27]

Ao chegar à fronteira, o pistoleiro não só encontra o milionário desaparecido, mas também a felicidade, concretizada em uma mulher por quem ele se apaixona e com uma fazenda que passa a ser sua propriedade.

É relevante notar como, aos olhos de Sganzerla, esses elementos próprios do faroeste encontram nos Estados Unidos sua autenticidade. Em geral, ele costuma criticar, como veremos mais adiante, os faroestes produzidos em outros países. Mas, em contrapartida, também não aceita eventuais incorporações empreendidas pelo cinema norte-americano dos códigos, estilos, enfim, das características cinematográficas próprias de outras nacionalidades. Observem-se as considerações sobre *A cidade dos fora da lei* (James Landis, 1965): "É outra tentativa frustrada do cinema americano em se aprofundar nas consciências perturbadas de heróis roubados do cinema europeu. – Falta ação (física ou então psicológica) à *Cidade dos fora da lei*".[28]

Ás vezes, contudo, o esforço pode dar certo. Por exemplo...

> *Kid, o valente* [Richard Carlson, 1966] é uma produção americana rodada na Espanha, uma das raras oportunidades onde o *decor* europeu serve ao espírito do gênero. O exotismo faz parte da aventura. A mistura do campo com o mar, da paisagem com os sentimentos é uma excelente saída, garantindo-lhe certa dimensão reflexiva.[29]

---

27 SGANZERLA, Rogério. "Aventuras em Faroeste Estranho". *Jornal da Tarde*, 23/08/1966, p. 13.

28 SGANZERLA, Rogério. "O Indeciso do Oeste". *Jornal da Tarde*, 28/03/1967, p. 9.

29 SGANZERLA, Rogério. "Cinco Cavaleiros Andantes". *Jornal da Tarde*, 11/04/1967, p. 13.

O faroeste também serve como fundamento para uma recusa aos filmes "artísticos", como Sganzerla afirma em suas anotações sobre *Onde começa o inferno* (*Rio Bravo*), de Howard Hawks, filme citado anteriormente como exemplo de visão cínica.

> *Onde Começa o Inferno* (*Rio Bravo* – Art-Palácio) é o melhor filme da semana. A reprise da Warner (1959) tem os ingredientes que o público gosta, revestindo-se, ao mesmo tempo, das qualidades essenciais do cinema e, principalmente, do cinema americano: a limpeza, a inteligência simples dos diálogos e uma sábia tranqüilidade que dificilmente se encontra nos filmes ditos "artísticos".[30]

No mesmo texto sobre *Onde começa o inferno*, logo se percebe a conexão dos filmes "artísticos" com o intelectualismo, frequentemente criticado por um Sganzerla interessado na produção popular:

> *Rio Bravo* é ao mesmo tempo uma comédia nervosa e uma tragédia tranqüila. E, acima de tudo, uma obra-prima do faroeste – modernizado, anárquico, alinhado. Caracteriza a visão cínica de Howard Hawks, um primitivista americano, que sem intelectualismos e apelações, faz o melhor cinema possível: livre, repleto de variações de tom: da aventura à piadinha, dos longos bate-papos à violência fria, dos tiroteios à *science-fiction* (a explosão final da casa dos bandidos).[31]

A dialética do sucesso–fracasso também aparece nesses textos do *Jornal da Tarde*, associada à percepção de um certo cinema americano em diferentes momentos, ou mesmo, relacionada à presença dos americanos (ou daqueles que se tornaram célebres por seu trabalho no cinema americano) em produções de outras regiões. Isto é evidente, por exemplo, em um texto sobre a comédia francesa *A ilha da bagunça* (1951), dirigida por Leo Joannon. Protagonizado pelo Gordo e o Magro (respectivamente interpretados pelo americano Oliver Hardy e pelo inglês Stan Laurel), esse filme é classificado por Sganzerla como um "antifilme" ou uma "anticomédia". O texto deixa evidente o seu desapreço pela fita. Percebe-se a questão do *gênio fracassado*, de uma forma tal que guarda semelhanças com aquela que reaparecerá décadas depois, quando estreia *O signo do caos*, lançado como um "antifilme de Rogério

30 SGANZERLA, Rogério. "Pode Entrar Sossegado". *Jornal da Tarde*, 10/05/1966, p. 9.

31 *Ibidem*.

Sganzerla". Convém recuperar algumas de suas anotações sobre *A ilha da bagunça*, por exemplo, quando, chamando a atenção para aquilo que pode ser visto como um exílio, o crítico diz que "pobres e esquecidos, quase no fim da vida, o Gordo e o Magro foram terminar a carreira na França em 1951 num antifilme",[32] concluindo:

> Pode ser um fim sem glória para uma carreira brilhante, mas é, em todo caso, um documento histórico e um espetáculo triste: é trágica a visão dos dois cômicos geniais, velhíssimos, cercados por atores medíocres, mergulhados numa comédia sem graça.[33]

Também se percebe um quê de nostalgia e melancolia quando são comentados alguns filmes silenciosos exibidos no mês de julho de 1966 no Cine República, sob o título de *Cavalgada de Charles Chaplin*. Tratava-se de cinco comédias do período do cinema silencioso, rodadas entre 1915 e 1920, quando ainda se encontrava em formação o personagem Carlitos.

> Alguns dos *shorts* são melancólicos, tratados com uma pureza estilística bem bucólica. Principalmente *O vagabundo* [1916], o primeiro deles: comédia em ritmo lento – moderna, sob alguns aspectos – que termina de maneira quase trágica.[34]

Já sobre *O otário* (1964), com Jerry Lewis, há observações como as seguintes:

> Nada é levado a sério em *O otário*. Nem o estrelismo, as *frustrações* [grifo meu] do protagonista ou o próprio cinema. "É tudo uma tapeação" declara ele no final, quando chega a abolir as fronteiras que normalmente dividem a realidade e a ficção – quer dizer, a realidade e o cinema.[35]

Algo muito parecido com isso, ou seja, *a abolição das fronteiras entre a realidade e o cinema como resposta à frustração*, percebe-se nas observações do crítico a outro filme no qual, segundo ele próprio, prevalece a crítica mordaz, a ironia, aspectos comentados sobre uma comédia dos Irmãos Marx, *Uma noite na ópera* (1935).

---

32 SGANZERLA, Rogério. "O Azar da Boa Dupla". *Jornal da Tarde*, terça-feira, 19/07/1966, p. 10.

33 *Ibidem*.

34 SGANZERLA, Rogério. "O Chaplin Primitivo". *Jornal da Tarde*, 19/07/1966, p. 10.

35 SGANZERLA, Rogério. "Lewis Volta a Fazer Poesia do Absurdo". *Jornal da Tarde*, 11/01/1966, p. 10.

> Groucho Marx, o principal deles (o de óculos sem aros) é um personagem genial sob todos os aspectos. Cínico e gozador, Groucho se compraz em exercer sua liberdade e negar todo o equilíbrio com os outros. Quer dizer: destruir, gozar, ridicularizar, afirmar sua liberdade através de um anarquismo tranqüilo e da improvisação.[36]

Mas a noção de fracasso, para além da comédia, retorna, relacionada a um diretor ou a alguns de seus personagens, em outros gêneros. Sobre um faroeste de Arthur Penn, por exemplo, o crítico afirma:

> *Um de nós morrerá* (*Left-hunded gun* – Art-Palacio) é a biografia do bandido Billy The Kid. Em seu primeiro filme (1958), Arthur Penn destrói o mito do bandoleiro clássico, mostrando os problemas sexuais de Billy. Ele é um revoltado romântico que precisa matar para se libertar. Depois vem a frustração, o fracasso e seu suicídio.[37]

O filme policial *Cinzas que queimam* (1951), de Nicholas Ray, por sua vez provoca vários elogios.

> Jim Wilson, um nervoso inspetor de polícia, corre pelas ruas de São Francisco, prendendo gente e batendo nos marginais. Ele sempre se excede no "tratamento" das testemunhas; é um polícia frustrado, inconformado, que explode com violência (na tradição dos heróis de Nicholas Ray).[38]

No transcorrer das observações sobre *Cinzas que queimam*, haverá citação de cineastas relacionados a Nicholas Ray, entre os quais, Orson Welles:

> Como outros filmes de Ray, [*Cinzas que queimam*] é profundamente moderno, supreendendo-nos pela sua concepção livre e por detalhes curiosos (que entraram em moda) como a utilização inteligente da câmera na mão, dentro de automóveis e de uma frieza bem atual. De maneira que se pode ver nesse filme duas referências fundamentais: lembra Orson Welles nas cenas interiores e Antonioni nas exteriores.[39]

---

36 SGANZERLA, Rogério. "O Melhor dos Marx". *Jornal da Tarde*, 19/07/1966, p. 10.

37 SGANZERLA, Rogério. "Um Pistoleiro sem Nada de Herói". *Jornal da Tarde*, 03/01/1967, p. 13.

38 SGANZERLA, Rogério. "Outro Herói Violento". *Jornal da Tarde*, 30/08/1966, p. 13.

39 *Ibidem*.

Também é notável, na abordagem dos filmes americanos, o constante questionamento sobre o papel das mulheres. Como exemplo, considerem-se as observações sobre *Idílio perigoso* (Jacques Tourneur, 1944), filme da produtora também responsável por *It´s all true*:

> A falta de contatos com a realidade é o que mais desatualiza *Idílio perigoso*, cujo tema é exatamente a mulher ideal, a mulher fora do espaço e do tempo, inventada nos estúdios da RKO para enganar os espectadores do mundo inteiro. A carreira da atriz [Hedy Lammar] serve para desmistificar toda a ideologia estrelista que andou evoluindo muito nos últimos vinte anos.[40]

Os filmes estrelados por Elvis Presley também são cogitados segundo a perspectiva de análise dos papeis designados no cinema americano às mulheres e, nesse caso, a um homem cujo comportamento é excepcional ao atrair tantas mulheres. Sobre uma dessas produções, *Louco por garotas* (Boris Sagal, 1965), Sganzerla afirma:

> O próprio título em inglês, *Girl happy* (quer dizer: garota feliz) indica que o centro da aventura é a mulher, indecisa, ingênua e exigente mas quem acaba captando as atenções da platéia é Elvis Presley. Ele repete o tipo não muito masculino que anda com todas as garotas mas nunca chega a consumar suas intenções, porque há um imprevisto, um compromisso ou um chamado telefônico...[41]

A relação entre os gêneros masculino/feminino também está em pauta nas observações sobre *Obsessão de amar* (Walter Grauman, 1965), em que o tema do adultério se sobressai.

> A ótima Suzanne Pleshette – em *Obsessão de amar* (Windsor) – perde-se num melodrama longo e inútil: ela mora no interior dos E.U.A., filha de tradicional família, e torna-se uma "mulher perdida..." que passa por três ou quatro homens antes de encontrar a eterna vítima – o homem comportado que se casa confiando na recuperação da mulher. E termina separada do marido, muito no estilo 1940.[42]

---

40 SGANZERLA, Rogério. "Só Hedy Lammar Salva-se do Ridículo". *Jornal da Tarde*, 14/06/1966, p. 9.

41 SGANZERLA, Rogério. "Elvis Louco Só no Título". *Jornal da Tarde*, p. 11, 14/01/1966, p. 11.

42 SGANZERLA, Rogério. "Como Suzanne se Perde". *Jornal da Tarde*, 22/03/1966, p. 8.

Essas considerações sobre as representações de gênero masculino/feminino estão inseridas em uma certa pauta de orientação do crítico em relação aos comportamentos então vigentes e, nesse sentido, para ele alguns filmes tornam-se datados e outros não. Sobre *Escola de sereias* (George Sidney, 1944), por exemplo, vai notar: "Hoje, o modo de vestir, de falar e de viver já é outro, ninguém ouve *boogie-woogie*, as mulheres são mais livres, usam maiôs mais curtos, o amor é diferente – e o cinema também".[43]

Já sobre *Três em um sofá* (1966) a impressão é a seguinte: "[Jerry] Lewis denuncia as condições da vida moderna, a incompreensão entre os sexos, a falsidade das relações humanas – mas com muito humor".[44]

Em suma, observados todos os textos de Sganzerla para o *Jornal da Tarde*, é possível afirmar que o cinema americano certamente é o mais considerado dentre as cinematografias nacionais por ele abordadas. E isso não só porque os filmes provenientes dos Estados Unidos ocupam nessa época (1966–1967) a maior parte de todas as salas de exibição na cidade de São Paulo (se considerada a estatística construída a partir dos próprios textos analisados), mas também porque a produção americana estará presente como referência para a análise de filmes produzidos em outros países.

Cinema japonês

Em razão da presença de um contingente expressivo de imigrantes japoneses em São Paulo, os filmes provenientes do Japão encontravam uma acolhida excepcional nessa cidade. Na segunda metade dos anos 1960, em um dado momento havia três cinemas em São Paulo voltados exclusivamente para a produção japonesa: o Nippon, o Niterói e o Jóia.[45] Mas os filmes também eram exibidos fora desse circuito específico, e alguns também faziam sucesso nas sessões de arte de outras salas. Ao que parece, tal receptividade ao cinema japonês, inclusive, por parte do público que não integrava a comunidade nipônica, tem em *Rashomon* (1951), de Akira Kurosawa, um marco histórico. *Rashomon* foi exibido no cine Ipiranga –

43 SGANZERLA, Rogério. "As Sereias Envelhecem". *Jornal da Tarde*, 31/01/1967, p. 13.

44 SGANZERLA, Rogério. "Timidez Já Não É Problema de Lewis". *Jornal da Tarde*, 31/01/1967, p. 13.

45 Os dados ora apresentados constam de uma matéria não assinada publicada no jornal *Folha da Tarde* em 1968. Ver "Japoneses Ganham Terreno". *Folha da Tarde*, 08/03/1968.

então uma grande sala – depois de ter recebido o Leão de Ouro no Festival de Veneza.

Para a geração que no final da década de 1960 será identificada com o Cinema Marginal, é relevante o encontro com essa produção oriental. Jairo Ferreira e Carlos Reichenbach são exemplos significativos nesse sentido. O primeiro foi crítico de cinema do jornal da colônia japonesa, o *São Paulo Shimbum*, entre 1965 e 1972.[46] O segundo tem a referência dos filmes japoneses em sua produção como diretor.[47] Nesse contexto de uma relativa mas significativa familiaridade com as obras provenientes do Japão, Sganzerla empreende sua leitura.

O leitor de seus textos poderá então perceber recorrências à história do Japão, instigadas não só pelos enredos apresentados nos filmes mas também pelo esforço de Sganzerla no sentido de contextualizar o Japão em relação ao seu próprio passado e ao presente na conjuntura do mundo. Sobre um filme do qual não gostou, *As esposas atômicas*, por exemplo, Sganzerla afirma:

> Como no cinema americano, o tema do matriarcado é típico dos filmes japoneses. *As esposas atômicas* (Nipon) é uma historinha frouxa, caricatural, muito mal roteirizada sobre a função da mulher na era atômica.[48]

Há, em contrapartida, um texto sobre *Destino de um homem ambicioso* (de Osamu Takahashi, 1961), que recebe elogios. A história, como Sganzerla relata, traz como protagonista um marginal que, a uma certa altura, presta serviço para políticos corruptos. Ao ser descoberto, o marginal é massacrado por aqueles que enganou. No nível formal, como diz, o filme surpreende pela modernidade, ou seja, pelo despojamento, pelos elementos de op-art, reportagem, uma história construída sobre diálogos.

> Este filme concreto, escrito e dirigido por Osamu Takahashi, mistura dados reais com dados fictícios: os protestos do povo japonês e

46 Cf. GAMO, Alessandro (org.), *Jairo Ferreira: críticas de invenção – os anos do São Paulo Shimbun*. São Paulo: Imprensa Oficial do Estado de São Paulo, 2006. Ver tambémAUTRAN, Arthur. "Ferreira, Jairo", in: RAMOS, Fernão; MIRANDA, Luiz Felipe (orgs.). *Enciclopédia do cinema brasileiro, op. cit.*, p. 237.

47 ORTIZ, José Mário. "Reichenbach, Carlos", in: RAMOS, Fernão; MIRANDA, Luiz Felipe (orgs.). *Enciclopédia do cinema brasileiro, op. cit.*, p. 450-452.

48 SGANZERLA, Rogério. "Matriarcado Dá Comédia sem Graça". *Jornal da Tarde*, 14/06/1966, p. 9.

> as angústias de uma dançarina de *strip-tease*; o caso da dissolução de uma família e o Tratado de Segurança firmado com os Estados Unidos; políticos e favelados. Consegue-se uma síntese eficaz, uma unidade impressionante, que é a própria situação global do Japão nos anos 60.[49]

Já sobre *Duelo na Ilha de Genryu* (1965), de Tomu Ushida, considerado então por Sganzerla como "um dos maiores cineastas da atualidade", são observados o despojamento de estilo, a pesquisa psicológica dos personagens e uma direção que valoriza o físico dos atores. Na verdade, o filme constitui mais um episódio (o quinto) sobre a saga de um herói japonês do século XVII, Miyamoto Musashi. Seu duelo com o espadachim Kojiro Sasaki, como esclarece o texto, consiste no maior ponto de tensão da narrativa. Depois de derrotá-lo, Musashi "segue viagem, concluindo que seu destino é o de samurai errante". Esta é a deixa para Sganzerla anotar sua percepção sobre o que considera um fator preponderante do filme: "a persistência da memória é tema fundamental em Uchida, cujos personagens andam sempre atrás de algo, sem saber o quê..."[50]

A questão da modernidade em confronto intenso com a tradição, tema fundamental no universo do Japão contemporâneo, vem à tona a propósito de *Nuvens carregadas*, de Shigeiro Ozawa, de quem Sganzerla percebe o esforço para sintetizar uma história difícil de ser contada:

> *Nuvens carregadas* é quase um filme de samurai passado no século XX. Em 1918 o Japão vive crises tremendas e o povo anda às portas da miséria. Atacam os grandes celeiros de arroz e duas correntes opostas se estabelecem: os que continuam na tradição samurai e os que ligam-se aos grandes líderes industriais. Desenvolvem-se os atritos entre os dois bandos, e no fim a ação desemboca num morticínio coletivo.[51]

Na verdade, quem ganha a luta são os representantes do Japão moderno. Isso é dito um pouco mais adiante. Mas o que chama a atenção no texto de Sganzerla é a maneira como ele reconhece no filme um interesse relacionado à mistura de elementos diversos, da tradição e da modernidade (convém

---

49 SGANZERLA, Rogério. "Homem Mau Morre Mau". *Jornal da Tarde*, 15/03/1966, p. 9.

50 SGANZERLA, Rogério. "A Volta de Musashi". *Jornal da Tarde*, 04/01/1966, p. 23

51 SGANZERLA, Rogério. "Samurais de Hoje". *Jornal da Tarde*, 08/02/1966, p. 9.

lembrar que, ainda há pouco, ele elogiava *Destino de um homem ambicioso*, de Osamu Takahashi, justamente por sua modernidade, incluindo a mistura de op-art, reportagem, etc.). Em todo caso, há problemas...

> Shigeiro Ozawa escreveu e dirigiu esta história pretendendo, talvez, retratar em 90 minutos o destino de uma nação. Mas os episódios estão mal relacionados: ele mistura coisas sérias (os fatos reais) com melodramas, como o caso da geisha que conhece tarde demais um bandoleiro condenado a morrer na guerra.[52]

Cinema europeu

Muitas vezes, é perceptível nos textos do *Jornal da Tarde* alguma irritação de Sganzerla em relação ao cinema industrial de uma maneira geral. É provável, inclusive, que isso ocorra com maior frequência em relação à Europa. Sganzerla critica o resultado das produções italianas, francesas, alemãs, inglesas, entre outras, principalmente quando elas tentam copiar gêneros que seriam característicos da experiência dos Estados Unidos. Tal fato verifica-se sobretudo com os faroestes produzidos pelos europeus nessa época, embora na direção de outros gêneros também se percebam boas parcelas de crítica.

Assim é que, por exemplo, sobre o filme alemão *A última cavalgada* (Rolf Olsen, 1964), Sganzerla observa com indignação:

> É o mais triste dos faroestes europeus: Pedro Ortiz é uma das mais estereotipadas personagens dos últimos meses. É o bandido inveterado, que mata e pragueja muito antes de morrer. Naturalmente o filme passa-se na fronteira mexicana. Sua estilização reúne a arquitetura alemã com os clássicos *sombreros*. A co-produção é austríaco-alemã e por isto os vaqueiros parecem terem saído da série *Sissi, a Imperatriz*.[53]

Ele conclui esse texto questionando o sentido da circulação de filmes como *A última cavalgada* pelo mercado de distribuição e exibição no Brasil: "Até quando continuaremos engolindo esses filmes que são feitos na Europa, especialmente para encher a paciência do público latino-americano?"[54]

---

52 *Ibidem*.

53 SGANZERLA, Rogério. "Cavalgada sem Vigor". *Jornal da Tarde*, 28/02/1967, p. 9.

54 *Ibidem*.

Algo equivalente ocorre a propósito de outra produção alemã, *O vingador misterioso* (Karl Anton, 1960). Não se trata de um faroeste, aliás, diz Sganzerla: "Tenho certeza que, pelo título, o leitor já sabe qual é a história de *O vingador misterioso* (Cine República & circuito), fita que só poderia ter sido escrita e feita pelo antiquado cinema alemão".[55] Mais adiante, ele se encarrega de explicar qual seria o gênero em questão:

> Não se trata de filme de horror, mas de filme horroroso: mais uma adaptação das novelas policiais de Edgar Wallace, que atraíram os estúdios alemães nestes últimos anos e provocaram uma enxurrada do gênero.[56]

A conclusão da matéria sobre *O vingador misterioso* indica aspectos interessantes. Por um lado, revela que uma certa dimensão poética do cinema constitui uma referência, um ideal na percepção do crítico, parâmetro que permanece latente mesmo na hora de sua avaliação da produção industrial. Por outro lado, reforça sua crítica ao fato de filmes sem maior envergadura estética circularem pelas salas de exibição do Brasil:

> No gênero de aventuras, *O vingador misterioso* é o fim. Porque não alcança nem o nível mínimo de filme comercial bem feito. E é, como um poema sem poesia, um filme sem cinema. Sua apresentação denuncia também a política de importação cinematográfica do Brasil: é mais uma reprise (feita em 60) que vem sufocar, juntamente com centenas que entram cada ano, nosso mercado, competindo com bons filmes e, principalmente, com os lançamentos nacionais.[57]

As comparações entre a produção estrangeira e a brasileira, contudo, não se restringem somente ao mercado de distribuição e exibição. Há também, em relação aos textos fílmicos, momentos nos quais vêm à tona argumentações. Isso se percebe, por exemplo, na crítica sobre *As revoltadas* (Ladislao Vayda, 1961) outra produção alemã que mantém, na perspectiva de Sganzerla, certas identificações com o mau cinema brasileiro:

---

55 SGANZERLA, Rogério. "Um Filme de Horror Não Pode Ser Assim". *Jornal da Tarde*, 07/06/1966, p. 9.

56 *Ibidem*, p. 9.

57 *Ibidem*, p. 9.

> Se você for mesmo ao Marabá [assistir ao filme *As revoltadas*], seria bom observar, por exemplo, o tom antiquado da iluminação: os trabalhados efeitos de claro-escuro têm toda a bossa daquilo que, no cinema brasileiro, chama-se "expressionismo caipira": efeitos empalhados de sombras oblíquas e outras falsificações.[58]

Já na observação sobre os filmes franceses, surpreendem as considerações sobre um filme de uma diretora identificada com a Nouvelle Vague. Trata-se de *As duas faces da felicidade* (1965), de Agnès Varda:

> Agnès Varda pertence ao grupinho da Nouvelle Vague francesa. Talvez por isso também queira esnobar. Mas falta-lhe classe, já que domínio técnico ela tem. O que é inovação em Godard, nas suas mãos não passa de vício.[59]

De fato, o texto não deixa margem de dúvida quanto ao desgosto de Sganzerla com o filme. Ele acusa a diretora de copiar elementos formais de seus colegas da Nouvelle Vague para, contudo, fazer uma elegia de valores pequeno-burgueses. Também surpreende a relação que ele estabelece no texto entre Varda e Jean Manzon:

> São infelizes estas *Duas faces da felicidade* apresentadas pelo Coral e circuito. Nem só de montagem e fotografia vive um filme. Há dez anos o senhor Jean Manzon já provara, aqui no Brasil, que é tão fácil filmar pôr-do-sol, cerejeiras em flor e um lago azul como fantasiar latas de sardinha.[60]

Além do trabalho de Agnès Varda, é interessante notar as referências sobre outras duas produções francesas. Uma delas é o já comentado *A ilha da bagunça*, de Leo Joannon, que realizou, na França, uma comédia com o Gordo e o Magro, a qual, como vimos, pode ser associada à ideia do *gênio fracassado*. O outro filme francês também é uma comédia, *Aventuras na Costa do Marfim* (1964), dirigido por Christian Jaque. Já o título da matéria – "Franceses Fazem Comédia sem Graça" –[61] dá o tom da crítica. Nesse texto, depois de ques-

58 SGANZERLA, Rogério. "Velha História das Jovens Condenadas". *Jornal da Tarde*, 28/06/1966, p. 13.

59 SGANZERLA, Rogério. "A Felicidade É um Filme Infeliz". *Jornal da Tarde*, 10/02/1967.

60 *Ibidem*.

61 SGANZERLA, Rogério. "Franceses Fazem Comédia sem Graça". *Jornal da Tarde*, 14/02/1967, p. 9.

tionar mais uma vez por que todo ano entram tantos "abacaxis" no Brasil, Sganzerla se detém em Jean Marais que, no filme, interpreta um diplomata em atividade na "África francesa", onde se apaixona "por uma caçadora de borboletas (isto é: uma vigarista)" e acaba por se envolver em uma trama cheia de "assaltos, emboscadas, raptos e perseguições".

> Depois de se esfregar pelas paredes, refletindo sobre o amor e a morte no teatro e nos filmes de Jean Cocteau, Marais revela sua legítima vocação. Apesar de velho, é um excelente acrobata, que executa golpes curiosos. Mas é o menos engraçado dos cômicos.[62]

O humor também é uma dentre as questões que estão no cerne das considerações sobre os ingleses. Em *Prisioneiros em revolta*, por exemplo, os problemas estão relacionados com "a velha melancolia do cinema inglês".[63] Mas há outros problemas no filme, justamente decorrentes da incapacidade dos ingleses para lidar com um determinado gênero que em geral, na opinião de Sganzerla, atinge maior eficácia nas produções americanas.

> O diretor Montgomery (?) praticamente se imitou [*sic*] a ilustrar o texto irregular, sem saber conduzir os atores e a câmera, mantendo-os num clima de palhaçada geral (porque o drama todo é metido a sério). O que acontece são situações ultragagás, tratadas com a mediocridade visual, o brilho feio dos filmes classe B feitos na Inglaterra que, ao contrário dos americanos, nunca entusiasmaram ninguém. Aliás, é curioso observar a diferença: os filmes policiais americanos geralmente são rápidos e eficientes, enquanto os ingleses são chatos, deselegantes e sem personalidade.[64]

De volta à questão do humor, sobre a coprodução anglo-americana *Vendaval em Jamaica* (1965), o crítico vê um resultado duvidoso, isso porque o diretor, Alexander Mackendrick, "introduziu o 'fino' humor inglês e acabou ridicularizando o mistério todo".[65] O enredo é situado em 1830, quando os filhos de uma família inglesa que vive na Jamaica viajam para Londres, onde

---

62 SGANZERLA, Rogério. "Franceses Fazem Comédia sem Graça". *Jornal da Tarde*, 14/02/1967, p. 9.

63 SGANZERLA, Rogério. "Siga Nosso Conselho e Passe Longe do Cinema". *Jornal da Tarde*, 17/05/1966, p. 9.

64 *Ibidem*.

65 SGANZERLA, Rogério. "O Trágico Pirata Simpático". *Jornal da Tarde*, 08/01/1966, p. 13.

serão educados. Mas o navio é atacado por piratas e as crianças caem nas mãos de um espanhol, o "trágico pirata simpático", interpretado pelo mexicano Anthony Quinn.

> Quase todo *Vendaval em Jamaica* passa-se num navio; provavelmente os roteiristas pensaram num filme de bordo, no estilo dos diários do século XIX – uma crônica. A idéia era boa: um filme de pirataria onde quase nada acontece e quando as coisas ocorrem, não são mostradas. Mas a idéia exigia a modernidade e o requinte que Mackendrike não possue [sic].[66]

Em *Vendaval em Jamaica*, entretanto, a melancolia, há pouco criticada a propósito de *Prisioneiros em revolta*, tem um sentido mais considerável: "É fundamental, entretanto, a predominância da melancolia e do saudosismo por duas coisas remotas: a época dos saques em alto mar e o tempo dos filmes de piratas".[67]

Um ponto que se destaca entre os textos voltados à produção inglesa diz respeito ao filme *O terceiro homem* (Carol Reed, 1949), do qual Welles participa efetivamente. Depois de situar resumidamente a história de um escritor (Joseph Cotten) que chega à Viena do pós-guerra para encontrar um amigo misterioso (Orson Welles), Sganzerla continua seu texto destacando o cuidado com essa produção, que conta com um roteiro de Graham Greene e excelentes atores e técnicos. Ao seu ver, o filme tinha tudo para se constituir como uma obra considerável.

> Mas a direção foi entregue a Carol Reed, *artesão* [grifo meu] pretensioso de mau gosto, que desperdiçou a beleza natural de Viena e as idéias de Greene. *O terceiro homem* não é, pois, nenhuma aventura ao absurdo, como quiseram os *autores* [grifos meus], mas um passatempo normal que não resiste à apreciação da crítica.[68]

É oportuno observar nessas anotações a distinção estabelecida por Sganzerla entre *artesãos* e *autores*, o que remete a um artigo de Paulo Emilio Salles Gomes publicado no Suplemento Literário do *Estado de S.Paulo*, no qual são

---

66 *Ibidem.*

67 *Ibidem.*

68 SGANZERLA, Rogério. "Terceiro Homem Já Não Tem mais Segredo". *Jornal da Tarde*, 26/01/1966, p. 8

esclarecidas as diferenças entre uns e outros.[69] Em todo caso, se por um lado Sganzerla indica claramente Carol Reed como um artesão, por outro, reconhece um autor capaz de intervir em *O terceiro homem*:

> É claro que o destaque deve ser dado a Orson Welles, que domina muitas cenas, inclusive até o estilo de *O terceiro homem*. É bem dele a história de um homem que se destrói a si próprio e a seqüência final, passada nos esgotos de Viena, que simboliza a queda aos infernos, onde a vida é caracterizada pela nostalgia da pureza e da infância. O homem é bom mas a existência é que o torna ímpio.[70]

Seguindo em direção à Itália, o ataque a Cinecittá – na matéria "Quem Será o Ladrão, o Ator ou o Produtor?",[71] sobre o filme italiano *O ladrão de Damasco* (Mario Amendola, 1964) – é uma mostra significativa da indisposição de Sganzerla para aceitar um esquema de produção que ele não poupa em quaisquer de suas vertentes. O texto começa no seguinte tom:

> Não sei bem se o verdadeiro ladrão é o de Damasco ou o de Cinecittá, porque o cartaz do Marabá (*O ladrão de Damasco*) ganha o prêmio da picaretagem cinematográfica desta semana. É impossível que você, depois de tê-lo visto, não pense em reclamar os mil cruzeiros do ingresso. Pelo menos, pensar em reclamar, repito, já que *O ladrão de Damasco* vai até onde é possível em matéria de grossura, primarismo e incapacidade técnica.[72]

A ironia está presente na forma como são lançados os argumentos contra o filme:

---

69 GOMES, Paulo Emilio Salles. "Artesãos e Autores". In: *Crítica de cinema no Suplemento Literário*, vol. 2.,1981, p. 333-340. O artigo "Artesãos e Autores" foi anteriormente publicado no Suplemento Literário do *Estado de S.Paulo* em 06 de maio de 1961.De uma forma bem resumida, é possível afirmar que, para Paulo Emilio, o artesão é associado a um certo espírito corporativo ou de equipe, enquanto o autor procura imprimir a sua própria personalidade ao filme em questão. Mas um mesmo diretor pode ser ao mesmo tempo artesão e autor e, nesse sentido, ele admite que Orson Welles é mais autor do que, por exemplo, John Ford.

70 SGANZERLA, Rogério. "Terceiro Homem Já Não Tem mais Segredo". *Jornal da Tarde*, 26/01/1966, p. 8

71 SGANZERLA, Rogério. "Quem Será o Ladrão, o Ator ou o Produtor?". *Jornal da Tarde*, 17/05/1966, p. 9.

72 *Ibidem*.

> A história, roubada do outro ladrão, o de Bagdá, foi contada com extraordinária coerência: tudo no filme é ruim, – fotografia, os atores, os cenários horríveis e berrantes, a cor, a montagem, o texto, as atrizes horrorosas e fellinianas e o galã com bossa de cantor de tango argentino. Ladrão mesmo é o produtor que teve coragem de fazer um dos poucos filmes de toda história do cinema que não tem nem um minuto aproveitável.[73]

Além disso, há o fato de *O ladrão de Damasco* e outros produtos italianos do gênero usurparem o espaço dos bons filmes brasileiros:

> Esta coerência da picaretagem surpreende qualquer um, situando devidamente o problema: não é tanto este filme-coisa que interessa mas a situação do cinema italiano. Ele continua hoje, fazendo loucuras e irresponsabilidades rendosas (dubladas para o inglês) que irão abarrotar o mercado subdesenvolvido, isto é, o mercado brasileiro. Enquanto isso, nossas melhores produções lutam para conseguir um pequeno lugar ao sol, queimando-se economicamente quase sempre, como é o caso de *Matraga* no Rio.[74]

Em relação às chanchadas italianas, a indignação não é menor. É o caso, por exemplo, de *Somos todos mulherengos* (Marino Girolami, 1963):

> É uma chanchada ultravulgar, dividida em quatro episódios diferentes – um pior que o outro. Em todos eles constatamos um subelenco, a mesma falta de graça, a obsessão por bustos monstruosos e a incapacidade dos realizadores. Prefiro não falar dos "atores" pois estão muito abaixo do nível da Sala Azul (no Teatro Natal) – com exceção de uma dupla de loucos que não pronuncia nenhuma palavra mas diverte durante trinta minutos.[75]

É relevante observar como, sempre interessado na reação da plateia aos filmes, Sganzerla reconhece que as chanchadas italianas (ou o que se admite como tal) muitas vezes agradam o público. Observe-se o texto sobre *002 Fugitivos de Sing-Sing* (1965), intitulado "Sátira Mal Feita Vira Chanchada":[76]

---

73 *Ibidem.*

74 *Ibidem.*

75 SGANZERLA, Rogério. "Vulgaridade sem Limite". *Jornal da Tarde*, 21/02/1967, p. 13

76 SGANZERLA, Rogério. "Sátira Mal Feita Vira Chanchada". *Jornal da Tarde*, p. 12, 07/03/1967, p. 12.

> O público delira com *002 Fugitivos de Sing-Sing* (Windsor) – uma das comédias mais grossas já produzidas pelo cinema italiano. Nessa continuação (agora em preto-e-branco) da *série 002*, Franco Franchi e Ciccio Ingrassia insistem nos mais velhos lances da chanchada siciliana, fazendo um impressionante número de caretas. A ação agora passa-se nos Estados Unidos: Sing Sing e Chicago.[77]

Há um exemplo de *western spaghetti* que também não é poupado, *Pistola de ouro* (Sergio Corbucci, 1966): "Com sua *Pistola de ouro,* Ringo (Marabá) aterroriza mais uma cidadezinha mexicana fabricada nos estúdios europeus. Mas Ringo não tem nada com o faroeste."[78] E eis as razões pelas quais o filme de Sergio Corbucci não tem nada a ver com o faroeste:

> Os realizadores usam todas as fórmulas infalíveis do gênero, modificando voluntariamente suas condições normais. O filme começa num clima mexicano, fica italianado e termina com explosões idênticas às de *Rio Bravo.* Mas os maneirismos de cinema moderno procurados pelo diretor Corbucci são inautênticos.

Nem todos os filmes italianos discutidos no *Jornal da Tarde*, contudo, são considerados de forma negativa. Há pelo menos uma exceção. E nesse caso convém observar o que faz a diferença: a opção do diretor por uma determinada *mise-en-scène* em *Rebelião dos piratas* (Domenico Paolella, 1961), produção italiana considerada regular (recebeu dois olhos) por Sganzerla: "A eficiência desta produção italiana vem da direção de Domenico Paolella, que conduz os grupos humanos e a câmera com naturalidade".[79]

Além da Alemanha, França, Inglaterra e Itália, praticamente não comparecem mais produções da Europa. Há apenas um registro da Espanha, *A dama de Beirute* (Ladislao Vayda, 1965), história romântica com uma Sarita Montiel filmada, como diz Sganzerla, por teleobjetiva para que assim se reduzisse o "trágico efeito do tempo".[80]

E há também um inusitado filme polonês, *A passageira* (1963), dirigido, em parte, por Andrzej Munk, porque ele "morreu num desastre automobilís-

---

77 *Ibidem.*

78 SGANZERLA, Rogério. "Ringo Parece, mas Não É um Faroeste". *Jornal da Tarde,* 21/03/1967, p. 12.

79 SGANZERLA, Rogério. "Bom Pirata É Terror do Atlântico". *Jornal da Tarde,* p. 10, 01/03/1966.

80 SGANZERLA, Rogério. "Uma Dama". *Jornal da Tarde,* 09/08/1966.

tico antes de terminar a filmagem".[81] Depois de descrever um pouco o enredo de *A passageira*, que se passa em grande parte em um campo de concentração nazista na Polônia, Sganzerla atenta para o fato de que os personagens "não têm futuro, nem passado, nem presente: são sombras anônimas contidas pelo montador que quis preservar a memória de Munk".[82] Mas o filme revela um caráter "tipicamente nórdico: sóbrio, grave e despojado". Na conclusão da matéria, há um convite para que o público aproveite o filme que é exibido na mesma programação: "No programa, o documentário colorido *O circo* (1965) de Arnaldo Jabor, também apelidado de genial".[83]

Cinema latino-americano

Na verdade, para este último intertítulo a expressão "cinema mexicano" seria mais apropriada, pois, dentre os países da América Latina, além do Brasil (cuja produção será discutida em seguida), só comparece praticamente o México. A única exceção encontrada é um texto sobre *Violação*,[84] um "dramalhão argentino" que conta a história de uma professora que, por ter sido violentada por seus próprios alunos, desiste do noivo com quem estava comprometida por não se achar mais digna do casamento:

> *Violação* é a caricatura do pior cinema latino-americano. O estilo pretensioso e o virtuosismo importado compõem o modelo do filme que não deve ser feito nem pode ser visto. Algumas situações – especialmente diálogos – valem pelo ridículo.[85]

E seguindo a tendência de diagnosticar a situação dos cinemas nacionais a partir dos filmes a que assiste, o crítico finaliza o texto sobre *Violação* com a seguinte afirmação: "Quanto ao resto, o cinema argentino continua acadêmico e quadrado".[86]

---

81 SGANZERLA, Rogério. "Torturas Nazistas Vinte Anos Depois". *Jornal da Tarde*, 18/04/1967, p. 12.

82 *Ibidem*.

83 *Ibidem*.

84 SGANZERLA, Rogério. "Faltou Só o Tango". *Jornal da Tarde*, 06/12/1966, p. 9.

85 *Ibidem*.

86 *Ibidem*.

Em relação à produção mexicana, a história não é tão diferente: as observações raramente são favoráveis. Para isso colabora a escassez de títulos disponíveis (não só mexicanos como também de outras nacionalidades latino-americanas), o que se explica pela falta de circulação dos produtos latino-americanos no circuito da própria América Latina. Mesmo muito tempo depois dessas considerações de Sganzerla a situação não muda, pois, como admite, por exemplo, Paulo Paranaguá nos anos 1980: "A América Latina constitui um mercado, natural ou artificial, pouco importa, apenas para os cinemas dominantes".[87] Quanto ao aspecto qualitativo dos filmes criticados, é oportuno observar a noção de Sganzerla sobre o discurso perpetrado pelas produções em questão. Aqui também não se trata de uma produção autoral, no sentido de estar comprometida com um ideário estético identificado com o dos novos cinemas. Em vez disso, é a produção industrial que está em pauta. E considerada a semelhança que a produção da indústria cinematográfica do México mantém com a produção industrial do Brasil (por exemplo, com a Vera Cruz),[88] é compreensível o desencanto de Sganzerla com os filmes a que ele assiste.

Por exemplo, *Gigantes do ring*, filme da Pelmex (Películas Mexicanas), é apresentado da seguinte maneira:

> O cinema mexicano está em todo seu apogeu esta semana, na tela do cine Mônaco, Pelmex apresenta *Gigantes do ring*, aventura policial passada no mundo da luta livre, onde um ex-ator ama a esposa do amigo, um pugilista fica louco e uma porção de coisas burlescas acontecem.[89]

De uma certa maneira, esse filme sintetiza aquilo que o crítico percebe como sendo característico da produção mexicana:

> *Gigantes do ring* em cada cena, em cada movimento, contém todo o clássico estilo mexicano – seja nos diálogos eloquentes, na fotografia expressionista, nas situações óbvias ou na mistura constante do patético com o cômico.[90]

---

87 PARANAGUÁ, Paulo. *O cinema na América Latina: longe de Deus e perto de Hollywood*. Porto Alegre: L&PM, 1984, p. 90.

88 Ver ARAÚJO, Luciana. "Dois Projetos: Cinema Mexicano e Vera Cruz". In: CAÑIZAL, Eduardo Peñuela. *Um jato na contramão: Buñuel no México*. São Paulo: Perspectiva, 1993, p. 99-120.

89 SGANZERLA, Rogério. "Esses Gigantes Não Assustam a Ninguém". *Jornal da Tarde*, 21/06/1966.

90 *Ibidem*.

Até o final do texto sobre *Gigantes do ring* o leitor não será informado sobre quem dirigiu o filme (o que se deve notar ocorre a propósito de muitos outros títulos, também de outros países). O crédito, como visto antes, vai para a empresa produtora. Uma última consideração, antes da conclusão do texto sobre esse filme mexicano, diz respeito às condições de exibição na sessão em que Sganzerla assistiu ao filme em São Paulo, e aí os comentários mais uma vez levam a uma comparação com os filmes brasileiros: "Um detalhe: o som do Mônaco ontem estava muito alto talvez para que o espectador não perdesse nenhuma sílaba da língua espanhola, o que seria bom que acontecesse também com os filmes brasileiros".[91]

Situação semelhante à do texto sobre *Gigantes do ring* ocorre a propósito de uma outra produção da Pelmex: *A conquista de Eldorado* (1965). Agora, entretanto, o tom de indignação é mais elevado:

> Que é que um crítico pode fazer diante de um "filme" mexicano como este *A conquista de Eldorado*? (Mônaco) Criticar? Falar? Gritar? Dizer que é ruim, que não se trata de um filme mas de um celulóide? É claro que não há nada a dizer: seria perder tanto tempo como ir ao cine Mônaco, pagar 1000 cruzeiros e ainda agüentar um terrível mau-cheiro dentro do cinema para ver Emilio Fernandez, podre de velho, interpretando o Índio Romo "que não atira nunca pelas costas" e mais uma meia dúzia de falsos bandidos e mocinhos.[92]

Em um texto sobre outro faroeste mexicano se sobressai a crítica ao papel da mulher. Trata-se de *Billy the Kid, o solitário* (Arturo Martinez,1963):

> *Billy the Kid, o solitário* (Boulevard), perseguido pela polícia, vai se refugiar numa cidade cheia dos clássicos vilões inescrupulosos, onde há somente uma lei: as mulheres como os animais têm de ser tratadas a pancada![93]

Descrita a síntese do enredo, Sganzerla observa outros aspectos, tais como a previsibilidade na organização dos conflitos, a ineficiência dos atores e da produção, embora, mesmo com tudo isso, reconheça algum mérito ao

91 *Ibidem.*

92 SGANZERLA, Rogério. "Mexicanos Desta Vez Não Gastaram Tiros". *Jornal da Tarde,* 28/06/1966, p. 13.

93 SGANZERLA, Rogério. "O Billy desta Vez É Herói Mexicano". *Jornal da Tarde,* 09/08/1966, p. 8.

diretor do filme: "Mas seu diretor (quem é Arturo Martinez?) deu-lhe um tratamento que é, senão convincente, pelo menos seguro e cinematograficamente digno".[94]

Dentre os textos sobre a produção mexicana, há um sobre filme de terror produzido pela Pelmex. O texto é interessante, sobretudo quando se leva em consideração, com várias ressalvas, o fato de, a essa altura – novembro de 1966 –, os filmes de José Mojica Marins já constituírem uma informação para o pessoal que vai integrar o Cinema Marginal. As ressalvas devem-se, entre muitas razões, inclusive ao fato de Mojica trabalhar quase sempre em esquema de produção independente.

> O cine Mônaco apresenta esta semana um anormal filme de terror mexicano, *Cem gritos de terror* [1965] – subtitulado: "sesion terri fica en dos partes". São dois episódios de meia hora sobre o mesmo tema: o crime perfeito.[95]

Sganzerla não deixa de censurar a Pelmex:

> *Pânico* e *Medo supremo* [os dois episódios de *Cem gritos de terror*] tratam do medo doentio gerado na cabeça dessas pobres criaturas da Pelmex, que sabem que os fantasmas não existem e que deve-se "temer os vivos e não os mortos" (diálogo do filme).[96]

Entretanto, feita essa consideração, ele logo revela alguma simpatia pela produção. Descreve o enredo dos dois episódios. Em *Pânico*, "um playboy asteca compra uma baratíssima mansão mal-assombrada"[97] e aí planeja assassinar sua esposa com a ajuda da amante, mas ambos, marido e amante, morrem no final. Em *Medo supremo*, um sujeito que dorme próximo a um túmulo "salva uma virgem cataléptica, enterrada naquele dia",[98] mas a virgem acaba por morrer de novo depois que toma um susto. Ao final do texto sobre *Cem gritos de terror*, confirma-se um certo interesse por esse trabalho "artesanal":

---

94 *Ibidem.*

95 SGANZERLA, Rogério. "Um Crime Perfeito de Playboy Asteca". *Jornal da Tarde*, 15/11/1966, p. 6

96 *Ibidem.*

97 *Ibidem.*

98 *Ibidem.*

> O filme só tem cinco atores e foi rodado em dois lugares, explorando a ingenuidade, o macabro e a criminalidade sul-americana. Por isso o público aceita perfeitamente. Os personagens, os atores, os truques, mesmo o artesanato e – principalmente – os diálogos são curiosíssimos.[99]

Seria interessante voltar aos textos sobre os filmes americanos e europeus para averiguar mais sistematicamente qual a posição do crítico a respeito da forma como o México e os mexicanos aparecem representados nos filmes produzidos nos Estados Unidos e na Europa. A estratégia poderia favorecer a compreensão tanto da visão eurocêntrica implicada em tais produções como a opinião de Sganzerla sobre elas. A tarefa, contudo, seria extensa. De uma maneira mais sintética, para averiguar a forma como os latino-americanos são representados pelos americanos e europeus, a próxima seção cuidará um pouco dessa questão, mas na perspectiva do Brasil e dos brasileiros.

"O Brasil dos gringos"

A existência de um "Brasil dos gringos", ideia discutida por Tunico Amancio,[100] repercutirá em vários momentos da obra de Sganzerla e encontrará, durante a análise dos filmes que estabelecem uma intertextualidade intensa com *It´s all true*, seu momento de maior tensão. Entretanto, as imagens do Brasil produzidas pelos estrangeiros já são um ponto problematizado por Sganzerla no *Jornal da Tarde*. Antes de mencionar o referido texto, convém lembrar proposições da tese sobre *O Brasil dos gringos*. Resumindo o trabalho de Amancio, é possível dizer que ele identifica quatro "filiações" nas imagens do Brasil elaboradas pelos "gringos", elegendo para cada uma das filiações uma *figura*, também no sentido de Erich Auerbach, para estabelecer conexões entre as protocenas do Brasil e a produção cinematográfica estrangeira que dispõe deste país como objeto.[101] A "filiação Pero Vaz"

99 *Ibidem.*

100 AMANCIO, Tunico. *O Brasil dos gringos: imagens no cinema.* Niterói: Intertexto, 2000.

101 O autor parte de dois textos emblemáticos. Como diz, "foram escolhidos dois documentos de atestada importância histórica, a *Carta a el-Rei dom Manuel sobre o achamento do Brasil, de Pero Vaz de Caminha* (1500) (...) e a *Relação da viagem do Capitão de Gonneville às novas terras das Índias* (1505) (...), dois dos mais antigos textos escritos sobre o Brasil e seus habitantes. *Ibidem*, p. 19.

remete ao Brasil do século XVI e às imagens propagadas pelos estrangeiros em narrativas fundadoras, como a *Carta* de Pero Vaz de Caminha, associada a uma certa mitologia dos trópicos como um espaço edênico, sensual, receptivo, mas ao mesmo tempo atrasado em relação às nações modernas, brutal, primitivo. A "filiação Essomericq" diz respeito às migrações de índios brasileiros para a Europa, onde os indígenas circulavam como seres exóticos, como representantes do "novo mundo". Assim é que, em 1504, Essomericq, filho do cacique Arosca, da tribo carijó, embarca no navio Espoir acompanhando o capitão Goneville em viagem de volta à França. O capitão acaba por adotar Essomericq como afilhado e torna-o seu herdeiro. O índio, sem perspectiva de voltar ao Brasil, casa-se com uma parente de Goneville e sua descendência funde-se à aristocracia francesa. A "filiação Afonso Ribeiro" traz a imagem do degredado português desembarcado da esquadra de Cabral como a base de uma identidade nacional associada ao fora-da-lei, com todas as implicações que isso acarretará na corrupção da organização política e administrativa da nação. Por sua vez, a "filiação Utopia" tem a ver com a ideia de "infância da humanidade" associada a um "novo mundo" onde tudo poderá crescer harmoniosamente, florescendo em deleite permanente, inclusive, sem trabalho.

Essas figuras representativas das filiações apresentadas no *Brasil dos gringos* encontram ressonância, por exemplo, nas considerações de Sganzerla sobre as "aventuras em ritmo de Carnaval" de uma produção ítalo-franco-alemã, *Agente Z-7* (1966), cujo protagonista é um agente secreto que, como é característico desses personagens, atua internacionalmente. O crítico não deixa de notar o fato de os estrangeiros trabalharem com uma imagem do Rio de Janeiro restrita ao Carnaval e a Copacabana como um estereótipo do Brasil reconhecido no mundo.

> Para mostrar que o filme é internacional e também se passa no Rio, puseram duas cenas do carnaval e outra de Copacabana. A encenação cafajeste, entretanto, não anula autênticos momentos de aventura poética e violência pura.[102]

102 SGANZERLA, Rogério. "Aventuras em Ritmo de Carnaval". *Jornal da Tarde*, 14/02/1967, p. 13.

Cinema brasileiro

Em junho de 1966 era lançado *O padre e a moça*, de Joaquim Pedro de Andrade, na cidade de São Paulo. Registrando o evento, precisamente no dia 09 de junho, a página de cinema do *Jornal da Tarde* dedica, sob a manchete "Moça no seu Primeiro Dia", algumas matérias ao filme, assinadas por seus críticos. Antonio Lima compara Joaquim Pedro de Andrade com Robert Bresson.[103] Maurice Capovilla entusiasma-se com a interpretação de Helena Ignez, pela maneira como ela teve de se desfazer de seu gesto urbano para encarnar a moça, destacando ainda a adaptação do poema de Carlos Drummond de Andrade.[104] Sganzerla, que dos três escreve o texto mais curto, começa por afirmar o seguinte:

> *O Padre e a moça* tem ritmo arrastado. Sua montagem insiste demoradamente em gestos e cenas iguais, dando de vez em quando trancos desagradáveis. Minas Gerais foi captada com todo requinte e simplicidade pelo fotógrafo Mario Carneiro, que repete aqui o estilo de gravura de *Porto das Caixas* (1962): a iluminação lateral, cuidadosamente voltada para detalhes realistas. Os atores funcionam muito bem: Helena Ignez (fantástica), Paulo José e Mario Lago.[105]

Sintomaticamente, o texto revela a mesma ideia de uma característica própria dos lugares, uma especificidade, uma autenticidade revelada a partir dos recortes geográficos ou geopolíticos. Um certo discurso, uma forma específica de representação, enfim, aquilo que antes fora observado a propósito das nações, agora volta associado a um local determinado do Brasil: Minas Gerais.

> Minas está mais do que nunca presente na tela do cine Olido. Porque Joaquim Pedro (o autor) pôs no filme toda a famosa timidez mineira: seja na construção anárquica dos personagens; seja numa direção e montagem (principalmente) indecisas; seja no clima geral da fita. Por isso certos espectadores não se conformam com a monotonia. Mas a verdade é que Joaquim Pedro, tentando ser sincero consigo e com o tema, não poderia deixar de imprimir uma severa lentidão para uma história, uma cidade, um amor – monótonos.[106]

---

103 LIMA, Antonio. "O Amor Perseguido". *Jornal da Tarde,* 09-06-1966, p. 9

104 CAPOVILLA, Maurice. "É Mesmo um Poema". *Jornal da Tarde,* 09-06-1966, p. 9.

105 SGANZERLA, Rogério. "Do Sincero Joaquim". *Jornal da Tarde,* 09-06-1966, p. 9.

106 *Ibidem.*

A autenticidade de Joaquim Pedro de Andrade, ao conseguir captar a monotonia mineira, torna-o, portanto, um autor cuja sensibilidade é justamente capaz de imprimir a alma de um lugar e de seus indivíduos em um filme.

Também é considerado como autor Walter Lima Jr., pela direção de *Menino de engenho* (1965). Enfatizando a "surpresa de uma poesia convincente",[107] é possível notar na leitura de Sganzerla sobre Walter Lima Jr. uma referência indireta a Orson Welles, em razão da melancolia relacionada à infância, assim como a interconexão ficção/documentário, também prevista no projeto *It´s all true*:

> Este filme delicado situa-se numa faixa intermediária entre o sonho e a realidade, entre a *historinha* e o documentário, – que é o clima próprio da infância de Carlinhos. Mas a grande personagem do filme não é propriamente o menino órfão mas o espectador. Carlinhos é o menino de ontem, o adulto desiludido de hoje, que não perdeu um leve saudosismo pela infância perdida.[108]

E para não deixar dúvidas quanto à origem desse saudosismo pela infância perdida, situado entre o sonho e a realidade, entre a ficção e o documentário, ele arremata:

> Walter Lima em seu primeiro filme é mais um *retratista* do que um *crítico* da realidade: faltava um lírico como ele ao cinema novo. Seu filme flui com a naturalidade dos clássicos, onde são claras as referências ao cinema americano (que é o cinema da infância de todos) e ao mais puro lirismo da arte brasileira.[109]

Sobre uma outra produção, *Entre o amor e o cangaço* (1965), de Aurélio Teixeira, os comentários não são tão entusiasmados quanto foram em relação a *Menino de engenho*. Mas também é perceptível uma simpatia pelo filme:

> *Entre o amor e o cangaço* é uma obra possivelmente primitiva. Os defeitos não chegam a comprometê-la, pois o diretor Aurélio Teixeira consegue salvar o filme com uma poderosa intuição lírica. Ele sabe sentir as coisas, principalmente a paisagem nordestina – como

107 SGANZERLA, Rogério. "A Surpresa de uma Poesia Convincente". *Jornal da Tarde*, 21-06-1966, p. 13

108 *Ibidem.*

109 *Ibidem.*

> atestara em *Três cabras de Lampião* [1962], seu filme anterior – e tem mesmo um admirável senso de espaço.[110]

Publicado o texto sobre *Entre o amor e o cangaço*, em janeiro de 1966, haverá em seguida um intervalo de vários meses sem matérias de Sganzerla sobre o cinema nacional, até que, em novembro do mesmo ano, é publicado um novo texto sobre um filme brasileiro. Trata-se de *A grande cidade* (1965), de Cacá Diegues, antes caracterizada como uma "pop-chanchada" no Suplemento Literário do *Estado de S.Paulo*. Agora, o aspecto mais elogiado em *A grande cidade* é a mistura de várias referências dosadas com naturalidade:

> É um filme romântico mas responsável, que une as coisas mais diferentes desse mundo com a naturalidade da melhor arte brasileira: a violência e a generosidade, a poesia e o protesto social, o amor e a morte. Na verdade, em Diegues, o símbolo e a realidade, o lirismo e o cinema-verdade são uma coisa só.[111]

Finalizando o texto sobre *A grande cidade*, Sganzerla reitera seu interesse pela mistura de várias referências:

> Presa sobre as tardias reflexões sobre Deus, morte, misticismo, a fita perde – a partir da metade – a vivacidade dos primeiros instantes mas permanece a segurança do autor diante do difícil gênero escolhido – a mistura elegante da farsa com melodrama, de Brecht com Glauber Rocha, de cinemateca com grande público. Ele saiu-se muito bem da cartada.[112]

Se há diretores como Cacá Diegues, Walter Lima Jr. e Aurélio Teixeira, que recebem comentários elogiosos, há também aqueles que ganham algum espaço mas sendo desconsiderados em razão de um trabalho fraco. Esse é o caso de Jece Valadão, a quem Sganzerla não poupará. Por exemplo, sobre *Essa gatinha é minha* (Jece Valadão, 1966), inicialmente o crítico reconhece que se trata de uma chanchada "saudável e satisfatória como diversão descompromissada". Embora não veja graça na história da "macaca de auditório" que fica em dúvida entre ir ao programa de Pery Ribeiro ou ao de Jerry Adriani, por fim, ele admite:

---

110 SGANZERLA, Rogério. "Nordeste Volta com Filme de Cangaço". *Jornal da Tarde*, 11/01/1966, p. 10.

111 SGANZERLA, Rogério. "Quatro Dramas no Rio". *Jornal da Tarde*, 29/11/1966, p. 13.

112 *Ibidem*.

> Faltou classe e estilização a essa fita de concessão. Jece Valadão, como diretor, aplica as mesmas fórmulas naturalistas de seus policiais cariocas perdendo, desde o início, certas possibilidades de sucesso. O resultado é desigual; o filme é frouxo; abre – e não soluciona – uma dezena de idéias e saídas curiosas.[113]

Também quando Jece Valadão trabalha como ator o resultado, segundo a perspectiva do crítico, é questionável. Sobre *Paraíba, vida e morte de um bandido* (1965), dirigido por Victor Lima, contando com Valadão como intérprete do personagem principal, Sganzerla não só enfatiza a má interpretação do ator como também o aspecto subdesenvolvido que percebe como lhe sendo peculiar.

> Jece Valadão continua o ciclo de cafajestismo, que já lhe deu muito dinheiro, com *Paraíba, Vida e Morte de um Bandido* (Art-Palácio), onde ele repete a dose de bandido subdesenvolvido, meio místico, que larga da casa dos pais nordestinos para fazer carreira no baixo e no alto *bas-fond* carioca.[114]

Os comentários incisivos também atingem a atriz Darlene Glória, que "é uma mulher ótima mas está ridícula no papel de uma 'cérebro do crime carioca'",[115] até porque a relação entre ambos, "entre ela e Paraíba é uma das coisas mais estereotipadas já feitas em toda a América do Sul".[116] E a matéria é concluída da seguinte maneira:

> O crime subdesenvolvido teria um certo charme se não fosse tratado com tanto espírito de "seriedade" artesanal, se Paraíba não insistisse em ser tão mal e se a direção recorresse aos primeiros planos para acentuar o drama e não para acentuar a grossura e falta de imaginação.[117]

O Rio de Janeiro é também o cenário da última chanchada dirigida por Watson Macedo – *Rio, verão e amor* (1966) –, que em março de 1967 era exibido

---

113 SGANZERLA, Rogério. "Chanchada Volta Pior". *Jornal da Tarde*, 29/11/1966, p. 13.

114 SGANZERLA, Rogério. "Valadão Não Aprendeu a Fazer Cara de Mau". *Jornal da Tarde*, 03/05/1966, p. 13.

115 *Ibidem*.

116 *Ibidem*.

117 *Ibidem*.

simultaneamente em três salas de São Paulo: Ipiranga, Metrópole e Astor. Curiosamente, para quem hoje lê esses textos de Sganzerla sabendo do seu interesse pela figura do estrangeiro, chama atenção o fato de o crítico não problematizar a questão da composição da figura dos estrangeiros nas chanchadas. No caso de *Rio, verão e amor*, o enredo gira em torno de um industrial viúvo que se apaixona por uma francesa, decorrendo daí uma série de confusões. Mas, em vez de seguir essa linha de abordagem, na verdade, o maior interesse de Sganzerla está voltado para a evolução da própria Chanchada – representada, no caso, por Watson Macedo – e para a forma como os conflitos são organizados no filme de acordo com uma geografia musical e social da cidade do Rio de Janeiro. Sobre *Rio, verão e amor*...

> É uma chanchada com ares de superprodução, do homem que fez algumas boas comédias no tempo da Atlântida. Em *Rio, verão e amor*, Watson Macedo tentou modernizar-se. Mas moderniza-se de forma errada: tudo no seu filme repousa no conflito entre a bossa-nova e o yé-yé-yé, entre os Bossa Três e Renato e seus Blue Caps, entre a garota de Ipanema e a da Zona Norte. Infelizmente as músicas são desconhecidas e chatas – quando não abafadas pelos ruídos de rua ou praia.[118]

A imagem que os maus filmes brasileiros podem revelar do Brasil para o exterior está entre as preocupações incluídas no texto sobre *Os cangaceiros de Lampião* (1967), filme de Carlos Coimbra, embora, na verdade, o nome do diretor não seja sequer citado ao longo da matéria, que começa da seguinte maneira:

> Mesmo a quem não espera nada de *Os cangaceiros de Lampeão* (Ipiranga, Astor, Art Palácio) o filme surpreende como um dos mais infelizes do atual cinema brasileiro. Nem um filme sério nem um espetáculo aceitável. Nem folclore nem idéias. Apenas uma velha anedota, com velhos atores, emendada com restos de outros abacaxis do falso-cangaço.[119]

Ao final do texto, nota-se a preocupação com a repercussão possível de um filme como *Cangaceiros de Lampião*, sem restar dúvida sobre o quão exe-

118 SGANZERLA, Rogério. "Este é um Rio Muito sem Graça". *Jornal da Tarde*, 21/03/1967, p. 13.

119 SGANZERLA, Rogério. "Nosso Cangaço, Tão Pobre, Tão Repetido". *Jornal da Tarde*, 11/04/1967.

crável pode ser um filme que segue a tradição de alguns setores da experiência paulista com o cinema.

> Os responsáveis deveriam esconder as cópias em vez de apresentá-las em três grandes salas como "uma superprodução do cinema paulista". Serão capazes até de pedir para o Instituto Nacional de Cinema mandá-la à Europa, envergonhando-nos nos festivais.[120]

Em compensação, sobre o filme *Paralelos trágicos* (1966), realizado na cidade de Campo Grande, em Mato Grosso, por iniciativa dos irmãos Lahdo, que reuniram a própria família para viabilizar o projeto, a disposição do crítico para superar os problemas da fita é explícita. Exibido em São Paulo no cine Regina, *Paralelos trágicos* causava impressão: mesmo sendo "uma história melodramática que não pode ser levada a sério", o mais importante, contudo, é a própria realização do filme em lugar pouco provável: "Fazer cinema no Matogrosso: eis aí o dado mais importante; não interessa se os diálogos são sub-literatura, se o elenco é primitivo, se há muitos momentos infelizes"...[121]

Há nesse reconhecimento de uma atitude excepcional dos cineastas de Campo Grande um quê da referência Paulo Emilio Salles Gomes, a partir de seu interesse pelos pioneiros, por exemplo, da Cataguases de Humberto Mauro.[122] Para Sganzerla, a disposição dos mato-grossenses certamente é um exemplo para aqueles que, dispondo de mais recursos, como os paulistas e os cariocas, não empreendem com tanta criatividade o seu trabalho, fato anotado ao final da matéria sobre *Paralelos trágicos*:

> Os próprios realizadores evoluíram durante as filmagens, confessam os defeitos, não querem enganar ninguém. É o resultado das naturais hesitações de dois moços com uma câmera debaixo do braço e uma cadeira de rodas a fazer cinema no sertão. Muito menos falsa que muitas produções caras feitas por certos cineastas de São Paulo e Rio.[123]

---

120 *Ibidem.*

121 SGANZERLA, Rogério. "Tragédia e Sertão". *Jornal da Tarde*, 19/09/1967.

122 Esta comparação deve-se ao fato de Paulo Emilio Salles Gomes iniciar seu livro sobre *Humberto Mauro, Cataguases, Cinearte* com o capítulo "A Mata e os Mauro", no qual procura traçar a história dos pioneiros da região mineira desde os seus primórdios até situar a família de Humberto Mauro no referido contexto. Ver GOMES, Paulo Emilio Salles, *Humberto Mauro, Cataguases, Cinearte*. São Paulo: Perspectiva/Edusp, 1974, p. 5-20.

123 SGANZERLA, Rogério. "Tragédia e Sertão". *Jornal da Tarde*, 19/09/1967.

Em relação à participação do Brasil em festivais internacionais, notam-se também algumas preocupações do crítico. Nesse sentido, inclusive, há pouco foram observadas restrições sobre *Cangaceiros de Lampião*, de Carlos Coimbra, quando, referindo-se a esse filme, Sganzerla disse que os produtores "serão capazes até de pedir para o Instituto Nacional de Cinema mandá-la à Europa, envergonhando-nos nos festivais".[124] Na verdade, a cobertura de Sganzerla à XX edição do Festival de Cannes, no ano de 1967, indica, sobretudo, um grande interesse pela recepção da crítica europeia a *Terra em transe*, de Glauber Rocha. A torcida já é perceptível no título de uma matéria: "Nosso Filme Decepcionou mas o Italiano foi Pior".

> O maior fracasso no Festival de Cannes até agora foi do filme italiano *O incompreendido* [1966], de Luigi Comencini. O filme teve a pior recepção possível, com vaias de público, da crítica e de jornalistas. A Itália ainda concorrerá com um filme de Pietro Germi e o filme de um italiano – *Blow-up* [1966], de Antonioni, está sendo falado para o prêmio máximo, a Palma de Ouro.[125]

Essa crônica do Festival continua, destacando ainda a inconsistência de *O incompreendido*. Mas, alguns parágrafos depois, um intertítulo – "Terra em Transe" – abre espaço para o registro da opinião de vários críticos europeus sobre o filme de Glauber Rocha. São recolhidas as opiniões dos representantes de vários veículos: *Le Figaro, L´Aurore, L´Humanité, La Stampa, Il Messaggero, Il Tempo, Il Popolo, Mattino, L´Unitá*. As transcrições das opiniões indicam uma melhor acolhida dos franceses os quais, na matéria de Sganzerla, acabam ganhando um espaço proporcionalmente maior se comparados com os demais representantes europeus. Entre os franceses, o crítico Samuel Lachieza, do jornal comunista *L´Humanité*, é o privilegiado, recebendo, para expor sua opinião, o espaço de dois parágrafos, sendo o primeiro deles o seguinte:

> Samuel Lachieza (L´Humanité): "Trata-se do primeiro filme autenticamente político que vimos até hoje. Apaixonante do princípio ao fim. Infelizmente, tenho medo de que o público, que geralmente não acompanha as peripécias de vários países latino-americanos,

---

124 SGANZERLA, Rogério. "Nosso Cangaço, Tão Pobre, Tão Repetido". *Jornal da Tarde*, 11/04/1967.

125 SGANZERLA, Rogério. "Nosso Filme Decepcionou mas o Italiano foi Pior". *Jornal da Tarde*, 05/05/1967, p. 10.

> não esteja em condições de compreender todos os símbolos desta ousada narrativa.[126]

Já a reprodução dos trechos recolhidos da imprensa italiana sobre *Terra em transe* é variada, mas se restringe a poucas frases, sem a indicação da autoria das matérias. Por exemplo:

> La Stampa: "Aqui [em *Terra em transe*] ficou apenas a ênfase excessiva".
> Il Messaggero: "Era justo esperar alguma coisa mais que essa obra abstrata, fantasiosa e alegórica".
> (...)
> L'Unitá: "É uma obra inquietante, descontínua e apressada, mas com momentos de evidente beleza".[127]

Embora Sganzerla não mencione, o filme de Glauber fora preterido pelo Itamaraty, que escolheu *Todas as mulheres do mundo* (1967), de Domingos de Oliveira, como representante oficial do Brasil nessa edição do Festival de Cannes. Ainda assim, *Terra em transe* foi convidado a participar do festival e levou justamente o prêmio da crítica. A Palma de Ouro ficou mesmo com Antonioni, por *Blow up*.

Agora voltando à discussão sobre o sistema de distribuição e exibição no Brasil, na verdade, muitos aspectos já foram observados sobre as cinematografias estrangeiras distribuídas e exibidas neste país, quase sempre com ênfase para a desproporção do interesse pelos estrangeiros em detrimento dos nacionais. A propósito, sobre os filmes estrangeiros que circulam no Brasil, Sganzerla também critica a tradução dos títulos dos filmes – apontando, entre outras, a "péssima tradução do título original" de filmes como *On dangerous ground* (*Cinzas que queimam*) de Nicholas Ray. [128] Recrimina a qualidade das cópias ("treze anos não bastaram para envelhecer *Sangue da terra*", mas "foi tempo suficiente para que a cópia do Art Palácio ficasse toda estragada").[129] Chama a atenção para a censura:

> O que vai acontecer é que o espectador vai estranhar a imponente proibição (21 anos...) que a censura deu a este filme [*Extra conjugal*,

126 *Ibidem*.

127 *Ibidem*.

128 SGANZERLA, Rogério. "Outro Herói Violento". *Jornal da Tarde*, 30/08/1966, p. 13

129 SGANZERLA, Rogério. "História de Amor Não Teve Solução". *Jornal da Tarde*, 29/03/1966, p. 9.

> Massimo Franciosa *et al*,1964] que toca muito vagamente alguns dos tabus sexuais e sociais de nosso tempo. O moralismo da censura, por outro lado, não deixou de dar o ar de sua graça, cortando diversos momentos "fortes e extravagantes", na mentalidade de nossos censores. Mas estes momentos não fazem nenhuma falta porque *Extra conjugal*, apesar de ser uma boa droga, encheu o cine Olido ontem às quatro horas da tarde. Encheu de homens, bem entendido.[130]

Esse registro que ele faz das plateias e de suas reações aos filmes é um aspecto instigante de sua participação no *Jornal da Tarde*. Escrevendo, por exemplo, sobre a coprodução anglo-alemã *O homem que comprou a morte*, dirigida por Alfred Vohrer e inspirada em novela de Edgar Wallace, admite Sganzerla:

> É mais uma aventura do requintado bandido que caça serpentes, mata friamente. Excita os jornais. Provoca a Scotland Yard. Aterroriza Londres. Mas ontem não assustou o público do Jussara, acostumado com filmes impróprios até 18 anos. Na saída dois rapazes comentavam: "nem o Jean Manzon consegue ser tão falso, não há nada pior do que o susto de araque".[131]

Esses dois rapazes podem sintetizar uma série de outras figuras que aparecem ao longo desses textos do *Jornal da Tarde* no plano da recepção aos filmes. Além disso, eles lembram os personagens de *Documentário* (Sganzerla, 1966), que circulam pelas portas de cinema falando sobre os filmes em cartaz. De alguma forma, eles indicam uma resistência aos ocupantes nos níveis internacional e nacional. Jean Manzon, apesar de ter nascido na França, começou a trabalhar em cinema no Brasil, mais especificamente no DIP; foi repórter fotográfico da revista *O cruzeiro*; chegou a participar da equipe que trabalhou com Orson Welles em *It´s all true*; e "como documentarista realizou quase sempre filmes institucionais, apresentando um país de natureza e paisagens exuberantes, harmonioso e bem governado".[132] Ora, com a sua oposição a Alfred Vohrer e a Jean Manzon, os dois rapazes chegam a desmontar

130 SGANZERLA, Rogério. "Cine Olido Ficou Cheio de Homens". *Jornal da Tarde*, 28/04/1966, p. 9.

131 SGANZERLA, Rogério. "Morte a Crédito Não Assusta Mais". *Jornal da Tarde*, 11/04/1967, p. 13.

132 RAMOS, Lécio Augusto. "Manzon, Jean". In: *Enciclopédia do cinema brasileiro*, p. 354. Ver também AMÂNCIO, Antônio. "Asas da Panair", in RAMOS, Fernão *et al* (orgs.), *Estudos de cinema 2000 – Socine*, 2001, p. 268-274.

aquilo que Ella Shohat e Robert Stam chamam de "imaginário imperial", associado à perspectiva eurocêntrica incorporada pelo cinema das potências colonizadoras.[133] Esse imaginário, cristalizado nas histórias que propõem a nação como uma comunidade imaginada cujas origens, aspirações e identidades seriam as mesmas para indivíduos diversos, se reproduz em instituições como o DIP, um ocupante nacional constituído à imagem e semelhança dos ocupantes estrangeiros (alemães, no caso). Na verdade, esses rapazes espelham o próprio Sganzerla em suas observações dos ocupantes. Como eles, ao abordar alguns segmentos da produção estrangeira e brasileira, Sganzerla é claro em sua crítica, haja vista vários exemplos anteriores, filmes cuja "grossura" ou "picaretagem" foram várias vezes postas em xeque.

No entanto, ao falar dos outros, muitas vezes criticando-os veementemente, obviamente Sganzerla fala também muito de si, explicitando seus pontos de vista sobre o cinema e, até mais que isso, incorporando o outro como parte de seu próprio projeto. Um bom exemplo, nesse sentido, é uma matéria sobre o filme *Bandido negro* (Alan Rafkin, 1967), um faroeste americano:

> Por que *Bandido negro* (Art-Palacio) usa máscara? Por que é feio ou por que – como o tropical Bandido da Luz Vermelha – tem dentes de ouro? Simplesmente para agir e trabalhar melhor, limpando os cofres de diligências milionárias. Essa é a moral simples e quase cínica do faroeste desta semana. (Americano, tecnicolor e não é reprise.).[134]

Na leitura do texto sobre *Bandido negro*, na verdade, é possível encontrar situações equivalentes às encontradas n'*O bandido da luz vermelha*, o "faroeste do Terceiro Mundo". Há semelhanças no sentido de um reconhecimento de um clima anárquico, do mistério em torno da identidade do Bandido, a presença de uma mulher fatal (como Janete Jane), gangsters poderosos (como J.B. da Silva, o rei da Boca):

> Três amigos se divertem às custas do crime. Enquanto o Bandido Negro agita a imaginação dos californianos com sua máscara escura e seu sotaque espanhol, os outros dois amigos empregam-se na Wells & Fargo como guarda-costas. Enquanto isto surge uma outra personagem estranha: a bailarina Lillie, antiga favorita de impera-

133 SHOHAT, Ella; STAM, Robert, *op. cit.*, 2000. Ver especialmente o capítulo "The Imperial Imaginary", p. 100-136.

134 SGANZERLA, Rogério. "Todos Podem Ser Bandidos". *Jornal da Tarde*, 05/05/1967.

> dores europeus, que apresenta-se num teatro de terceira categoria. É ela quem conquista o Bandido Negro.[135]

Se é possível estabelecer alguma relação entre *O bandido negro* e *O bandido da luz vermelha* – entre as dialéticas existentes entre o cinema de Sganzerla e o cinema americano –, como então entender o incômodo do crítico com os faroestes europeus, considerados cópias mal-feitas de um gênero americano por excelência? A resposta a esta pergunta passa pelo problema justamente com a cópia, ou seja, com a tentativa de transcrição de um texto fílmico em que haja a intenção de torná-lo idêntico ao original, o que resulta em algo equivalente ao expressionismo caipira, o *kitsch*. Em vez disso, com o faroeste do Terceiro Mundo Sganzerla indica uma apropriação do gênero faroeste, com alguns códigos característicos do faroeste original americano que, entretanto, são logo recontextualizados, de uma forma tal que, no novo registro, passa a problematizar suas próprias origens.

Como Ella Shohat e Robert Stam explicam, o *western* pode ser visto como um paradigma do imperialismo americano em relação ao seu território e para além dele; tem suas origens míticas no período colonial, com a expansão das fronteiras associada a ideologias racistas e sexistas, com o domínio do homem branco sobre mulheres e índios. Esse paradigma circula pelo mundo desde os primórdios do cinema, promovendo a identificação até mesmo dos ocupados com a ideologia dos ocupantes. Mas um faroeste do Terceiro Mundo, tal como contrapõe Sganzerla, afastando-se da visão eurocêntrica dos faroestes americanos e de suas cópias europeias, subverte a ordem imperial, colonialista, racista e machista, instaurando uma força em sentido oposto ao da ocupação econômica, política, cultural. Está em pauta, portanto, uma revolução na perspectiva da Antropofagia Cultural de Oswald de Andrade. Como diz Roberto Schwarz: "Oswald propunha uma postura cultural irreverente e sem sentimento de inferioridade, metaforizada na deglutição do alheio: cópia sim, mas regeneradora".[136]

---

135 *Ibidem.*

136 A citação de Roberto Schwarz encontra-se em ROCHA, João Cezar de Castro. "Devorando Oswald". *Folha de S.Paulo*, Caderno Mais, 10/10/2004, p. 4.

CAPÍTULO 3

Atenção à recepção, crítica à censura e pesquisa de gêneros: *Folha da Tarde*

A produção de Rogério Sganzerla para a *Folha da Tarde* não chega a ser muito extensa. Uma das razões para isso certamente deve-se à provável pré-produção de *O bandido da luz vermelha* nesse período, ou seja, o segundo semestre do ano de 1967. De fato, já em maio de 1968 publica-se, na própria *Folha da Tarde*, uma matéria[1] (não assinada) sobre a etapa final das filmagens, destacando a caracterização de Helena Ignez, cuja imagem é destacada na página com uma foto em primeiro plano. Há também algum destaque para Paulo Villaça. Mas sobre Rogério Sganzerla, o diretor, então ex-crítico de cinema da *Folha da Tarde*, pouco se diz: "O que ele pretende é mostrar através de um *far-west* do 3º mundo todas as implicações que existem no cafajestismo, banditismo e marginalismo brasileiro".[2]

Antes desse momento de lançamento de *O bandido da luz vermelha*, a produção de matérias escritas por Sganzerla para a *Folha da Tarde* era quase diária, porém, com textos curtos. A diagramação da página de cinema desse jornal naquele momento era composta por uma matéria principal, às vezes assinada, às vezes não, e também por quadros intitulados "Crítica de Cinema" e "Cine-Ronda". Como o próprio nome indica, o quadro "Crítica de Cinema" destaca, com textos assinados, a opinião do crítico sobre um filme ou sobre vários filmes em cartaz na cidade (além de Sganzerla, ninguém mais assina as matérias dessa seção no período compreendido entre março e novembro

1 "Essa Maravilhosa Vigarista". *Folha da Tarde*, 16/05/1968, p. 12.

2 *Ibidem*.

de 1967). O quadro "Cine-Ronda" tem uma frequência bem mais esporádica, nunca é assinado e traz comentários sobre os bastidores de filmagens, notícias sobre os diretores e elenco envolvidos com projetos em fase de produção. A seção "Cine-Ronda" do dia 09 de novembro de 1967, por exemplo, trazia informes sobre o fim da filmagem de *Barbarella* (1968), de Roger Vadim, e as expectativas sobre a estreia de *Cara a cara* (1967), de Júlio Bressane, então "o mais novo cineasta profissional do Brasil".[3] Em suma, Sganzerla assinou algumas matérias principais, todos os quadros de "Crítica de Cinema" (no período acima demarcado) e nenhum "Cine-Ronda".

De uma maneira geral, os textos assinados não diferem muito daqueles escritos para o *Jornal da Tarde*. Estão voltados para os filmes que então circulavam no circuito de exibição comercial, dominado pelos estrangeiros. Na abordagem dos filmes, o crítico é direto, procurando orientar o leitor para a escolha de uma sessão, quase sempre privilegiando a descrição dos enredos, a informação sobre o contexto de realização e sobre a equipe envolvida na produção em questão. Apesar do caráter sucinto das matérias, não escapará ao leitor familiarizado com os textos anteriores, publicados no Suplemento Literário do *Estado de S.Paulo* ou no *Jornal da Tarde*, a percepção de uma visão específica do cinema segundo Sganzerla.

As tensões internacionais, por exemplo, permanecem e revelam-se a partir das convergências e divergências percebidas pelo crítico em sua observação dos atributos próprios de cada nação em seu discurso cinematográfico. Nesse sentido, o debate sobre as cópias que os europeus realizam dos faroestes americanos continua sendo um dado exemplar e destacável, em razão de sua recorrência em várias matérias. "Na era dos falsificados faroestes europeus, Hollywood tenta reconquistar o terreno perdido com um super bangue-bangue",[4] isso é dito, por exemplo, a propósito de *A noite dos pistoleiros* (Arnold Laven, 1967), à época exibido nos cinemas Astor e Paissandu.

Em relação aos escassos comentários sobre a produção nacional, pouco presente no circuito de exibição, é perceptível o interesse por um Brasil onde a televisão já é um dado significativo da produção cultural, principalmente a partir das considerações sobre *Bebel, a garota propaganda* (1967), de Maurice Capovilla. Revela-se aí a consideração de um universo urbano, no qual a

3 "Cine Ronda". *Folha da Tarde*, 09/11/1967, p. 12.

4 SGANZERLA, Rogério. "Crítica". *Folha da Tarde*, 26/10/1967, p. 12.

cidade surge como espaço das transformações sociais operadas a partir da própria cultura de massa (em um contexto de ditadura militar, às vésperas do maio de 68, na França, e do AI-5, no Brasil).

Orson Welles é citado explicitamente uma única vez. É comparado a Roger Vadim no contexto das elaborações de ambos sobre a *mulher fatal*. Os exemplos recolhidos para a comparação são *O perigoso jogo do amor* (1966), de Vadim, e *A dama de Shangai* (1947), de Welles, lembrado de maneira rápida. Essa comparação será discutida mais adiante. De fato, a figura de Orson Welles na produção de Sganzerla na *Folha da Tarde* é quase inexistente, a não ser quando considerada na perspectiva de um preenchimento da questão ocupante/ocupado, com todas as nuances relacionadas a esse binômio, apresentadas anteriormente. Mas, nesse sentido, a referência Paulo Emilio Salles Gomes continua válida como um parâmetro, pois, ao construir sua argumentação, Sganzerla lidará não só com aspectos relacionados aos textos fílmicos mas também com a estrutura sobre a qual os filmes são produzidos, distribuídos e exibidos.

A produção nacional – cinema e televisão

Um dos primeiros filmes analisados, como matéria principal da página de cinema, é *Bebel, a garota propaganda* (1967),[5] de Maurice Capovilla. Inicialmente, Sganzerla descreve a narrativa, dizendo que no enredo Bebel é "uma das mais bonitas e famosas garotas propagandas da televisão paulista". Os intertítulos do artigo indicam os aspectos explorados na abordagem do crítico: "Bastidores", "Nasce Bebel" e "Cem Milhões". Em relação aos "Bastidores", ele contextualiza a realidade da televisão no Brasil, destacando os seus efeitos no público.

> Bebel não representa uma garota propaganda em particular. Ela é a média de um retrato mais amplo, o outro lado da ilusão de milhares de mocinhas do Brasil depois do aparecimento da televisão. Bebel é um filme destinado, provavelmente, a ser o filme paulista mais falado de 67-68. Esta é a primeira vez no cinema brasileiro que a câmera cinematográfica vai aos bastidores da televisão, fazendo um retrato de sua realidade.[6]

5 SGANZERLA, Rogério. "Bebel conta Babel da Cidade Grande". *Folha da Tarde*, 25/10/1967, p. 12.

6 *Ibidem*.

Aqui certamente é possível estabelecer uma relação entre esse filme de Capovilla e o filme que então Sganzerla preparava, *O bandido da luz vermelha*, no qual a questão da mídia e, mais especificamente da televisão, tem uma associação com a imagem populista de J.B. da Silva. Voltando ao texto sobre *Bebel*, a partir do intertítulo "Nasce Bebel" Sganzerla inicia uma discussão sobre a adaptação empreendida por Capovilla do romance *Bebel que a cidade comeu*, de Ignácio de Loyola Brandão. Como explica o crítico, o romance, antes de ser lançado, foi lido em primeira mão por Capovilla que, na elaboração do roteiro, trabalhou com Afonso Coaracy, Fernando Peixoto e Mario Chamie. A escolha de Rossana Ghessa como atriz para o papel-título também é discutida como um dado interessante, em razão do elenco estelar cogitado para interpretar a personagem: Leila Diniz, Itala Nandi, entre outras atrizes. O último intertítulo, "Cem Milhões", introduz os aspectos de produção: tempo de filmagem, escolha da equipe técnica (mais precisamente da fotografia de Waldemar Lima, "que usou câmera na mão, e chegou a empregar três e até quatro câmeras de uma só vez em certas cenas") e o orçamento. As palavras finais do artigo remetem-se a um dado fundamental de *Bebel, a garota propaganda* na visão de Sganzerla:

> E mais: Bebel não é apenas a história de uma garota propaganda; é a história de São Paulo, das contradições de uma cidade; dos sonhos e ilusões da classe media e de como uma cidade grande esmaga e come as pessoas.[7]

Algum tempo depois da publicação dessa matéria, o filme de Capovilla ainda ganhará destaque em um dos quadros "Crítica de Cinema", graças à sua participação no terceiro Festival de Brasília, onde foi ameaçado de corte pelos censores. Dessa edição de 1967 do festival, cabe lembrar, também constavam, entre outros, *Cara a cara*, de Bressane, e *O engano*, de Mario Fiorani, que contava no elenco com Helena Ignez.

Em seu texto, Sganzerla vai explorar aspectos do filme que ele percebe como uma interessante possibilidade do cinema paulista naquele momento. Ele inclui *Bebel, garota propaganda* ao lado de *O grande momento* (1958), de Roberto Santos, e *São Paulo S/A* (1965), de Luiz Sérgio Person.

> *Bebel, garota propaganda* é um dos poucos filmes paulistas que pôde ser levado a sério. Trabalhando em regimes de produção indepen-

7 *Ibidem*.

> dente, Capovilla avança cinco anos no cinema paulista simplesmente porque abandona estúdios, maquinas pesadas e canastrões caipiras.[8]

Afora o filme de Capovilla, os filmes brasileiros não chegam a ter um maior destaque, no sentido de aparecerem como tema exclusivo das matérias principais ou mesmo tema recorrente de matérias menores. Mais uma vez, a escassez de considerações sobre as produções nacionais é proporcional à sua presença limitada no circuito de exibição comercial. Ainda assim, em alguns momentos serão registradas iniciativas até certo ponto inusitadas, o que é possível exemplificar com a produção católica *A vida quis assim* (Edward Freund, 1967):

> *A vida quis assim* (Rio Branco) é a primeira produção do Movimento Cinematográfico Católico. Egydio Eccio vive um trágico seminarista que luta entre a vocação e o mundanismo mas consegue *manter acesa a chama do ideal cristão* [grifo de Sganzerla]. O Movimento não descansa e já se prepara para uma nova película, que focalizará a vida real de uma professora, de acordo com apontamentos de seu diário.[9]

Essas informações sobre *A vida quis assim* aparecem em uma matéria principal. Entretanto, nesse mesmo texto há destaque para outros filmes, produções estrangeiras e locais: *O perigoso jogo do amor* (Roger Vadim, 1966), *O segundo rosto* (John Frankenheimer, 1966); *Adorável trapalhão* (J.B. Tanko, 1967), etc.

Algo equivalente ocorre em uma matéria publicada em 20 de novembro de 1967 – "Karina em 3 Filmes" – que destacava o fato de a atriz Anna Karina atuar em três filmes então em cartaz na cidade de São Paulo, dois deles dirigidos por Godard. Mais uma vez, o texto revela uma admiração inequívoca por Godard.

> Anna Karina é a personalidade em evidência, ela e seu ex-marido Jean Luc Godard, pois interpreta *O amor* [1964] e duas boas reprises de Godard: *Alphaville* [1965] (Bijou, a partir de quinta) e *O demônio das onze horas* [1965](*Pierrot le fou*, Coral). Um crítico francês disse que depois de Pierrot ninguém tem o direito de filmar como antigamente. Nem o espectador pode esperar uma história fácil ou clara.

---

8 SGANZERLA, Rogério. "Crítica de Cinema". *Folha da Tarde*, 29/11/1967, p. 12.

9 SGANZERLA, Rogério. "Sexo Comanda". *Folha da Tarde*, 13/11/1967, p. 16

> Recomendamos este filme alucinante e desesperado para quem o viu só uma vez (e não entendeu) ou menos de três vezes.[10]

Nesse momento em que se encontrava em produção *O bandido da luz vermelha*, é provável que o próprio Sganzerla tenha assistido inúmeras vezes a *O demônio das onze horas*. Como visto, existe uma intensa intertextualidade entre os dois filmes. Mas, além desse dado, chama a atenção do leitor, nessa matéria cujo título remete a Anna Karina, a inclusão de comentários sobre outros títulos, provenientes de lugares os mais distintos, por exemplo, *Ivan, o terrível* (Eisenstein, 1944), e um sucesso de público no Brasil: *Coração de luto* (Eduardo Llorente, 1967), que contou com a presença de Teixeirinha.

> O Iguatemi apresenta a história do cantor de bombachas e bigodinho de toureiro que perdeu a mãe num incêndio mas faturou milhões com o disco *Churrasquinho de mãe*. Agora, com esta produção rodada no Rio Grande do Sul já ganhou uma fortuna. Dizem que *Coração de luto* bateu todos os records e provocou pancadarias nos cinemas do sul. Muito folclore e exploração de sentimentos maternos. Estréia no cinema brasileiro do roteirista, produtor e cantor Victor Matheus Teixeira – o próprio Teixeirinha.[11]

A Censura

Em um artigo[12] sobre o filme *O perigoso jogo do amor* (Roger Vadim, 1966) – "Censura Aprova Jane Fonda Nua" –, Sganzerla comenta o fato de o filme ter sido censurado na França e posteriormente ter sido liberado naquele país graças à pressão da campanha de cineastas franceses contra a censura. Depois da liberação, o filme tornou-se um sucesso de bilheteria: "O filme vem batendo recordes de bilheteria onde é levado. Agora ele vem para o Brasil mostrar Jane Fonda nas cenas que se colocam entre as mais 'livres' jamais filmadas".[13]

Quando se pensa no âmbito específico da contracultura naquele momento, é possível associar esse ideal de liberdade à liberação dos costumes, mui-

10 SGANZERLA, Rogério. "Karina em 3 Filmes". *Folha da Tarde*, 20/11/1967, p. 12.

11 *Ibidem.*

12 SGANZERLA, Rogério. "Censura Aprova Jane Fonda Nua". *Folha da Tarde*, 27/10/1967, p. 12.

13 *Ibidem.*

tas vezes apontada pelo crítico. Nessa matéria sobre *O perigoso jogo do amor*, por exemplo, depois de descrever resumidamente a história da jovem e rica esposa recém-casada (Jane Fonda) que se envolve com o enteado, Sganzerla comenta um pouco mais demoradamente o fato de Roger Vadim ser "conhecido por ter mostrado todas as suas esposas nuas, na tela", analisando, no caso, como isso ocorre em relação a Brigitte Bardot e Annette Stroyberg. Ora, se na França pré-maio de 68 o filme teve problema com a censura, era de se esperar algo equivalente no Brasil pré-AI-5, ainda que neste país, para alguns, 1967 tenha constituído uma espécie de ano de abertura relativa dentro da ditadura militar.[14] Assim, é compreensível que o filme de Roger Vadim seja comentado em mais de um texto entre os publicados por Sganzerla na *Folha da Tarde*. Inclusive, em relação à sua recepção no Brasil, há o registro sobre como *O perigoso jogo do amor*, a exemplo do que aconteceu na França, também provocou as autoridades da censura no Brasil. Tal fato será noticiado em outra matéria cujo título suscita um quê de irônico – "Sexo Comanda":

> Jane Fonda de *O perigoso jogo do amor* (Bruni) é a milionária canadense que se casa para fugir da família mas sofre uma série de vexames, até se destruir, vítima das próprias armas. Foi este caso de mulher fatal que levou um censor brasileiro a divertir meio mundo. Mandou cortar algumas cenas de nudismo, querendo "salvar o país do pecado da perversão e da subversão".[15]

Além disso, é interessante observar, na matéria, o fato de Roger Vadim ser descrito como "pretensioso", alguém que compromete os autores que lhe servem de ponto de partida, como Sade e Laclos. Não sendo então pelos méritos do filme ou de seu diretor, a justificativa para o retorno de *O perigoso jogo do amor* em mais de um texto/comentário provavelmente deve-se mesmo ao seu caráter de provocador das posturas conservadoras.

A mulher fatal

Em outra crítica cujo destaque continua sendo *O perigoso jogo do amor*, à época em cartaz em dois cinemas de São Paulo (os cines Bruni e Atlas), será estabelecida uma comparação entre Roger Vadim e Orson Welles, a

14 VENTURA, Zuenir. *1968, o ano que não terminou*. Rio de Janeiro: Nova Fronteira, 1988.

15 SGANZERLA, Rogério. "Sexo Comanda". *Folha da Tarde*, 13/11/1967, p. 16.

partir da maneira como os dois diretores trabalham com a representação da mulher fatal.

> Poucas vezes um diretor [Vadim] humilhou tanto uma estrela. Vadim e Welles de *Dama de Shangai* tratam as mulheres como objetos puramente sexuais. Os homens as maltratam e recusam seu amor. Vadim nega-lhe até o suicídio (seria uma solução) e obriga-a a enfrentar a reprovação coletiva.[16]

Esta é a única menção explícita a Orson Welles encontrada nos textos de Sganzerla publicados na *Folha da Tarde*. Nesse momento, ele tangencia uma discussão que de fato rendera algumas considerações, por exemplo, de André Bazin, quando este, refletindo sobre *A dama de Shangai*, acusa a misoginia do público americano como responsável pela reprovação ao filme de Welles. Diz Bazin:

> Como bem observou Jacques Doniol-Valcroze, o espectador médio americano não poderia perdoar a Welles o assassinato de Rita. Ainda mais por ele deixá-la morrer como uma cadela sobre o chão de um aposento infernal, de onde ele sai indiferente, apressado para chegar ao fim sem ter pensado naquela regra elementar, naquela elementar cortesia: a-heroína-deve-morrer-nos-braços-do-rude-marinheiro. Já há alguns anos, a misoginia do cinema americano tornou-se um lugar-comum na crítica intelectual. Rita Hayworth foi sem dúvida uma das primeiras vítimas e ela permanece, pelo gênio de Welles, a mais gloriosa mártir.[17]

Mas as observações de Sganzerla não deixam de conjugar Welles negativamente com o filme de Roger Vadim, sobre quem os comentários são ácidos. Senão, observe-se o desenrolar da matéria:

---

16 SGANZERLA, Rogério. "Crítica de Cinema". *Folha da Tarde*, 17/11/1967, p. 12.

17 Minha tradução do seguinte texto: "Comme l´a justement vu Jacques Doniol-Valcroze, le spectateur moyen américain ne pouvait pardoner à Welles d´assassiner Rita. Pis encore de la laisser mourir comme une chienne sur le parquet d´une chambre infernale, dont il sort indifférent, pressé d´en finir sans avoir pensé à cette règle élémentaire, à cette élémentaire courtoisie: l´héroïne-doit-mourir-dans-les-bras-du-rude-marin. Depuis quelques années, la misogynie du cinéma américain est devenue un lieu commun de la critique intellectuelle. Rita Hayworth en fut sans doute l´une des premières victimes et elle en demeure, par le génie de Welles, la plus glorieuse martyre". VerBAZIN, André. *Orson Welles*. Paris: Cahiers du Cinéma, 1998, p. 101.

> Prostituindo seus filmes, o cineasta francês comercializa o sexo através dos cenários coloridos, diálogos imaginosos e outros efeitos. Não apresenta o sexo como força vital; denuncia a perversão e os pecadores, satisfazendo os casais frustrados que invejam a liberdade de Jane durante 90 minutos mas saem do cinema acreditando que amar é mesmo perigoso demais.[18]

Em suma, a voz que se refere à personagem de Jane Fonda parece defender, implicitamente, a imagem de Janete Jane (em *O bandido da luz vermelha*) ou outras heroínas dos filmes de Sganzerla, como Ângela Carne e Osso (*A mulher de todos*) e Sônia Silk (*Copacabana mon amour*).

O discurso sobre as nações

Um dado que se reitera, em relação aos textos do *Jornal da Tarde*, é a identificação daquilo que poderíamos pensar como sendo o *discurso próprio das nações* revelado em diversos cinemas nacionais. Discutindo, por exemplo, o filme inglês *O golpe do século* (Michael Winner, 1966) Sganzerla afirma:

> A sátira desenvolve-se com o cerebralismo típico dos ingleses. Tentando ser *sutis* [grifo do autor], as piadas acabam tornando-se bem grossas (uma cadeia de lugares comuns: intelectuais indecisos, militares burros, nobres gagás). Colocaram a famosa Carnaby Street e a moral ié ié para *modernizar* [grifo do autor] um pouco a estrutura das antigas comédias britânicas.[19]

Também sobre *Os bravos da arena* (Francesco Rosi, 1965), há uma crítica contundente. Sganzerla considera, resumidamente, que o diretor não consegue elucidar as questões de vida e morte envolvidas no universo das touradas. Embora reconheça o valor de *A provocação* (1958) e de *O bandido Giuliano* (1962), filmes anteriores de Rosi, em relação a *Os bravos da arena* critica o fato de o diretor não ter explorado a Espanha de fato.

> Ele simplesmente seguiu Miguel Mateo Miguelin com suas câmeras durante longas e absurdas touradas, sem explicar a Espanha, o desemprego, o medo e a política. Indeciso entre o documentário e o espetáculo comercial, Rosi perde seu senso crítico e não explode.[20]

18 SGANZERLA, Rogério. "Crítica de Cinema". *Folha da Tarde*, 17/11/1967, p. 12.

19 SGANZERLA, Rogério. "Crítica de Cinema". *Folha da Tarde*, 31/10/1967, p. 12.

20 SGANZERLA, Rogério. "Bandida". *Folha da Tarde*, 06/11/1967, p. 12.

Em relação aos franceses, as observações sobre Michel Deville são também significativas da tendência do crítico destacar o caráter próprio da nação, a partir de um diretor. No caso, considerando os três primeiros filmes de Michel Deville, *Agora ou nunca* (1960), *Adorável mentirosa*[21] (1961) e *Por causa de uma mulher* (1962) – este último então em cartaz no Bijou –, Sganzerla afirma o seguinte:

> Tradicionalmente, os franceses não têm muita sorte na comédia cinematográfica. De 50 para cá poucas vezes renovaram o velho humor vindo do teatro de vaudeville. Durante certo tempo, Jacques Tati foi saudado como um novo Chaplin mas as expectativas não duraram muito. A nouvelle vague nunca se deu bem na comédia, dirigindo-se geralmente ao policial ou às aventuras libertinas, sempre com diálogos metidos a inteligentes.[22]

Assim como os franceses, na visão do crítico os ingleses tampouco sabem fazer comédia. Ao menos, não conseguem provocar uma reação mais efusiva no público, provocando-lhe a inteligência. Essa reivindicação, indicativa de um interesse pelo choque que um filme pode provocar no espectador, é posta nas considerações sobre *A loteria da vida* (Bryan Forbes, 1966).

> A história não é original. O ex-ator Brian Forbes [sic] tenta agradar todo público com cenas requintadas, incentivando o gosto moderno pelas coisas antigas. Mas não sai dos padrões convencionais da velha comédia inglesa. Piadas macabras, gozar com a morte ou com os guardas da rainha já não agride ninguém como há dez anos – nem provoca risos inteligentes.[23]

Confirmando seu interesse por obras que sejam capazes de provocar o público, o que a seu ver não é o caso do filme criticado, mais adiante Sganzerla afirma seu próprio interesse inclusive pelas "comédias grossas": "De qualquer maneira, *A loteria da vida* agradará você que aprecia as comedias sutis (quase sempre inglesas) e não as realmente engraçadas, as comédias grossas".[24]

---

21 No texto comentado, Sganzerla refere-se ao filme *Adorable menteuse*, de Michel Deville, como *Adorável mentirosa*, mas é possível que o título brasileiro da referida obra seja *A mentirosa*. Ver TULARD, Jean. *Diccionário de cinema: os diretores*. Porto Alegre: L&PM, 1996, p. 188.

22 SGANZERLA, Rogério. "Crítica de Cinema". *Folha da Tarde*, 07/11/1967, p. 12.

23 SGANZERLA, Rogério. "Crítica de Cinema". *Folha da Tarde*, 09/11/1967, p. 12.

24 *Ibidem*.

O cinema dos Estados Unidos

Em relação ao cinema norte-americano, haverá considerações diversas, não só graças à presença de uma maior quantidade de filmes provenientes dos Estados Unidos no circuito de exibição paulistano mas também em razão do interesse do próprio crítico em alguns diretores. Falando, por exemplo, sobre *Intriga internacional* (Hitchcock, 1959), Sganzerla diz o seguinte:

> Em Hitchcock sempre há um homem comum fugindo de fantásticas conspirações e assassinatos. A caçada humana se transforma em poderosa crítica da civilização norte-americana. Prenuncia o universo delirante dos atuais agentes secretos embora Cary Grant seja um James Bond às avessas: frágil, trouxa e azarado.[25]

A investida de Hollywood contra as produções europeias ganha destaque em alguns artigos. Nesse sentido, além de *A noite dos pistoleiros* (Arnold Laven, 1967), citado anteriormente, são particularmente relevantes os comentários sobre *Desafio à bala* (Spencer Gordon Bennet, 1966) por expressarem, por um lado, a indisposição do crítico com as cópias dos filmes americanos feitas por europeus ou brasileiros e, por outro, por indicarem sua percepção de aspectos positivos identificados na produção hollywoodiana.

> No Marabá, o melhor bang bang da semana. *Desafio à bala* revive dignamente os bons tempos do cinema de aventuras. Com esta produção colorida-cinemascope de 66, Hollywood vence um tento contra os faroestes europeus.[26]

No transcorrer da matéria sobre *Desafio à bala*, haverá considerações sobre o elenco, com destaque para o protagonista (Rod Cameron), mas também para os demais atores. Como diz: "Todos os outros são as ilustres e desconhecidas caras dos antigos sucessos da Columbia e RKO". E antes da conclusão, quando reconhecerá que "*Desafio à bala* ou o faroeste é o cinema norte-americano por excelência", Sganzerla (fazendo-nos lembrar André Bazin),[27] destaca a performance do diretor, cujas características estão afinadas com um universo de referências bem próximo ao do próprio crítico

25 SGANZERLA, Rogério. "Crítica de Cinema". *Folha da Tarde*, 01/11/1967, p. 12.

26 SGANZERLA, Rogério. "Crítica de Cinema". *Folha da Tarde*, 08/11/1967, p. 12.

27 BAZIN, André. "O western ou o cinema americano por excelência". In: *O cinema: ensaios*. São Paulo: Brasiliense, 1991, p. 199-208.

então na produção de seu primeiro longa-metragem. Afinal, Spencer Gordon Bennet é um diretor para quem as histórias em quadrinhos serviram de grande inspiração.

> O diretor Spencer Gordon Bennet envelheceu filmando zorros, fantasmas, fuman-chus, batmans e outros maravilhosos mascarados dos seriados da Columbia em 30 e 40. A precisão quase matemática da sua encenação não tem nada de quadrada ou burra. Pelo contrário: é difícil fazer filmes claros, sem personagens metafísicos ou diálogos imaginosos.[28]

Ainda na perspectiva de Hollywood contra as cópias dos europeus, o faroeste se sobressai em outro artigo sobre *A volta de um bandoleiro* (James Neilson, 1966):

> Poucos metros adiante do cine Marabá – que exibe *Requiem for a gunfighter* [*Desafio à bala*] – o cine Metro apresenta o segundo capítulo, *The return of a gunfighter* [*A volta de um bandoleiro*]. São dois faroestes americanos novos, ao estilo clássico, bastante superiores à maioria das cafajestadas da Cinecittá.[29]

Mas se, por um lado, Sganzerla não perdoa as cópias feitas pelos europeus dos filmes americanos, por outro, o contrário continua sendo verdadeiro. Ou seja, quando os americanos tentam reproduzir um estilo europeu, o efeito é nefasto aos olhos do crítico. Pode-se confirmar esse dado com a leitura do texto sobre *O segundo rosto* (John Frankenheimer, 1966), estrelado por Rock Hudson.

> O pior cinema americano não é o das comédias ingênuas nem dos faciosos filmes de guerra mas este de cerebralismo falso. Complexados diante da cultura européia, intelectuais de meia tijela [sic] imitam o expressionismo gagá de Fellini & Cia. Os cineastas metidos a sérios chateiam o público com o óbvio: denunciando a decadência da civilização ocidental.[30]

Considerados os textos sobre a produção americana como um todo, mais uma vez o interesse pelo faroeste se sobressai. Isso já era evidente

---

28 *Ibidem.*

29 SGANZERLA, Rogério. "Crítica de Cinema". *Folha da Tarde,* 10/11/1967, p. 12.

30 SGANZERLA, Rogério. "Crítica de Cinema". *Folha da Tarde,* 14/11/1967, p. 12.

no *Jornal da Tarde* e permanece reconhecível na *Folha da Tarde*. Em ambos, há momentos em que se debatem as características do gênero. Em relação ao faroeste, também é reconhecido o mérito das fitas mais antigas. Mas, mesmo entre as fitas mais antigas, há exceções. Sobre *Massacre traiçoeiro* (William Witney, 1955), ele diz:

> Não esperem encontrar em *Massacre traiçoeiro* (Esplanada) as virtudes dos legítimos faroestes americanos do passado, cada vez mais rara nos filmes de hoje. Esse é um filme sobre os índios cujos conflitos ultra-rápidos se baseiam no mais americano dos temas: a segregação racial. O desprezo e a raiva mortal dividem brancos e pele-vermelhas, sempre lutando diante do sol e paisagens magníficas. Não espere uma original: a caravana de brancos quer conquistar o velho oeste mas vive perseguida por tribos histéricas. O mocinho se apaixona por uma mestiça e tenta fugir da situação. Além disso, não faltam caciques e soldados simpáticos.[31]

Apesar de tantas restrições, há um aspecto positivo: "John Payne e Faith Domergue [atores de *Massacre traiçoeiro*] são heróis da infância de quase todos nós e por isto sua canastrice funciona".[32]

Intelectuais e Artistas

Embora posteriormente venham a se tornar inconciliáveis na visão do crítico, por ora a convivência entre intelectuais e artistas ainda é possível. Tal fato se deduz de um artigo[33] escrito sobre a atriz Catherine Spaak, no filme *Hotel de luxo* (Richard Quine, 1967), uma superprodução da Warner Bros. O perfil biográfico predomina, com destaque para o *background* da atriz europeia, filha do escritor francês Charles Spaak e sobrinha do político Paul Henri que, como diz Sganzerla, chegou a ocupar a presidência da Assembleia Geral das Nações Unidas. Diz Sganzerla sobre a atriz:

> Os críticos de New York foram unânimes em elogiar sua atuação e a Warner já a incluiu em suas próximas produções, reservando-lhe principalmente os papéis de "intelectual tímida" que ela prefere.

31 SGANZERLA, Rogério. "Crítica de Cinema". *Folha da Tarde*, 22/11/1967, p. 12.

32 *Ibidem*.

33 SGANZERLA, Rogério. "Bandida". *Folha da Tarde*, p. 12, 01/11/1967.

> "Leio muita filosofia e os romances de James Joyce. Na minha infância molhei as calças de importantes amigos de meu pai, especialmente Picasso e Jean Paul Sartre" – diz Catherine.[34]

O Brasil segundo os estrangeiros

Assim como ocorreu anteriormente no *Jornal da Tarde*, também na *Folha da Tarde* a locação de produções estrangeiras no Brasil suscita uma série de críticas quanto aos estereótipos implicados na representação em questão. É interessante observar, nesse sentido, os comentários do crítico a respeito de um filme sobre o qual ele não chega nem mesmo a informar o título, situando-o tão somente como uma "cópia" de *James Bond contra Goldfinger* (Guy Hamilton, 1964). A cópia, como se percebe, é uma produção italiana rodada em parte no Brasil, contando com alguns atores brasileiros:

> O produtor Dino de Laurentis contratou um infeliz elenco americano para copiar *James Bond contra Goldfinger* no Brasil (várias seqüências são filmadas no Rio e Foz do Iguaçu). As mulheres são medonhas, excetuando as *índias* [grifo do autor] recrutadas em Ipanema. Principalmente Esmeralda de Barros. Michel Connors [sic], mais canastrão que 007, consegue destruir definitivamente o mito do agente secreto inteligente e charmoso. Os atores brasileiros falam uma língua incompreensível: gíria carioca inventada por dubladores italianos na Cinnecitá.[35]

A Recepção do Público aos Filmes

Também como ocorreu no *Jornal da Tarde*, o espectador paulistano se constitui como uma referência constante também nos textos da *Folha da Tarde*. E isso pode se verificar tanto no exercício de imaginação do crítico em relação ao público adequado a um determinado filme, como também no registro da reação da plateia às fitas com as quais se depara. Um caso interessante diz respeito a uma produção francesa, *Sexy gang* (Henri Jacques, 1966), filme sobre o qual não são dadas muitas informações, por exemplo, sobre a direção

34 *Ibidem*.

35 SGANZERLA, Rogério. "Crítica de Cinema". *Folha da Tarde*, 03/11/1967, p. 12.

ou elenco. Destaca-se, em vez disso, o papel secundário das mulheres: "Os gangsters de Sexy gang – fita francesa apresentada pelo Normandie – preenchem palavras cruzadas enquanto queimam mulheres com pontas de cigarros. Eles fazem questão de serem 'durões', não perdoando nunca".[36]

Denunciada a violência contra as mulheres, o texto avança, descrevendo a ação dos gangsters que, depois de assaltar um cassino em Cannes, instalam-se na Côte D'Azur, onde a história transcorrerá entre registros de melodrama e chanchada. Em um dado momento, o possível público consumidor do referido filme é provocado:

> Se você compra entradas e apresenta documentos somente para ver mulher nua, então este é o programa indicado. (O Normandie está sempre cheio de homens solitários) Afora isto, *Sexy gang* não cumpre nenhuma outra função. É mais um passatempo que frustra o público exigente. Os atores não têm classe alguma, não convencem ninguém, mas recitam diálogos subliterários.[37]

O Gênero como Parâmetro para a Crítica

Assim como no *Jornal da Tarde*, também na *Folha da Tarde* continuam presentes questões relacionadas à censura; ao interesse pela mulher (e pela mulher fatal) como uma figura representativa de novos valores comportamentais; à recepção do público como um fator fundamental para a realização do cinema. Lá como aqui, tudo parece vir à tona a partir de um parâmetro abrangente: o gênero cinematográfico, ponto de partida para a crítica de cinema em questão. No *Jornal da Tarde* a relevância do gênero se comprovou, sobretudo, com a discussão sobre o faroeste original, o americano, em contraposição aos falsos faroestes copiados, por exemplo, os europeus. Na *Folha da Tarde* ocorre algo equivalente.

Diante de um tal cenário, demarcar a contribuição de Sganzerla no campo da crítica cinematográfica, publicada em veículos de grande circulação, pressionada pela lógica da produção industrial, implica justamente considerar o gênero como um dado fundamental. Na verdade, no *Jornal da Tarde* e na *Folha da Tarde*, Sganzerla não se situa nem como um "esteticista", nem

---

36 SGANZERLA, Rogério. "Crítica de Cinema". São Paulo: *Folha da Tarde*, 28/11/1967, p. 12.

37 *Ibidem*.

como um "crítico histórico", só para lembrar alguns parâmetros da década de 1950.[38] Ele também não se coloca entre os que exigem uma maior ousadia formal, uma *mise-en-scène* autoral, o que seria coerente segundo as propostas da Política dos Autores da *Cahiers du Cinéma* e as dos principais representantes do Cinema Novo nos anos 1960.[39] Lidando com uma produção eminentemente industrial, a cobrança de Sganzerla, como crítico, será voltada para o questionamento da própria produção industrial, da qual o cinema de gênero constitui uma base de sustentação.

Provavelmente, aqui se encontra um ponto de interesse fundamental para aqueles que, observando o Cinema Marginal, reconhecem as provocações com o gênero ou sua "reciclagem" como uma de suas referências fundamentais. E quando se pensa no quanto essa reciclagem interfere nos textos fílmicos de Sganzerla não se deve perder de vista o deslocamento empreendido por seus filmes em relação às codificações originais – a distância verificada, por exemplo, entre o faroeste americano e o faroeste do Terceiro Mundo. Associado à experimentação, há aqui uma espécie de reflexo de "nossa incompetência criativa em copiar", como diz Paulo Emílio Salles Gomes.[40] Para o empreendimento dessa experimentação, a fruição das produções industriais, contingentes à profissão de crítico em jornais de grande circulação, sem dúvida, constitui uma referência significativa.

38 Ver especialmente o terceiro capítulo, "Alex Viany e a Crítica Cinematográfica", de AUTRAN, Arthur. *Alex Viany: crítico e historiador*. São Paulo/Rio de Janeiro: Perspectiva/Petrobrás, 2003, p. 105-130.

39 Ver o "Prefácio" de Ismail Xavier ao livro de Glauber Rocha, *Revisão crítica do cinema brasileiro*. São Paulo: Cosac & Naify, 2003, p. 7-31.

40 GOMES, Paulo Emílio Salles. *Cinema: trajetória no subdesenvolvimento*. Rio de Janeiro: Paz e Terra, 1980, p. 77.

CAPÍTULO 4

Gênios contra intelectuais na Arena do Estado: *Folha de S.Paulo*

Desde as últimas matérias publicadas na *Folha da Tarde*, em novembro de 1967, até as primeiras publicações na *Folha de S.Paulo*, em outubro de 1979, há um grande intervalo de tempo no qual Sganzerla não produz como crítico, ao menos de maneira sistemática. Quando ele volta a escrever com regularidade, na *Folha de S.Paulo*, inaugura uma nova fase que talvez pudesse ser denominada como a das *mitologias*. Digo talvez, porque esta ideia exige cuidados. Se se admite que o "mito é uma fala",[1] uma mensagem que faz parte de um sistema de comunicação, é possível reconhecer que a produção de Sganzerla para a *Folha de S.Paulo* revela uma estrutura mítica. Sobre os eventos por ele reportados impõe-se categórica sua visão nesse momento, a sua *fala* absolutamente subjetiva, como conteúdo e forma, nesse final dos anos 1970, início dos anos 1980. São escolhidas personalidades – como Jimi Hendrix, Noel Rosa, Alberto Cavalcanti, Orson Welles, João Gilberto, entre outros –, todos percebidos como gênios incompreendidos graças à estreiteza do universo que os rodeia, composto de indivíduos e instituições anódinas. Esses gênios incompreendidos encontram-se em vários lugares do mundo,

1 BARTHES, Roland. *Mitologias*. São Paulo: Difel, 2003, p. 199. Barthes estuda o mito a partir de uma analogia com a estrutura tripartite composta por significado, significante e signo. Como ele afirma, o mito é um sistema semiológico segundo, porque parte de uma cadeia semiológica que existe antes dele. No mito, o que é signo na primeira cadeia transforma-se em significante na segunda. À primeira cadeia (que constitui a matéria-prima do mito), Barthes chama "linguagem objeto" e à segunda (o próprio mito), "metalinguagem" (uma segunda linguagem, que se remete a uma anterior).

em tempos distintos, mas guardam entre si, independentemente de suas nacionalidades, idades, etc., muitas semelhanças. Eles incorporam e refletem a visão de Sganzerla, passam a constituir seu sistema de significação, têm um valor, relacionam-se com aquilo que Barthes chama de "idéias-em-forma",[2] transformando sentido em forma,[3] a partir de uma "linguagem roubada".[4] Tal possibilidade permite ao mito a transformação da História (um campo de conflitos) em Natureza.[5]

Entretanto, antes que se admita irrestritamente a constituição de mitos no discurso do crítico em questão, convém lembrar a resistência de algumas linguagens à transformação da História em Natureza perpetrada pelo mito. É esse o caso da linguagem poética.[6] É esse o caso do mito que problematiza o próprio mito.[7] Nesse sentido, paradoxalmente, também é possível compreender a proposta de Sganzerla como uma resistência à mitificação. E isso se percebe quando, em lugar de apagar as marcas da História, ele procura justamente acendê-las, não só pela incorporação mas também pela recriação de

---

2 *Ibidem*, p. 203. A mitologia pode ser pensada como "ideia-em-forma", estando relacionada à semiologia, como ciência dos signos, e à ideologia, como ciência da história.

3 O significante do mito é ao mesmo tempo sentido (relacionado à primeira cadeia semiológica) e forma (relacionada à segunda cadeia semiológica, termo inicial do sistema mítico). O sentido diz respeito a um passado, a uma história. Tornando-se forma, contudo, o sentido é esvaziado, a história evapora-se. A forma não suprime o sentido, mas deforma-o, empobrece-o, conservando-o à sua disposição. *Ibidem*, p. 208.

4 Segundo Barthes: "De fato, nada pode se proteger do mito; este pode desenvolver o seu sistema segundo a partir de qualquer sentido, não importando qual..." (*Ibidem*, p. 223). Apesar disso, algumas linguagens oferecem mais resistência ao mito, como a linguagem matemática e a linguagem poética.

5 "Na realidade aquilo que permite ao leitor consumir o mito inocentemente é o fato de ele não ver no mito um sistema semiológico, mas sim um sistema indutivo: o significante e o significado mantêm, para ele, relações naturais". *Ibidem*., p. 223.

6 "Eis uma outra linguagem que resiste tanto quanto possível ao mito: a nossa língua poética. A poesia contemporânea é um *sistema semiológico regressivo* [grifo do autor]. Enquanto o mito visa a uma ultra-significação, a ampliação de um sistema primeiro, a poesia, pelo contrário, tenta recuperar uma infra-significação, um estado pré-semiológico da linguagem; em suma, esforça-se por retransformar o signo em sentido; o seu ideal – que tende a um certo fim – seria atingir não o sentido das palavras, mas o sentido das próprias coisas". *Ibidem*., p. 225.

7 A questão da resistência ao mito pela captura do próprio mito é exemplificada por Barthes a partir de Flaubert (*Bouvard et Pécuchet*), que trabalha o "mito em segundo grau". *Ibidem*, p. 227-229.

uma linguagem anterior, de maneira poética, e com a problematização do próprio mito. Assim, ele provoca uma reversão das características próprias do mito – como a de ser este uma fala despolitizada –, procurando enfatizar as relações políticas relacionadas às figuras eleitas em sua obra.

Isso não impede, contudo, que o dado político desconsidere razões metafísicas, o que aliás já ocorria na própria Antropofagia Cultural de Oswald de Andrade. Lá como aqui, não haverá uma incompatibilidade irrevogável entre física e metafísica. Nessa perspectiva, as figuras que se destacam no texto de Sganzerla têm uma espécie de missão a cumprir. Suas personalidades revelam-se como nas origens religiosas da figura, cumprindo uma teleologia, concretizando os atos anteriormente anunciados por um profeta e anunciando atos futuros a serem preenchidos por outros gênios. Em sua visão, contra essas figuras transcendentais há uma horda de outras figuras medíocres: os intelectuais e os burocratas institucionais. Enquanto aqueles estão no plano das divindades, estes estão situados no plano de uma realidade menor, em escritórios pseudopolíticos. Mas, mesmo com as intermináveis diferenças, entre uns e outros há vínculos inevitáveis e quase sempre responsáveis pelo malogro dos projetos que valem a pena. Estamos, na verdade, diante do paradigma lançado em *O bandido da luz vermelha*: "o gênio ou uma besta".

"Pangarés" do Cinema Brasileiro

> Pangarés não faltam no páreo inexistente do atual "cinema brasileiro" (em tese pode ser o melhor do mundo) que de tão ruim só pode melhorar porque pior é impossível – ainda bem. Nesse quadro de anti-Brasil, o apego à pose e à posse continuam além das outras três censuras podando o melhor de nossa arte em nome da moda "mediocridade-bajulação-autocomplacência".[8]

O tom de revolta é absolutamente explícito na forma como se articula o discurso, em várias ocasiões. Os responsáveis por isso são nominados, por enquanto, em termos genéricos. O cinema brasileiro é boicotado "por fora" por exibidores multinacionais e "por dentro" pelo "pornô-under-ground". O "cinema" brasileiro – frisam-se as aspas – usa e abusa das mulheres com fina-

---

8 SGANZERLA, Rogério. "O Joio e o Trigo". *Folha de S.Paulo,* Caderno Ilustrada. São Paulo: 19/10/1979, p. 36.

lidades pífias. E não há quem perceba os verdadeiros talentos, quase sempre criticados.

> ... promovem um "*index*" em torno de nomes internacionais (o grifo é meu) [dele, Sganzerla] como Alberto Cavalcanti, Glauber, Nelson Pereira dos Santos etc. herdeiros da vertente natural e milionária Humberto Mauro–Mario Peixoto. Ilhados mas não domados, enquanto o resto é mais ou menos detrito cultural sujeito a necessária revisão (lata do lixo de 1980... que se aproxima). Até lá a burrice é livre.[9]

Para o crítico, uma das provas de que as coisas não estavam nada bem foi o Festival de Brasília de 1979. (Só lembrando: o melhor filme do Festival de Brasília em 1979 foi *Muito prazer*, de David Neves.) Outro termômetro do mau momento dizia respeito à recusa de filmes brasileiros em festivais internacionais. Já a crítica à pornochanchada não decorre, como ele explica, de puritanismo. A razão é "não confundir erotismo com gigolagem de dez cruzeiros ou não".[10] Quanto ao *underground*, deixou de existir e então se sobressai o "canalha" que não perdoa a inteligência.

> Claudicando na raia miúda da insegurança, medo deslumbramento, o canalha – personagem de nossos tempos – não faz mais que confirmar a tese do "assassinato cultural" lucidamente exposta pelo psicanalista Eduardo Mascarenhas... Nesse País de vendilhões e analfabetos tudo se perdoa menos... a inteligência. No fundo a inveja é a única realidade nacional. Boca do lixo e zona sul não são tão diversas assim...[11]

Nesse cenário, Sganzerla situa a si próprio entre os resistentes, entre aqueles responsáveis pela permanência da inteligência, apesar de tantos fatores concorrendo contra.

> Quanto a mim combaterei à sombra contra o elitismo dos deslumbrados ex-ideólogos-donos-da-verdade, golpeando sepulcros caiados de amadores que não sabem pôr uma câmera no lugar ou montar uma cena-objeto com outra. Todos felizmente analfabetos e altamente ridículos.[12]

---

9 *Ibidem.*

10 *Ibidem.*

11 *Ibidem.*

12 *Ibidem.*

Como remédio para os males da nação, propõe medidas de alcance interno e externo, revelando claramente a necessidade de saídas previstas na dinâmica das duas dimensões.

> Vital para o Brasil é a imagem externa – afirmação cultural – e o desempenho interno – arte-indústria sem desequilíbrios – de nosso cinema enfermo. Por isso, para a direção da Embrafilme foram nomeados diplomatas que além de lutar contra o boicote econômico dos mercenários, devem formar uma frente ampla contra a ignorância – dando todo poder aos criadores – e assim transformando a burrice voluntária ou não, a leviandade e o elitismo, naquilo que realmente é: tigre de papel.[13]

A expectativa positiva que o texto acima não deixa de revelar sobre os rumos da Embrafilme com a gestão de Celso Amorim, que se estende de abril de 1979 até abril de 1982, coincide com o que Tunico Amancio descreve como o cinema estatal brasileiro em sua época de ouro (1977–1981).[14] Ao falar da Embrafilme, Sganzerla está situado em um período, a segunda metade da década de 1970, no qual a Empresa Brasileira de Filmes S/A era uma peça fundamental na produção e distribuição de cinema no Brasil. Para os propósitos deste trabalho, em que a alteridade nacional constitui um ponto de reflexão, convém lembrar:

> No plano econômico-financeiro, a entidade [a Embrafilme] é resultado da acumulação de verba em favor do cinema brasileiro, por força da lei, recolhida de percentual de imposto de renda sobre a remessa de lucros das companhias internacionais.[15]

Entre os objetivos da Embrafilme estava, desde a sua criação, em 12 de

---

13 *Ibidem.*

14 AMANCIO, Tunico. *Artes e manhas da Embrafilme: cinema estatal brasileiro em sua época de ouro.* Niterói: Editora da Universidade Federal Fluminense, 2000.

15 A Lei 4.131, de 03 de setembro de 1962, a "lei de remessa de lucros", definia que as companhias internacionais distribuidoras de filmes no Brasil podiam *optar* por investir na produção de filmes brasileiros o correspondente a 40% do imposto devido sobre a remessa de lucros para o exterior. Com o Decreto-Lei nº 43, de 18 de novembro de 1966, que cria o INC – o Instituto Nacional de Cinema –, as companhias estrangeiras passaram a ser obrigadas a investir no filme brasileiro ou depositar os referidos 40% na conta do Instituto. Com a criação da Embrafilme, pelo Decreto-Lei nº 862, de 12 de setembro de 1969, recursos do INC são transferidos para a nova empresa. *Ibidem*, p. 21-23.

setembro de 1969, além de impulsionar a produção nacional, a promoção dos filmes brasileiros no exterior.[16] A partir de 1973, a empresa inclui entre suas atribuições, além da produção, a distribuição de filmes. Com tudo isso, e dada a proximidade entre a Embrafilme e o Estado brasileiro, sobretudo antes do pessoal do Cinema Novo passar a ter alguma representação na empresa mas também depois da inserção dos cinemanovistas, é compreensível a polêmica que Sganzerla estabelece com os representantes das instituições oficiais ou semioficiais.[17] Soa aqui o eco das conexões entre a RKO, o OCIAA e o DIP, como instâncias empresariais e governamentais envolvidas na censura a *It´s all true*.

Alberto Cavalcanti

A relação cinema/Estado volta à baila em uma entrevista de Sganzerla com Alberto Cavalcanti, intitulada "Alberto Cavalcanti a Esfinge Carioca".[18] O título, sem dúvida, situa o entrevistado no patamar daqueles que não são compreendidos por quem está no seu entorno. A história da Vera Cruz, como se pode presumir já no primeiro parágrafo, teria sido outra se Cavalcanti tivesse concluído o seu projeto sem a pressão de tantos opositores.

> A Bienal de cinema apresentará neste ano [1979] todos os filmes produzidos pela Companhia Cinematográfica Vera Cruz, sonho industrial europeu mal aclimatado em São Bernardo do Campo com imensos estúdios, equipe e equipamento importado de Itália/Inglaterra, apoio do Banco do Estado – insuficientes para transformar o sonho em realidade. Apesar do sucesso de "O Cangaceiro" [1953] ou "Nadando em Dinheiro" [1952] o sonho virou pesadelo, pois a Vera Cruz não dispunha de autonomia ou reserva de mercado,

16 "Empresa de economia mista, a EMBRAFILME tinha como objetivos [no momento da sua criação] a distribuição de filmes no exterior, sua promoção, realização de mostras e apresentação em festivais, visando à difusão do filme brasileiro em seus aspectos culturais, artísticos e científicos, como órgão de cooperação com o INC, podendo exercer atividades comerciais ou industriais relacionadas com o objeto principal de sua atividade". *Ibidem*, p. 23.

17 Os produtores independentes da Boca do Lixo, aos quais Sganzerla se vincula para a produção de seus primeiros longas-metragens, resistem à ideia de serem representados pela Apaci (Associação Paulista de Cineastas, criada em junho de 1975), consequentemente, resistem também às aproximações da Apaci com a Embrafilme ou outras instâncias estatais. *Ibidem*, p. 66.

18 SGANZERLA, Rogério. "Alberto Cavalcanti, a Esfinge Carioca". *Folha de S.Paulo*, caderno Ilustrada. São Paulo: 22/10/1979, p. 22.

> entregava seus filmes para a distribuidora Columbia e o fôlego do cinema repousa na distribuição, fechou suas portas sob o signo do fracasso como elefante branco e argumento irrefutável contra a viabilização econômica na década de 50.[19]

Sganzerla dá então espaço à voz do entrevistado: "Uma experiência desastrosa" – confessa-me, entre goles compassados e sem mágoa ou ressentimento, o responsável pela produção, Alberto Cavalcanti,[20] que prossegue explicando em seu depoimento a Sganzerla: "Fui posto para fora da Vera Cruz porque santo de casa não faz milagre".[21] E daí por diante, os ressentimentos percorrem todo o texto, a partir das experiências de Cavalcanti no Brasil e no exterior. Há entre ambos, entrevistador e entrevistado, uma concordância quanto a perceber a incapacidade dos brasileiros para lidar com os compatriotas que se destacam e têm sucesso. Algumas vodkas depois, como situa o relato, ambos estão percorrendo as ruas de Copacabana em um carro glamouroso – "um Bentley coupê de luxo dourado" –[22], que aguardava por Cavalcanti desde o local onde antes eles conversavam. No carro, Sganzerla relembra *O cangaceiro*. Cavalcanti por sua vez também recorda o esforço que precisou empreender para que financiassem o filme de Lima Barreto, cuja ambientação, apesar do empenho, a seu ver, resultou falha: "Dei força mas o filme resultou num faroeste".[23] Eles não chegam a problematizar a noção de faroeste aqui implicada, o que de alguma forma espanta o leitor que conhece a importância do faroeste para Sganzerla em sua crítica de fins da década de 1960.

Nos últimos parágrafos da matéria, ainda haverá ocasião para uma reflexão sobre os impedimentos responsáveis pelo fracasso nacional, com questionamentos sobre quando seremos uma nação. "Chegaremos lá com ou sem fórceps? Com sangue, suor ou lágrimas?"[24] Fica pressuposta, nessas perguntas, a ideia de que o Brasil precisa avançar para se constituir como nação.

19 *Ibidem.*

20 *Ibidem.*

21 *Ibidem.*

22 *Ibidem.*

23 *Ibidem.*

24 *Ibidem.*

> Aqui, observa Cavalcanti, qualquer um que empurra a câmera no filme seguinte já quer dirigir... Nunca vi tanto desleixo com as máquinas como neste País carente de equipamento. A pornochanchada transformou o cinema brasileiro num autêntico mar de lama.[25]

A Boca do Lixo, criticada por Sganzerla na matéria analisada anteriormente, cujo foco estava nos "pangarés do cinema brasileiro", volta, com a deixa de Cavalcanti, a constituir um objeto de reprovação em razão de suas pornochanchadas. Sganzerla recrimina o seu antigo reduto de produção, a Boca do Lixo, enquanto, em contrapartida, vê com olhos otimistas algumas iniciativas estatais.

> Graças a um convênio do governo do Estado mais rico do Brasil com a Embrafilme foi criado – além de Belo Horizonte e Salvador – mais um pólo de produção cinematográfica para retomar a veia perdida de "O Grande Momento" [1958], "O Pagador de Promessas" [1962], "São Paulo S/A" [1964], "Noite Vazia" [1969] – sem no entanto repetir os erros fáusticos da Vera Cruz. Estado rico demais, afinal de contas, para se reduzir à representação primária de pornochanchadas da Boca do Lixo (quadrilátero do pecado e da exploração em todo sentido), deve investir no talento (repito: matéria-prima do cinema) para levantar, sacudir a poeira, dar a volta por cima, despertando o gigante adormecido, a despeito da dificuldade que confirma a autenticidade do trabalho.[26]

Jimi Hendrix

Como afirmei, a essa altura das publicações na *Folha de S.Paulo*, já é evidente o impulso de Sganzerla para entender a questão da nacionalidade em uma chave complexa, segundo a qual existem possibilidades para conexões transculturais diversas, que ele estabelece a partir dos gênios incompreendidos. Uma das provas mais interessantes de tais possibilidades diz respeito às relações estabelecidas por Sganzerla entre Jimi Hendrix e Noel Rosa. Hendrix é o "gênio total", mas "mais uma vez a terra não soube coroar seu rei".[27] Entretanto, esse descaso faz parte da missão de Hendrix,

25 *Ibidem.*

26 *Ibidem.*

27 SGANZERLA, Rogério. "O Gênio Total". *Folha de S.Paulo*. São Paulo: 12/11/1979, p. 20.

pois "ele como rei sabia que iria morrer – breve".[28] Entregam-se ao leitor as provas dessa antevisão do guitarrista sobre a sua própria morte: trechos da música "Ballad of Jimi". Mostram-se também os indícios da reencarnação prevista em "Highway Chile". Jimi Hendrix, entretanto, não é o único gênio incompreendido. Assim como ele, Noel Rosa padeceu pela falta de reconhecimento de sua genialidade.

> Gênios ceifados na flor da idade, eles não fazem senão rejeitar (ambos têm obra extensíssima, morreram com 26 anos e gravaram o hino nacional de seus respectivos países, no caso de Noel sem querer com "Com que Roupa" que teve de alterar o acompanhamento melódico devido à semelhança com o Hino Nacional): rejeição deste mundo, mente e sociedade do medo em nome do novo homem, nova sociedade e de tudo que é de Deus.[29]

O caráter místico, metafísico, pode levar ao questionamento sobre o aspecto histórico. O crítico pressente a possível interrogação em seu leitor e trata de respondê-la afirmando "que antes de mais nada é politicamente necessário pensar em Hendrix como uma divindade", explicando logo em seguida que se refere a uma "divindade do homem". A revolução não se perdeu de vista. Ela decorre da conexão entre o aspecto transcendental, que figuras como Hendrix e Noel encarnam, e o aspecto, digamos, terreno.

> Jimi Hendrix é o que pôde (e poderia) acontecer de melhor a uma nação, em arte e expressão ocidental, considerando-se a necessidade de liberar a mente do medo, ego, esforço, razão, classe ou carreira – e como se sabe, tudo (inclusive a revolução) começa e termina na mente, livre ou não...[30]

A questão do poder, como o texto segue enfatizando, está relacionada à mente. A conquista está na liberação do pensamento, o que pode ocorrer com a atenção ao som de uma guitarra capaz de redimensionar o tempo. O homem que cria esse som é um gênio americano "encarnado suntuosamente num negro índio". Destaca-se seu depoimento:

---

28 *Ibidem.*

29 *Ibidem.*

30 *Ibidem.*

Hendrix: "Eu sou tantas raças... como poderia tocar uma música... como poderia trair uma dessas raças, seu [sic] eu sou todas elas ao mesmo tempo?"[31]

A Televisão (pelo viés do cinema e do rádio)

Em um texto sobre televisão – "Em 'Abacaxi' também Somos Auto-Suficientes" –, as referências ao cinema são permanentes, mas as diferenças não deixam de ser marcadas.[32] Para começar, há a questão da agilidade, necessária para manter a atenção do espectador televisivo. Nesse sentido, o segredo está no corte, na montagem e na possibilidade da reportagem. Curiosamente, essa proposta traz, implícita, a lembrança de *Dom Quixote* (1955) a propósito da associação desse filme produzido para a TV, no qual Orson Welles trabalha com o improviso, experimentando, entre outras, a reprodução de técnicas do cinema mudo. De fato, apesar de apontar as diferenças, Welles não chega a incompatibilizar cinema, televisão e rádio:

> A pobreza da televisão é uma coisa maravilhosa. O grande filme clássico é, evidentemente, ruim na pequena tela, porque a televisão é inimiga dos valores cinematográficos clássicos, mas não do cinema. É uma forma maravilhosa, com a qual o espectador não tem mais que um metro e meio de tela, mas não é uma forma dramática, é uma forma narrativa, um meio ideal para contar (...). Pela primeira vez, com a televisão, o cinema adquire um valor real, encontra sua verdadeira função, de fazer falar, porque o mais importante é o que se diz e não o que se mostra. As palavras não são portanto inimigas do filme: o filme não faz mais do que dar suporte às palavras, porque a televisão de fato não é mais do que um rádio ilustrado.[33]

31 *Ibidem.*

32 SGANZERLA, Rogério. "Em 'Abacaxi' também Somos Auto-Suficientes". *Folha de S.Paulo.* São Paulo: 19/11/1979, p. 20.

33 La pauvreté de la télévision est une chose merveilleuse. Le grand film classique est évidemment mauvais sur le petit écran, car la télévision est l´ennemie des valeurs cinématographiques classiques, mais pas du cinéma. C´est une forme merveilleuse, où le spectateur n'est qu'à un métre cinquante de l'écran, mais ce n'est pas une forme dramatique, c'est une forme narrative, si bien que la télévision est le moyen d'expression idéal de raconteur... (...) Pour la première fois, à la televisión, le cinéma prend une réelle valeur, trouve sa réelle fonction, du fait qu'il parle, car le plus important est ce que l'on dit et non pas ce que l'on montre. Les mots ne sont donc plus les ennemis du film: le film ne fait qu'assister les mots, car la television n'est en fait que la radio illustrée". *Apud* BAZIN, André. *Orson Welles.* Paris: Cahiers du Cinéma, 1998, p. 130.

Na *Folha de S.Paulo*, por sua vez, Sganzerla afirma:

> Condição fundamental para uma boa reportagem: agilidade. Isto é, cinema e televisão, veículos audiovisuais. Sobretudo televisão é a absoluta necessidade de mobilidade, agilidade, destreza, incisão, corte (isto é, montagem) mental. Como no relacional de um quebra-cabeça de um *puzzle* ou de um filme-*puzzle*, é necessário envolver o espectador com o interesse sempre renovado.[34]

Logo depois desse início, o artigo "Em 'Abacaxi' também Somos Auto-Suficientes" continua com uma reivindicação inequívoca do espaço da TV no Brasil para os produtos brasileiros. Sganzerla critica a forte entrada dos enlatados estrangeiros, inclusive, com a indicação de números.

> Economia de meios, recursos, tempo – com poucos meios tudo dizer de uma vez da melhor forma possível se assim posso me exprimir nessa, creio-o, uma crítica contundente à invasão dos enlatados estrangeiros no vídeo-espaço e mente brasileiros. Isto é, assunto de estratégia e soberania nacional: mais de dois mil filmes norte-americanos, na maioria, invadem anualmente nosso mercado. Trágica sangria e dependência cultural. Cabe ao Estado coibir, fiscalizar, taxar o produto estrangeiro por uma questão de economia de guerra, evitar a evasão excessiva de royalties.[35]

Até então, consideradas todas as críticas anteriormente debatidas, em nenhum momento foi observada uma posição tão contundente contra a presença de produtos estrangeiros no Brasil. O mesmo tom permanece até o final do texto, onde ainda se pode notar a cobrança do espaço ocupado pelos "abacaxis" vindos de fora. O crítico sugere a criação de uma lei de obrigatoriedade de exibição dos filmes brasileiros, propondo a "reportagem direta" como estratégia de competição com os importados, pois, como explica, o produto estrangeiro já vem pago. Estamos, portanto, nesse plano das políticas do audiovisual, de volta ao questionamento sobre nossa situação colonial, sobretudo em relação aos americanos, como o texto deixa bem claro.

Ainda assim, diante da situação colonial apontada pelo autor, pode ser interessante reconsiderar seu artigo anterior, sobre Jimi Hendrix. Na comparação

34 SGANZERLA, Rogério. "Em 'Abacaxi' também Somos Auto-Suficientes". *Folha de S.Paulo*. São Paulo: 19/11/1979, p. 20.

35 *Ibidem*.

entre os dois textos, fica indicada uma distinção entre uma cultura americana válida, da qual Hendrix é uma figura destacável, e uma outra sem relevância, indicada pelos enlatados que chegam para ocupar "o vídeo-espaço e mentes brasileiros", como visto na citação anterior. Em todo caso, na tensão entre arte e indústria, o mercado deve ser preservado em nome dos interesses nacionais. Até porque, se a questão são os "abacaxis", é sempre bom lembrar: "o filme ruim, pelo simples fato de emanar de nossa sociedade, tem a ver com todos nós e adquire muitas vezes uma função reveladora",[36] como disse Paulo Emilio Salles Gomes. E como diz Sganzerla: "Se esses produtos [estrangeiros] constituem detrito cultural como discurso, melhor projetar os nossos próprios abacaxis do que os de fora. Ou então, por que só exibir os abacaxis de fora e não os de casa?"[37]

O Produtor Jarbas Barbosa

À procura de um produtor para aquele que seria então o seu próximo filme,[38] Sganzerla vai ao encontro de Jarbas Barbosa, responsável por títulos como *Os fuzis* (Ruy Guerra, 1963), *Deus e o diabo na terra do sol* (Glauber Rocha, 1964) e *Xica da Silva* (Cacá Diegues, 1976), entre muitos outros, inclusive, vários filmes dos Trapalhões. Porém, ao chegar ao escritório do produtor, Sganzerla depara-se com uma situação complicada, o que lhe sugere uma matéria. Em suas palavras:

> Percebi o inesperado ao entrar no escritório outrora próspero: fui preparado para uma coisa e encontrei o inverso, mal comparando-me ao cinegrafista Eurico Richers que foi filmar um incêndio e acabou registrando o naufrágio da embarcação. Fui fazer um filme e encontrei sua empresa afundando a despeito da carreira de "Xica" – ao invés de coproduzir, saí repórter preocupado com a condição do produtor independente no Brasil.[39]

36 GOMES, Paulo Emilio Salles. "Explicapresenta". In: CALIL, Carlos Augusto, MACHADO, Maria Teresa. *Paulo Emilio: um intelectual na linha de frente*. São Paulo, Brasiliense/Embrafilme, 1986, p. 263.

37 SGANZERLA, Rogério. "Em 'Abacaxi' também Somos Auto-Suficientes". *Folha de S.Paulo*. São Paulo: 19/11/1979, p. 20.

38 Depois de *Abismu* (1977), o projeto seguinte é *Noel por Noel* (1981) e, de fato, Noel Rosa, como veremos, também estará em pauta em alguns dos textos de Sganzerla publicados na *Folha de S.Paulo*.

39 SGANZERLA, Rogério. "Jarbas Barbosa Inflama". *Folha de S.Paulo*. São Paulo: 21/11/1979, p. 28.

Mais ou menos como fizera no Suplemento Literário do *Estado de S.Paulo* com diretores do Cinema Novo, Sganzerla abre o espaço de sua coluna para Jarbas Barbosa expor seus motivos. A oscilação entre altos e baixos na carreira do produtor dá o tom da reportagem, inclusive, com a alusão, no trecho há pouco citado, ao episódio do naufrágio da embarcação durante as filmagens de *Xica da Silva*. Mas, de uma maneira geral, os altos correspondem aos investimentos em Chanchada; os baixos, ao Cinema Novo. Jarbas Barbosa não se incomoda com o pouco retorno financeiro do Cinema Novo. Na verdade, seu incômodo é *Xica de Silva* que, apesar do sucesso de público, foi o último filme que ele produziu. Apesar de tudo, a capacidade de Barbosa para superar as dificuldades, mantendo-se firme durante anos na profissão, investe o texto de Sganzerla de um fascínio pelo produtor independente. Esse fascínio é correlato ao mesmo que Orson Welles, como independente, também exerce em seu cinema.

Glauber (e a Polêmica sobre a Cultura no Brasil)

> Para o diretor Glauber Rocha – "Deus e o Diabo" (1964), "Dragão da Maldade" (1969), "Idade da Terra" (1980) – quem entende de economia já sabe da importância do cinema brasileiro. A questão da conquista de mercado já foi levantada: falta agora discutir a questão cultural. O problema do Brasil é antes cultural que econômico. Os filmes nacionais estão muitos ruins; sirva de lição o fracasso de Cannes (recusados para o festival) pois evidencia o baixo circuito cultural, déficit ideológico e a tentativa de restauração – ao invés de reconstrução – cultural. Em arte o Brasil em vez de andar, carangueja...[40]

Esse trecho, parte inicial da matéria "Agora, Falta Discutir a Questão Cultural", revela algo da dimensão polêmica daquele momento. Para começar, o próprio título da matéria indica o argumento que será defendido desde o início: o problema não é mais econômico, mas sim cultural: "A questão da conquista de mercado já foi levantada [com a Embrafilme?]; falta agora discutir a questão cultural".[41] Verifica-se daí por diante uma reaproximação entre Sgan-

40 SGANZERLA, Rogério. "Agora, Falta Discutir a Questão Cultural". *Folha de S.Paulo*. São Paulo, 26/11/1979, p. 22.

41 *Ibidem*.

zerla e Glauber depois da ruptura ocorrida na virada da década de 1960 para a de 1970, com a famosa entrevista do *Pasquim*. O exílio de Glauber Rocha na primeira metade da década de 1970 assim como a polêmica causada por ele, por exemplo, ao apoiar Geisel e considerar o general Golbery "um gênio da raça", e mais sua profunda decepção com setores da cultura brasileira, incluindo segmentos da "tropicanalha", em sua incompreensão do Cinema Novo, sua "força total pra Embrafilme", tudo isso pode repercutir em um Sganzerla que também passa pela primeira metade da década de 1970 pelo exílio e por dificuldades para viabilizar seus projetos no Brasil.[42] O momento agora é outro, mais otimista, inclusive, com algum ar de abertura política. Talvez esteja nesse cenário a razão pela qual se percebe uma proximidade significativa entre ambos em 1979, quando Sganzerla publica na *Folha de S.Paulo* essa matéria, em que abre espaço para Glauber apresentar os argumentos que explicam o fracasso retrospectivo do projeto cultural brasileiro, iniciando por situar justamente o fim da ditadura do Estado Novo:

> "A restauração de 1945 foi tão reacionária que dividiu e esqueceu de colocar o problema da arte literária, música, arquitetura, que são fundamentos (Glauber disse: complementos) da sétima arte. Em 1955 Nelson faz cinema como Humberto Mauro e Mario Peixoto na época dos modernistas e os modernistas se revelam ignorantes; dessincronia porque nosso subdesenvolvimento econômico nos fez apenas mercado consumidor do rádio e discografia americana. A poluição foi tão grande que não houve capacidade de desejar transar uma ideologia mítica, daí o fracasso do cinema brasileiro. O público sempre preferiu o modelo dominador à imitação submissa." [43]

42 Para esclarecer esses aspectos relacionados a Glauber convém observar o livro de BENTES, Ivana (org). *Glauber Rocha: cartas ao mundo*. São Paulo: Companhia das Letras, 1997. O apoio de Glauber Rocha a Geisel e Golbery está documentado em carta que ele escreveu, em 1974, para Zuenir Ventura (p. 482), que divulgou seu conteúdo em depoimento à revista *Visão* em março de 1974. A crise em torno do Cinema Novo pode ser notada em várias cartas escritas por Glauber (por exemplo, em 1971, para Alfredo Guevara, p. 400) ou cartas escritas para Glauber (por exemplo, em 1970, de Caetano Veloso, p. 373). A propósito ver também o verbete escrito por RAMOS, Fernão. "ROCHA, Glauber". In: RAMOS, Fernão e MIRANDA, Luiz Felipe. Enciclopédia do cinema brasileiro. São Paulo: Editora Senac, 2000, p. 462-467. Várias questões também constam do documentário *Retratos brasileiros: Glauber Rocha* (dirigido por Joel Pizzini e Paloma Rocha, 2004) para o Canal Brasil, que o exibiu em lançamento em 2004.

43 SGANZERLA, Rogério. "Agora, Falta Discutir a Questão Cultural". *Folha de S.Paulo*. São Paulo: 26/11/1979, p. 22.

A argumentação continua sem aspas, mas em uma espécie de discurso indireto livre, que confunde o leitor sobre até que ponto o pensamento apresentado diz respeito ao entrevistado ou ao entrevistador, estabelecendo um sem-limite entre ambos, inclusive, em relação a posições polêmicas, como a defesa de governantes militares. Mas muitos pontos apresentados como fatores responsáveis pelos problemas com a cultura no Brasil serão reconhecidos também em outros discursos de Sganzerla. Entre esses fatores, encontram-se: a importação alienada da linguagem estrangeira, sobretudo dos Estados Unidos, e a mente colonizada da intelectualidade de esquerda no Brasil, que não consegue assumir seu papel de agente pensante e independente. Como diz:

> Os intelectuais devem assumir a sua responsabilidade como classe pensante e agente no mesmo nível de independência dos metalúrgicos se libertando do controle dos partidos, igrejas, universidades. Na verdade o intelectual brasileiro continua um amador – atualmente ele prefere o moralismo populista ou tecnocratismo universitário, negando qualquer experiência vital. *Por isso prefere Carter a Geisel* [grifo meu].[44]

"Welles no Brasil"[45]

O artigo sobre a passagem de Orson Welles pelo Brasil para a realização de *It´s all true* obviamente constitui uma chave nesse momento em que, dentre as figuras eleitas por Sganzerla, o criador de *Cidadão Kane* tende a ganhar um destaque maior. Assim como Jimi Hendrix e Noel Rosa, Welles é considerado por Sganzerla como um gênio. Mais uma vez, trata-se de um gênio incompreendido. E na medida em que os aspectos geniais da figura de Orson Welles são destacados, são apontados, em contrapartida, os responsáveis pela incompreensão de sua genialidade, entre outros, os intelectuais.

> Somente os intelectuais temem a lei do progresso universal talvez por medo de modificar seu código de valores e/ou alterar suas frágeis posições sociais. Depois de muito analisar a carreira no rádio, teatro, cinema (embora seja lembrado mais pela última atividade) de George Orson Welles, chego à conclusão de que o homem é re-

44 *Ibidem.*

45 SGANZERLA, Rogério. "Welles no Brasil". *Folha de S.Paulo.* São Paulo: 04/12/1979, p. 30.

> almente grande demais para sua obra ou sua época além de extremamente lúcido com as virtudes clássicas do cavalheiro (generosidade, coragem, agilidade). Tudo muito na clara para que alguém pudesse entender quando Orson aos 26 anos veio destruir no Brasil sua carreira até então brilhante e até as chances de um novo cinema moderno. Aqui teve uma das experiências mais intensas – positiva ou negativamente por que pode passar um ser humano – vivendo o alto e o baixo da experiência da grande obra de arte, enquanto rodava três filmes ao mesmo tempo.[46]

Segue-se a descrição da chegada de Orson Welles ao Brasil como "embaixador cultural em tempo de guerra", pontuada pelas indecisões de Getúlio Vargas em relação à entrada do Brasil na Segunda Guerra Mundial. Logo, entretanto, o ponto de destaque passa a ser a própria realização de *It's all true*.

> "It's all true" produção RKO com o departamento de Estado (de Roosevelt sob Nelson Rockefeller...) compunha-se de um episódio mexicano escrito pelo importante documentarista Robert Flaherty e "Carnaval" e "Jangadeiros" – hoje em dia *mitos* [grifo meu] tão ativos na imaginação do cinéfilo internacional quanto "Que Viva México" [1932], de Eisenstein ou "Greed" [1924](Ouro e Maldição), de Erich Von Stroheim.[47]

O caráter mitológico é reconhecido e associado ao fato de poucas pessoas até então conhecerem efetivamente o material filmado por Orson Welles no Brasil. Portanto, ao eleger Orson Welles como figura-chave de sua obra, Sganzerla tem noção de trabalhar com um *mito* e, mais que isso, interessa-lhe problematizar esse dado. Em sua perspectiva, o material rodado por Welles no Brasil é responsável por sua destruição como cineasta, mas, por outro lado, permitiu sua experiência da grande obra de arte.

> Ninguém o viu [o material rodado no Brasil], nem o próprio Welles conseguiu montar ou finalizar o material assistido por um brasileiro na Cinemateca de Praga que agora, graças aos esforços de uma série de pesquisadores, sobretudo o Conservador Adjunto da Cinemateca e da Embrafilme, cineasta Kalil, será possível contar com uma possibilidade de exibição.[48]

46 *Ibidem.*

47 *Ibidem.*

48 *Ibidem.*

Por fim, a conclusão do texto sobre Welles no Brasil ainda revela parte dos métodos de aproximação que Sganzerla estabelece em relação àquele que se torna cada vez mais objeto de seu interesse. Ao fim do artigo, ele reproduz um trecho de uma carta que lhe foi enviada por Richard Wilson.

> Hoje recebo uma carta do assistente por doze anos, amigo e diretor de cinema Richard Wilson ("Al Capone" com Rod Steiger) [1959] nos seguintes termos: "não é impossível encontrar Mr. Welles – que mora com a família em Nevada, EUA – para que possa, com Grande Otelo, entregar-lhe certo material localizado no Brasil mas devo avisá-lo de que deverá vir somente com a esperança fugidia de encontrá-lo pois deves saber que ele é constantemente solicitado por pedidos afins do mundo inteiro".[49]

João Gilberto

A figura do músico baiano catalisa uma quantidade significativa de outras figuras à sua volta. A matéria – "Terreno Inexplorado" – [50] em princípio reporta a volta de João Gilberto ao Brasil para a realização de um show que, não podendo ocorrer no Rio de Janeiro, seria então realizado em São Paulo. Esse é o mote a partir do qual toda uma disputa entre as duas cidades é evocada. Os jornais do Rio não deram a devida atenção ao retorno de João Gilberto, eis aí, segundo Sganzerla, uma prova da falta de inteligência e sensibilidade dos cariocas. Sganzerla lembra uma observação de Baden Powel: "em termos de cultura São Paulo dá de dez a zero no Rio".[51] As observações sobre as características culturais das principais capitais do país ocorrem enquanto o crítico conversa com aquele que viria a se tornar posteriormente um ator fundamental na tetralogia sobre *It´s all true*: Otávio Terceiro (ator que interpreta um censor em *Nem tudo é verdade* e o Dr. Amnésio em *O signo do caos*).

> Enquanto repórteres cercam Otávio que discorre sobre Orlando Silva e Heitor dos Prazeres bebemos gin tônica na piscina do Rio Palace Hotel ex-tv-Rio, ex-cassino onde Orson Welles descansou da

49 *Ibidem.*

50 SGANZERLA, Rogério. "Terreno Inexplorado". *Folha de S.Paulo.* São Paulo: 13/12/1979, p. 36.

51 *Ibidem.*

> montagem de "Cidadão Kane" e "Soberba" oferecendo cachaça ao santo entre sambistas pretos e Herivelto Martins...[52]

Esta evocação de Orson Welles em um texto sobre João Gilberto é mais uma indicação das condensações estabelecidas pelo crítico com suas figuras prediletas. A relação entre música e cinema logo se volta para o próprio João Gilberto. Sganzerla pergunta se João Gilberto gosta de cinema. Responde João Gilberto: "Costumo filmar dirigindo meu carro. Gosto do que é bom e sou considerado difícil pelos que confundem música com amadorismo".[53] Mais uma vez, circula a ideia de um gênio incompreendido. Até o final da matéria, ainda são citados Glauber Rocha, Leonel Brizola, Clóvis Bornay, lembrados nesse momento excepcional da volta do maior intérprete da bossa nova ao Brasil, um bom auspício para uma nova década, prestes a começar.

Almeida Salles

O final do ano de 1979 se aproximava e Sganzerla encontrava Almeida Salles. A crônica desse encontro é registrada[54] em texto cujo estilo é muito próprio, graças a uma sintaxe marcada pela rápida superposição de imagens relacionadas à experiência vivida em um bar e tudo o que ela suscita na imaginação do autor da matéria.

> – "Você não acha que a música diz muito e mais rápido que a imagem (cinema) – faço gesto afirmativo com a mão ("milhões de vezes mais.") Metafísica do bar piscina horror palace hotel (Nacional). Alguém recita "Odicéia" de Homero em grego enquanto o Presidente Francisco Luiz de Almeida Salles discorre sob um oceano do conhecimento da condição visceral do animal racional humano, irracional em todo sentido.[55]

Sganzerla lembra que uma vez Oswald de Andrade se referiu a Almeida Salles como "essa simpatia ao vivo".[56] O texto, revelando um clima inebriante

52 *Ibidem.*

53 *Ibidem.*

54 SGANZERLA, Rogério. "De Salles a Almeida Salles". *Folha de S.Paulo.* São Paulo: 20/12/1979, p. 34.

55 *Ibidem.*

56 *Ibidem.*

relacionado a poesia, música e cinema, cita e de uma certa forma assume um certo estilo presente no filme de Jairo Ferreira – *Horror, palace hotel* (1978) – documentário de média-metragem, "cinema de invenção"[57] realizado durante o Festival de Brasília de 1978, com destaque para o próprio Jairo Ferreira, Júlio Bressane, Elyseu Visconti, José Mojica Marins e Sganzerla, que inclusive entrevista Almeida Salles, explicitando toda a empatia dos cineastas marginais pelo "presidente", como Salles era carinhosamente apelidado por seus amigos em razão dos vários cargos que assumiu de presidência, inclusive, da Cinemateca Brasileira.

A Auto-Referência

A remissão à sua própria experiência é uma característica do crítico em questão. Por vezes, tal aspecto se percebe na forma como ele se inclui como figura, ao reportar a entrevista, a conversa, enfim, o episódio que serve de argumento para a matéria. Mas, mesmo nos textos onde não há entrevista, a inclusão do próprio Sganzerla como figura também ocorre, com diferentes possibilidades. Uma delas diz respeito à forma do discurso e, nesse sentido, um bom exemplo pode ser o artigo "Sono das Nações".[58] Trata-se do que talvez pudesse ser classificado como um texto-esfinge, marcado por um alto teor enigmático e poético, cujo sentido pleno em última instância só pode ser dominado pelo próprio autor. Ao leitor familiarizado com a obra do crítico, é possível o reconhecimento de suas figuras mas, ainda assim, não é uma tarefa simples desvendar o sentido proposto em uma sintaxe tão complexa. Um exemplo, já no parágrafo inicial:

> Desabou na sala de redação sentado frente a uma máquina de escrever defeituosa que exigia conhecimento mecânico de linguagem e balística sobre o adormecimento sono e despertar de uma nação uma mente ou um continente.[59]

A mente ou o continente não serão, contudo, apresentados de maneira mais clara nos próximos parágrafos. Em vez disso, outros personagens e ambientes aparecerão, em uma espécie de jogo de quebra-cabeça, forma reveladora de

---

57 FERREIRA, Jairo, *Cinema de invenção*, 2ª. ed. São Paulo: Limiar, 2000.

58 SGANZERLA, Rogério. "Sono das Nações". *Folha de S.Paulo*, São Paulo: 11/01/1980, p. 34

59 *Ibidem*.

conteúdos que envolvem nações e continentes em suas reiterações de uma humanidade ampla e cheia de contradições. O segundo parágrafo diz o seguinte:

> Muitas laudas foram escritas numa mesa de redação junto a outro repórter em busca da verdade. Com Hendrix temos todas rimas possíveis. Estudo político sobre o limite do adormecimento – diferença entre o estado de adormecer e acordar – e embrutecimento de uma nação. O adormecer – dinâmica do despertar – quem adormece, desperta.[60]

O tema do sono, como se sabe, é caro ao surrealismo. E aqui a forma do texto propõe justamente imagens condensadas e deslocadas, em uma dinâmica própria do inconsciente. Essa dinâmica é bem relevante para a geração formada na contracultura. E pode inclusive ser estimulada pelo uso de drogas, o que é posto em questão, por exemplo, em *A mulher de todos*. A escrita automática pode efetivamente estabelecer relações entre muitos tempos e espaços, reais ou imaginários. Linda Williams, ao analisar filmes surrealistas a partir das "figuras do desejo",[61] não como sintomas dos diretores, mas como articulações formais que revelam, em metáforas e metonímias, sentidos latentes do texto, pode ser uma referência oportuna neste momento. No caso de Sganzerla, o interessante é que ele se constitui como uma figura em seu próprio texto. A remissão à sua própria experiência é encontrada em trechos como o seguinte: "Pior que a fome é o progresso: essa é a tese infame que concluí na minha temporada africana".[62] De fato, sua viagem à África ocorreu quando, depois do período Belair, em exílio, Sganzerla viajou por vários países acompanhado de Helena Ignez e Júlio Bressane. Mas, no "Sono das Nações", essa auto-referência dissemina-se em um discurso bastante alegórico, onde indivíduos, países e continentes somam partes enigmáticas de uma crise ocidental.

> Na trama do drama. O guesa errante perambulava o fundo da selva, o fundo das coisas – nossas – a pirâmide asteca – quis ir embora: afundar na caatinga entrar de vez no deserto do Saara mijar como eu se for preciso, fora do baralho fora deste baralho medíocre de cartas marcadas baralho ocidental eu atrapalho.[63]

---

60 *Ibidem*.

61 WILLIAMS, Linda. *Figures of desire: a theory and analysis of Surrealist film*. University of Illinois Press, 1981.

62 SGANZERLA, Rogério. "Sono das Nações". *Folha de S.Paulo*. São Paulo: 11/01/1980, p. 34.

63 *Ibidem*.

Percebe-se nesse trecho a citação ao filme *Fora do baralho* (1971) – ou *O anjo mixou fora do baralho* –, rodado no deserto do Saara. Depois de *Fora do baralho*, Sganzerla realizou durante um longo período *Mudança de Hendrix* (1971-1977). No artigo ora em discussão, escrito nos primeiros dias da década de 1980, as referências aos dois filmes remetem o leitor, ainda que de uma forma indireta, ao momento do exílio dos integrantes da Belair, no início da década de 1970. Mas a remissão ao passado e a uma experiência pessoal não está restrita no tempo e no espaço. Pode ser projetada em direções diversas, a partir, inclusive, da perspectiva transcendental de fundo religioso oriental.

> Os que sonham com o festim, acordam para os lamentos e pesares. Os que sonham com os pesares e lamentos acordam para reunir-se aos que vão caçar. Enquanto sonham, não sabem que estão sonhando. Alguns até interpretarão o sonho mesmo que estavam tendo. Pouco a pouco aproximam-nos do grande despertar e então verificamos que esta vida foi realmente um grande sonho. Os tolos pensam que estão acordados agora e ficam convencidos de que tudo sabem – "este é um príncipe e aquele é um pastor" – que estreiteza de espírito!... Confúcio e você são ambos sonhos; e eu que afirmo que são sonhos – eu não passo de sonho também.[64]

Mas a perspectiva religiosa inspirada no confuncionismo não impede a reflexão sobre a História:

> Considerações sobre a estupidez humana de animais ditatoriais – ensaio sobre até que ponto chega a estupidez cretinice crônica imbecilidade do fascismo – animais ditatoriais e suas patifarias hereditárias – história do equivocado Brasil de 1500 para cá, pela razão ocidental e a usura d'além-mar. A cavalaria marítima de D. Manuel que deu na invenção do Brasil (não digo descoberta) foi – em última análise – o fruto final capitalista, mercenário e expansionista das Cruzadas (o que elas realmente eram era comércio e repressão em nome da lusa catolicaducidade safada) onde o agressor branco do norte vem policiar o universo perseguindo regiões primitivas, os tesouros da terra; para onde os brancos – como no Vietnã – não foram chamados, mas estavam lá assassinando populações em nome da Cruz ou de uma razão que os levava a se julgarem os legisladores da ordem ou do progresso regressivo, na marcha à ré, ré histórica empreendida de 1964 a 1924... não param aí.[65]

64 *Ibidem.*

65 *Ibidem.*

A perspectiva religiosa e a pulsão de morte associada ao sono não impedem o desejo de transcendência histórica: "Nesse momento o texto dá marcha à ré histórica, como o Brasil. *Feed back* moral; volta ao não ser".[66]

"A Arte É Nômade"

> Nesses dez anos de afastamento cultural de um barco que afundou em 1970, quando dele saí, experimentando o gelo cultural ditado pelo cinema novo por ter previsto isto tudo – e diante de tal burrice desonesta ou não, só posso manifestar o meu desprezo – tenho brigado e reatado com freqüência com quem vale a pena discutir – assumi crítica e autocrítica permanente e pertinente ao momento histórico – isto é que tenha algo a dizer e saiba pelo menos soletrá-lo.[67]

A ruptura e o reatamento com o Cinema Novo voltam à cena, com o brigar e o reatar sendo admitidos como resultado de uma postura crítica. O que sobressai, contudo, passado o tempo que vai da ruptura à reconciliação, é a importância atribuída pelo próprio crítico ao afastamento do Brasil imposto pela ditadura militar. O exílio, obrigando o artista a sair pelo mundo, seria o responsável por uma consideração desse mundo na perspectiva do nomadismo.

> Aprendi por exemplo nesses dez anos livres (via afastamento do jogo de cartas marcadas, eu, pseudo carta fora do baralho, sei e driblo, caro bárbaro – digo tudo de uma vez) descobri em minhas andanças da existência invariável de dois tipos de arte – nômade ou sedentária – mas esclareçamos a questão: nômade não é o que parece nômade nem sedentário é o que parece sedentário. Os meios e os fins se acumpliciam para melhor distinguir-se, sobrepondo em primeiro lugar a consciência do sucesso e fracasso total ao mesmo tempo. Mais: aprendi que arte é nômade, livre, liberatória.[68]

Embora não explique exatamente porque "nômade não é o que parece nômade nem sedentário é o que parece sedentário", Sganzerla deixa implícita uma noção de nomadismo que extrapola o deslocamento territorial em termos estritamente geográficos. Pressupõe um trânsito de valores artísticos

---

66 *Ibidem.*

67 SGANZERLA, Rogério. "A Arte É Nômade. Folha de S.Paulo. São Paulo, 04/01/1980.

68 *Ibidem.*

reconhecíveis em produções de todo o mundo, pois diz respeito a um processo mental. Ele exemplifica com o cinema:

> Sem preconceitos, em qualquer subproduto de qualquer nacionalidade, gênero ou dificuldade poderiam se encontrar valores essenciais tanto num faroeste de Rory Calhoun, numa aventura pornográfica sueca, numa comédia convencional com Natalie Wood ou num documentário vietcong revelado na selva como o Major Thomas Reis só que sob intenso bombardeio e por isso mesmo com intensa palpitação poética provinda de suas deficiências técnicas...[69]

Essa abertura para uma conexão tão ampla, estabelecida entre os atores americanos Rory Calhoun e Natalie Wood, pornografia sueca, major Thomas Reis e Guerra do Vietnã, é reveladora das flexibilizações de tempo e espaço empreendidas por Sganzerla e, embora ele não chegue a problematizar explicitamente a seguinte questão, é instigante observar a menção ao major Thomas Reis, cinegrafista da Comissão Rondon, com o seu trabalho audiovisual nas fronteiras ao oeste do Brasil.[70]

Noel Rosa

Como algumas das figuras anteriormente discutidas, Noel Rosa, apesar de sua genialidade, não é compreendido mesmo entre aqueles que lhe estão próximos. Como diz Sganzerla, "ele permanece uma incógnita para a nova geração desinformada de Noel Rosa, mesmo em Vila Isabel, onde cantou e viveu o poeta da Vila também conhecido como filósofo do samba".[71] Depois de destacar o caráter boêmio, sarcástico, a grande produtividade, as parcerias, a exploração do talento de Noel Rosa por outros, Sganzerla observa aspectos do estilo próprio do artista de muitas verves. O texto se refere a suas atuações como violonista, radialista, caricaturista, cantor, arranjador, etc. Diz claramente que, incompreendido e apesar da morte precoce, Noel Rosa constitui um valor inestimável da nação.

---

69 SGANZERLA, Rogério. "A Arte É Nômade". São Paulo: *Folha de S.Paulo*, 04/01/1980.

70 Ver TACCA, Fernando de, *A imagética da Comissão Rondon: etnografias fílmicas estratégicas*. Campinas: Papirus, 2001. PAIVA, Samuel "Ao Redor do Brasil – Cinema como Apropriação?". In: MACHADO Jr., Rubens; SOARES, Rosana de Lima; ARAÚJO, Luciana Corrêa (orgs.). *Estudos de cinema Socine*. São Paulo: Annablume, 2006.

71 SGANZERLA, Rogério. "Bossa". *Folha de S.Paulo*. São Paulo: 04/02/1980, p. 20.

> Aparentemente brincando, Noel enriquece o povo, a memória coletiva e o acervo cultural de uma nação – na tradição anônima dos grandes sambistas recorrendo à vertente generosa do congo lundu embolada, ritmos precursores do samba "prontidão e outras bossas são coisas nossas".[72]

Essa identificação de Noel Rosa com as "coisas nossas", cabe observar, será considerada na perspectiva de sua mente descolonizada, que está associada, na perspectiva de Sganzerla, ao seu pendor para a paródia, como um dado do senso crítico e autocrítico.

> Para afastar todo bom comportamento colonial, parodiava-se a si mesmo e a seus versos, refundindo-se internamente – moderna forma de arte ser a própria apologia crítica de si mesmo e de seus personagens – atual por dentro Noel dá dentro com seu generoso espírito crítico. Sambas que se entrelaçam e se relacionam sempre criativamente por força das citações repetições auto plágio (se é que isso é possível para um criador como ele).[73]

Ao final desse artigo, há uma reflexão de fundo histórico e sociológico, panorama a partir do qual o Poeta da Vila desponta como um artista que vive em um tempo de grandes mudanças. Sua "livre criação do comportamento carioca"[74] coincide com um planejamento urbano mal elaborado do Rio de Janeiro. Coincide também com a massificação dos gestos a partir da indústria, inclusive, cultural (cita um trecho: "o cinema falado é o grande culpado da transformação..."). Coincide com um momento no qual o samba é projetado a espaços nobres do espetáculo inspirado em Hollywood, como o Cassino da Urca. Nas palavras do crítico:

> Com a eletrificação – estágio inicial de revolução industrial, forma-se uma nova linguagem urbana em arte popular através do disco, rádio, cinema. Noel Rosa foi vítima – sobretudo testemunha ocular – de novos e difíceis tempos. Testemunha sua obsessão pelo experimental que o situa à condição de artista moderno, além de homem de seu tempo – fazendo da obra de arte uma questão em aberto sobre ela própria – ao mesmo tempo tudo e nada, dizendo sobre (tudo) do vazio, do ponto mágico da criação...[75]

72 *Ibidem.*

73 *Ibidem.*

74 *Ibidem.*

75 *Ibidem.*

Em um outro artigo, "Noel Pensador",[76] publicado pouco depois, a questão do contexto no qual o Poeta da Vila desponta como artista volta à tona. Dessa vez, entretanto, a escrita está marcada por um estilo alegórico. No primeiro parágrafo isso ainda não se evidencia claramente:

> Em 1930, numa sociedade colonial semieletrificada e recém-saída do feudalismo agrário, não faltava nem era estranha ou original em Vila Isabel a figura da carroça e do carroceiro – matéria-prima de um ensaio de Noel de Medeiros Rosa sobre a desumana burrice humana"...[77]

Daí por diante, seguem-se reflexões enigmáticas sobre a imagem do burro, cuja leitura não se torna de todo impossível graças a algumas pistas eventualmente postas em um ou outro instante, como, por exemplo, a alusão aos políticos da década de 1930. Vêm em seguida várias frases cujo efeito lembra provérbios populares, detentores de uma sabedoria típica da simplicidade genial de Noel Rosa. Trata-se de afirmações tais como "o mundo ensina ao homem com mais facilidade aquilo que ele não quer aprender" ou "os vizinhos representam a consciência daqueles que procedem desonestamente". Em princípio, estamos diante da sabedoria popular do "Noel Pensador". Para o leitor familiarizado com o gosto de Sganzerla pelas frases proverbiais e proféticas – "o terceiro mundo vai explodir", por exemplo –, é compreensível seu fascínio diante de um tal método de exposição do pensamento. Isso se confirma não só com o seu primeiro longa-metragem mas também com o último, *O signo do caos*, onde o recurso às frases de impacto tragicômico é recorrente.

O crítico Jairo Ferreira também escrevia na *Folha de S.Paulo* nessa mesma época. E ele procurou, em um de seus artigos, desvendar "A Vida de Noel Rosa, na Visão de Sganzerla".[78] Trata-se de um texto-chave para a compreensão da relação não só entre os dois artistas, Noel e Sganzerla, mas também de muitos outros que aparecem conjugados às suas figuras. No texto de Jairo Ferreira, há a participação do próprio Sganzerla que, apesar de também atuar como jornalista, não quis ser entrevistado pelo colega e escreveu uma espécie

---

76 SGANZERLA, Rogério. "Noel Pensador". *Folha de S.Paulo*. São Paulo: 18/02/1980, p. 18.

77 *Ibidem*.

78 FERREIRA, Jairo. "A Vida de Noel Rosa, na Visão de Sganzerla". *Folha de S.Paulo*. São Paulo: 06/09/1979, p. 29.

de depoimento. Como diz Jairo Ferreira, trata-se de uma "inter-vista", da qual foram retirados trechos reproduzidos na matéria. No início, Jairo esclarece a importância de filmes como *O bandido da luz vermelha* e *A mulher de todos*, problematiza o afastamento de Sganzerla da direção até a então recente retomada da atividade com *Abismu* (1977). O leitor é também informado sobre um financiamento que Sganzerla então obtivera da Embrafilme para a realização de um filme sobre Noel Rosa. Até que, dado o contexto, chega o ponto no qual Noel e Jimi Hendrix são enfim relacionados. Diz Jairo Ferreira:

> Essa ligação Noel Rosa/Jimi Hendrix pode parecer pouco ortodoxa aos estudiosos da música popular brasileira, mas não assusta a quem teve a sorte de assistir ao "Abismu" em sessão especial. Nesse filme, Sganzerla utiliza músicas do genial guitarrista do início ao fim. E não faltam pontos de contato entre ambos, que morreram tragicamente na flor da idade.[79]

Por sua vez, Sganzerla, na "inter-vista", explica a sua percepção dos pontos de interseção entre Jimi Hendrix e Noel Rosa remetendo-se a um inconsciente coletivo ancestral. Em suas palavras:

> Som natural e pré-historicamente milionário: samba/embolada identificação com o subconsciente coletivo através de uma nova prosa urbana, livre e bem acabada onde, como em Hendrix não se perde tempo em odes à namorada ou suspiros pretensamente românticos. Não. Noel como Hendrix propõe mudar a mente contemporânea ("I could change your mind; I don´t live today, maybe tomorrow" / "Até manhã se Deus quiser, quem gosta de mim sou eu").[80]

Mas além de Jimi Hendrix, outras figuras estarão conectadas com Noel Rosa ao longo da exposição de Sganzerla no texto de Jairo Ferreira. Há um parágrafo exemplar nesse sentido, que diz respeito ao que será o filme sobre o criador de Vila Isabel.

> "É isso que pretendo erigir [diz Sganzerla]: uma concepção nada medíocre do artista mais original e profundo de todo século, que em sã consciência só pode ser comparado – pasmem – com James Marshall Hendrix em tudo, Orson Welles no cinema ou Shakespeare no texto e na habilidade (isto é, montagem, ideografia do relacional

79 *Ibidem.*

80 *Ibidem.*

> do persona-gens...), os grandes e tradicionais exemplos exemplares provindos da mesma linguagem que produziu os gregos da fase áurea Homero, Shakespeare, Dante, Cervantes, Castro Alves, todos eles, indistintamente, gênios totais."[81]

Condensação e Deslocamentos: Princípios de Montagem

As aproximações estabelecidas entre figuras em princípio tão distintas quanto Orson Welles e João Gilberto ou Jimi Hendrix e Noel Rosa levam o leitor desses textos publicados na *Folha de S.Paulo* a pensar nas razões e estratégias de Sganzerla quando ele estabelece pontos em comum entre tantos artistas, de tão diversos locais e tempos. É certo que a interseção maior está associada ao fato de todos serem reconhecidos como gênios, desconsiderados por seus conterrâneos e contemporâneos. Apesar de todos esses gênios existirem no tempo e no espaço, em termos históricos, as barreiras espaciais e temporais definidas pela História são flexibilizadas em nome de uma relação maior, responsável por uma conexão do divino com o humano. As interseções entre o humano e o divino encontradas em artistas situados em tantos lugares e épocas diferentes funcionam como um elemento de condensação de suas figuras, na medida em que os atributos perceptíveis em uns são os mesmos reconhecíveis em outros. Seus atributos podem se deslocar da figura de uns às dos outros. Nesse panorama, o papel de Sganzerla é equivalente ao de um montador. Ele seleciona e relaciona trechos, cenas, partes de histórias integrantes de uma História maior que compreende toda a Humanidade. Diferentemente do que ocorreu em seus textos anteriores, marcados por um caráter de ensaio (no Suplemento Literário) ou por um questionamento dos gêneros industriais em um estilo acessível ao leitor da grande imprensa (no *Jornal da Tarde* e na *Folha da Tarde*), a essa altura, na *Folha de S.Paulo*, é explícito em sua produção crítica um estilo de escrita diverso.

Vêm à tona temas de interesse pessoal, de uma maneira muito subjetiva, em um discurso no qual o choque de tempos e espaços diversos permite a recuperação fragmentada de suas figuras. Recortadas de sua primeira cadeia semiológica, elas adquirem novos sentidos em um jogo de colagem de fragmentos perpetrado pelo crítico em seu discurso.

---

81 *Ibidem.*

Somadas, todas as figuras são indicativas de uma crise, pagam o preço de sua inadequação à ordem medíocre vigente mas, ainda assim, não deixam de apontar caminhos. Nesse movimento, a figura de Orson Welles tende a incorporar todas as demais, dos gênios incompreendidos, condensando e deslocando vários tempos e espaços, o que de fato ficará explícito a partir da década de 1980, que então se iniciava.

CAPÍTULO 5

Circulação de ideias entre críticos e realizadores: *O pensamento vivo de Orson Welles*

Neste capítulo que agora se inicia terão lugar questões relacionadas à percepção da vida/obra de Welles, tendo como *pretexto* um livro organizado por Rogério Sganzerla: *O pensamento vivo de Orson Welles*.[1] O livro foi lançado justamente no momento em que vinha à tona *Nem tudo é verdade* (1986), o primeiro filme da tetralogia sobre *It´s all true*, e revela, portanto, algumas referências consideradas por seu organizador naquele instante. Revela também, como pretendo demonstrar, uma circulação de ideias que inclui os pensamentos de André Bazin, Paulo Emilio Salles Gomes e Rogério Sganzerla. Na verdade, tal circulação de ideias entre os críticos aqui referidos para minha análise constitui um recorte dentre muitas outras possibilidades de leitura do livro *O pensamento vivo de Orson Welles*. Mas evidentemente a opção por esse recorte decorre também das sugestões provenientes das leituras anteriores, em especial, dos artigos de Rogério Sganzerla e Paulo Emilio Salles Gomes publicados no Suplemento Literário do jornal *Estado de S.Paulo*. O livro será então cotejado como parte de uma totalidade bem maior na qual a figura de Orson Welles é construída no cinema de Sganzerla.

Antes de considerá-lo nesse cotejo mais abrangente, convém, entretanto, cercar *O pensamento vivo de Orson Welles* na chave de sua especificidade. O livro faz parte, cabe esclarecer desde já, de uma coleção da Editora Martin Claret que inclui o "pensamento vivo" de vários autores. Está estruturado em

1 SGANZERLA, Rogério (org.). *O pensamento vivo de Orson Welles*. São Paulo: Martin Claret Editores, 1986.

oito partes: (1) Idealização da Coleção Pensamento Vivo; (2) Welles por Ele Mesmo, (3) Biografia, (4) Cronologia/Filmografia, (5) Welles Visto pelo Mundo, (6) Pensamentos, (7) Curiosidades e (8) Bibliografia. A estrutura do livro, nesse sentido, é definida *a priori*, de uma forma a contemplar a "a biografia de idéias, conservando os históricos essenciais",[2] como afirma Martin Claret ao explicar a "Idealização da Coleção Pensamento Vivo", em uma espécie de prefácio que serve a todos os títulos da coleção. Ou seja, em termos de estrutura, o livro diz pouco sobre como Rogério Sganzerla organiza a figura de Orson Welles nessa publicação. Entretanto, Sganzerla seleciona os conteúdos dos diversos capítulos. E a análise desses conteúdos certamente evidencia uma série de aspectos que podem ser levados em conta, quando a questão diz respeito à figura de Welles.

A seção "Welles por Ele Mesmo", por exemplo, reproduz uma entrevista concedida por Orson Welles à revista *Le Nouvel Observateur*, no caso, a um entrevistador não identificado. Em todo caso, no olho da matéria, o leitor é informado sobre o local (embora não seja indicada a data) em que se deu a conversa – a suíte do Hotel Lancaster, em Paris –, recebendo uma descrição tanto do ambiente quanto do homem "majestoso", "mais shakespeariano que nunca", que ocupa o aposento. O repórter define o rumo inicial da conversa, com a pergunta que coloca, questionando o entrevistado sobre a sua infância, perguntando mais precisamente quais eram os autores de sua preferência na época. Welles, em resposta, primeiramente surpreende seu interlocutor citando um autor da Índia – Dango Palva Kotshi –, um amigo de sua mãe, que, como afirma Welles, era uma especialista em Oriente, conhecedora de línguas como o hindu e o sânscrito. Mas muitos outros autores são lembrados, vários deles também pela convivência pessoal: Bertrand Russel, H.G. Welles, Bernard Shaw, Graham Greene, Thomas Wolfe, Fitzgerald, Faulkner, Nabokov, Hemingway, John O'Hara, Truman Capote, Norman Mailer, André Gide, Camus, Colette, Pagnol, Jean Cocteau, Prevert. Há, contudo, a meu ver, um dado notável nesse início de diálogo. Diz respeito à experiência de Orson Welles como escritor, nos anos 1930, e à maneira como essa experiência chegou aos seus filmes. Ao ser questionado sobre o fato de ter sido escritor naquele período, Welles responde:

---

2 CLARET, Martin. "Idealização da Coleção Pensamento Vivo". In :SGANZERLA, Rogério (org.). *O pensamento vivo de Orson Welles*. São Paulo: Martin Claret Editores, 1986, p. 9.

> Eu sou escritor! Durou um ano, talvez menos, depois que voltei da Espanha, e nunca foi uma profissão séria. Fui jornalista uns sete ou oito anos – jornalista político, jamais fiz crítica. Achava que, sendo artista, não devia fazer crítica. A crítica é uma arte em si mesma, e um romancista não pode ser objetivo diante do romance escrito por outro. Eu não sou objetivo diante dos filmes dos outros![3]

Logo vem a questão da representação do jornalismo em *Cidadão Kane,* inclusive, com a referência ao crítico interpretado por Joseph Cotten. Welles esclarece, contudo, que o seu trabalho como jornalista é posterior à realização do seu primeiro longa-metragem. Ele fala também que, desde criança, observava as relações do seu pai com gente da imprensa, inclusive, com Hearst, de quem era amigo. Há aqui um caminho interessante à exploração da figura de Orson Welles na obra de Rogério Sganzerla, na medida em que a imprensa também constitui um fator fundamental em *O bandido da luz vermelha.* Aliás, também em outros filmes, inúmeras sequencias podem ser lembradas como exemplo da inserção do jornalismo nos filmes de Sganzerla. Em *Nem tudo é verdade,* como veremos, as entrevistas de Orson Welles com jornalistas brasileiros constituirão várias cenas. Em *Tudo é Brasil,* a entrevista de Orson Welles com Carmen Miranda no programa *Hello Americans* organiza a montagem do filme. Em *O signo do caos,* o jornalista Edmar Morel, repórter dos Diários Associados que escrevera sobre a saga de Jacaré e seus companheiros, tendo sido, por isso, designado por Welles para escrever o primeiro tratamento do episódio dos Jangadeiros em *It´s all true,* é inspiração para uns dos personagens principais. O próprio DIP (Departamento de Imprensa e Propaganda) constitui uma figura central na tetralogia de Sganzerla sobre *It´s all true.*

Outro tópico instigante dessa entrevista transcrita no capítulo "Welles por Ele Mesmo" diz respeito aos projetos então inacabados, como *Dom Quixote* e *The other side of the wind.* Sobre *Dom Quixote,* Welles não quer falar e sugere que, para se informar sobre tal assunto, o jornalista procure o dossiê com os tantos depoimentos do próprio Welles publicados em diversos jornais e revistas. Já sobre *The other side of the wind,* o entrevistado destaca o papel decisivo de John Huston ao interpretar um diretor de cinema em final de carreira, às voltas com a realização de um último filme. John Huston, no curta-metragem *Linguagem de Orson Welles,* retribuirá os elogios, como veremos. Welles admite não ter in-

3 *Apud* SGANZERLA, Rogério, *op. cit.,* p. 14.

terpretado esse papel, apesar da tentação, porque "o problema com o papel desse diretor é que não é nada autobiográfico, era tão anti-autobiográfico que eu simplesmente não poderia interpretá-lo".[4] Esse depoimento é muito instigante, no sentido de remeter a uma série de questões que podem ser pensadas a propósito dos personagens de diretores (ou equivalentes desse papel) interpretados pelo próprio Welles em seus filmes, como, por exemplo, *Cidadão Kane, Dom Quixote* ou *Verdades e mentiras* (1975).

À medida que se aproxima do final, a entrevista retoma a relação entre cinema, literatura, teatro, televisão e mesmo vídeo. A certa altura, Welles admite sua paixão pela ópera, atribuindo essa paixão inclusive ao fato de ser descendente de italianos. É quando ele diz ser supostamente descendente de nobres. Como vimos, Sganzerla reproduziu essa história no artigo sobre "Cidadão Kane" publicado no Suplemento Literário do Estado de S.Paulo. A história, contudo, pode ser falsa: "Eu sou um italiano, meu nome vem de Orsino, o duque de Orsino de Shakespeare – uma lenda que se conta na minha família e que com toda certeza deve ser falsa como tudo o que se conta nas famílias".[5]

Seja verdade ou mentira, tanto faz, pois aqui o interesse dessa história consiste no quanto ela pode evidenciar estratégias da composição da figura de Orson Welles nas leituras e na escrita de Rogério Sganzerla. Daí a possibilidade de se pensar *O pensamento vivo de Orson Welles* como uma espécie de caderno de notas para a composição da figura.

Já no capítulo "Biografia", apresentado logo depois de "Welles por Ele Mesmo", Sganzerla recupera textos de J.C. Ismael, que trabalhou como crítico no jornal *O Estado de S.Paulo* antes de atuar em outras publicações como o *Jornal da Tarde*, a *Folha de S.Paulo* e a revista *IstoÉ* (uma trajetória parecida em alguma medida com a do próprio Sganzerla como jornalista). J.C. Ismael segue até quase o final da matéria orientado pela ordem cronológica da biografia de Welles. Suas considerações, contudo, não são tão profundas, quando comparada com as de André Bazin, Paulo Emilio Salles Gomes e com as do próprio Rogério Sganzerla. Há no texto de J.C. Ismael certo tom espetaculoso, quando são observados episódios da vida de Welles cuja descrição parece destinada a revistas especializadas em contar fofocas sobre celebridades. Há

4 *Apud* SGANZERLA, Rogério, *op. cit.*, p. 16.

5 *Ibidem*, p. 19-20

também algumas incorreções. O seguinte trecho, no qual J.C. Ismael confunde Everett Sloane com Joseph Cotten e ao mesmo tempo afirma existir uma relação amorosa entre a mãe de Orson Welles e seu tutor, é significativo:

> O enigmático Dr. Bernstein (que inspirou, em *Cidadão Kane*, o crítico de teatro representado por Everett Sloane) teria sido amante da mãe de Welles e exercido uma atividade misteriosa, marcante para ele, e nada significativa para seus dois irmãos [?]. A identificação entre ambos é tão grande que o amigo da família se transforma num guru preocupante. Para afastá-lo, seu pai leva-o para uma longa viagem pelo mundo.[6]

E assim a "Biografia" continua, reduzindo drasticamente a obra de Orson Welles ao considerar aspectos como a suposta misoginia encontrada em filmes como *A dama de Shangai* ou então a própria relação entre o diretor desse filme e sua atriz e esposa na época, Rita Hayworth.

O capítulo seguinte, "Cronologia-Filmografia", apresenta a evolução da vida e obra de Welles destacando momentos-chave, fatos considerados pelo organizador do livro como oportunos à compreensão do autor em questão, desde o seu nascimento, em 06 de maio de 1915, em Wisconsin, até a morte de Welles, em 10 de outubro de 1985, quando ele foi encontrado morto por seu mordomo, na cama de sua casa, em Hollywood, tendo a morte ocorrido "por causas naturais". Ao final da "Cronologia-Filmografia", nota-se que alguns trabalhos ficaram de fora, como, por exemplo, *The heart of ages*, o primeiro curta-metragem de Orson Welles. Também é notável a imprecisão, por exemplo, de algumas datas ou períodos em que determinados trabalhos teriam ocorrido. É o caso, por exemplo, do ano de 1942, mais precisamente a propósito das informações sobre a viagem de Welles ao Brasil, onde ele teria permanecido por três meses. Na verdade, Welles permaneceu por aproximadamente cinco meses no Brasil, onde chegou em 08 de fevereiro de 1942, tendo saído em 29 de julho do mesmo ano.

O pensamento vivo de Orson Welles continua agora com um novo capítulo: "Welles Visto pelo Mundo". São alguns críticos selecionados pelo organizador do livro, que vêm expor sua visão sobre Welles. O primeiro deles é Peter Noble, que é apresentado como escritor e crítico inglês, autor

6 *Ibidem*, p. 24.

do livro *The fabulous Orson Welles*.[7] Publicado pela primeira vez em 1956, o livro de Peter Noble constituiu uma referência significativa sobre Orson Welles, em razão dos poucos textos disponíveis à época. Quem sugere essa possibilidade é Paulo Emilio Salles Gomes, no Suplemento Literário do *Estado de S.Paulo*:

> A qualidade da literatura cinematográfica é tão inferior que livros medíocres acabam adquirindo importância. Devem-se a um autor inglês de segunda categoria as melhores biografias existentes de Eric von Stroheim e Orson Welles. Peter Noble, o escritor em questão, revela-se capaz de reunir uma documentação ponderável, mas nunca a utiliza de forma coerente.[8]

Dada a escassez de títulos, Paulo Emilio admite que, apesar de irritante, o livro de Peter Noble constitui um ponto de partida para quem tem interesse em construir uma visão de conjunto sobre a carreira de Orson Welles. Talvez esteja aí a razão pela qual o escritor inglês tenha sido selecionado por Sganzerla para integrar o livro. Em todo caso, o texto de Peter Noble reproduzido em *O pensamento vivo de Orson Welles* é curto, mas repleto de adjetivos: perfeito, magnífico, glorioso, perturbador, etc. Chama a atenção, entretanto, a comparação que Peter Noble estabelece entre Orson Welles e Leonardo da Vinci, recuperando uma ideia já lançada por André Bazin, que por sua vez percebe Orson Welles como uma espécie de homem da Renascença vivendo no século XX, ideia que também Sganzerla retoma, como vimos anteriormente, quando ele conclui o artigo sobre *Cidadão Kane* perguntando se "este adulto prodígio [Orson Welles] é um bárbaro ou um homem da Renascença".[9]

O próximo autor a ser incluído na seleção de Rogério Sganzerla no capítulo "Welles visto pelo Mundo" é o poeta e cineasta Jean Cocteau. Seu texto também é curto. Revela, na verdade, construções poéticas, sugerindo imagens contraditórias, paradoxais:

> Orson Welles é um gigante com rosto de criança. Uma árvore repleta de pássaros e sombras. Um cão que partiu a coleira e se deitou

7 NOBLE, Peter. *The fabulous Orson Welles*. London: Hutchinson, 1956.

8 GOMES, Paulo Emilio Salles. "Orson Welles, o Americano". In: *Crítica de cinema no Suplemento Literário*, vol. 1, 1981, p. 272.

9 SGANZERLA, Rogério. "Cidadão Kane". In: Suplemento Literário do *Estado de S.Paulo*, 07/08/1965, p. 5.

> nos canteiros. Um preguiçoso dinâmico. Um tolo, esperto. Um solitário cercado pela multidão...[10]

Cocteau faz lembrar André Bazin que, como veremos, discute uma ambiguidade – "*a bela e a fera*" – característica da obra de Welles, algo que, no caso de Sganzerla, pode estar relacionado à dialética "um gênio ou uma besta". No segundo e último parágrafo do texto de Jean Cocteau, ele fala sobre *Macbeth* a partir desses parâmetros ambíguos, reconhecendo um desempenho de Orson Welles nesse papel algo amaldiçoado e nobre.

André Bazin é o próximo da lista. O trecho reproduzido no livro de Sganzerla é retirado do início do livro de Bazin sobre *Orson Welles*. Mais precisamente, trata-se do momento no qual Welles é associado à revolução do cinema americano, a uma revolução na arte de Hollywood, a um destaque na história do cinema, ao lado de cineastas como Griffith, Chaplin, Stroheim, Eisenstein. Bazin escreve em 1950 e questiona qual fora sua sensação em 1946 quando assistira a *Cidadão Kane* pela primeira vez. Admite que não se equivocou ao lhe atribuir tantos méritos, pois o filme não perdeu sua força com o passar do tempo. Bazin também reconhece que foi a nova crítica francesa, da qual ele próprio é um dos representantes, a primeira a emitir "um parecer justo ao considerar a obra de Orson Welles como uma das mais autênticas da vanguarda cinematográfica do pós-guerra".[11]

Vêm então alguns críticos brasileiros. O primeiro deles é Valério de Andrade, que destaca a precocidade de Orson Welles tanto na infância quanto na idade adulta, ao surpreender a opinião pública com *A guerra dos mundos* e *Cidadão Kane*. Valério de Andrade tampouco escapa à tentação de estabelecer relações entre autor e personagens, cotejando sobretudo a imagem de Orson Welles com a de *Cidadão Kane*, a partir do mistério (*Rosebud*) e do humor.

Por sua vez, Paulo Emilio Salles Gomes, é apresentado nessa seção intitulada "Welles Visto pelo Mundo" como escritor, crítico de cinema e homem responsável pela consolidação da Cinemateca Brasileira. Em seu texto, Paulo Emilio faz um balanço de sua relação com *Cidadão Kane*. Começa por lembrar das primeiras sessões a que assistiu no Cine Bandeirantes, em São Paulo. Recorda também as oportunidades que teve de assistir a *Cidadão Kane* na Europa, admitindo que, no final da década de 1940, com o surgimento do neorealismo

10 *Apud* SGANZERLA, Rogério, *O pensamento vivo de Orson Welles*, p. 53-54.

11 *Ibidem*, p. 56.

italiano, chegou a se afastar da história de Charles Foster Kane. Pouco depois, diz ele, o interesse voltava renovado, reinstaurando sua fidelidade ao filme. O término do texto de Paulo Emilio, que também é curto, chega com uma menção a uma entrevista de Orson Welles para a *Cahiers du cinéma*, na qual Welles fala sobre o conflito que nele se manifesta entre o diretor, o ator e os personagens.

Agora é a vez do próprio Rogério Sganzerla incluir-se entre os críticos selecionados para exposição de suas ideias no capítulo em pauta de *O pensamento vivo de Orson Welles*. O texto incluído, no caso, é uma edição dos seus dois artigos anteriormente publicados no Suplemento Literário do *Estado de S.Paulo*: "Cidadão Kane" e "O legado de Kane". Voltaremos a esse ponto um pouco mais adiante.

Vem então Salvyano Cavalcanti de Paiva. Chama atenção, quando considerada a inserção desse crítico na seção "Welles Visto pelo Mundo, o fato de ele ser apresentado como autor do livro *O gangster no cinema* (da década de 1950), embora este autor contasse, nesse momento de publicação de *O pensamento vivo de Orson Welles*, com outras publicações de sua autoria. Também pode ser relevante notar que Salvyano Cavalcanti de Paiva tem também um caráter, digamos, nacionalista, associado à sua atuação na imprensa.[12] Paiva inicia sua argumentação citando André Bazin. Porém, pouco depois critica a intelectualidade que só "acredita no cinema prescrito por *Cahiers du Cinéma*, *Positif* e outras mistificações",[13] lembrando uma entrevista de Orson Welles para a *Playboy* na qual ele confessa sua admiração irrestrita por John Ford. Mas, a meu ver, o aspecto mais instigante do texto de Salvyano Cavalcanti de Paiva está associado à marginalidade de Welles:

> Maldito desde o início, Welles tem o seu crédito poucos filmes bem aceitos pela sabedoria convencional. *Macbeth* é um filme maldito. *Cidadão Kane*, outro maldiçoado. *Otelo/Othello*, feito no Marrocos espanhol e até hoje não apresentado no Brasil. Também *Falstaff*. Nenhum outro diretor maldito mais autêntico.[14]

Fechando a seção "Welles Visto pelo Mundo", há o depoimento de Olivier-René Veillon, apresentado como redator da revista *Cinematographe* e

12 Ver a respeito HEFFNER, Hernani. "Paiva, Salvyano Cavalcanti de". In: RAMOS, Fernão, MIRANDA, Luiz Felipe (orgs.). *Enciclopédia do cinema brasileiro*. São Paulo: Senac, 2000, p. 413.

13 *Apud* SGANZERLA, Rogério. *O pensamento vivo de Orson Welles*, p. 64.

14 *Ibidem*, p. 64.

professor da Universidade de Paris. A essa altura, não deixa de ser notável a presença de tantos acadêmicos entre os autores selecionados por Sganzerla, cuja crítica aos intelectuais pôde se constatar anteriormente. Paulo Emilio Salles Gomes (que foi professor da Universidade de São Paulo), Salvyano Cavalcanti de Paiva (professor da Universidade Federal Fluminense) e agora Olivier-René Veillon são prova de uma consideração do organizador de *O pensamento vivo de Orson Welles* ao menos por um certo segmento de intelectuais acadêmicos. A propósito, inicialmente o texto de Veillon explora justamente o aspecto antes apontado por Paulo Emilio, ou seja, o desdobramento da obra de um autor em várias atividades artísticas, como diz: "A obra de Orson Welles compõe-se tanto dos seus raros filmes como da sua presença, fora deles, nos filmes dos outros ou daqueles que ele nunca chegou a realizar".[15] Contudo, os exemplos citados da participação de Welles em filmes de outros diretores são somente *Black magic* (Gregory Ratoff, 1947), *O terceiro homem* (Carol Redd, 1949) e *The black rose* (Henry Hathaway, 1950), sem menção aos projetos inacabados. Resumidamente, ainda que seu texto seja um dos mais extensos entre os demais apresentados em *O pensamento vivo de Orson Welles*, Veillon procura, na verdade, defender uma tese que consiste em perceber *Sonho de uma noite de verão*, de Shakespeare, como uma chave para a compreensão da obra de Orson Welles, na medida em que nessa peça se reproduz a possibilidade de se atingir a verdade pela mentira, ou seja, pelo artifício ficcional.

> A referência a Shakespeare explica e ilumina toda a obra de Welles, não apenas nas adaptações de peças dele, mas no conjunto dos filmes. Todos eles se inspiram na poética definida no *Sonho de uma Noite de Verão*. A verdade é a máscara da mentira, com a qual temos de disfarçar-nos para descobrir o sentido oculto. É por meio da fábula, da ficção, que se consegue apanhar a verdade.[16]

E os exemplos citados como comprovação dessa tese são vários e incluem os narradores cujas vozes projetam o caráter de fábula nas histórias contadas em filmes como *Cidadão Kane*, *Soberba* ou *A dama de Shangai*. Incluem também os jogos de espelho como recurso cênico capaz de estabelecer metáforas entre a verdade e a mentira. Não por acaso o texto de

---

15 *Ibidem*, p. 65.

16 *Ibidem*, p. 68.

Veillon termina com a lembrança de *Dom Quixote*, personagem para quem a realidade e a imaginação não se distinguem. Curiosamente, nesse final de texto do professor francês encontra-se uma expressão que antes Sganzerla apresentara – "becos sem saída" –[17] em artigo publicado no Suplemento Literário no qual discutia *Cidadão Kane* como precursor do herói fechado. Por sua vez, diz Olivier-René Veillon:

> O sonho de uma obra total, na qual o autor se confunde com o assunto das suas ficções, levou Welles a realizar os seus mais belos filmes e, também, a insondáveis *becos sem saída* [grifo meu]. A imagem de D. Quixote surge mais uma vez no horizonte de um projecto [sic] em que êxitos e inêxitos são solidários numa mesma coerência: o reflexo de uma saída impossível, a última verdade do artista que partiu à conquista da sua utopia.[18]

Encerrado o capítulo "Welles Visto pelo Mundo", a próxima seção de *O pensamento vivo de Orson Welles* diz justamente respeito aos "Pensamentos". São trechos curtos de entrevistas, textos, enfim, depoimentos de Welles a respeito dos mais diversos assuntos relacionados à sua vida e obra. Ao ler esses Pensamentos, o leitor pode, na verdade, separá-los por temas que se reiteram. Assim encontram-se considerações de Orson Welles sobre o cinema e outras artes; sua relação com os pais; seu interesse pela experimentação; seus problemas com Hollywood; sua percepção do mito criado à sua volta, etc. Os pensamentos evoluem com uma numeração (do número 01 ao 48) e vários deles, cabe notar, serão utilizados como locução em filmes da tetralogia de Sganzerla sobre *It´s all true*, sobretudo, em *Nem tudo é verdade*. Entre os assuntos mais reiterados, há a relação do cinema com outras artes. Assim, encontram-se a esse respeito afirmações tais como:

> O cinema é algo muito pessoal, muito mais que um teatro, pois o filme é uma coisa morta – uma fita de celulóide – como um papel no qual alguém escreve um poema. O teatro é uma experiência coletiva; o cinema é o trabalho de uma única pessoa – o diretor.[19]

---

17 SGANZERLA, Rogério. "Becos sem Saída". In: Suplemento Literário do *Estado de S.Paulo*, 21/11/1964, p. 5.

18 *Apud* SGANZERLA, Rogério. *O pensamento vivo de Orson Welles*, p. 69.

19 *Ibidem*, p. 76.

Mas às vezes um pensamento, quando cotejado com outro, indica alguns paradoxos senão contradições. Em todo caso, cabe notar, o próprio Orson Welles assume a contradição como um princípio, ao afirmar:

> Há 30 anos perguntam-me como é que eu reconcilio X com Y. A verdade é que não reconcilio. Em mim, tudo é contradição e a contradição é tudo também nas pessoas que conheço. Nós somos feitos de opostos; vivemos entre dois pólos. Em todos nós há o filisteu e o esteta, o assassino e o profeta, o santo e o criminoso. Não se pode reconciliar pólos opostos. Simplesmente lhes reconhecemos a existência.[20]

Nos pensamentos de Orson Welles, percebe-se também um certo impulso totalizador, na maneira como algumas afirmações são projetadas universalmente. Assim, por exemplo, sobre a questão do ser artista: "Falamos demais sobre a felicidade e, como artistas, nada disso nos diz respeito. Nenhum artista é independente. Ele possui uma missão e a felicidade não está incluída nela. O prêmio de um artista é a alegria".[21]

Entretanto, o tom de solidão, nostalgia, melancolia, é também uma constante e encontra-se em afirmações tais como: "Eu sou uma figura sombria".[22] Ou então: "Nós nascemos sozinhos, vivemos sozinhos e morremos sozinhos. Somente através do amor e das amizades é que podemos criar a ilusão, durante um momento, de que não estamos sozinhos".[23]

A ideia de que Welles não está em casa em nenhum lugar, como afirmará François Truffaut mais adiante, é reconhecível em alguns pensamentos relacionados à percepção que o autor de *Dom Quixote* tem de si como um ser sem-território: "Sou um cidadão sem território fixo, salvo o da arte. Considero-me secretamente um aventureiro, um joão-ninguém e um impostor". A ideia do ser aventureiro conjuga-se com o princípio da dúvida e do cinema como uma possibilidade de extinção das fronteiras:

> É preciso ter dúvidas. Só os estúpidos têm uma confiança absoluta em si mesmos. Quando faço um filme tenho dúvidas. Depois, con-

20 *Ibidem*, p. 86.

21 *Ibidem*, p. 76.

22 *Ibidem* , p. 75.

23 *Ibidem*, p. 76.

> cluo que está bom, para duvidar em seguida e, finalmente, quando acabo-o e sei que não o verei mais, não guardo nenhuma espécie de sentimento em relação ao filme-objeto em liberdade. O cinema não tem fronteiras nem limites. É um fluxo constante de sonhos.[24]

Chegando ao final do livro *O pensamento vivo de Orson Welles*, encontra-se o capítulo sobre as "Curiosidades". Os textos não estão assinados e na maioria das vezes não há qualquer indicação da fonte respectiva. Ao todo, são oito matérias certamente retiradas de outras publicações. Para começar, há "Cidadão Welles: a Marca do Gênio", que se detém sobre *Cidadão Kane*, apontando suas inovações narrativas a partir dos *flashbacks* que compõem a figura do protagonista a partir da visão daqueles que com ele conviveram. Um segundo texto, apesar de intitulado como "Welles/Conrad/Coppola", na verdade, é todo voltado para considerações sobre o projeto *Heart of darkness* segundo a visão de Welles na adaptação do romance de Joseph Conrad. Apesar do título da matéria, não há qualquer referência ao *Apocalipse now* de Copolla (1979). A ênfase recai, na verdade, na intenção que tinha Welles de caracterizar o narrador a partir de uma câmera subjetiva. Outro aspecto interessante nesse pequeno artigo é a capacidade que ele tem de sugerir uma correspondência entre a câmera subjetiva prevista para o *Heart of darkness* de Orson Welles e o protagonista invisível, se assim é possível caracterizar o personagem simultaneamente presente e ausente de Orson Welles em *O signo do caos*, de Rogério Sganzerla. O artigo seguinte, "O Mágico Falsário do Cinema", tem como eixo de sua discussão a dificuldade do público e dos pesquisadores brasileiros para ter acesso aos filmes de Orson Welles. Entre os filmes ainda desconhecidos pelos brasileiros citam-se *Chimes at midnight*, *Histoire imortelle*. Citam-se também os projetos que não foram finalizados, como *The other side of the wind*, ou melhor, *De l'autre coté du vent* (assim mesmo, em francês). O maior espanto diz respeito ao fato de todo esse desconhecimento ocorrer apesar de Orson Welles ter vivido aqui, no Brasil, um ponto culminante de sua carreira:

> Mas o mistério da vida e obra wellesianas tem seu ponto culminante em sua lendária estada no Brasil, de fevereiro a agosto [sic] de 1942. Desses seis meses de boêmia, regada a cachaça e uísque, e também de trabalho sério, resultaram os 30 mil metros do filme de *It's all*

24 *Ibidem* , p. 84.

> *true*, talvez o filme inacabado menos conhecido e mais famoso de toda a história do cinema.[25]

"O Dom Quixote de Orson Welles" é o texto seguinte e, na verdade, consiste em uma cobertura do referido filme no Festival de Cannes, onde foi anunciada sua exibição que entretanto, como afirma o texto, não chegou a ocorrer "para evitar o risco de um dano irrecuperável na cópia original".[26] O episódio é trabalhado com humor pelo autor da matéria, que o inscreve na perspectiva das verdades e mentiras tão caras ao universo de Orson Welles."Verdades e Mentiras de Orson Welles", aliás, é o texto seguinte dessa seção. Há uma descrição da figura do diretor como personagem de seu próprio filme, *Verdades e mentiras*, em que se caracteriza como "meio Houdini, o mágico, meio Mefistófeles, o gênio do mal".[27] No cerne da discussão, está o poder do artista e da obra de arte capaz de revelar a verdade por trás do artifício. Por sua vez, "Genialidade Discutida" retoma as polêmicas provocadas por Pauline Kael a respeito da autoria do roteiro de *Cidadão Kane*, atribuída por ela a Herman Mankiewicz. "Orson Welles no Brasil", por sua vez, é um texto sobre Rogério Sganzerla, ou melhor, sobre o seu filme *Nem tudo é verdade*. A matéria revela claramente dados sobre a concepção do primeiro filme da tetralogia de Sganzerla sobre *It´s all true*, considerado aqui como um evento fundador de várias correntes do cinema moderno:

> *Nem tudo é verdade* [diz Sganzerla] é uma paródia de *Tudo é verdade* (*It´s all true*), filme iniciado por Orson Welles no Rio em fevereiro de 1942, que não foi concluído devido à Segunda Guerra Mundial, entre outros fatores. O filme de Welles pretendia mostrar nossa realidade, com o povo como ator e personagem coletiva (a massa), antecipando o neo-realismo, o cinema-verdade, a nouvelle-vague e o cinema experimental. Se fosse feito na época, teria sido, provavelmente, o maior filme do mundo.[28]

A matéria "Orson Welles no Brasil" continua com mais informações sobre o projeto *Nem tudo é verdade*, a partir dos depoimentos de Sganzerla a

---

25 *Ibidem*, p. 96.

26 *Ibidem*, p. 98.

27 *Ibidem*, p. 100.

28 *Ibidem*, p. 104.

respeito das escolhas estéticas, técnicas e de produção. Fechando as "Curiosidades", há um último texto – "Orson Welles, um Gênio Sai de Cena" –, que é um necrológio. Descreve Welles nos momentos que antecedem à sua morte, vagando sem sucesso à procura de financiamento para viabilizar projetos. Retrospectivamente, apresenta sua vida e obra desde a possibilidade que teria existido de ele ter nascido no Rio de Janeiro, onde seus pais estiveram de férias em um dado momento. Depois de percorrer a trajetória biográfica, a matéria encerra-se com um balanço dos filmes acabados e inacabados, sem deixar de sugerir a dialética "um gênio ou uma besta" ao falar de genialidade e mediocridade:

> De sua responsabilidade, no total, foram 18 filmes, dos quais o primeiro, Hearts of age, não foi exibido comercialmente e outros quatro (It´s all true, rodado no Brasil; Don Quixote; Dead Reckoning ou The Deep e The Other Side of the Wind) ficaram inacabados. Então, de 50 anos de carreira, sobram 13 filmes, que vão do medíocre ao genial.[29]

E concluindo o livro organizado por Sganzerla está a "Bibliografia". A maior parte das referências diz então respeito aos autores citados na seção "Welles Visto pelo Mundo", tais como J.C. Ismael, André Bazin, Peter Noble e Paulo Emilio Salles Gomes. Encontram-se também autores que não foram citados diretamente ao longo da leitura de *O pensamento vivo de Orson Welles*: Bárbara Leaming e Peter Cowie, por exemplo. Não constam, contudo, títulos de alguns autores que foram apresentados, como Olivier-René Veillon. Do próprio Sganzerla, também não constam qualquer livro ou artigo. Nessa "falha", na verdade, identifica-se um fato também evidente nos filmes, que muitas vezes trazem poucas informações nos créditos finais. Trata-se, é provável, de uma estratégia para reiterar o "caráter enigmático" tão caro ao nosso autor.

Circulação de Ideias

Um dado que chama a minha atenção ao contato com *O pensamento vivo de Orson Welles* é a percepção da importância de André Bazin na compreensão de Orson Welles como um autor de cinema. Isso ocorre em grande medida certamente por conta da leitura anteriormente empreendida sobre os textos de Sganzerla publicados no Suplemento Literário de *O Estado de S.Paulo,* nos

29 *Ibidem,* p. 109.

quais é constante a referência a Bazin em noções como as de "câmera cínica", que se caracteriza por explorar a duração da imagem; "cinema do corpo", que apreende o tempo pela sucessão do espaço; ou "montagem displicente", interessada nas cenas longas. Também é presumível essa associação dos conceitos de Sganzerla com os de Bazin quando se considera que o crítico francês é fundamental para a geração da Nouvelle Vague e do Cinema Novo. Mas, no contexto do livro *O pensamento vivo de Orson Welles*, um fato se sobressai, ou seja, o eco do estudo que Bazin dedicou a Orson Welles, publicado como livro pela primeira vez em 1950 (em edição que logo se esgotou, sendo, contudo, lançada posteriormente, depois da morte do crítico francês).[30] Nesse estudo, Bazin atribui a Welles o "renascimento e uma revolução na arte hollywoodiana".[31] Trechos de seu texto, como afirmei, são reproduzidos em *O pensamento vivo de Orson Welles*, no qual, é certo, há, como vimos, muitos outros autores também citados, tais como Peter Noble, Jean Cocteau, Valério de Andrade, Salvyano Cavalcanti de Paiva, Olivier-René Veillon, Paulo Emilio Salles Gomes e o próprio Rogério Sganzerla. Entretanto, no que diz respeito ao foco do meu interesse – a construção da figura de Welles no cinema de Sganzerla –, as proposições encontradas no livro de Bazin sobre Welles se constituem como uma chave fundamental.

Lembrando resumidamente o livro de Bazin, é possível afirmar que ele constrói uma estrutura de análise da obra de Welles na perspectiva biográfica. Como primeiras "armas" da revolução perpetrada por Welles, Bazin fala inicialmente sobre o rádio e o teatro. E a propósito desses meios destaca a arte e a técnica, que foram herdadas pela família de Welles à criança prodígio. Bazin prossegue, descrevendo como o gênio foi alfabetizado com os textos de Shakespeare, estimulado pelas invenções do pai, pela música da mãe pianista, pelas viagens ao redor do mundo, pelas escolas de pedagogia moderna (a Washington School e a Todd School), pelos presentes artísticos do Dr. Bernstein, seu tutor, etc. Bazin aponta, por exemplo, como a Todd School, onde o adolescente Welles pôde exercitar-se na encenação de peças elisabetanas, está vinculada não só à criação do Mercury Theatre, mas também a outras manifestações artísticas e políticas, cujos laços decorrem justamente de uma teatralidade que invade a vida, sendo *The craddle will rock* um bom exemplo nesse sentido. São

30 BAZIN, André. *Orson Welles*. Paris: Cahiers du Cinéma, 1998.

31 *Ibidem*, p. 45.

ainda considerados por Bazin vários outros momentos da vida confrontada à obra de Welles: sua volta aos Estados Unidos depois da estreia profissional na Europa; uma viagem ao Marrocos e à Espanha; a organização que Welles empreende de um livro sobre Shakespeare e uma publicação sobre John Brown; o ingresso na companhia da atriz Katherine Cornell; um festival teatral organizado por Welles em Woodstock com o pessoal da Todd School e do Gate Theatre irlandês (inclusive com McLiammoir, que interpretará posteriormente o papel de Iago em *Othello*, o filme, 1952); o casamento com Virginia Nicholson e o nascimento da filha do casal; a parceria com John Houseman e o surgimento do Federal Theatre; o destaque que a voz de Welles passa a ter no rádio; suas várias montagens teatrais, destacando-se *Macbeth* com atores negros; o surgimento do Mercury Theatre em 1937, como fruto da parceria Welles/Houseman; a célebre emissão radiofônica – *A guerra dos mundos* – que, em 30 de outubro de 1938, chocou os ouvintes americanos, que se assustaram com a suposta invasão da Terra pelos seres provenientes de Marte, etc.[32]

Em suma, muitos momentos da vida de Welles são considerados por Bazin. E é interessante notar, enquanto seguimos com a leitura do livro, que a vida de Welles gradualmente ganha relevo em sua obra. No contexto da circulação de ideias aqui proposta, e na construção da tetralogia de Sganzerla inspirada em *It´s all true*, este é um dado fundamental. E como isso ocorre? Ou melhor, quais seriam, para começar, as proposições encontradas no livro de Bazin sobre Welles que são recuperadas tanto por Paulo Emilio como por Sganzerla, nos seus artigos para o Suplemento Literário?

Começando por Sganzerla, primeiramente, verifica-se uma semelhança considerável entre a estrutura da análise empreendida pelo crítico francês – a opção pela biografia artística – e os textos "Cidadão Kane" e "O Legado de Kane", publicados no Suplemento Literário do *Estado de S.Paulo*. Lembrando o que dissera Sganzerla a propósito da exibição do filme de Welles em São Paulo em 1965: "Cidadão Kane é um filme especial, 'que resume todos e antecipa todos os outros', como diz Truffaut – e certamente a melhor introdução a esta obra é justamente a carreira de seu autor".[33]

---

32 Há uma produção de radioteatro com atores brasileiros que reproduz a versão original de *A guerra dos mundos*. O referido CD acompanha o seguinte livro: MEDITSCH, Eduardo (org). *Rádio e pânico:* A Guerra dos Mundos, *60 anos depois*. Florianópolis: Editora Insular, 1998.

33 SGANZERLA, Rogério. "Cidadão Kane". Suplemento Literário, *O Estado de S.Paulo*, 07/08/1965, p. 5.

E Sganzerla seguia, como vimos no primeiro capítulo, situando a biografia de Orson Welles. Agora, no campo da circulação das ideias entre críticos franceses e brasileiros, é oportuno problematizar essa citação a François Truffaut. Por quê? Porque em uma edição americana, de 1978, do livro de Bazin há um prefácio escrito por Truffaut, intitulado "Welles e Bazin". Esse texto posteriormente foi incluído na *Cahiers du cinéma*, justamente em 1986 (ano de lançamento de *Nem tudo é verdade*), quando a revista publicou uma edição especial sobre Orson Welles. Em suas considerações sobre a leitura de Bazin sobre a vida e a obra de Orson Welles, Truffaut justamente ressalta a importância do dado biográfico, observando pontos tais como a dimensão familiar provocadora de um traumatismo afetivo; a experiência radiofônica como referência para os diálogos e para a própria montagem cinematográfica; a montagem ditada por um ritmo musical; a relação entre duração da imagem e montagem; o *contre-plongée* como um ponto de vista infernal (da terra para o céu) ou teatral (como se o espectador estivesse nas primeiras fileiras de uma plateia de teatro); a influência de cineastas como Buñuel, Hitchcock (particularmente em *O estranho*), John Ford (Welles afirmava ter visto inúmeras vezes *No tempo das diligências,* 1939); o interesse pelos universos fechados (como em *Macbeth*), etc. Contudo, prefaciando Bazin, Truffaut não deixa de incluir, o que é lógico, sua própria percepção do trabalho de Orson Welles. E aí se sobressai um ponto relevante no âmbito dos problemas abordados neste trabalho, ou seja, a atenção de Truffaut para o caráter internacional da obra de Orson Welles. É justamente o aspecto biográfico que impede, na perspectiva de Truffaut, que Welles possa ser considerado como um artista dos Estados Unidos, sendo ele, em vez disso, alguém que não está em casa em nenhum lugar. Nas palavras de Truffaut:

> Orson Welles não será exatamente um cineasta hollywoodiano nem mesmo um cineasta americano pela boa razão de que não fora exatamente uma criança americana. Como Henry James, ele se beneficiou de uma cultura cosmopolita e pagará por esse privilégio o inconveniente de não poder se sentir em casa em nenhum lugar: americano na Europa, europeu nos Estados Unidos, ele será sempre, senão um homem dividido, ao menos um homem compartilhado.[34]

34 Texto original: *Orson Welles ne sera pas exactement um cinéaste hollywoodien ni même un cinéaste américain pour la bonne raison qu'il n'aura pas été exactement un enfant américain. Comme Henry James, il a bénéficié d'une culture cosmopolite et il paiera ce privilège de l'inconvénient de ne pouvoir se sentir chez lui nulle part: Américain en Europe, Européen en Amérique, il sera toujours, sinon un homme déchiré, du moins un homme partagé. Ibidem*, p. 15.

Deve-se observar que Bazin não chega a destacar a questão internacional inerente à vida de Welles, mas o faz de modo indireto quando, por exemplo, se interessa por sua experiência na América Latina. Na verdade, tendo em conta a perspectiva biográfica, e considerando por exemplo os primeiros filmes de Orson Welles, *Cidadão Kane* e *Soberba* (que o crítico francês inscreve no ciclo do realismo social, em contraposição ao ciclo shakespeareano, composto por *Macbeth*, 1948, e *Othello*, 1952, e ao ciclo do entretenimento ético, com *A dama de Shangai*, 1947, e *Grilhões do passado*, 1955), o aspecto mais reiterado por Bazin a propósito de Welles está relacionado à "obsessão da infância". Para ele, não há dúvidas quanto ao fato de que a nostalgia da infância perdida constitui o tema maior da imaginação de Welles.[35]

Ora, no texto de Sganzerla sobre *Cidadão Kane* publicado no Suplemento Literário esse aspecto também era explorado em alguns parágrafos. Da infância à juventude e desta à idade adulta, o roteiro biográfico-artístico de Welles construído por Sganzerla incluía observações muito próximas às do crítico francês. No cotejo entre os dois críticos, é possível considerar um dado que chama a atenção: ao final de seu artigo sobre *Cidadão Kane*, Sganzerla assume uma posição polêmica defendida por Bazin, contra a qual, aliás, se opôs o próprio Orson Welles. Sganzerla admite que, entre as características dos personagens criados por Welles que coincidem com as do seu criador, estão o absolutismo e o egocentrismo, reconhecíveis em personagens como Kane, Macbeth e Hank Quinlan. Há aqui uma espécie de eco da polêmica em torno de *A marca da maldade* (1958) que nos recoloca diante da dialética "um gênio ou uma besta". A questão é a seguinte: refletindo sobre Hank Quinlan (o policial corrupto interpretado por Welles no referido filme), Bazin considera sua ambiguidade moral sob um ponto de vista instigante.[36] Ele questiona, primeiramente, se a monstruosidade física de Quinlan corresponde à sua monstruosidade moral. E responde, admitindo que sim e não. Sim, porque, sem dúvida, o policial vale-se do crime para se defender. Não, porque, justamente sob um ponto de vista moral mais elevado, em relação a Vargas – o policial honesto, correto, inteligente, mas pouco intuitivo –, Quinlan se contrapõe como um personagem shakespeareano e, por isso, não poderia ser julgado pela lei comum. Quinlan, nesse sentido, mantém, por exemplo, semelhanças

35 *Ibidem*, p. 76.

36 Ver a análise de Bazin sobre *A marca da maldade*. *Ibidem*, p. 124-128.

com O'Hara (de *A dama de Shangai*), um fora-da-lei. Essa ambiguidade moral, segundo Bazin, perpassa toda a obra de Welles, atingindo uma dimensão estética que mantém uma correspondência com à d'*A bela e a fera*. Tal ambiguidade é reconhecível em Kane, George Minafer Amberson, Harry Lime, Michael O'Hara, Macbeth, Othello, Mr. Arkadin, Dom Quixote e Sancho Pança, exemplos citados por Bazin em seu texto, personagens que remetem tanto a uma superioridade secreta quanto a uma justiça improvável.

Lembrando outro texto de Sganzerla sobre Welles – "O Legado de Kane"[37] –, de fato este deixa um pouco de lado o aspecto biográfico para dar lugar às considerações sobre a *mise-en-scène*. Sintomaticamente, como que reproduzindo em alguma medida a questão baziniana – *qu'est-ce que le cinéma?* –, Sganzerla inicia o seu texto interrogando o que é um filme.

> O que é um filme? Segundo o Welles de 1941 é um objeto de 119 minutos de duração, limitado e relativo. O filme vai até onde pode. Não consegue abranger "em absoluto" os homens e seus dilemas interiores, a civilização americana e sua essência barroca; isto é, não consegue conhecê-los. No máximo apreende alguns aspectos, unilaterais e falsamente objetivos.[38]

Este é o mote a partir do qual Sganzerla passa a falar da fragmentação formal em *Cidadão Kane*, enfatizando a dimensão barroca em perspectivas diversas: a narrativa construída como um quebra-cabeça sobre os depoimentos contraditórios dos entrevistados por Thompson, estabelecendo um jogo aberto a ser completado pelo espectador; as adversidades e as tensões entre a câmera, os personagens e o próprio filme; a aniquilação do herói fechado; a inclusão da reportagem e de variados pontos de vista sobre uma mesma questão (*Rosebud*), etc.[39]

Mas, curiosamente, a aproximação Sganzerla/Bazin em "O Legado de Kane" encontra, além das observações aproximadas a propósito da *mise-en-scène* de Orson Welles, outro ponto considerável. Já chegando ao final do

37 SGANZERLA, Rogério. "O Legado de Kane". Suplemento Literário, *O Estado de S.Paulo*, 28/08/1965.

38 *Ibidem*, p. 5.

39 A percepção de Sganzerla sobre o barroco em *Cidadão Kane* coincide, a propósito, com vários aspectos considerados por Jean Mitry. Ver MITRY, Jean. "Cinéma et Baroque (Essai d'approximation à propôs d'Orson Welles)". In: *Études Cinematographiques* – Baroque et Cinéma, nº 1-2, 1º trimestre, 1960.

artigo, Sganzerla cita Jean Dormachi, crítico francês que, ao lado de André Bazin e Charles Bitsch, conduziu as entrevistas com Orson Welles publicadas nas edições da *Cahiers du cinéma*.[40]

As entrevistas de André Bazin, Charles Bitsch e Jean Dormachi com Orson Welles também são citadas por Paulo Emilio Salles Gomes. Mais que citadas, na verdade, elas são em parte reproduzidas resumidamente por Paulo Emilio no artigo "Orson Welles: D. Quixote".[41] Logo nos primeiros parágrafos desse texto, Paulo Emilio explica inclusive o contexto no qual as entrevistas publicadas na *Cahiers du Cinéma* foram realizadas (durante o Festival de Cannes de 1957, a primeira parte, e em Paris, a segunda, durante as filmagens de *Raízes do céu* (1958), de John Huston, filme no qual Welles trabalha como ator). Contextualizado o momento de realização das entrevistas, um dos aspectos inicialmente pinçados por Paulo Emilio é o desencanto de Welles com o cinema. E uma das razões para isso diz respeito ao fato de *A marca da maldade*, o filme que marca a volta de Welles aos Estados Unidos depois de quase uma década de afastamento, ter sido tomado de suas mãos na fase de montagem, a exemplo do que ocorrera em projetos anteriores. Como observa Paulo Emilio, Welles está cansado:

> Ele não quer mais passar a vida percorrendo o mundo, freqüentando festivais e restaurantes para levantar fundos, pois calcula que noventa por cento de sua energia é gasta nessa atividade estéril. "Preciso esforçar-me", repete ele, "em encontrar outro terreno para trabalhar enquanto ainda me resta um pouco de mocidade. Preciso cessar a dilapidação de minha vida na tentativa de expressão através do cinema".[42]

Também pesa para um tal estado de esgotamento o mais recente trabalho, *Dom Quixote* (1955).[43] Esse filme, explica Paulo Emilio, é financiado pelo próprio Welles, com o dinheiro obtido por ele com o seu trabalho como ator

---

40 As entrevistas foram incluídas na última edição francesa do livro de Bazin. Ver BAZIN, André, *op. cit.*, p. 135-190.

41 GOMES, Paulo Emilio Salles. "Orson Welles: D. Quixote". In: *Crítica de cinema no Suplemento Literário*, vol. 1. Rio de Janeiro: Embrafilme/Paz e Terra, 1981, p. 375-378. O artigo foi publicado no Suplemento Literário pela primeira vez em 26 de julho de 1958.

42 *Ibidem*, p. 376.

43 As filmagens de *Dom Quixote* iniciaram-se em 1955 e continuaram, com diversas pausas, nas duas décadas seguintes.

em filmes de terceiros. Depois, seguindo não só o roteiro da entrevista da *Cahiers du cinéma* mas também as próprias observações de André Bazin em seu livro, Paulo Emilio problematiza a questão da adaptação do romance de Cervantes para a contemporaneidade, debatendo o método empreendido no filme que, como diz em acordo com Bazin, consiste em fazer os atores se familiarizarem com os personagens e o texto literário original – em um extenso trabalho de preparação – para que depois eles possam se entregar ao improviso, retomando dessa maneira uma certa tradição do cinema cômico mudo. Situado o contexto da produção de *Dom Quixote*, Paulo Emilio volta então à questão da montagem e ao fato de que ela é, para Welles, a instância máxima de sua visão do cinema, o único momento da realização de um filme em que o diretor pode dominar completamente os recursos formais à sua disposição. E concluindo o artigo sobre *Dom Quixote*, Paulo Emilio retoma uma ideia também encontrada em seus outros artigos sobre Welles publicados no Suplemento Literário:

> Num momento talvez decisivo de sua vida [esse no qual tenta finalizar *Dom Quixote* e cogita uma ruptura com o teatro e o cinema], Orson Welles conserva-se rigorosamente fiel à imagem ambiciosa de si próprio que construiu ao sair da infância.[44]

Ou seja, o momento relacionado à infância de Welles é recorrente nos textos de Bazin, Paulo Emilio e Sganzerla. Como antes fizera Bazin, no caso de Paulo Emilio, ele chega mesmo a admitir que esse é um ponto incontornável para a compreensão de Orson Welles:

> Ele não só foi um menino prodígio mas alguém que ainda em plena adolescência conheceu os mais espetaculares sucessos. Ao mesmo tempo, como tanta gente, Orson Welles nunca se tornou realmente um adulto, não encontrou um equilíbrio espontâneo nas relações humanas e foi levado pelo mecanismo das necessidades a se apresentar cada vez mais capaz de compreensão e criação universais.[45]

Mas há nos artigos de Paulo Emilio (assim como nos textos de Bazin e Sganzerla), obviamente, a observação de outros instantes da vida de Orson

---

44 GOMES, Paulo Emilio Salles. "Orson Welles: D. Quixote". In: *Crítica de cinema no Suplemento Literário*, vol. 1. Rio de Janeiro: Paz e Terra/Embrafilme, 1981, p. 378.

45 GOMES, Paulo Emilio Salles. "Orson Welles, o Americano". In: *Crítica de cinema no Suplemento Literário*, vol. 1. Rio de Janeiro: Paz e Terra: Embrafilme, 1981, p. 272.

Welles. Entretanto, é relevante notar como as conexões entre vida e obra não se revestem, pelo contrário, procuram se afastar, de alguma perspectiva psicológica ou psicanalítica. Paulo Emilio é explícito a esse respeito quando, comentando as semelhanças entre as psicologias de criador e criatura, Welles e Kane, ancorado na relação infância/adulto, chega a uma afirmação que se aproxima das noções de cinema do corpo de Rogério Sganzerla:

> Quando da realização de *Citizen Kane*, já há muito se faziam em Hollywood ensaios de utilização dramática da psicanálise, mal que perdura até hoje. Um aspecto suplementar notável de *Citizen Kane* é que o tema aflora suscitado espontaneamente pelo aprofundamento dramático e psicológico, sem tese ou fórmula preconcebida.[46]

De fato, tanto diante dos artigos de Paulo Emilio quanto diante do livro de André Bazin e dos textos de Sganzerla para o Suplemento Literário, o leitor percebe uma certa cronologia na biografia artística de Orson Welles, porém, sem que a psicanálise ou alguma psicologia seja o mediador da relação entre vida e obra. Em vez disso, o interesse de todos parece estar voltado para o aspecto da criação e sua repercussão política e social.

Lendo os textos de Paulo Emilio, notamos que, por exemplo no artigo "Orson Welles, o Americano", ele discute questões tais como: a unidade perceptível nas atividades cinematográficas, teatrais, radiofônicas e televisivas; as conferências de Welles na Associação Brasileira de Imprensa; o casamento com as "moças ingênuas" (no caso, Lea Padovani e Rita Hayworth); as quatro virtudes fundamentais de Welles (a voz, a presença, o talento como diretor e o americanismo); as atualizações dos textos clássicos; a importância do teatro americano de vanguarda dos anos 1930 para a sua formação; o interesse político-social revelado em projetos como o do Federal Theatre ou em encenações revolucionárias, como *The cradle will rock*, entre outras. Por sua vez, o artigo "Charles Foster Kane" reitera aspectos tais como: a inexistência de fronteiras entre o cinema e o teatro; as dificuldades de um gênio inovador em uma estrutura industrial; os projetos não realizados, como *Heart of darkness* e *The smiler with a knife*; as pesquisas de Welles na cinemateca de Nova York; o caráter inacabado de Kane como personagem.

---

46 GOMES, Paulo Emilio Salles. "Charles Foster Kane". In: *Crítica de cinema no Suplemento Literário*, vol. 1. Rio de Janeiro: Paz e Terra/Embrafilme,1981, p. 279.

Já o texto "A Decepção de Orson Welles" revela, em sua própria estrutura, outro dado da proximidade Paulo Emilio/André Bazin pela forma como é conduzida uma análise conjugada dos dois primeiros filmes de Orson Welles: *Cidadão Kane* e *Soberba*. Em seu livro, Bazin dissera que Welles fez seu filme barroco antes de seu filme clássico,[47] e esta é apenas uma das questões entre outras discutidas pelo crítico francês em sua abordagem comparativa, que inclui considerações sobre a própria nostalgia da infância; a nostalgia da neve; a mãe como personagem propulsora do conflito. Mesmo sob o ponto de vista formal, apesar das diferenças notáveis entre *Cidadão Kane* e *Soberba*, Bazin defende aproximações, por exemplo, ao notar o interesse de Welles pelo plano-sequência como forma de valorização do ator, da ação e do cenário – coerente para alguém que vem do teatro. Outro ponto baziniano diz respeito ao uso das objetivas de grande-angular associadas ao *contre-plongée*, deformando a imagem e revelando, por exemplo, os tetos, estabelecendo uma tensão entre física e metafísica. A decupagem em profundidade é também observada como um recurso formal recorrente: a profundidade de campo permite a valorização dos atores e dos cenários, podendo estabelecer tensões entre uns e outros em um mesmo plano ou na relação entre os planos. A propósito, Bazin comenta tanto a cena da tentativa de suicídio de Susan Alexander quanto a cena da conversa entre George Amberson e sua tia na cozinha da mansão.

Em "A Decepção de Orson Welles", Paulo Emilio se aproxima muito dessas considerações de Bazin. A propósito da fotografia, por exemplo, Paulo Emilio diz o seguinte:

> A técnica de tomadas de vistas é bastante semelhante nos dois filmes. As objetivas de ampla angulação do fotógrafo Gregg Tolland continuam a ser utilizadas [em *Soberba*, pelo fotógrafo Stanley Cortez] em cenografias fechadas que incluem tetos, e sua sábia manipulação permitiu que se criassem campos visuais cada vez mais profundos.[48]

O fato de Welles, já em seus primeiros filmes, conseguir com fotógrafos diferentes tal unidade de estilo é visto por Bazin, cujos comentários são extensos a esse respeito, como uma prova do gênio formal do diretor ameri-

47 BAZIN, André, *op. cit.*, p. 71-72.

48 GOMES, Paulo Emilio Salles. "A Decepção de Orson Welles". In: *Crítica de cinema no Suplemento Literário*, vol. 1. Rio de Janeiro: Paz e Terra/Embrafilme, 1981, p. 281.

cano. Paulo Emilio, dispondo de um espaço mais restrito de um artigo para jornal, não pode se estender no desenvolvimento de suas observações. Ainda assim, ele também se detém, a propósito de questionamentos sobre os sentidos implicados na câmera fixa, em uma cena muito discutida por Bazin: a conversa na cozinha da mansão entre George e Fanny Amberson. Bazin mostra como há duas ações simultâneas, detectadas nos diálogos: um diálogo verdadeiro, feito de algumas perguntas insidiosas de Fanny, e um diálogo aparente, banal, que consiste nos conselhos de Fanny para que George se alimente devagar, com maior cuidado, sem tanta voracidade. Por sua vez, sobre a mesma cena Paulo Emilio Salles Gomes diz o seguinte:

> Trata-se da tomada contínua que dura dez minutos, na qual o jovem Amberson come e conversa com a tia. Como arte de representar e como sutileza psicológica, essa seqüência é das mais importantes na história do cinema. Sua riqueza deve-se sobretudo à qualidade do diálogo, desenvolvido em dois planos distintos. As referências corriqueiras da tia sobre a sofreguidão com que o sobrinho engole os doces são intercaladas por *perguntas insidiosas* [grifo meu] a respeito de um passeio, reveladoras de um ciúme secreto e devorador.[49]

Como última questão, no âmbito da circulação de ideias entre os três críticos aqui dispostos como base para a compreensão do livro *O pensamento vivo de Orson Welles*, cabe ainda uma pergunta: não sendo a psicologia ou a psicanálise o campo definidor da abordagem vida/obra tal como empreendida nas biografias artísticas de Orson Welles, qual seria o horizonte filosófico implicado nos textos dos críticos em questão?

E aqui, mais uma vez, uma interseção parece provável, a partir dos textos dos autores em questão. Sganzerla, por exemplo, cita explicitamente Sartre quando, discutindo "O Legado de Kane", levanta questões sobre o significado do *puzzle* implicado na estrutura do filme e, mais diretamente, sobre o significado de "*Rosebud*", que identifica como o fragmento-chave no quebra-cabeça, a "palavra ou palavra-objeto, como diria Sartre".[50] Comentando o mesmo filme, Bazin traz à discussão um artigo que Sartre publicara na *Écran français*, citado a

49 *Ibidem*, p. 283.

50 SGANZERLA, Rogério. "O Legado de Kane". In: Suplemento Literário, *O Estado de S.Paulo*, 28/08/1965, p. 5.

propósito da cena da tentativa de suicídio de Susan Alexander.[51] Essas citações referentes a Jean-Paul Sartre vêm ao encontro de uma percepção do existencialismo como uma corrente filosófica relevante para a crítica do pós-Segunda Guerra Mundial. Ismail Xavier, por exemplo, na "Introdução" da edição brasileira de *Qu'est-ce que le cinéma?*, de André Bazin, afirma:

> O pós-guerra francês foi extremamente profícuo em crítica e teoria cinematográficas. Havia o novo clima criado pela liberação; havia um pensamento marcado pela noção de compromisso, engajamento e o existencialismo, em suas variadas acepções (Sartre, Merleau-Ponty, Emmanuel Mounier), definia um horizonte de reflexão que atingia todas as esferas, a do cinema em especial.[52]

É verdade que Bergson também é lembrado por Ismail Xavier como uma referência fundamental para Bazin, inclusive, anterior a Sartre e Emmanuel Mounier. Há, contudo, um aspecto destacado na referida "Introdução" a essa versão brasileira de *Qu'est-ce que le cinéma?* que talvez possa balizar a interseção em pauta neste momento entre o crítico francês e os críticos brasileiros. Trata-se da noção de *crítica militante*. Obviamente, essa noção assume, quando cotejamos André Bazin, Paulo Emilio Salles Gomes e Rogério Sganzerla, nuances específicas em razão dos respectivos projetos e do momento em que eles *intervêm* na sociedade.

Contudo, esses projetos guardam, dentro de alguns limites, possibilidades de interseção previstas, por exemplo, nas conexões prováveis entre existencialismo, personalismo e marxismo. Tal perspectiva pode representar um horizonte filosófico oportuno à leitura de *O pensamento vivo de Orson Welles*.

51 BAZIN, André, *op. cit.*, p. 89.

52 XAVIER, Ismail. "Introdução". In: BAZIN, André. *O cinema: ensaios*. São Paulo: Brasiliense, 1991, p. 9.

CAPÍTULO 6

Em síntese, uma proposta: *Por um cinema sem limite*

Em 2001, Rogério Sganzerla lançou *Por um cinema sem limite*,[1] o livro no qual ele traz ao leitor a seleção de algumas críticas de sua autoria. Quando se observa o livro, é possível perceber que constam na publicação textos dos anos 1960, do Suplemento Literário do *Estado de S.Paulo*, e dos anos 1980, da *Folha de S.Paulo*, veículos nos quais a visão de cinema de Sganzerla encontra um espaço mais adequado à sua expressão mais reflexiva. Foram desconsideradas, em contrapartida, as matérias do *Jornal da Tarde* e da *Folha da Tarde*.

Além disso, em *Por um cinema sem limite* não há uma organização cronológica linear. Percebe-se uma alternância temporal na sequência das matérias escolhidas: 1965 ("Noções de Cinema Moderno"), 1980 ("Passagem ao Relativo" e "O Cinema e sua Dúvida"), 1981 ("Função da Câmera"), 1964 ("A Câmera Cínica" e "Becos sem Saída"), 1981 ("Câmera Clínica") e assim por diante, ou seja, tal organização não permite ao leitor a dedução de uma *evolução* do pensamento, mas sua complementação e revisão permanentes. A propósito, Rubens Machado Jr. aponta, ao fazer a resenha de *Por um cinema sem limite*, alterações dos textos originais publicados por Sganzerla nos anos 1960, o que indica uma revisão do autor *a posteriori*.[2]

Dos dezessete artigos selecionados para o livro, oito são dos anos 1960 e nove, dos anos 1980. Nos artigos da década de 1980, não foram destacadas as

---

1 SGANZERLA, Rogério. *Por um cinema sem limite*. Rio de Janeiro: Azougue Editorial, 2001.

2 MACHADO Jr., Rubens. "Cineastas do Corpo". In: Jornal de Resenhas, *Folha de S.Paulo*, 14/09/2002, p. 4.

figuras encontradas nas críticas publicadas na *Folha de S.Paulo*, como Welles, Hendrix, Noel Rosa, João Gilberto, entre outras. São escolhidas, em vez disso, matérias cujo foco está em questões conceituais, ancoradas em diretores vários. Considerando-se tal perspectiva, é possível afirmar que Orson Welles se mantém em um lugar privilegiado entre esses diretores, como Godard, Howard Hawks, Samuel Füller, Hitchcock e muitos outros. E uma das provas para esta afirmação está justamente na recorrência de citações.

Assim temos, por exemplo, em "Passagem ao Relativo" (1980):

> Orson Welles, o neo-realismo e *nouvelle-vague* instituíram em diferentes épocas essa forma direta de filmar, aquele apanhar a vida em flagrante ou escrever-na-própria-pele-da-vida que o oito milímetros, superoito, vt e filmagnético (sob o princípio da câmera automática tipo *one-man shooting*) consagram, viriam ou deveriam definir como formas alternativas de produção cultural, com menor custo operacional, em campo no Terceiro Mundo.[3]

Em "O Cinema e sua Dúvida" (1980), depois da definição do cinema segundo Robert Bresson, Roger Vadim, Godard, Fellini, Alain Resnais, Nicholas Ray...

> Orson Welles assegura: "Eu não amo o cinema, salvo quando eu filmo; então é preciso saber não ser tímido com a câmera. É preciso violentá-la, forçá-la em suas últimas reentrâncias, pois ela é uma vil mecânica – o que interessa é a poesia".[4]

Em "Função da Câmera" (1981), um dos tópicos principais é a participação do espectador na construção do sentido do texto fílmico. "Desde 'Cidadão Kane', o espectador é um homem livre, seja para refletir os fenômenos sociais (Visconti, Rosi), seja para observar o mecanismo da tragédia (Welles, Losey), ou simplesmente para deixá-lo livre (Godard)".[5]

Com a "Câmera Clínica" (1981), que assim como a câmera cínica é interessada nos tempos mortos, em ausência de dramatização, na física do mundo, na captação do real, como faz Godard em *Viver a vida* ou Saraceni em *O desafio*, Welles tem sua participação:

---

3 SGANZERLA, Rogério. "Passagem ao relativo". In: SGANZERLA, Rogério. *Por um cinema sem limite*. Rio de Janeiro: Azougue Editorial, 2001, p. 21-25.

4 SGANZERLA, Rogério. "O Cinema e sua Dúvida". *Ibidem*, p. 26-29.

5 SGANZERLA, Rogério. "Função da Câmera". *Ibidem*, p. 30-34.

> Diversos filmes tentaram depois de "Cidadão Kane" tratar narrativamente a falibilidade – não só da justiça – mas também do cinema contemporâneo. Como Welles, recorrem a depoimentos contraditórios sobre uma mesma incógnita (complô em "Assassinos", estupro em "Rashomon", Ava Gardner em "Condessa Descalça").[6]

Sobre o "Papel do Ator" e a construção de personagens fundadas nos intérpretes, propõem-se ideias já discutidas desde a década de 1960:

> Quem mais ou menos introduziu no cinema o protótipo do herói fechado foi e continua sendo "Cidadão Kane" que no leito de morte pronuncia a palavra inexplicável "Rosebud" (botão de rosa?); um repórter tenta desvendar o mistério e alcança somente aspectos parciais e contraditórios da personalidade de Charles Foster Kane. A crise interior está ligada à palavra personagem (ou mantra? No Oriente dir-se-ia "lótus-bud"...) Kane sofre crises profundas e insondáveis, que o filme não define: sabe-se de sua existência, mas não de sua essência.[7]

Fica evidente, com esses exemplos, a recorrência da figura de Welles nos textos dos anos 1980. Na verdade, fica evidente uma reiteração principalmente a partir de *Cidadão Kane*, já que outros filmes de Orson Welles não são citados, ao menos não de uma forma tão significativa.[8]

Mais uma observação sobre *Por um cinema sem limite*: o livro é dedicado a Decio de Almeida Prado, que, como visto, foi uma espécie de mentor de Rogério Sganzerla no Suplemento Literário do *Estado de S.Paulo*. Além disso, convém recordar, Decio de Almeida Prado foi um grande amigo, companheiro intelectual de Paulo Emilio Salles Gomes desde a formação primária e depois por toda a vida.

---

6 SGANZERLA, Rogério. "Câmera Clínica". *Ibidem*, p. 47-52.

7 SGANZERLA, Rogério. "Papel do Ator". *Ibidem*, p. 58-62.

8 Ver PAIVA, Samuel. "Nem Tudo é Brasil na Crítica de Sganzerla". In: revista *Sinopse*, nº 8, ano 4, abril de 2002, p. 60-62.

PARTE II

CONFIGURAÇÕES DA HISTÓRIA NA TETRALOGIA SOBRE IT´S ALL TRUE

Quando Sganzerla lançava *Nem tudo é verdade* (1986), o contexto do Brasil e da produção cinematográfica brasileira era muito diferente daquele no qual sua produção como crítico teve início, na primeira metade da década de 1960. Ao longo dos vinte anos de ditadura militar no Brasil (1964–1984), houve na produção de Sganzerla vários estágios marcantes, como a própria análise das críticas na primeira parte deste trabalho indica, por exemplo, ao revelar as variações em torno do Cinema Novo e do Cinema Marginal, a passagem do emblema da fome ao emblema do lixo. Mas, além desse momento emblemático, com o surgimento de filmes como *O bandido da luz vermelha* e *A mulher de todos*, outro estágio significativo, quando se tem em perspectiva a tetralogia de Sganzerla sobre *It´s all true*, diz respeito à experiência da Belair. E entre as razões para isso destacam-se configurações como a *carnavalização*, a *viagem* e o *metacinema*.

A Belair surge quando Rogério Sganzerla e Júlio Bressane decidem criar uma produtora para produzir com liberdade, sem contingências mercadológicas. Os dois diretores estiveram no Festival de Brasília de 1969, onde Sganzerla apresentava *A mulher de todos* e Bressane, *O anjo nasceu*.[1] Naquele momento, teria surgido a ideia de criação da Belair, produtora na qual Sganzerla e Bressane, com um esquema de produção simplificado, uma espécie de cooperativa semifamiliar – sendo Helena Ignez o terceiro vértice de um triângulo afetivo-profissional –, realizam projetos compartilhando a mesma equi-

1 Ver a propósito o filme *Belair* (Noa Bressane, Bruno Safadi, 2009).

pe. Durante poucos meses, cada um dos dois diretores realiza três longas-metragens. De Sganzerla, surgem *Sem essa, Aranha* (1970), *Copacabana, mon amour* (1970) e *Carnaval na lama* (1970) – este último também conhecido como *Betty Bomba, a exibicionista*. De Bressane, *Família do barulho* (1970), *Barão Olavo, o horrível* (1970) e *Cuidado madame* (1970). De ambos, há o super-8 *A miss e o dinossauro* (1970), que Bressane define como um *making-of* das filmagens de *Sem essa, Aranha* e *Cuidado madame*.[2] De uma maneira geral, esses filmes foram finalizados no exterior, devido à repressão do governo Médici (1969–1974) em pleno momento do "Brasil ame-o ou deixe-o" – o *slogan* que convidava os desafetos do regime militar a se retirarem do país, antes que fosse tarde demais. Os filmes da Belair foram então levados por seus realizadores para a Europa, primeira parada de seu exílio.

Sobre a experiência da Belair há um depoimento de Bressane:

> A Belair foi uma aventura criativa que buscava uma outra expressão para o cinema, uma coisa que aproximasse o cinema com vivacidade de muitas outras disciplinas. (...) Fizemos muita coisa, foi uma travessia através do errático, do errante, foi toda uma virada de mão que deixou uma marca profunda no cinema brasileiro. Foi possível trazer à tona muita coisa com a qual o cinema não estava totalmente sintonizado aqui, e também destronar muitos valores, falsos valores, falsos rigores, falsas seriedades... e trazer uma outra expressão que tinha uma força muito grande e que, naquele momento, foi muito importante. Como a força do riso, por exemplo.[3]

De fato, a força do riso, como aliás o próprio Bressane reconhece nessa mesma entrevista em um ponto posterior, pode ser diretamente associada à paródia e, nesse sentido, a Chanchada seria a lembrança mais imediata, dado o interesse por ela suscitado nos artistas da Belair. Essa força do riso deve ser associada de forma ampliada à *carnavalização* tal como a compreende Bakhtin. Como bem resume Robert Stam, "o carnaval, na acepção bakhtiniana, é o *locus* privilegiado da inversão, onde os marginalizados apropriam-se do centro simbólico, numa espécie de explosão de alteridade".[4] E nesse

---

2 Helena Ignez finalizou um curta-metragem intitulado *A miss e o dinossauro* em 2005. Já sobre a visão de Júlio Bressane acerca da Belair ver o catálogo da mostra *Cinema Inocente: Retrospectiva Júlio Bressane 2003*, p. 14.

3 *Ibidem*.

4 STAM, Robert. *Bakhtin: da teoria literária à cultura de massa*. São Paulo: Editora Ática, 1992, p. 14.

sentido já *O bandido da luz vermelha* e *A mulher de todos* traziam à cena essa inversão, trabalhando dialéticas sociais, étnicas, sexuais, nas quais o dado periférico, marginal, insiste em destruir o lugar do centro, onde se situa a voz hegemônica do ocupante. No livro que escreveu sobre Bakhtin, propondo-o como um autor fundamental para a compreensão da cultura brasileira, Robert Stam dedica um espaço a considerações sobre *O bandido da luz vermelha*. Cito um trecho no qual ele discute a relação Bakhtin/Oswald de Andrade:

> As categorias conceituais de Bakhtin são especialmente relevantes para as produções tropicalizadas, antropofágicas, da vanguarda cinematográfica. *O bandido da luz vermelha* (1968), de Rogério Sganzerla, dá mostras de uma abertura antropofágica a todas as influências intertextuais, jogando Hollywood contra Hollywood através de uma tática de fusão de gêneros e de colagem discursiva num "filme-suma" que funde o faroeste com a comédia musical, a chanchada com a ficção científica, o policial com o documentário.[5]

Nessa perspectiva, nos textos fílmicos de Sganzerla são transpostas fronteiras de alteridade, rompendo-se dicotomias tais como centro/periferia, metrópole/colônia, homem/mulher, heterossexual/homossexual, estrangeiro/nacional, ocupante/ocupado, sendo possível se perceber a carnavalização como fator permanente.[6] Entretanto, há variações nessa carnavalização. E a própria experiência da Belair é significativa nesse sentido, a começar pela instauração de um novo cenário, o Rio de Janeiro, como polo catalisador da criação de Sganzerla. Se antes a Boca do Lixo (no *Bandido*) era vazada pelo mundo, se a Ilha dos Prazeres (em *A mulher de todos*) era ponto de passagem entre o Ocidente e o Oriente, agora é o Rio de Janeiro o local de onde as noções de espaço e tempo passam a ter limites flexibilizados.

Em *Copacabana mon amour*, por exemplo, uma favela do Rio de Janeiro constitui o espaço inicial da narrativa. Mas há entre essa favela de 1970 e

---

5 *Ibidem.*, p. 55-56.

6 A concepção dialógica de Bakhtin também pode ser pensada a partir de binômios. Como explica Robert Stam: "Toda a obra de Bakhtin gira em torno desse eixo do eu e do outro, e da concepção de que a vida é vivida nas fronteiras entre a particularidade de nossa experiência individual e a autoexperiência de outros. Para Bakhtin, o eu não está 'lacrado': ele é capaz de atravessar a fronteira e de imaginar o outro como sujeito e ver a si mesmo como objeto. (...) O conceito da relação dialógica entre eu e outro supõe diversas dicotomias conceituais, posteriormente desenvolvidas por Bakhtin: épica/romance, oficial/não-oficial, normalidade/carnaval e monologismo/dialogismo". *Ibidem*, p. 14.

aquela associada a Orson Welles em sua busca pelas origens do samba nos anos 1940 uma conexão, por via da música como elemento comum: o sonho de Sônia Silk (Helena Ignez) é ser cantora da Rádio Nacional. A minimização de fronteiras está indicada em vários momentos já nas primeiras sequências de *Copacabana mon amour*. A figura do pai-de-santo Joãozinho da Gomeia remete ao sem-limite entre ficção e documentário. Ele "interpreta" a si próprio e instaura uma cosmologia africana cuja composição também é pontuada pela locução e pela trilha sonora, que intercala pontos de candomblé e trechos da MPB da primeira metade do século XX. O pai-de-santo também remete a outra ordem da cultura para além do patriarcado burguês, ao preencher uma figura paterna em registro africano (com suas roupas femininas para os padrões eurocêntricos). Ainda assim, daí por diante, no plano da família apresentada em *Copacabana mon amour*, o matriarcado, o incesto e a homossexualidade também confirmam a desordem da ordem patriarcal. Como nos explica a locução, os antepassados mais remotos de Sônia Silk encontravam-se em Gomorra, origem de sua genealogia. No plano religioso, as *possessões* ocorrem ao longo da trajetória de Sônia e seu irmão. Essa religiosidade *periférica*, cabe lembrar, também rondava o projeto de Orson Welles, como ele mesmo declara na primeira sequência de *It´s all true – sobre um filme inacabado de Orson Welles* (1993), contando a história do feiticeiro que amaldiçoou o roteiro transpassando-lhe uma agulha. A tensão centro-periferia assume, enfim, muitas dimensões. Do espaço colorido da favela, avistam-se em cinemascope os prédios e a praia de Copacabana. Na praia, Sônia caminha pelo calçadão seguida de um parangolé ("os fantasmas esfomeados do planeta"). Ela aceita um "programa" proposto por uma cafetina (Lilian Lemmertz) e, já no quarto, as duas mulheres conversam. Sônia inventa para si (como faz o Bandido inúmeras vezes) uma história, uma identidade: ganhou o primeiro prêmio na Rádio Nacional, sua família é muito rica, ela tem nojo de pobre. O jogo homossexual, tensionado pela simetria da diferença entre as duas mulheres, é revelado pelas cores: uma é loira, a outra é morena; uma veste vermelho, a outra, azul. No calçadão da praia, outro marginal (Guará) pede dinheiro a marinheiros gringos: *"money, please"*, *"I want money, American friends "*, e entre uma mendicância e outra ele intercala dúvidas existenciais aos pulos, "qual o destino do homem?", "o que é que nós estamos fazendo aqui na Terra?", registro cômico para questões equivalentes ao enigmático "quem sou eu?" de *Cidadão Kane* e do *Bandido*, porém, agora inscrito no plano de uma existência claramente conspurcada pelo dólar em pleno milagre brasileiro. Na sequência seguinte, Guará – o malandro que explora malandros e serve de dedo-duro para a polícia – reproduz um discurso afinado com a propaganda ufanista e anticomunista de Médici: "o Brasil é o país mais rico do mundo..."; "é preciso a polícia para não deixar esse mundo sujo e o povo louco correrem por mar abaixo", "a polícia salva o Brasil do desastre e do comunismo". O discurso de Guará como malandro dedo-duro é um dado da polifonia articulada no filme. Outra voz significativa é a do irmão de Sônia Silk (Othoniel Serra). Ele incorpora a dominação do opressor, uma vez que, apaixonado pelo Dr. Grilo (Paulo Villaça), o sádico patrão, deixa-se espancar de uma forma prazerosamente masoquista. Como diz: "o luxo me dá luxúria, sempre tive luxúria pelos meus patrões milionários". A música-tema, *Mr. Sganzerla*, interpretada por Gilberto Gil, com letra cantada em português e em inglês, expõe o próprio Sganzerla como figura e pontua os vários polos do filme, por exemplo, a favela, onde vários negros tocam instrumentos como berimbau e pandeiro, instrumentos de percussão como aqueles que veremos em discussão em *Tudo é Brasil*. Já no final de *Copacabana mon amour*, depois das inúmeras vozes até então apresentadas, Sônia Silk caminha sem perspectiva por uma estrada enquanto ouvimos a voz *over* de Deus sugerindo o exílio e o carnaval como única saída. Depois de ouvir a voz de Deus, Sônia estará na favela recebendo um "passe" de Joãozinho da Gomeia. Antes, porém, ouvimos:

> Locução: Agora vai falar a voz de Deus. Essa é a voz de Deus, Sônia. Se manda, minha filha. Infelizmente não dá pé, minha cara. É preciso que as estátuas brasileiras acordem para um dia sair da idade colonial da pedra para o carnaval permanente. Daqui pra frente quem fala é Deus. Eu disse Deus.

O "emblema do carnaval"[7] de fato é uma matriz de um segmento do cinema brasileiro dos anos 1970/1980. Esse emblema, ainda que de uma maneira geral possa estar relacionado a uma reversão do princípio da festa como alienação (mais de acordo com a ideologia de esquerda dos anos 1960), afirmando, em contrapartida, a festa como revolução, é multiforme quando pensado a respeito de vários filmes brasileiros que poderiam ser incluídos em tal

7 Ver a propósito XAVIER, Ismail. "Do Golpe Militar à Abertura". In: XAVIER, Ismail; BERNARDET, Jean-Claude; PEREIRA, Miguel. *O desafio do cinema: a política do Estado e a política dos autores*. Rio de Janeiro: Jorge Zahar Editor, 1985, p. 33-38.

perspectiva. No caso específico de Sganzerla, o princípio de carnavalização pode ser pensado, entre outras possibilidades, como um dado a preencher a figura de Orson Welles. E isso não só porque o Carnaval constituía um dos episódios de *It´s all true*, mas pelo próprio princípio bakhtiniano implicado na concepção de Orson Welles. Catherine Benamou aponta bem esta questão quando, em sua tese sobre *It´s all true*, problematiza os princípios do Carnaval implicados no filme, trazendo à tona a questão das variações do samba (marcha, samba enredo, partido alto, etc.) pesquisada por Welles e fazendo a conexão dessas variações com o conceito de "heterologia" de Bakhtin: de tal perspectiva, tais variações funcionariam tanto como um comentário quanto como um antídoto à arregimentação do samba como um símbolo unívoco da identidade nacional. Benamou também relaciona as tendências performativas do samba com a política de organização espacial (por exemplo, a situação das favelas na cidade), discutindo como o Carnaval aparece simultaneamente como reconciliação e indicação das diferenças raciais e de classe. No plano da produção de *It´s all true*, ela também destaca como é relevante notar o aspecto transcultural no episódio do Carnaval, em que houve uma intensa participação de uma equipe de brasileiros que incluía, entre outros, Alex Viany, Herivelto Martins e Grande Otelo.[8]

De volta aos filmes da Belair, *Sem essa, Aranha* também nos fornece material para uma reflexão sobre o Carnaval bakhtiniano e para o preenchimento da figura de Welles. Aranha (Jorge Loredo) é um ocupante paródico que, já na primeira sequência do filme, surge vestido com um chapéu ornado de plumas, longo lenço vermelho em volta do pescoço, óculos enormes e os trejeitos do seu personagem popularmente consagrado como Zé Bonitinho. A narrativa evolui em vários planos-sequência montados sem linearidade, fugindo aos princípios de uma história contada com início, meio e fim. Ainda assim, temos o que seria a saga de Aranha desde quando ele encontra América (Helena Ignez), casa-se com ela, tem muitos filhos e, com o jogo do bicho, torna-se "o último capitalista do país", sendo, contudo, obrigado a exilar-se no Paraguai. A sequência do exílio ocorre em um espaço diegeticamente designado como o Teatro de Revista Assunción. Uma cobra circula pelo ambiente quando Maria Gladys surge dançando com adereços à Car-

8 BENAMOU, Catherine. *Orson Welles's transcultural cinema: an historical/textual reconstruction of the suspended film, It´s all true, 1941-1993*. Tese (doutorado em *Cinema Studies*) – NYU, 1997, p. 51.

men Miranda diante de um cenário pintado que reproduz um oceano azul e cheio de ondas. Estamos no plano de uma alegoria cristã onde o pecado original atinge uma Eva carnavalizada. Maria Gladys grita: "Eu tô com fome", "ai que dor de barriga". Expulsa do paraíso, ela questiona: "Será que já posso voltar ao Brasil?" Mas há outros personagens no teatro. Aranha entoa canções que se tornaram célebres na voz de Frank Sinatra. Sua amante, também canta *Eu sou a outra*: "Quem me condena / como se condena uma mulher perdida / só me vê na vida dele / mas não o vê na minha vida / não tenho lar / trago o coração ferido..." A Outra é a amante. Assim como faz com América, sua esposa, Aranha beija e espanca a sua amante, a Outra, várias vezes. O corpo sempre se coloca como o território onde se fixam as marcas do político aqui orientadas contra a teleologia cristã, propondo-se resistência: "Precisa pecar em dobro para o planeta não virar de pernas pro ar". O corpo também é matéria na mão dos exus, que Aranha encarna como o Mal – novamente a imagem da possessão – até ser abandonado pelos espíritos. Não há, em todo caso, redenção possível. Apontando para um mapa, alguém diz: "Estamos aqui". E alguém retruca: "E onde está o Brasil?" E vem a resposta: "O Brasil está fora da página". O Brasil é um não-lugar, uma utopia que ficou para trás. Um travesti negro de peruca loira, ator desse teatro barroco, é enquadrado pela câmera que tateia o seu corpo até a altura do pênis. A câmera ainda avança para uma pichação na parede: "Mierda todos". Estamos diante de uma antítese do corpo clássico, fechado, delimitado. Contra ele, erguem-se o ventre, a boca ("eu tô com fome" é o grito que perpassa todo o filme ligando a boca e o ventre), o falo, os orifícios que eliminam as fronteiras entre o corpo e o mundo. Como diz Bakhtin:

> Depois do ventre e do membro viril, é a *boca* que tem o papel mais importante no corpo grotesco, pois ela devora o mundo; e em seguida o *traseiro*. Todas essas *excrecências* e *orifícios* caracterizam-se pelo fato de que são o lugar onde *se ultrapassam as fronteiras entre dois corpos e entre o corpo e o mundo*, onde se efetuam as trocas e as orientações recíprocas [grifos do autor].[9]

Um personagem como Falstaff (em *Chimes at midnight*, 1965), dirigido e interpretado pelo próprio Orson Welles, também está inscrito em uma tal

9 BAKHTIN, Mikhail. *A cultura popular na Idade Média e no Renascimento: o contexto de François Rabelais. 2ª. ed. São Paulo/Brasília:Hucitec/Edunb*, 1993, p. 277.

concepção do corpo grotesco. Falstaff não cansa de beber, comer e participar de orgias. Seu corpo gigantesco não se presta à destreza da guerra, mas ao prazer das festas infindáveis, nas quais promove encenações satíricas dos jogos de poder na corte. Contra os horrores e a frieza da guerra, ele propõe o vinho, que libera o riso, que sobe à cabeça afastando a tristeza. Falstaff é a figura do excesso e justamente por isso ele atrai a ira dos poderosos. Curiosamente sua figura pode ser associada à imagem do próprio Welles, na perspectiva dos registros da imprensa a propósito de sua viagem ao Brasil. A figura de Welles, na perspectiva da imprensa brasileira à época de sua passagem pelo Brasil, também esteve associada à ideia do corpo grotesco. Na imprensa brasileira da época, encontravam-se notas tais como:

> [Orson Welles] Tem a resposta pronta na língua para tudo e não possue [sic] o chamado físico da profissão dos galãs de Hollywood. Para herói cinematrográfico é "very fat" e para diretor de filmes, "little fat". Verdadeiramente "self-sufficient", capaz de sorrir em face das maiores burrices.[10]

A esta visão que a imprensa brasileira de uma maneira geral constrói a partir dos hábitos de Welles com a comida, a bebida, a música, etc., é interessante contrapor a percepção de um certo segmento da crítica norte-americana e européia, que vê nos *excessos* de Welles a razão para o fracasso de *It´s all true*. Em sua tese, Benamou discute essa questão, afirmando por exemplo:

> Muitos relatos euroamericanos têm dispensado a inabilidade de Welles para finalizar *It´s all true* como um resultado quase carmático de sua tendência para o excesso pessoal e profissional (desde o custo, o tamanho e o número de projetos tocados simultanemente até a hiper-sociabilidade e mesmo sexualidade durante as horas de lazer); enquanto relatos latino-americanos tendem a retratar Welles como um herói corajoso e trágico que ousou testar as fronteiras da produção hollywoodiana, expressando-se em desafio a homens (de William Randolph Hearst a Floyd Odlum e Getúlio Vargas) mais poderosos que ele mesmo.[11]

---

10 "15 Minutos com Orson Welles", matéria especial de Paulo do Couto Malta para o *Diário de Pernambuco*, publicada em 16/07/1942.

11 BENAMOU, Catherine, *op. cit.*, p. 85. Minha tradução do seguinte trecho do texto: "Many EuroAmerican accounts have dismissed Welle´s inability to complete It´s all true as an almost karmic conclusion to his tendency towards personal and professional excess (from the

Em outro momento, discutindo as construções neocolonialistas de segmentos da crítica sobre *It´s all true*, Benamou explica como alguns críticos vêem a relação Norte-Sul de uma forma tal que ao hemisfério Norte corresponderia a mentalidade moderna, civilizada, enquanto ao Sul se configuraria um corpo pré-moderno, primitivo. Nesse sentido, alguns críticos chegam a apontar os participantes brasileiros do projeto de *It´s all true* como "nativos" (Benamou cita como exemplo Bárbara Leaming). Mais adiante, a pesquisadora discute duas tendências do corpo grotesco.[12] A primeira relaciona-se com um discurso da classe média ocidental modernizada, segundo o qual o Eu se define pela oposição ao Outro (e aí Welles seria visto como um diretor excêntrico dentro de uma indústria autorregulada). A segunda relaciona-se com a ideia de uma hibridação das fronteiras entre o Eu e o Outro. Diante desse quadro, a autora posiciona-se em relação à questão:

> Ficamos tentados a ler a manipulação simbólica sobre o corpo de um diretor de 27 anos de idade não apenas como um mecanismo discursivo de compensação para a hipertrofia do gênio de Welles como artista, mas como um signo de *resistência* [grifo da autora] ideológica, [...] no que diz respeito à boa vontade de Welles para ultrapassar, cultural e politicamente, protocolos de conduta (ainda que não definidos), assim como para "confundir" deliberadamente as duas metades do hemisfério – o que *It´s all true* mostra ao compreender, dentro delas mesmas, entidades cultural e socialmente diferenciadas – com um único espaço de representação cinemática.[13]

---

cost, scale, and number of his projects undertaken simultaneously, to his hyper sociality, and even sexuality, during leisure hours); whereas Latin American accounts have tended to portray Welles as a courageous and tragic hero who dared to test the boundaries of Hollywood production and who expressed himself in defiance of men (from William Randolph Hearst to Floyd Odlum and Getúlio Vargas) more powerful than himself".

12 Sobre as duas concepções de corpo grotesco então apresentadas, Benamou cita STALLYBRASS, Peter, WHITE, Allon. *The politics and poetics of transgression*. Ithaca: Cornel University Press, 1986, p. 193. *Apud* BENAMOU, Catherine, *op. cit.*, p. 96.

13 *Ibidem.*, p. 96-97. Minha tradução do seguinte texto: "One is tempted to read the symbolic manipulation of the twenty-seven-years old director´s body, then, not merely as a discursive mechanism of compensation for the hypertrophy of Welles's "genius" as an artist, but as a sign of ideological *resistance* [grifo da autora], (...) towards Welles's willingness to bypass culturally- and politically-prescribed protocols of conduct (however they might be defined), so as to deliberately "confuse" the two halves of the hemisphere – which It´s all true shows comprising culturally and socially differentiated entities within themselves – within a single space of cinematic representation".

Considerando as colocações de Benamou, poderíamos incluir entre os textos que apontam para a figura de Welles como signo de interação entre hemisférios, inclusive, a partir de uma disposição para a gastronomia, a boemia, etc., o curta de Lírio Ferreira e Amin Stepple, *That´s a lero lero* (1994), que é um exemplo interessante nesse sentido, ao mostrar a farra de Orson Welles com intelectuais pernambucanos no curto espaço de tempo de sua passagem por Recife.

Também a propósito de um corpo que pode significar a "confusão" de hemisférios, é relevante pensar a *viagem*, o *deslocamento*, o *nomadismo* ("a arte é nômade", dizia o Sganzerla crítico) como figuras significativas associadas a um sujeito inquieto que desde criança corre o mundo (como Sganzerla destacava na minibiografia que escreveu sobre Welles no Suplemento Literário do jornal *Estado de S.Paulo*). O próprio *Cidadão Kane* pode ser considerado na perspectiva do deslocamento como contraponto, se pensarmos no seu isolamento em Xanadu como uma indicação do isolamento dos Estados Unidos no período que antecede à sua entrada na Segunda Guerra Mundial. Por sua vez, em *Soberba* a mentalidade moderna de Eugene Morgan, não por acaso inventor de um *automóvel*, está associada ao fato de ele e sua filha terem vivido em muitos lugares antes de voltarem à pequena cidade provinciana.

A questão da viagem, de fato, também está no cerne de *It´s all true*. A notícia da aventura épica dos jangadeiros que se deslocaram de Fortaleza ao Rio de Janeiro chama a atenção de Welles quando ele vê o fato publicado como matéria de capa da revista *Time*, o que lhe servirá como argumento. Como afirma Firmino Holanda...

> Orson Welles soube da aventura dos pescadores cearenses ao ler, em Nova Iorque, a revista norte-americana *Time* (8 de dezembro de 1941). O artigo, "Quatro homens numa jangada", ilustrava-se com duas fotos: no alto, uma jangada ao mar; abaixo, o encontro do presidente com os realizadores da façanha. Welles adotaria o mesmo título da matéria para o filme que imaginou produzir. Impressionou-se, diria depois, com o fato de Jacaré e companheiros viajarem por 61 dias, "sem bússola, guiados somente pelas estrelas", o que, para o jovem diretor, seria "um recorde único na história da navegação".[14]

14 Ver HOLANDA, Firmino. *Orson Welles no Ceará*. Fortaleza: Edições Demócrito Rocha, 2001, p. 65

Assim como em *It´s all true*, a viagem pela América Latina também tem importância em *A dama de Shangai* (1947). Nesse filme, o marujo Michael O'Hara (Welles), conhecido por seus colegas das docas como o Irlandês Negro por ter assassinado, na Espanha, um espião de Franco, embarca como contra-mestre em uma viagem no iate do criminalista Arthur Bannister e sua mulher, por quem O'Hara se apaixona. O trajeto inclui o mar do Caribe, a travessia do Canal do Panamá, o México. A viagem constitui a própria personalidade de O'Hara. Em um dado momento, Bannister, marido enciumado, lhe diz: "Você viajou o mundo todo e não aprendeu nada sobre ele". Contradizendo a opinião do rico advogado, em outra sequência, durante um piquenique no México, momento no qual ouvimos acordes de Dorival Caymmi na trilha instrumental, O'Hara lembra um episódio por ele vivido em Fortaleza, no Brasil. A história antecipa o triste fim dos ambiciosos Bannister, seu sócio e a própria Dama de Shangai – Elza -, mulher fatal, motor da intriga. Diz O'Hara:

> Certa vez na costa do Brasil eu vi o mar negro de sangue enquanto o sol sumia no horizonte. Paramos em Fortaleza e alguns de nós estavam pescando. Consegui a primeira fisgada. Era um tubarão. Então veio outro tubarão e mais outro. E outro de novo. Todo o mar estava coberto de tubarões. E eles continuavam surgindo. Eu nem conseguia ver a água. Mas o tubarão que eu havia fisgado começou a se debater no anzol. E o sangue, enquanto ele se debatia, deixou os outros loucos. Os animais começaram a se comer uns aos outros. Em seu frenesi, comeram a si próprios. Eu podia sentir o seu desejo de matar, como um cisco em meu olho. Podia sentir o cheiro da morte exalando do oceano. Nunca vi nada pior até este piquenique, esta noite. E sabem, nenhum tubarão naquele cardume sobreviveu.

Essa metáfora dos tubarões associada aos poderosos, como veremos, será retomada nos filmes de Sganzerla sobre *It´s all true* em vários momentos, sendo associada, por exemplo, à morte de Jacaré e aos prováveis responsáveis indiretos por seu afogamento, ou seja, todos aqueles interessados em boicotar o projeto do filme de Orson Welles. O final de *A dama de Shangai*, de fato, confirma-se segundo a previsão de Michael O'Hara. Só ele sobrevive e sai caminhando a esmo, livre, sem um destino a seguir. Esse final tem semelhança com os momentos finais de *Copacabana mon amour* e *Sem essa, Aranha*. Em *Copacabana mon amour*, como vimos, Deus aconselha Sônia Silk: "Se manda, minha filha". Em *Sem essa, Aranha*, morre o protagonista, e sua mulher e a amante seguem a caravana de Luiz Gonzaga entoando *Asa branca*, canção do exílio associada ao sujeito que não encontra condições de sobreviver no sertão, canção que aqui assume certamente uma dimensão alegórica, pois a fome, na forma do grito "eu tô com fome", além do aspecto econômico, tem uma conotação política relacionada à repressão do pior momento da ditadura militar no Brasil.

Sobre *Carnaval na lama*, as sinopses levam a pensar em algo semelhante, ou seja, em uma narrativa na qual a ideia da viagem também está associada à contingência política e econômica.

> Segundo o diretor [Rogério Sganzerla]: o filme "continua com a mesma personagem-feminina-título [no caso *Betty Bomba, a exibicionista*, como também é conhecido], com seqüências adicionais filmadas em Manhattan, no Central Park, mas encontrou a ferocidade crítica da censura policialesca e o aparato repressivo do Estado facistóide, aliado à omissão conivente do 'Cinema Novo-Rico'".[15]

Os filmes de Sganzerla produzidos na Belair recompõem, em suma, um dado característico do cinema de Orson Welles, a saber, a viagem como um dado da alegoria de poder, compreendida em inúmeras esferas. No plano do poder público, por exemplo, Kane certamente assume o primeiro plano, em viagens com que tenta evitar o "colapso da civilização", a Guerra. No nível do poder privado, considere-se a pressão de Kane nas turnês de Susan Alexander ou, como contrário do deslocamento, sua fixação em Xanadu, que, entretanto, se caracteriza como ponto de importação de monumentos de todo o mundo. Em personagens de outros filmes, a trajetória de poder também está atrelada ao deslocamento pelas viagens. George Amberson (em *Soberba*) sai da pequena cidade onde atua como um "príncipe" e, sempre que volta, reforça sua superioridade de classe sobre os demais. Franz Kindler (*O estranho*) é um imigrante, professor nazista que vive em uma pequena cidade americana, sem que se levantem suspeitas contra ele, pelo menos até a chegada de um agente externo. Bannister (em *A dama de Shangai*) mantém-se à sombra do

15 A transcrição da sinopse aqui se deve ao fato de eu ainda não ter assistido *Carnaval na lama*, devido à dificuldade para obtenção de cópia. Sobre a sinopse citada, ver SILVA NETO, Antônio Leão da. *Dicionário de filmes brasileiros: longa-metragem*. São Paulo: A.L. Silva Neto, 2002, p. 166. A fonte do depoimento de Sganzerla, como consta no referido dicionário, é a revista *Cinemin*, nº 59, dezembro/1989.

contra-mestre O'Hara durante todo o cruzeiro, mas, uma vez em terra, exerce claramente sua manipulação de poder no campo do Direito, na sequência do julgamento. Já filmes como *Macbeth* (1948), *Othello* (1952) e *Chimes at midnight* (1965) trazem consigo a ideia de viagem tal como muitas vezes ela se percebe em Shakespeare: associada às intrigas palacianas, também movidas pelos interesses de poder. São, por exemplo, as narrativas de viagem de Otelo, o mouro cuja cor de pele destoa da dos cidadãos de Veneza, que o levam a conquistar o amor de Desdêmona e o ódio de Iago. Este, motor da intriga, é inconformado com a origem estrangeira do general a quem é submisso. Relevante é observar como na leitura de Orson Welles sobre Shakespeare não escapa a noção do quanto o momento em que viveu o dramaturgo inglês era influenciado pela "descoberta do Novo Mundo". Entrevistando Welles, em um momento no qual o assunto é *Macbeth*, Peter Bogdanovich reproduz um trecho da introdução escrita por Welles para o The Mercury Shakespeare no qual essa ideia se evidencia:

> Cerca de sessenta anos antes [do nascimento de Shakespeare, em 1564], Colombo havia topado com um par de novos continentes e os Conquistadores estavam ocupadíssimos em abri-los e explorá-los. Lá na Itália... os homens haviam tirado o poeirento e penumbroso capuz medieval da cabeça e começado a olhar em volta. (...) Havia gente escrevendo livros em vez de copiá-los; as pessoas tinham parado de aceitar a palavra de Aristóteles e estavam bisbilhotando pelo mundo, desmontando-o em partes para ver como funcionava.[16]

Assim como em *Othello*, texto no qual o conflito decorre do choque de culturas entre cristãos e mulçumanos, também em *Macbeth* o choque de religiões está em pauta e define a trajetória dos personagens. As bruxas encontram Lord Macbeth na estrada, quando este retorna ao seu castelo, depois de uma batalha. Com suas bruxarias, elas induzem a sorte maldita do futuro rei. Como afirmou o próprio Welles, ele vê as bruxas "como representantes de uma religião druídica pagã reprimida pelo cristianismo".[17] Nesse sentido, é possível se estabelecer uma analogia entre esse universo de Shakespeare/ Welles, no qual a magia exerce fascínio, e um filme como *Copacabana, mon*

16 WELLES, Orson *apud* BOGDANOVICH, Peter. *Este é Orson Welles*. São Paulo: Globo, 1995, p. 267.

17 *Ibidem*, p. 272.

amour, pelo viés das religiões periféricas, compreendidas como fator de deslocamento dos personagens por caminhos capazes de levar a um *outro mundo*. As possessões dos orixás encarnados em Sônia Silk, no seu irmão e no Dr. Grilo são a possibilidade do *transe* que permite a passagem entre diferentes mundos, como um confronto de poderes físicos e metafísicos.

Chimes at midnight (1965), embora tenha sido realizado muito tempo depois de *Macbeth* (1948) e *Othello* (1952), com os quais forma a trilogia shakespeareana de Orson Welles, mantém a ideia da viagem atrelada ao poder. Na verdade, o filme estrutura-se em torno de dois espaços básicos, com os personagens identificados com um ou outro em suas ações. No espaço do albergue, Falstaff funciona como um rei anárquico, pícaro cuja corte é composta por bêbados e prostitutas que não cansam de parodiar, em suas encenações teatrais nas constantes festas, a corte verdadeira. Já no castelo do Rei Henrique IV, ocorre o contrário: a sobriedade de uma nobreza austera, pomposa, ritualista, mas também criminosa, afinal, o Rei chegou ao trono depois de comandar o assassinato de seu antecessor. Transitando entre o albergue e o castelo, entre o seu pai de fato, o Rei, e o seu pai afetivo, Falstaff, está o Príncipe de Gales, Henrique. Aos olhos do Rei, seu filho "é um jovem tolo e efeminado que joga fora sua honra encorajando um bando atroz". Aos olhos de Falstaff, o jovem príncipe é o "meu rei, meu menino, meu amigo". O deslocamento do Príncipe, que oscila entre os excessos de Falstaff e os deveres para com o Rei Henrique IV, define um trânsito entre dois núcleos de uma narrativa descentrada, estabelecendo uma dinâmica própria da estética barroca em sua oscilação dos equilíbrios. Como Paulo Martins em *Terra em transe*, dividido entre a província de Alecrim e o centro do poder de Eldorado, o Príncipe de *Chimes at midnight* tem dúvidas sobre qual o caminho a seguir, e as suas incertezas ganham forma na *mise-en-scène*, que se repete com diferenças nos dois núcleos da narrativa, sendo as solenidades que ocorrem em ambos um dos aspectos mais instigantes para a comparação.[18]

O diálogo entre Orson Welles e Shakespeare aparece, como veremos, já

18 Rubens Machado Jr. reconhece uma dimensão barroca na polaridade de *Terra em transe*, de Glauber Rocha, filme no qual o protagonista, Paulo Martins, oscila entre dois centros: Eldorado e Alecrim. A oscilação encontra correspondências no nível narrativo (por exemplo, os dois líderes políticos, Diaz e Vieira, que caracterizam cada um desses espaços) e também no nível discursivo, a partir dos movimentos de câmera e enquadramentos. Ver MACHADO, Rubens. *Estudo sobre a organização do espaço em Terra em Transe*. Tese (doutorado em Cinema, TV e Rádio) - ECA-USP, 1997.

na primeira sequência de *Nem tudo é verdade*, o primeiro filme da tetralogia de Sganzerla sobre *It´s all true*, e reaparece várias vezes em *Linguagem de Orson Welles, Tudo é Brasil* e *O signo do caos*. É interessante observar como, nesses filmes, de alguma maneira é possível reconhecer a dialética espacial que há pouco foi notada em *Chimes at midnight*, como uma tensão entre o centro do poder e a sua periferia. Em *It´s all true* esta tensão pode ser percebida no espaço que caracteriza os episódios, o Rio de Janeiro do *Carnaval* e o Nordeste cearense dos *Jangadeiros*. Welles pretendia fundir os dois episódios. Como diz Catherine Benamou:

> Welles pretendia fundir [os episódios] "Carnaval" e "Jangadeiros" por meio de um deslocamento temporal, colocando a chegada dos jangadeiros no Rio não no símbólico 15 de novembro (comemorando a formação da independente República brasileira), mas no período do Carnaval, para dobrar o impacto de ambas celebrações.[19]

A remoção de uma data oficial, substituída pelo Carnaval, é bem significativa da inversão de poderes prevista na carnavalização operada em *It´s all true* por Orson Welles. Ela subverte igualmente o sentido de centro–periferia, ao atribuir igual importância às duas ações características de cada espaço: o Carnaval, no Rio de Janeiro, e a pesca em embarcações primitivas, no Ceará.

Cria-se dessa maneira uma correspondência entre Shakespeare, Welles e Sganzerla, a partir de certas figuras associadas ao deslocamento espacial, à viagem, como questionamento de um mundo organizado a partir de um centro de onde emana toda forma de poder. Para eles, parece possível deslocar essa disposição, pervertendo o que, em última instância, poderia ser pensado como um resquício da visão eurocêntrica renascentista pautada pela distinção entre civilização e barbárie. E aqui é interessante lembrar o artigo do Suplemento Literário em que Sganzerla refletia sobre Orson Welles – "este adulto-prodígio é um bárbaro ou um homem da Renascença?" –,[20] tornando relativos os sentidos do binômio em questão.

---

19 BENAMOU, Catherine, *op. cit.*, p. 57. Minha tradução do seguinte trecho do texto: "Welles had hoped to fuse "Carnaval" and "Jangadeiros" by means of a temporal displacement, having the jangadeiros' arrive in Rio not on the symbolic 15 November (commemorating the formation of the independent Brazilian Republic), but in time of Carnival so as to double the impact of both celebrations".

20 SGANZERLA, Rogério. "Cidadão Kane". In: Suplemento Literário, *O Estado de S.Paulo*, 07/08/1965, p. 5.

Observando os três autores - Shakespeare, Welles e Sganzerla -, tampouco é descabido pensar em uma espécie de "nostalgia do paraíso perdido". Esta sugestão, na verdade, decorre de uma observação de Peter Bogdanovich, quando ele, ao debater *Chimes at midnight* com Welles, estabelece uma comparação desse filme com *Soberba*:

> Enquanto *Chimes at midnight* lamenta o fim da "Merrie England" [o equivalente a uma época da inocência], *Soberba* reflete a perda da inocência e do sentido dos "valores morais", destruídos com a chegada do *automóvel* [grifo meu]. Embora o filme critique a plutocracia moribunda, Orson nos faz sentir compaixão e afeto pelas frágeis figuras da história, ao mesmo tempo que consegue evocar uma nostalgia difusa por algo que se transforma em outro daqueles "paraísos perdidos" que permeiam sua obra.

Essa nostalgia do paraíso perdido certamente está relacionada à nostalgia da infância, já percebida por André Bazin, como vimos em seção anterior. Mas é interessante notar como essa nostalgia pode também estar relacionada à dicotomia civilização/barbárie, como percebemos há pouco no texto de Sganzerla, quando ele questionava se Welles era um bárbaro ou um homem da Renascença. Também Paulo Emilio Salles Gomes, ao discutir a questão da nostalgia da infância, recupera a mesma dialética:

> A vontade de poder entre Welles e Kane, meio *bárbara* [grifo meu] e igualmente ilógica, reflete uma igual insegurança e desequilíbrio, e se liga nos dois casos aos choques emotivos provocados pela contemporaneidade entre a criança e o adulto.[21]

Nota-se, em suma, no âmbito da nostalgia da infância, um resquício de uma *visão do paraíso* própria do homem do Renascimento como, afinal, era o próprio Shakespeare. E nesse sentido a nostalgia está relacionada à utopia, a um (não-) lugar perseguido como possibilidade de um mundo perfeito. Essa busca se reconhece na série *Around the world with Orson Welles* (1955), uma série de médias-metragens produzida para a TV inglesa, apresentada por Welles, que conduz episódios rodados na França, na Inglaterra e na Espanha. Por certo todas as locações são europeias, mas há em cada episódio uma espécie

---

21 Ver GOMES, Paulo Emilio Salles. "Charles Foster Kane". In: *Crítica de cinema no Suplemento Literário, vol. 1*. Rio de Janeiro: Paz e Terra, 1981, p. 279. O referido texto foi primeiramente publicado no Suplemento Literário do *Estado de S.Paulo* em 22/02/1958.

de busca pelo ancestral. No episódio *St. German des Pres*, por exemplo, o interesse está "em um dos bairros mais antigos de Paris" e no fato de que "um dos mais antigos moradores é um americano", um artista que se veste como uma espécie de romano da Antiguidade; ou então há os jovens estudantes de poesia interessados em sons pré-linguísticos. Em *Chelsea Pensioners*, Welles entrevista senhoras idosas que vivem na Londres do século XX em abrigos construídos no século XVII; ou conversa com militares aposentados em um hospital do mesmo bairro. Em *Spain, the bullfight*, acompanhamos uma arqueologia da tourada, com a consideração de todos os objetos, os adereços, os preparativos que envolvem o touro e o toureiro até a apresentação na arena. Em *País Basco*, Welles posiciona sua câmera em uma fronteira internacional para entender o que significa ser basco e viver entre a Espanha e a França e, entre seus interlocutores, encontrará alguém que, saindo dessa região, viveu por um longo tempo no Colorado, Estados Unidos.

No mesmo ano em que foi produzido *Around the world with Orson Welles* (1955), também foram iniciadas as filmagens de *Dom Quixote*. A busca da ancestralidade, a nostalgia de uma infância da Humanidade verificada nesses filmes, encontra correspondência em projetos de Rogério Sganzerla como, por exemplo, *Abismu* (1977). O cotejo entre *Dom Quixote* e *Abismu* pode ser interessante como exemplo. O texto de Cervantes impulsiona um filme no qual a viagem de Dom Quixote e Sancho Pança perpassa o espaço-tempo e alcança o século XX. A visão enlouquecida de Quixote resiste à moderna Espanha, onde, contudo, persistem elementos tradicionais, arcaicos, como a procissão, filmada em parte como documentário, em parte como ficção, e elementos, digamos, carnavalescos, como as touradas, as festas populares, as piadas e as brincadeiras gestuais da população em várias cidades: as pessoas percebem a presença da câmera e executam movimentos para ela, como uma mulher que simula passos de flamenco. Nas últimas sequências, Sancho Pança arruma um trabalho como figurante em um filme dirigido pelo próprio Welles. Como diretor do filme dentro do filme, Welles explica o seu encantamento por Dom Quixote e Sancho Pança, estabelecendo uma metalinguagem capaz de embaralhar todos os registros: espaço, tempo, documentário, ficção, ator, personagem. Sancho, em um dado momento, encontra em uma rua da cidade alguém que lhe oferece a visão da lua através de um telescópio. (Aqui é inevitável a lembrança da imagem da lua como pontuação nos filmes de Sganzerla.) Essa é a deixa para a denúncia, logo depois, das ligações entre a Espanha franquista e os Estados Unidos: Sancho entra em uma loja onde há uma TV noticiando os artefatos tecnológicos – mísseis, foguetes, etc. – que "põem a nação-irmã na liderança da corrida espacial". Ainda estupefato diante da TV, Sancho vê a notícia sobre o filme que Orson Welles está realizando sobre Dom Quixote. Na TV, Welles é homenageado pelas autoridades espanholas. O registro da homenagem é irônico, afinal, as dificuldades com as filmagens de *Dom Quixote* deveram-se, em grande medida, justamente aos problemas da equipe (sobretudo o ator Francisco Reiguera) com o franquismo. Toda a cena, em suma, é construída sobre a ironia. À lua da corrida espacial se contrapõe a lua poética de Dom Quixote e Sancho Pança. Ao telejornal de propaganda se contrapõe o cinema de Orson Welles, assim como aos cinejornais do DIP vai se contrapor, por via da remontagem, o cinema de Sganzerla.

Por sua vez, *Abismu* propõe um retorno a um tempo ancestral e a todos os signos que dele fazem parte, trazendo Jimi Hendrix, cuja imagem e som abrem o filme, como a síntese do universo, o elo perdido. Esta ideia será posteriormente defendida pelo Sganzerla crítico nas páginas da *Folha de S.Paulo*. Em *Abismu*, o próprio Sganzerla surge já nas primeiras sequências, caminhando em uma floresta ou dirigindo um automóvel, afirmando: "Só me interessa o caminho que leva ao universal e não pode ser nomeado". Esse caminho, como diz, "leva ao que não pode ser". Trata-se novamente de uma utopia. *Abismu* é o resultado da fragmentação de um mundo ancestral. A tese do filme segundo seu autor é a seguinte:

> Tese do filme: O Egito é neto da América (e não o contrário, o que já é considerado pouco ortodoxo pelos arqueólogos acadêmicos que não querem saber de aliar a imaginação à ciência). Se não entendeu, problema seu, pois "Abismu" se passa em Atlântida e é só.[22]

Por esse lendário continente, circulam personagens como Dr. Peirce, Madame Zero e um Médium que é a encarnação de Mu, deus ancestral de todas as coisas. O Médium interpretado por Jorge Loredo à sua maneira de Zé Bo-

22 "Rogério Sganzerla Explica seu 'Abismu'". *Folha de S.Paulo*, em 09/10/1979, p. 29. (Obs. A matéria não está assinada, no entanto, é reproduzido o depoimento de Sganzerla a propósito de *Abismu*, que seria exibido na referida data no Teatro Anchieta, na mostra Geração 68 – Cinema Paulista 68/79, promovida pelo Sesc.

nitinho diz várias vezes: "sois todos de Mu e não sabeis, se não entendeis é porque não o quereis". O registro cômico pontua a busca *quixotesca* do uno universal, enfatizado por vários personagens: "Dr. Pierson (interpretado por José Mojica Marins): Tudo é uma coisa só. E isso é tudo. Sobretudo se uma coisa só vem de tudo um pouco. Fomos, somos e criamos, o que no fundo é projeção de uma só mente, universal".

Para registrar esse tempo-espaço de Atlântida e a tentativa de retorno ao Uno, universal, Sganzerla utiliza uma estratégia semelhante à de Orson Welles em *Dom Quixote,* ou seja, sua câmera registra o mundo real projetando-o à dimensão diegética perseguida. O Egito, por exemplo, é constituído quando a câmera documenta a fachada de uma construção contemporânea cuja arquitetura retoma de forma *kitsch* a antiga civilização dos faraós. Madame Zero, com seu quê de história em quadrinhos, circula em um belo Cadillac em busca de um objetivo: "o que eu quis foi destruir o meu ego e, para isso, percorri um estranho itinerário". A destruição do ego é outra chave da volta ao tempo anterior ao próprio indivíduo. E aqui esse retorno ao ex-Eu novamente adentra a chave religiosa: "pela umbanda ou zen-budismo, cada segundo, uma nova jogada". Dr. Pierson, o cientista maluco interpretado por José Mojica Marins, observa a lua por meio de um supertelescópio (assim como fizera Sancho Pança) à procura do elo perdido. Em um dado momento, Dr. Pierson admite que o elo perdido é o "nheengatu", a língua geral falada pelos tupis-guaranis. A voz *over* de Sganzerla encarrega-se de explicar o argumento.

> Sganzerla: Quanto à pré-história da América, folheando códices indígenas e relato dos navegadores, nota-se uma profunda relação. E se a verdade estiver no fundo de um poço ou de um abismo, é preciso buscá-lo, porque sem chute não há gol.

Na linha desse raciocínio – a América como berço da civilização –, o filme retoma Jimi Hendrix, com trechos de um dos seus shows. Mas também executa a colagem de outros textos, incluindo recortes da comunicação de massa, orientados pela ideia de viagens psicodélicas e espaciais: imagens de um homem no "túnel do tempo", o céu, estrelas, a Via Láctea, o relevo litorâneo do Rio de Janeiro. Antes, porém, o apocalipse fora anunciado pelo Médium:

> Médium (Jorge Loredo): Nada existe afora o equilíbrio universal. Tudo leva ao uno. A Terra tem dois bilhões de anos e deverá per-

> manecer outros dois. E depois, vai entrar em combustão e explodir, cumprindo a sua rota como toda estrela brilhante, seguindo os desígnios e mistérios do altíssimo. Coisas que só uma divindade pode explicar. Esse não é o meu caso. Isso é o que eu posso dizer.

A previsão de alguma forma se confirma na última sequência de *Abismu*, quando os extra-terrestres invadem a Terra iniciando "a guerra dos mundos", no caso, recuperada por trechos do filme de Byron Haskin. Voltamos, portanto, ao final de *O bandido da luz vermelha*, no qual, aliás, os acordes da música de Jimi Hendrix já apareciam.

Essa comparação entre *Dom Quixote* e *Abismu* assim como os cotejos entre outros filmes de Orson Welles e Rogério Sganzerla são indicativos do quanto é possível reconhecer em ambos estratégias que fazem figurar, isto é, aparecer, motivos recorrentes, como a indefinição de uma identidade do protagonista, a carnavalização e, por meio da metalinguagem, o próprio olhar.

A repetição dessas estratégias, cabe ainda notar, ocorre dentro da obra do próprio Orson Welles, reiteradas de filme a filme. Por exemplo, assim como em *Cidadão Kane* todo o movimento dos personagens persegue o desvendamento do significado de *Rosebud*, como signo da identidade enigmática do protagonista, em *Grilhões do passado* (1955), as inúmeras viagens de Van Stratten – em carros, aviões e barcos – pretende levar à verdadeira identidade de Mr. Arkadin (outro personagem interpretado por Welles). Ou ainda: assim como a fronteira internacional é o território que interessa nos episódios sobre os bascos em *Around the world with Orson Welles*, algo equivalente se verifica em *A marca da maldade* (1958), com as idas e vindas dos mexicanos e americanos na fronteira do México com os Estados Unidos. Assim como o limite entre ator e personagem é um dos elementos provocadores em *Dom Quixote*, filme no qual Welles interpreta a si próprio, o mesmo ocorrerá em *Verdades e mentiras* (1975), no qual, mais uma vez interpretando a si mesmo, Welles realiza uma espécie de grande retrospectiva de sua obra, trazendo questões que estão em pauta desde *Cidadão Kane* e mesmo antes, no teatro e no rádio.

Vejamos rapidamente o caso de *Verdades e mentiras*, último filme do diretor americano. Inicialmente, há o problema da identidade de Elmyr, o falsificador de quadros, a quem se atribui dezenas de sobrenomes. A impossibilidade de definir uma identidade estende-se à da falsificação na pintura e ao próprio fazer cinematográfico como ilusionismo. Welles, com chapéu e capa de mágico, aparece entre os integrantes da equipe preparando a cena na qual ele fala sobre o tema a ser abordado no filme. Pouco depois, ele faz Oja Kodar "desaparecer" em uma cabine típica dos números de mágica. E o contexto cinematográfico é reposto a todo instante: latas de filme, moviola, o próprio Welles falando do trabalho em andamento. A questão da verdade vem atrelada à trajetória de Elmyr que, na montagem, se reconstrói em paralelo com a do próprio Welles. Há, por exemplo, o amor pela Espanha, onde Elmyr é visto em um sem-número de festas. Elmyr dirige um automóvel pelas ruas de Ibiza, enquanto ouvimos sua voz *over*:

> Elmyr: Eu vim para Ibiza em 1959 após achar que um certo aspecto da minha vida na América tornou-se muito difícil. Andei pela Europa um tempo e, por fim, cheguei aqui e gostei da vida aqui. Gostei da ilha, gostei do ambiente, gostei do povo. Então decidi: este é o lugar onde quero me estabelecer.

Assim como Elmyr, deslocado de um lugar para outro, Welles circula por uma praça de Paris, com seus trajes de ilusionista. "Como Elmyr, eu também fui um pintor esfomeado", diz ele, explicando de forma ambígua (verdade ou mentira?) como, aos 16 anos, vivia na Irlanda, onde comprou tinta e tela, uma carroça e um burro, e saiu viajando e pintando. Naquele momento, ele diz, a proximidade do inverno o levou a desistir da empreitada e a arrumar um trabalho nos palcos. Para tanto, se fez passar por um ator renomado da Broadway. Depois, houve outra mentira: *A guerra dos mundos*. E assim, no contraponto com a figura de Elmyr, Welles elabora uma série de questionamentos relacionados à sua própria produção.

Verdades e mentiras, de fato, pode ser pensado como um filme-balanço de Orson Welles, no sentido de retomar as grandes questões desenvolvidas em toda uma obra. Analogamente, também *O signo do caos* implica uma reflexão retrospectiva do trabalho de Rogério Sganzerla. Espantoso é notar como, além da unidade inerente a cada um, é possível uma tamanha correspondência entre ambos.

CAPÍTULO 7

Faces de um herói fechado: *Nem tudo é verdade*

A noção de "herói fechado" foi proposta por Rogério Sganzerla no artigo "Becos sem Saída", publicado no Suplemento Literário do jornal *O Estado de S.Paulo*.[1] No texto, Sganzerla explica que o herói fechado é aquele sobre quem pouco podemos afirmar de uma forma conclusiva porque, como Cidadão Kane, protótipo do herói moderno, ele está além das relações de causa e consequência e não tem um limite definível, lembrando que, nesse filme de Orson Welles, a vida do protagonista é relatada em fragmentos em uma espécie de "tempo solto", que não evolui em continuidade mas, em vez disso, tende para o incomensurável. Pelo que veremos da análise do filme *Nem tudo é verdade*, a figura de Orson Welles que inaugura sua tetralogia sobre *It´s all true* pode também ser associada à perspectiva do herói fechado.

Senão, vejamos. O primeiro plano de *Nem tudo é verdade* é uma foto na qual Welles observa uma escultura, um busto de Shakespeare.[2] Em algumas fusões, mais fotos apresentam as figuras de Welles e Shakespeare e ouvimos

1 SGANZERLA, Rogério. "Becos sem Saída". Suplemento Literário, *O Estado de S.Paulo*, 21-11-1964. Este texto foi discutido no primeiro capítulo.

2 Na organização do discurso cinematográfico de *Nem tudo é verdade*, além das fotos serão muitos os materiais de arquivo utilizados por Sganzerla – trechos de filmes diversos, peças radiofônicas, músicas, cartazes, etc. Para o conhecimento sobre os materiais utilizados neste e nos demais filmes da tetralogia de Sganzerla sobre *It's all true*, há um importante estudo: RASIA, Régis Orlando. *Análise dos processos de criação documental com materiais de arquivo nos filmes wellesianos de Rogério Sganzerla*. Dissertação (mestrado em Multimeios) - UNICAMP, 2013.

então uma voz ainda não identificada (na verdade, depois, retrospectivamente, saberemos que se trata de Arrigo Barnabé interpretando Orson Welles):

> O que sucedeu em 1564? Shakespeare tinha seis anos. Comecei a fazer teatro quando eu li Shakespeare. O primeiro livro que minha mãe me deu, para eu aprender a ler, foi *Sonhos de uma noite de verão*. Eu tinha seis anos. Para mim, até hoje Shakespeare é tudo: os homens, as mulheres, a arquitetura...

A conexão Shakespeare-Welles logo passa a incluir trechos do filme *Cidadão Kane*: enquanto ainda ouvimos a referida voz *over*, sucedem-se imagens das cenas iniciais do filme de Orson Welles, sobre a morte do magnata da imprensa. Logo, a dúvida sobre a identidade da voz instala-nos na perspectiva do "quem sou eu?" – proposta enigmática sobre as possibilidades do quebra-cabeça provocado pela montagem. Não tardará o momento no qual o Brasil vem tomar parte no jogo enigmático: surgem paisagens antigas da Baía de Guanabara e um sambista negro com um pandeiro na mão. Mas, na verdade, a voz de Arrigo Barnabé, ouvida antes, já anunciava a referência ao Brasil, pois seu registro é em português, apesar do sotaque americano, tipo de fala característica dos personagens estrangeiros interpretados por brasileiros em filmes como *O homem do Sputnik* (Carlos Manga, 1959).

Em mais uma citação a *Cidadão Kane* e também a *O bandido da luz vermelha*, essas primeiras imagens em movimento apresentam, em um letreiro luminoso de cinema, o título do filme: *Nem tudo é verdade*. E ainda correm pelo letreiro outras palavras, em inglês: "*It´s All True (Tudo É Verdade) – 'Carnaval' and 'Jangadeiros' is one of most famous of Welles' suncomplete projects of all losts films: the Latin American material shot under the general title of It's all true*". E quando a frase chega a esse ponto, há um corte e o letreiro inverte-se (como também ocorre em *Cidadão Kane* e *O bandido da luz vermelha*), sugerindo um espalhamento da mesma imagem. Uma trilha sonora que em princípio poderíamos definir como incidental acompanha a sequência e, sobre ela, ouvimos novamente a mesma voz *over*, porém, agora em inglês: "*Jangadeiro is a super western of the sea*".

Os créditos de abertura trazem então o nome de Arrigo Barnabé sobre a imagem de tubarões no fundo do mar, o que pode nos remeter à história contada por Michael O'Hara em *A dama de Shangai* sobre os tubarões do mar de Fortaleza, no Brasil. Os tubarões são uma ameaça ao projeto dos jangadeiros e ao próprio *It´s all true*, o que se confirma no próximo plano: um jangadeiro, em sua jangada, em alto-mar, está vulnerável à aproximação do animal. O mar é então enquadrado do alto, por uma câmera aérea que faz lembrar o início de *Terra em transe* (o que repõe o tenso diálogo entre Sganzerla e Glauber Rocha evidenciado já desde *O bandido da luz vermelha*). Sobre essa imagem do mar, são escritos o título ("Nem Tudo É Verdade") e o subtítulo ("Welles Nô Brasil") do filme. Esse subtítulo, no qual a preposição *no* converte-se no substantivo *nô*, propõe uma síntese entre Ocidente e Oriente (ao sugerir a referência do teatro nô japonês, que combina dança, música e poesia), ideia perseguida por Sganzerla desde pelo menos a Ilha dos Prazeres (em *A mulher de todos*), ponto de interseção entre o Ocidente e o Oriente. Passamos a ouvir João Gilberto interpretando *Milagre*, de Dorival Caymmi: "era quarta-feira santa, dia de pescar e de pescador".

Sobre outros planos de jangadeiros, apresentam-se mais créditos, com os integrantes do projeto: realização de Rogério Sganzerla, com Grande Othello (sic), Helena Ignez, etc. Ao término da apresentação da equipe, sobre mais uma imagem do mar, escreve-se o seguinte texto: "*The film you are going to see is called 'It's All True', because these stories really happened*". Assinado: "Orson Welles". Seria de Orson Welles o filme que começamos a ver? A montagem insinua sentidos ambíguos que desde já conectam Welles e Sganzerla. Vêm então imagens em preto-e-branco. São trechos do *Cine Jornal Brasileiro* do DIP. Mas, em relação às vozes, não é possível identificar claramente a identidade dos falantes, estratégia essa que será recorrente ao longo do filme: ausência de sincronia entre imagem e som. Ao que tudo leva a perceber, entramos na perspectiva de uma "montagem figurativa", segundo a concepção de Eisenstein, que, se opondo ao cinema narrativo clássico, propõe um cinema-discurso. Como esclarece Ismail Xavier:

> Contra a montagem do cinema clássico narrativo e contra as teorias de Kulechov e Pudovkin, Eisenstein vai propor a "montagem figurativa". Uma montagem que segue o raciocínio, que compara e define significações claras. Uma montagem que interrompe o fluxo de acontecimentos e marca a intervenção do sujeito do discurso através da inserção de planos que destroem a continuidade do espaço diegético, que se transforma em parte integrante da exposição de uma idéia. [...] Em tal montagem é praticada uma sistemática "disjunção": (1) na evolução de um acontecimento, é aberta uma brecha na

> cadeia que liga as várias ações, e temos a inserção de imagens não pertencentes ao espaço da ação, construções metafóricas tendentes a comentar determinados fatos particulares; (2) na própria "representação dos fatos", não é obedecido o critério naturalista – a interpretação dos atores é estilizada no sentido de compor uma tipologia de agentes históricos e a montagem de planos que dão conta de uma mesma ação é feita de um modo descontínuo, com repetições do mesmo gesto, fixações de um instante através da multiplicação de detalhes que distende a temporalidade do acontecimento.[3]

Às imagens se sobrepõem diversas vozes. Além dos trechos retirados dos cinejornais, há imagens coloridas, mais recentes. Veremos, de uma ou de outra forma, o Rio de Janeiro, o Pão de Açúcar; a recepção aos jangadeiros na então capital federal; Getúlio Vargas e integrantes de seu governo na recepção aos heróis do mar; a multidão que observa as comemorações e solenidades do grande evento. Em algum momento, entre o governo e o povo, há uma cartela do *Cine Jornal Brasileiro*: "Rio: Homenagem da Juventude Brasileira aos Jangadeiros Cearenses". As vozes, entretanto, não permitem uma ancoragem precisa.

> Locução 1 (registro de trechos do roteiro de *It's all true*): De súbito surgiriam na tela imagens turísticas do Rio com a voz de Welles narrando ao estilo dos antigos cinejornais. Após uma fusão, seriam vistas garotas de Copacabana apontando e olhando para o oceano. E a câmera focalizaria um ponto perdido no horizonte. É a jangada que se aproximava. Partia-se ao encontro e acompanhava a jangada São Pedro até o cais do porto. A jangada era erguida por um guindaste e Jacaré e seus companheiros desembarcariam nos braços da multidão.
>
> Locução 2 (coincidindo com as imagens coloridas): *Tudo é verdade* iniciava e concluía com um sensacional vôo rasante sobre o Pão de Açúcar, símbolo da liberação.
>
> Locução 3 (na voz de Guará que, como veremos, interpretará Jacaré): Só

---

3 É interessante observar que, na sequência da explicação sobre a montagem figurativa de Eisenstein segundo Ismail Xavier, um exemplo reportado será *Outubro* (Eisenstein,1928), não por acaso um filme que se remete a um fato histórico, a Revolução de 1917. Cf. XAVIER, Ismail, *O discurso cinematográfico: a opacidade e a transparência*, 4ª. ed. Rio de Janeiro: Paz e Terra, 2008, p. 130-131.

os coqueiros e as palhoças ouviam as nossas preces, as nossas queixas, sei lá. Eu, Jacaré, eu vim ao Rio para mostrar a vida rude dos jangadeiros.

Locução 4 (outro jangadeiro): Quando falávamos ao presidente Getúlio Vargas, houve alguém vindo do Ceará que procurou impedir a exposição de nosso companheiro Jacaré. Porém, ele falou a verdade com o grande presidente, que prontamente nos prometeu auxílio... Ficou no papel.

Locução 5 (discurso oficial): Nós, os representantes do povo brasileiro, reunidos sob a proteção de Deus...

Ou seja, há uma polifonia que apresenta as vozes desses sucessivos personagens, cujos interesses na narrativa estão em jogo. Mais uma vez o enigma quanto às identidades implicadas na trama define uma estratégia da enunciação. Nesse jogo, não deixa de ser significativa a inversão operada pelo filme em relação à ordem dos eventos tal como eles ocorreram na História. Se Welles e sua equipe começaram as filmagens de *It´s all true* pelo Carnaval, Sganzerla inicia o seu relato pelo momento no qual o episódio dos Jangadeiros intercepta o do Carnaval, com a chegada dos heróis do mar à "cidade maravilhosa", realizando dessa maneira aquilo que era a provável intenção de Orson Welles, ou seja, fundir os dois episódios em *It´s all true*. A *viagem*, a *carnavalização* e o *metacinema* são, desde já, estratégias eminentes de sua figuração. A perspectiva política insere-se entre esses fatores, reforçada pelos discursos de representantes do governo – como Gustavo Capanema – na contraposição com a multidão às voltas com os jangadeiros.

O princípio da carnavalização confunde a própria História, como indica o próximo depoimento: Grande Otelo, em um bar, fala sobre a composição da canção *Praça Onze*. (Na verdade, ele conversa com Helena Ignez, que interpreta a Senhorita Matilde Kastrup, secretária e tradutora de Welles, mas ela, por enquanto, está *off*.) Grande Otelo diz que a autoria de *Praça Onze* é mais de Herivelto Martins do que dele próprio. Mas que foi ele, Otelo, quem leu uma reportagem de David Nasser sobre a iminência do fim da praça, que ocorreria por ordem de Getúlio Vargas. A reportagem o levou a escrever alguns versos, os quais ele mostrou a vários sambistas, mas "ninguém achou que aquilo era samba". Otelo decidiu então "chatear o Herivelto", tarefa que ficou muito mais fácil depois que Herivelto passou a trabalhar no Cassino da Urca, onde Otelo já trabalhava.

O fim da Praça Onze é o primeiro dado relacionado ao presidente Getúlio Vargas. Mas a figura do presidente é preenchida por um personagem de Orson Welles: o policial corrupto Hank Quinlan, de *A marca da maldade*. A sequência inicia-se com uma cartela do *Cine Jornal Brasileiro* destacando: "Teatro Municipal – Rio: Um Espetáculo que o Público Não Conhece". Passamos então ao palco do Teatro Municipal, onde se encena uma peça-paródia da vida política: há um ator caracterizado como Getúlio Vargas acenando para Vargas em si, que está no camarote assistindo ao espetáculo. Subitamente, insere-se uma cena de *A marca da maldade*: o Capitão Quinlan (interpretado por Welles), referindo-se ao delegado mexicano da Comissão Pan-Americana de Narcóticos, Miguel Vargas (Charlton Heston), questiona: "Vargas, quem é Vargas?" De volta à cena ambientada no Teatro Municipal do Rio, ao final da apresentação da peça os atores aproximam-se do camarote para aplaudir o presidente. É quando uma voz *over*, de novo não identificada (embora, na verdade, seja a voz do próprio Rogério Sganzerla), encarrega-se de situar os acontecimentos da História:

> Locução: Em princípio de 42, já os Estados Unidos em guerra, o Brasil sofre pressões para que rompa relações com o Eixo. Vargas mostra-se hesitante. É então em fins de fevereiro, data da chegada de Welles ao Brasil, que se inicia a ação fulminante de Guerra marítima contra navios brasileiros.

É relevante notar como, ao incluir-se com sua voz em *Nem tudo é verdade*, Sganzerla define com o seu "personagem" o mesmo princípio de indefinição que caracteriza protagonistas de seus outros filmes. E é a partir dessa indefinição – uma voz que se ouve sem que se saiba qual sua procedência – que, nesse caso, veremos situado o contexto dos interesses em jogo entre os Estados Unidos e o Brasil, diante da expansão da propaganda nazista na América do Sul. Procedimentos como esse, tornando relativas as vozes que expõem a História, são significativos do interesse da enunciação em pôr em xeque os pontos de vista implicados nos enunciados. Tais indeterminações funcionam como estratégia para a compreensão da História como um processo repleto de interesses conflitantes. Nesse sentido, vale a pena notar como a indicação *precisa* das procedências das imagens retiradas dos cinejornais é um dado a ser desmontado no jogo de vozes em andamento.

Por exemplo: uma nova cartela do cinejornal do DIP situa o contexto do que veremos em seguida com imagens em preto-e-branco: "No Aeroporto Santos Dumont – Rio: Chega o Famoso Cineasta Orson Welles". Ele vem em um avião da Pan American Airlines, que aterrissa. O cineasta desce as escadas do avião, acenando para os brasileiros que o aguardam. Vê-se, ao longo da sequência, vários planos desse primeiro encontro de Welles com as pessoas que estão no aeroporto, até que eles chegam aos carros que transportarão a comitiva ao Copacabana Palace. Até aí todos os planos fazem provavelmente parte do mesmo cinejornal. Entretanto, na continuação da cena, que corresponde ao trajeto de Welles até o hotel, temos o que poderia ser um ponto de vista subjetivo (de Welles?) observando cenários do Rio de Janeiro em *technicolor*, certamente imagens procedentes de outra fonte que não o citado cinejornal do DIP. Enquanto isso, ouvimos depoimentos em português de alguém que, em princípio, seria Orson Welles (não se trata, porém, da voz de Arrigo Barnabé), falando de seu encanto pela aventura dos jangadeiros e, além disso, sobre como é viver como um cidadão sem território fixo:

> Welles (falando em português, voz *over*): Entusiasmei-me ainda em Nova York com o episódio dos jangadeiros. Sou um cidadão sem território fixo, salvo da arte. Sempre me considerei secretamente um vagabundo, um saltimbanco, um *outsider* em qualquer lugar do mundo.

Passamos a ouvir então uma canção melancólica ("Tem pena de mim, tem pena da minha dor...") que parece lamentar a condição de Welles, supondo as dificuldades inerentes à sua opção *outsider*. Sobre a canção, ouvimos então outra voz de Orson Welles, agora falando em inglês: *"I'm going to do something that never had be done before and probably never will be repeted"* – repondo a dimensão bilíngue, ora português, ora inglês, assumida no filme. Ainda não é possível, portanto, definir um contorno para Orson Welles, já que suas vozes são muitas, assim como as imagens que com elas se relacionam fora de sincronia.

Ainda assim, o projeto previsto na referida frase em inglês é associado a este país pela trilha sonora: *Aquarela do Brasil*. Trata-se de uma imagem do Brasil que se confunde com o Rio de Janeiro e o Carnaval. Enquanto ainda ouvimos a canção de Ary Barroso na voz de João Gilberto ("Brasil, meu Brasil brasileiro, meu mulato inzoneiro, vou cantar-te nos meus versos..."), uma cartela do *Cine Jornal Brasileiro* – "Sob o Império de Momo – Rio: a Cidade

Recebe sua Roupagem Carnavalesca" – introduz várias cenas, nas quais se destaca justamente a decoração para o Carnaval. É incluída também uma foto de Grande Otelo em primeiro plano, olhando, graças à montagem, para os preparativos carnavalescos. E sobre a voz e o violão de João Gilberto cantando *Aquarela do Brasil* ouvimos a voz de Welles: "Gostei muito dos cinejornais brasileiros feitos à margem dessa odisseia" (dos jangadeiros). Reiteram-se o Carnaval, a Viagem e o Metacinema.

Como se também fosse objeto do olhar de Grande Otelo no plano anterior, um movimento de câmera de baixo para cima mostra uma foto em que vemos Orson Welles e Jacaré. A proximidade entre o cineasta e o jangadeiro funciona como um prólogo para uma série de cenas que enfatizam a vida social e as homenagens recebidas por Welles no Rio de Janeiro. Uma cartela do *Cine Jornal Brasileiro,* por exemplo, informa: "Na Escola de Belas Artes – Rio: Uma Homenagem dos Artistas a Orson Welles". E vêm então mais trechos em preto-e-branco: eventos sociais, encontro de Welles com intelectuais brasileiros, recortes de jornal ("De Cidadão Kane a Cidadão Brasileiro"), enquanto na banda de áudio a *Aquarela do Brasil* vai cedendo lugar a várias locuções.

> Welles: ...Mas ainda assim prefiro dar um abraço bem forte nesse robusto Jacaré, com quem simpatizei muito desde que o vi em fotografia. [Pausa] Montarei aqui no Rio um espetáculo para mostrar a minha técnica de interpretação shakespeareana.
>
> Locução: Uma salva de palmas saldou o artista, que agradeceu com aquele sorriso de criança grande ou de bebê chorão, como o apelidou Jacaré, e que o tem tornado tão popular na cidade, dando-lhe o título de Amigo do Rio.

A relação entre Orson Welles e seus personagens amplia, potencializa as possibilidades de indistinção entre ficção e fatos históricos. Por exemplo, com uma nova cartela, proveniente do cinejornal *Atualidades Atlântida,* "Orson Welles – Rio: Homenagem na Cinelândia Carioca", ele chega ao evento, sai do carro que o conduz, enquanto é observado por jornalistas e curiosos. Dá entrevistas, enquanto outras personalidades se aproximam. No interior do edifício (Cinema Plaza, pelo que afirma a locução), recebe homenagens. Mas essas imagens documentais são associadas a imagens ficcionais: vemos então trechos de *Cidadão Kane* (caminhando sozinho no palácio de Xanadu, depois de ter sido abandonado por Susan Alexander). E logo depois voltamos às homenagens documentais no Cinema Plaza. E novamente nos deparamos com cenas de *Cidadão Kane* (provenientes mais precisamente da sequência do *News on the march*, até o ponto em que termina a exibição desse falso documentário e instala-se o enigma "*Rosebud*") e assim sucessivamente. Sobre esses planos, reforçando o jogo entre ficção e documentário, sucedem-se várias locuções relacionadas a Welles no Rio de Janeiro. As diversas vozes representativas dos muitos pontos de vista sobre a presença de Welles no Brasil (dele mesmo, dos outros) propõem um princípio que podemos relacionar ao dialogismo de Bakhtin. Como explica José Gatti:

> Bakhtin demonstrou diversas vezes como os diálogos – fossem verbalizados por personagens ou não – se organizam no romance, que é, apesar da riqueza de suas possibilidades de interação discursiva, um meio de apenas *um canal* – como coloca Robert Stam. No cinema, que é basicamente um meio de *muitos canais*, os discursos podem surgir dos diversos elementos que compõem a narrativa, como por exemplo diferentes elementos visuais num simples plano. As relações entre os planos subseqüentes podem também ser lidas como diálogos [grifos do autor].[4]

Nesse sentido, o que se observa em *Nem tudo é verdade* é um dialogismo orientado pela copresença de várias partes representativas de forças diversas implicadas em uma narrativa que tem como ponto de partida visões distintas sobre a passagem de Welles pelo Brasil em 1942. Dados emblemáticos, nesse sentido, são os trechos retirados do *Cine Jornal Brasileiro*, órgão de propaganda do DIP, por um lado, e os trechos de *It´s all true*, filmados pela equipe de Welles, por outro.

Mas há também o material filmado pelo próprio Rogério Sganzerla, uma parte mais explicitamente ficcional da narrativa, quando atores efetivamente passam a reencenar parodicamente os eventos da História. Destaca-se primeiramente o Orson Welles interpretado por Arrigo Barnabé, caminhando no terraço do Copacabana Palace, fumando charuto: ele aproxima-se de sua secretária-tradutora, Senhorita Matilde (interpretada por Helena Ignez) que está com um bloco de anotações nas mãos, muito solícita e simpática. O tom da interpretação dos atores é afetadamente paródico. E a cena gira em torno

4 GATTI, José. "Pseudodialogismo Mallandro", in RAMOS, Fernão *et al.* (orgs.). *Estudos de cinema 2000 – Socine*, 2001, p. 295. O texto a que Gatti faz referência é STAM, Robert. *Subversive pleasures: Bakhtin, cultural criticism, and film*, 1989.

de uma entrevista de Welles para a imprensa do Rio de Janeiro, que ocorreu logo que ele chegou à cidade.[5] Arrigo Barnabé fala português com um sotaque de gringo americano, estabelecendo comparações entre produtos nacionais (como a cachaça) e o estrangeiro (como o whisky), no contexto da Segunda Guerra Mundial. Estamos no registro da Chanchada com a sua dimensão cômica, de tipos que muitas vezes têm como fonte original o próprio cinema americano. Como diz João Luiz Vieira:

> A palavra paródia nos remete imediatamente para um objeto que existe anterior a ela e que se torna a razão de sua própria existência. Do objeto artístico original, seja ele uma peça teatral, musical, um romance, ou um filme, até o novo objeto, ocorre um processo de transformação no qual a paródia procura imitar o original de forma cômica. Ela é uma imitação, que geralmente dá a impressão de algo grosseiro, de segunda mão, apresentando elementos de humor, *nonsense* e de ridículo.[6]

O aspecto paródico, contudo, não se restringe somente à interpretação dos atores. Movimentos de câmera também podem ser compreendidos nessa chave, como, por exemplo, uma câmera baixa – um ângulo característico da encenação de Orson Welles – que enquadra Arrigo Barnabé diante da fachada de uma igreja barroca. Aqui é interessante lembrar o que François Truffaut destacava ao comentar, no prefácio do livro de André Bazin sobre Orson Welles, o *contre-plongée* em *Cidadão Kane* como indicativo de uma visão infernal, já que o olhar de baixo para cima parece vir da terra para o céu.[7] De fato, o paradigma religioso aqui é apropriado, principalmente se associarmos essa cena ao interesse de Welles pelo registro da contrapartida religiosa do Carnaval: no início de abril de 1942, parte da equipe de Welles viajou a Ouro Preto, em Minas Gerais, para filmar o sábado de Aleluia e o domingo de Pás-

---

5 SIQUEIRA, Sérvulo. "Um terremoto clandestino: o filme brasileiro de Orson Welles visto através de um cine-jornal". In: *O Estado de Minas*, 1979. Disponível em: http://www.guesa-audiovisual.com/CinemaFilosofiaLiteratura/EnsPesMemoria/TerremotoClandestino.html Acessado em março 2015.

6 VIEIRA, João Luiz. "Este É Meu, É Seu, É Nosso: Introdução à Paródia no Cinema Brasileiro". In: *Filme Cultura*, nº 41/42, maio de 1983, p. 22.

7 TRUFFAUT, François. "Welles et Bazin". In: BAZIN, André. *Orson Welles*. Paris: Cahiers du Cinéma, 1998, p. 22.

coa.[8] Também os jangadeiros, nas paradas que fizeram em algumas cidades durante a sua jornada pelo mar, estiveram em igrejas, para pedir proteção para sua viagem.[9] Ainda dentro da figuração cristã, uma rápida panorâmica horizontal desloca a narrativa para outra cena: um peixe é fisgado por um jangadeiro, com o peixe e o pescador reiterando uma referência cristã.

Outra figuração diz respeito à tecnologia, a partir da bússola e sua relevância para a descoberta do Novo Mundo no contexto renascentista. Diz Jacaré (Guará): "Para o jangadeiro se orientar basta o vento e as estrelas. Para o jangadeiro, a bússola é um instrumento digno de dar pena". É interessante pensar que a bússola é um instrumento associado ao período das grandes navegações que levaram à descoberta do Novo Mundo, compreendido segundo a visão eurocêntrica. Ao recusar esse instrumento, os jangadeiros se contrapõem aos sentidos que ele encerra em tal perspectiva.

No material filmado por Sganzerla, outro destaque diz respeito à personagem interpretada por Otávio Terceiro, que aparece na cena da entrevista de Welles para a imprensa do Rio de Janeiro como uma espécie de mediador do debate e funcionário do DIP. Aqui em *Nem tudo é verdade*, ele será o responsável pelo confisco dos negativos de *It's all true*. E o mesmo ator interpretará, em *O signo do caos*, o Dr. Amnésio, responsável pela censura ao filme de Orson Welles. Essa reiteração de personagens representados pelo mesmo ator sugere um princípio de construção e desconstrução permanentes, figuração que vai se confirmar em uma das últimas imagens de *O signo do caos* com Shiva, o deus da mitologia hindu associado à destruição e construção contínuas, pegando fogo. Ou seja, assim como ocorre em relação a Otávio Terceiro, ator presente nos referidos filmes, a repetição também se dá com outras imagens, como aquelas retiradas dos cinejornais e reapresentadas a cada filme da tetralogia de Sganzerla sobre *It´s all true* com distintos sentidos, o que nos leva a pensar em uma retórica construída pela montagem de conflito que envolve os quatro filmes.[10]

---

8 Ver BENAMOU, Catherine. *Orson Welles's transcultural cinema: an historical/textual reconstruction of the suspended film, It's All True, 1941-1993*. Tese (doutorado em *Cinema Studies*) - New York University (NYU), 1997, p. 57.

9 Ver a montagem do episódio dos Jangadeiros realizada por Richard Wilson, Myron Meisel e Bill Krohn em *It´s all true: sobre um filme inacabado de Orson Welles* (1993).

10 A propósito da relação entre a repetição de imagens, montagem figurativa e montagem de conflito, vale lembrar a explicação de Ismail Xavier, a propósito das notas de Eisenstein para

Ainda sobre a cena da entrevista, ela pode ter sido concebida segundo uma crônica de Vinicius de Moraes, na qual ele relata, entusiasmado, aspectos de uma coletiva cedida por Orson Welles a jornalistas brasileiros, no Copacabana Palace. Vinicius começa a crônica afirmando sua desconfiança em relação às entrevistas coletivas, porque nelas "ao repórter interessa a sua reportagem; ao entrevistado, a sua carta de simpatia".[11] Porém, o cronista admite que Orson Welles foi capaz de reverter a sua opinião, ao falar tão naturalmente. Os assuntos da entrevista são vários, mas, em especial, o próprio cinema e a MPB. Em um dado momento, o Funcionário do DIP (Otávio Terceiro) começa a perguntar sobre *Cidadão Kane* a Orson Welles (Arrigo Barnabé). E este é um ponto bem discutido por Vinicius de Moraes na referida crônica: Welles contrapõe que "esse filme nada tem de especial" (com o que Vinicius não concorda, convém notar). Em todo caso, esta é a deixa para o término da entrevista em *Nem tudo é verdade*. Um corte e Welles, Senhorita Matilde e o Funcionário do DIP saem, no corredor, à procura do elevador.

Na continuação dessa sequência, ganha destaque a figura de Grande Otelo, com uma representação que, entre ficção e documentário, se reporta à sua participação em 1942 no episódio do Carnaval de *It's all true* e também a este momento de realização de *Nem tudo é verdade*. Senhorita Matilde sai do interior para o exterior do Copacabana Palace, onde Otelo está à sua espera. Ela diz que "senhor Welles ainda está em jejum". Otelo espera por ele para seguirem juntos para filmagens em Quintino. Estamos no contexto da reconstituição ficcional do que ocorrera em 1942. Como afirma Catherine Benamou, o registro documental do Carnaval começou em 08 de fevereiro, tão logo a equipe de Welles chegou ao Rio de Janeiro. Na verdade, o grupo dividia-se em duas equipes: uma responsável pelas imagens em *technicolor*; a outra,

---

filmar *O capital*: "Por exemplo, a estratégia de repetições do mesmo fenômeno, bastante frequente em sua montagem, é vista por ele [Eisenstein] como instrumento retórico para desenvolver a situação em conceito, para superar a primeira fase de leitura e propor o salto para uma nova qualidade, a do pensamento abstrato. Tal abstração se produz como síntese elaborada a partir dos elementos imediatamente dados; a teoria da montagem como conflito define-se justamente pela combinação das representações para formar uma unidade complexa de natureza peculiar, apontando para um sentido não contido nos componentes, mas no seu confronto. Cf. XAVIER, Ismail, *op. cit.*, p. 133.

11 MORAES, Vinicius. "Traços da sua Personalidade". In: CALIL, Carlos Augusto (org.). *O cinema dos meus olhos*. São Paulo: Companhia das Letras/Cinemateca Brasileira,1991, p. 62. A referida crônica foi publicada primeiramente em 1942.

pelas imagens em preto-e-branco. Durante o dia, cobriam os eventos de rua. À noite, as escolas de samba. E a partir de março de 1942, Welles passou a encenar o Carnaval nos estúdios da Cinédia, no Cassino da Urca e no bairro de Quintino.[12]

Nesse contexto de reconstituição da História em *Nem tudo é verdade*, claro, Grande Otelo está bem mais idoso em relação a ele mesmo em 1942. Mas, de repente, Otelo sai do seu personagem nesse contexto ficcional paródico e começa a falar, em um depoimento, sobre o que ocorrera naquela ocasião, quando era um dos atores do episódio do Carnaval. No transcorrer de sua fala, veremos tanto fotos quanto trechos de filme em que ele aparece jovem, dançando, cercado por outros negros, diante de um prédio onde está afixado um cartaz da UNE. Além dele, ainda veremos fotos de outros artistas envolvidos com *It's all true*, como Linda Batista.

> Grande Otelo (som direto): O negócio comigo foi o seguinte: eu ia saindo da Urca, passei pela porta da frente e aí o Zacarias Iaconeli, aquele que foi professor da Carmen Miranda nos Estados Unidos, me chamou e me apresentou... era meio gordo e tal, mas com uma cara de criança... e disse pra mim: "Olha, esse aí é o gênio do século, Orson Welles". Eu olhei e fiz "alô". E ele fez "alô". Eu fui-me embora. Mas a Urca tinha cedido pra ele todas as atrizes que trabalhavam, inclusive, a Linda Batista, o Siri de Ouro, o Herivelto Martins e tal. E mandou todo mundo pra Quintino. Mas quando chegou lá todo mundo, ele olhou, olhou e não viu e perguntou: "Cadê aquele negrinho pequenininho que me fez alô?" A turma se tocou e aí mandou me chamar. E eu vim para aqui [para o Copacabana Palace] para ir com ele lá para Quintino. É isso aí.

Ao final do depoimento, Otelo volta para o plano da ficção, ou da reconstituição do episódio histórico, e diz que Orson Welles está demorando muito. O garçom que estivera ao seu lado todo o tempo lhe oferece uma bebida, um conhaque francês. Otelo questiona – "E precisa ser francês?" – e diz que vai para um bar tomar uma cachaça. E aí ele aparece em uma mesa de bar conversando com a Senhorita Matilde (Helena Ignez) e, na medida em que fala, são inseridas fotos das filmagens de *It's all true* nos estúdios da Cinédia (figurantes, músicos e seus instrumentos, etc.). Boa parte da graça dessa cena está

12 BENAMOU, Catherine, *op. cit.*, p. 57.

justamente no jogo que flexibiliza marcas do documentário (o depoimento, por exemplo) e da ficção (Otelo reencenando a si mesmo e o personagem de Helena Ignez, ou seja, Senhorita Matilde, a quem Otelo se remete).

Além disso, a visão de Grande Otelo sobre Orson Welles não deixa de sugerir uma certa perspectiva da visão Pero Vaz de Caminha, como diria Tunico Amâncio em *O Brasil dos gringos*. Welles, a exemplo de Pero Vaz, encanta-se com a natureza, com a gente, com "tudo o que era nosso". Em contrapartida, é instigante imaginar como foi para Orson Welles, um apaixonado por Shakespeare, o encontro com Grande Otelo, cujo nome está associado a uma das tragédias do dramaturgo inglês, a qual viria, por sinal, a se tornar argumento para *Othello,* o filme (Welles, 1952). Grande Otelo está implicado diretamente com as três estratégias de figuração em pauta na tetralogia de Sganzerla. Relaciona-se ao metacinema tanto por sua participação direta em *It´s all true* como em outros filmes, especialmente, produções da Chanchada, que são uma referência relevante para a geração identificada com o Cinema Marginal. Otelo traz em si, no seu corpo franzino associado ao Grande que vem em seu nome, na referência irônica a Shakespeare, enfim, o próprio ator remete à ideia da carnavalização. Como afirma João Luiz Vieira:

> Rogério Sganzerla também não deixa de lado a chanchada na mistura de gêneros proposta por seu filme O bandido da luz vermelha (1968) onde a própria chanchada explica a mistura que há no filme entre policial, western, science-fiction, etc. O mesmo acontece com alguns filmes de Julio Bressane, notadamente O rei do baralho (1973) onde, além da presença de Grande Otelo, há uma série de situações típicas da chanchada. Em tais filmes, a chanchada, além de seu potencial próprio como catalisadora da paródia, entra nesses filmes como um dado cultural tipicamente brasileiro e que havia sido radicalmente rejeitado pelo Cinema Novo.[13]

Em relação à viagem, Otelo é um passageiro do tempo. Com sua deixa sobre a Praça Onze – onde "tudo é sempre Carnaval" e pode se tornar "internacional" –, a montagem se encarrega de (des)organizar vários trechos de filmes com registros do Carnaval do início da década de 1940, sendo ele, o próprio Otelo, o vetor principal dessa elaboração em que, além de *Praça Onze,* seguem-se outras músicas, marchas, frevos, etc., envolvendo a imagem das

13 VIEIRA, João Luiz, *op. cit.,* p. 25.

ruas do Rio de Janeiro, os foliões fantasiados, Welles e sua equipe trabalhando e ainda trechos de *Cidadão Kane*, fotos de caboclinhos, piratas, baianas, meninos com instrumentos musicais, banhistas fantasiados ao mar, passistas em clubes, desfile de blocos, etc. Além de Otelo, na chave dos passageiros do tempo, outra figura marcante é Helena Ignez interpretando a Senhorita Matilde, presente desde a entrevista com Welles-Arrigo, a qual se desdobra no encontro com Grande Otelo.

A Senhorita Matilde aparece, de fato, como a figura da tradução, que assume, no discurso construído por Rogério Sganzerla em seu filme, um papel complexo entre a língua portuguesa e a língua inglesa e vice-versa, ao refletir, no caso, as tensões da Política da Boa Vizinhança. Senhorita Matilde, como mediadora, facilita o encontro do cineasta americano com o Brasil. A propósito, Welles, interpretado por Arrigo Barnabé, diz que "português língua difícil", mas que gosta muito do Rio. E logo alguém pergunta se ele já foi à Bahia, numa clara alusão ao filme *Você já foi à Bahia?* (*The three caballeros*, Norman Ferguson *et al*, 1944), produção da Disney. "Não", responde Welles-Barnabé. E todos: "Então, vá". E riem. A piada tem um duplo sentido. Por um lado, remete a Disney e ao fato de ele ter atendido às expectativas do DIP com os filmes que realizou dentro da Política de Boa Vizinhança, e aqui, além de *Você já foi à Bahia?*, também consideramos *Alô amigos* (*Saludo amigos*, Wilfred Jackson, 1942). Por outro, remete a Welles e à sua indisposição com a ideologia do órgão de propaganda do governo Vargas, o DIP. E essa questão da tradução assume uma dimensão ainda mais complexa quando lembramos que *Você já foi à Bahia?* é também uma música de Dorival Caymmi que pontua a trilha de *Nem tudo é verdade* em vários momentos. Há deslocamentos nos sentidos das figuras.

A referência a Disney, por exemplo, aparecerá mais adiante implicada na figura do papagaio, que nos remete a Zé Carioca (personagem concebido para o filme *Alô amigos* e que reaparece em *Você já foi à Bahia?*). No filme de Sganzerla, o papagaio estará sempre em conjunção com o Welles interpretado por Arrigo Barnabé. Em um momento, enquanto bebe whisky, Welles põe o papagaio sobre um coco e aponta-lhe o dedo: "*Beautiful*", dizendo ainda: "O Brasil é o país que produz o melhor whisky falsificado do mundo". Estamos na perspectiva de "nossa incompetência criativa em copiar".[14] Embe-

14 GOMES, Paulo Emilio Salles. *Cinema: trajetória no subdesenvolvimento*. Rio de Janeiro: Paz e Terra, 1980, p. 77.

vecido (na trilha, ouvimos *Carinhoso*), Welles deixa o coco de lado, recupera sua câmera e passa a filmar o papagaio, que continua na sua outra mão. A menção a *Você já foi à Bahia?* aparecerá ainda em outro momento de *Nem tudo é verdade*, quando alguém mostra um cartaz do filme produzido por Disney a Orson Welles, que por sua vez chuta um barril de pólvora sinalizando incômodo com os esforços de guerra investidos na Política de Boa Vizinhança.

A recíproca também é verdadeira: os responsáveis pela manutenção da Política de Boa Vizinhança estão insatisfeitos com o trabalho de Welles. Aproxima-se a propósito um personagem (interpretado por Abrahão Farc) falando português com sotaque inglês, exasperado: "Por favor, querido, está todo mundo esperando" (para as filmagens). Podemos possivelmente associá-lo a Lynn Shores, o gerente de produção da RKO responsável por acompanhar, no Brasil, as atividades de Welles. Shores enviava relatos para os Estados Unidos, marcando a inserção de negros nas filmagens como sendo um problema.[15] Ou ainda talvez possamos pensar em Phil Reisman que, em razão dos relatos de Shores, veio ao Brasil para interromper as filmagens de *It´s all true*. Em todo caso, Welles (Arrigo Barnabé) não se altera diante da pressão, continua deitado na espreguiçadeira, fumando o seu charuto e bebendo, ainda que, a essa altura, segundo o quadro de indisposição do DIP e da RKO, não haja saída, a não ser a interrupção do filme com o confisco dos negativos.

Os funcionários do DIP ganham então destaque, em especial, aquele que é interpretado por Otávio Terceiro, que retira os negativos da câmera de Welles e leva-os para um armário para escondê-los. Soa trecho de uma música de suspense, enquanto se aproxima outro Funcionário do DIP que entrega ao seu chefe as lentes "que o senhor me pediu". Quem seria o senhor em questão? Lourival Fontes, diretor geral do DIP? Instaura-se em todo caso um momento de conjecturas sobre a interrupção do projeto *It´s all true*, uma delas dizendo respeito à conexão entre Nelson Rockfeller e o DIP. Uma cartela do *Cine Jornal Brasileiro* anuncia: "Brasil–Estados Unidos – Rio: O Sr. Nelson Rockefeller visita o Departamento de Imprensa e Propaganda". Vem então uma animação sobre um mapa: da Europa irradiam-se ondas na direção da América. E trechos de filmes: soldados nazistas em desfile militar, tropas de Hitler em Paris, o Arco do Triunfo, representantes de governos dos países envolvidos

---

15 Cf. SIQUEIRA, Sérvulo. "É tudo verdade: política, samba e racismo no filme brasileiro de Orson Welles". *Folha de S.Paulo*, caderno Folhetim, 02 de dezembro de 1984.

na Segunda Guerra Mundial, bombas, a suástica, edifício nazista sendo bombardeiado e, já no Rio de Janeiro, edifícios do governo, ruas, fotos de Welles... Enquanto o conflito mundial assume maiores proporções, o mesmo ocorre com os problemas envolvendo a produção de *It´s all true*. O Funcionário do DIP (Otávio Terceiro, a essa altura usando luvas brancas) está novamente ao telefone, recriminando o fato de Welles filmar os negros, reproduzindo um discurso que seria característico dos relatos de Lynn Shores:[16]

> Funcionário do DIP: Estou segurando os negativos desse filme e não vou mandar revelar enquanto não tiver uma conversa com o senhor sobre esse assunto, para saber se estou alarmado com ou sem razão sobre suas possíveis consequências. O governo já está com esses negativos em seu poder.

As luvas brancas utilizadas pelo personagem de Otávio Terceiro são um signo do ideal de "limpeza" previsto na ideologia do Estado Novo. Confirmando tal hipótese, vemos planos com fotos de pessoas no Carnaval enquanto o funcionário do DIP comenta como "a filmagem está péssima". Welles, entretanto, continua a filmar e sua voz, em português (embora não seja a voz de Arrigo Barnabé), explica como lhe ocorreu que o samba encontra suas origens em antigas cerimônias vodus ainda muito praticadas pelos habitantes das favelas. Ele explica esse assunto se remetendo a um pajé com quem negociou uma participação no projeto, enquanto se sucede uma série de vários planos. Há, por exemplo, imagens paródicas do suposto pajé que amaldiçoou o filme. Há trechos de um cinejornal que reporta o desembarque da equipe de estrangeiros que veio filmar *It´s all true*. Vemos cartas e outros documentos impressos. Até que uma cartela do cinejornal do DIP anuncia mais uma vez o que parece ser o grande impedimento ao filme: "Chega o Sr. Nelson Rockefeller, Coordenador de Negócios Inter-Americanos". E vemos então o desembarque do coordenador do OCIAA no aeroporto, seu encontro com integrantes do governo brasileiro em seus gabinetes. Como contraponto, há imagens coloridas da favela, ou seja, cenas filmadas por Sganzerla com Arrigo Barnabé (Welles) e o papagaio.

---

16 Segundo Sérvulo Siqueira, esse texto seria parte de um relato de Lynn Shores para Alfredo Pessoa, diretor de divulgação do DIP (Cf. SIQUEIRA, Sérvulo. "É tudo verdade: política, samba e racismo no filme brasileiro de Orson Welles", in *Folha de S.Paulo*, caderno Folhetim, 02 de dezembro de 1984). Entretanto, dentro da estratégia polifônica de Rogério Sganzerla, Otávio Terceiro personifica distintas figuras históricas em um só personagem.

A chegada de Nelson Rockefeller vem se associar às cenas que reportam a morte de Jacaré. A jangada vira e o pescador cai no mar, enquanto tubarões circulam no fundo do oceano. No luminoso do cinema (o mesmo do início), correm as palavras: "Engolido por um cação gigantesco". Várias reiterações sobre o acidente ampliam o seu sentido: um mergulhador vasculhando resquícios em meio a destroços de um navio afundado; charges de jornal com figuras de peixes que se engolem; manchetes de jornal sobre a morte do pescador; fotos de Jacaré; um avião jogando bombas ao mar; torpedos disparados de um navio; fotos de Welles com os jangadeiros, entristecido, acabrunhado. Na trilha sonora, ouvimos João Gilberto cantando *Milagre*, a composição de Dorival Caymmi sobre os pescadores que "embarcaram de manhã" e tiveram de lidar com a virada do tempo. E ainda ouvimos trechos de uma voz *over* afirmando que o mistério da morte pode se tornar para sempre insondável. Dorival Caymmi (ainda bem jovem, violão na mão) associa-se ao tom triste do desaparecimento de Jacaré. Ainda veremos, nessa sequência, um trecho de cinejornal do DIP reportando uma homenagem ao criador de *Cidadão Kane*, que, no entanto, parece melancólico, o que se confirma pelo áudio transportado de *Soberba*, um diálogo entre Isabel Amberson e seu filho arrogante, quando ela já está bem doente.

Para a interrupção de *It´s all true*, além da chegada de Nelson Rockfeller e da morte de Jacaré, há também a questão da favela, de filmá-la como "verdade ou mentira". Uma panorâmica avança em plano geral do mar até o Cristo Redentor, enquanto na trilha ouvimos *Ave Maria no morro* na interpretação de Dalva de Oliveira. A letra da música sugere que a câmera que registra as panorâmicas está localizada no morro, na favela. E de fato, logo em seguida, vemos novamente Welles (Arrigo) no morro, com a câmera e o papagaio, mas ameaçados pelos tubarões no fundo do mar.

O rompimento do contrato entre a RKO e o cineasta se evidencia quando o luminoso cartaz de cinema reproduz um comunicado da produtora, divulgado pela imprensa brasileira, no qual a RKO afirma não ter "nenhuma responsabilidade por qualquer ato praticado no Brasil pelo senhor Orson Welles". Aludindo à imagem do cineasta como boêmio, há uma foto de sua Carteira de Cachaceiro e a locução faz menção à "cana vinda de Pernambuco", à bebida e à boemia. Tão boêmio e sobretudo dispondo-se contra os poderosos da RKO, Welles não corresponde ao que seria de se esperar de um agitador político?

A propósito, o seu fascínio por Jacaré também está relacionado ao fato de que o pescador era um líder político capaz de confrontar os poderosos. Jacaré (pela voz *over* de Guará) diz que "a lei do mar é que o peixe ataca quando está com fome". Eis o ponto de observação que estrutura sua teoria e práxis no empenho político de trabalhar para transformar as condições de vida de sua colônia de pescadores. É a dimensão política da atuação de Jacaré, aliada ao seu espírito épico, que chama a atenção daquele que pretende registrar o seu heroísmo.

> Welles (locução *over*): A vida do mar registra depoimentos de pescadores deixando filhos a criar. Eu sinto profundamente a morte de Jacaré, pois que homem excepcional, herói, líder, inteligência viva e interessantíssima. Quando estive no Ceará, observando o prestígio de seu nome, senti verdadeiramente que era um herói americano. Era estimadíssimo como chefe da colônia Z1 de Fortaleza, com popularidade impressionante como poucos. Não, eu não estou exagerando. Jacaré é um dos maiores heróis que já conheci.

A morte de Jacaré também é registrada pela voz de seus companheiros, para quem o pescador era uma líder.

> Locução (voz *over*): Os nossos adversários de Fortaleza não gostavam mesmo de Jacaré, espécie de advogado de nossa classe. Para que o senhor tenha uma ideia do ódio que movia o nosso companheiro, basta dizer que a sua morte foi comemorada à champanhe pela Federação de Pesca do Ceará. É triste, mas é verdade.

Os efeitos da morte de Jacaré são contrapostos à recepção de Welles pelos cearenses. Sucedem-se fotos sobre o seu desembarque em Fortaleza, onde episódios diversos terão lugar. Uma manchete de jornal, por exemplo, informa: "Orson Welles caiu da jangada". E essa informação leva-nos a pensar em uma correspondência entre a tragédia de Jacaré, ao cair da jangada e morrer, e os problemas de Welles para continuar o seu projeto *It´s all true*. As duas figuras se completam.

Notável nessas figuras complementares é também a sua intenção de viajar e atingir o mundo, com a enunciação fílmica projetando o jangadeiro associado aos cineastas que com ele interagem. Isso porque a resistência, a persistência, a disposição para encarar os poderosos são atributos não só de Jacaré e Welles mas também do próprio Sganzerla. Nesse sentido, ao falar do seu projeto de filmar "homens corajosos que se batem pelos mais nobres ideais humanos, justiça e liberdade", Welles, pelo efeito da montagem de *Nem tudo é verdade*, está falando dos jangadeiros mas também de si e de Sganzerla. Há um preenchimento mútuo de suas figuras. Como exemplo, lembremos uma cena na qual o Funcionário do DIP (Otávio Terceiro) está mais uma vez ao telefone: "A filmagem está péssima". O comentário tem dupla orientação, remete-se tanto a Welles quanto a Sganzerla, como podemos deduzir das imagens coloridas, recentes, e das imagens em preto-e-branco, de 1942, montadas entre fotos da equipe de *It's all true*. Tal estratégia está em acordo com a perspectiva de um cinema sem limites, defendida por Sganzerla.

A sequência da passagem de Welles por Salvador, na Bahia, também aponta para o tempo solto e para a ausência de restrição espacial. Welles (Arrigo) filma uma fachada de um prédio em Salvador (próximo do Elevador Lacerda), na primeira capital do Brasil. Filma o mar, o artista Mario Cravo na praia. Registra prédios, enquadra uma igreja barroca. Executa panorâmicas das ruas de Salvador que permitem o reconhecimento da cidade em meados da década de 1980. Registra cartões-postais como o Farol da Barra. Mas não deixa de comparar a cidade com outros lugares do mundo, como afirma uma locução *over*: "Orson Welles no alto do Belvedere fica encantado com a vista. Isto é lindo. Parece a Kashbar, na Algéria, e é muito mais alto e pitoresco". Ao fundo, ouvimos João Gilberto (*Bahia com H*). Até que Welles, com uma câmera e uma jangada de brinquedo nas mãos, volta para o hotel, entra no quarto, onde a Senhorita Matilde o espera na cama. Eles se abraçam e se beijam. Ela questiona a solidão que ele sente, o fato de não ter uma identidade. Além dos dois, na cama estão também a câmera e a jangada de brinquedo. E, em contraponto com o espaço interior do quarto, de súbito, há um plano da jangada de brinquedo sendo atingida e arrastada por uma onda do mar em um dia de sol. Diz então a Senhorita Matilde: "Deixou de ser americano e não consegue ser brasileiro. Perdeu a identidade".[17] Quem sou eu? Ressoa aqui a pergunta d'*O bandido da luz vermelha*.

---

17 Ismail Xavier aborda essa passagem: "Helena Ignez em *Nem Tudo É Verdade*, comenta: ele deixou de ser americano e não consegue ser brasileiro. O 'deixou de' (perda da inocência sem retorno) e o 'não consegue ser' (não há ponto de chegada, plenitude ou coesão no afã identitário) resume o paradoxo do choque de culturas, e repõe a nossa questão colonial, em que o "Tudo é Brasil" num filme de colagem faz ecoar novamente a figura de Oswald de Andrade". Ver XAVIER, Ismail. "O Grande Artista e sua Condição: A Espiral Barroca de Rogério". In: catálogo da mostra *Rogério Sganzerla: por um cinema sem limites*, 2004, p. 27.

Welles despede-se de Salvador, mas, na trilha sonora, continuamos com *Você já foi à Bahia?* como uma remissão aos desacertos do cineasta com os interesses da Política de Boa Vizinhança. O que se reitera com um plano da jangada de brinquedo sendo arrastada pela onda do mar e mais manchetes de jornal ("*RKO boots Welles unit off the lot*"), fotos (Welles reunido com várias pessoas, talvez em negociação para continuar o filme) e mais manchetes: "Orson Welles telefonou a Hollywood e não gostou da conversa".

> Locução (*over*): Hollywood tem cometido muitos erros. É lamentável que um caso como esse, como o meu com a RKO Radio, tenha se tornado público. Mas a explicação é simples: houve uma reviravolta completa na direção da produtora. Os meus amigos nesse estúdio foram despedidos, cedendo seus postos justamente para os meus inimigos, os que eram visceralmente contra a apresentação de *Cidadão Kane*. Resultaram daí sérias divergências, desinteligências e atritos. Tudo proveniente de uma política desleal. Pode estar certo de uma coisa, meu caro repórter, política em Hollywood é mato. Difícil pra cachorro.

Diante da iminente interrupção do projeto, a saída será o regresso aos Estados Unidos. Ao ouvir as palavras acima revemos cenas de *Cidadão Kane* (da sequência inicial, de sua morte, quando ele diz "*Rosebud*") e também de *A marca da maldade* (Capitão Quinlan no carro), além de caricaturas gráficas de Orson Welles. O conjunto dessas colagens reitera a dialética do sucesso/fracasso, que se estende à Guerra com trechos de filmes diversos: aviões decolam de um porta-aviões; aviões são atingidos no ar; torpedos são disparados de um navio; telegrafistas; bóias ao mar; explosões; manchete de jornal ("Guerra – Governo do Brasil reconhece estado de beligerância com a Alemanha e a Itália"); animação sobre um mapa: aviões saem de Natal para Dacar. O Brasil entra na Guerra conjugando sua força à dos Aliados. Uma cartela do *Cine Jornal Brasileiro* dá provas da participação do país no conflito: "Exército – Natal: A Construção do Quartel do 16º R.I." Os Estados Unidos conseguem o que esperavam do Brasil.

Vemos então muitas imagens e ouvimos muitos sons, todos indicativos da entrada do Brasil na Guerra, com destaque para a figura de Getúlio Vargas, que ora está próximo de Nelson Rockefeller, ora de outros integrantes do governo brasileiro, das multidões aglomeradas em estádios, dos preparativos para o combate ("Para esmagar Hitler: metal e borracha"). Contextualizando a História, mais uma vez ouvimos Rogério Sganzerla, uma voz em seu próprio filme: "Entre fevereiro e agosto de 42, inúmeros navios brasileiros foram torpedeados, ocasionando a morte de mais de mil pessoas".

Já na perspectiva do filme realizado em 1942 por Welles, a entrada do Brasil na Guerra parece ser o impedimento definitivo para a realização do projeto *It´s all true*. Isso se confirma com uma foto em preto-e-branco de Orson Welles, sentado no batente de uma calçada, mais uma vez deprimido. Em seguida, a desolação é reafirmada pelo letreiro luminoso do cinema, que retorna com referência a *Cidadão Kane*, imagem sobre a qual se coloca a seguinte afirmação, em uma das vozes atribuídas a Welles: "Não vivemos à beira do abismo, não, mas nas suas profundezas. E nenhuma crença ou filosofia de vida pode tocar mais as almas que ainda respiram sob os escombros". Os vínculos entre o Brasil e os Estados Unidos, além da Guerra e também no sentido de ambos os países terem discordado do projeto *It´s all true*, são demonstrados a partir de uma fala do personagem de Otávio Terceiro, ao telefone: "Eu estou despachando com urgência os negativos para os Estados Unidos. Assim parece que não vai haver mais problemas".

Vem então a cena na qual Welles destrói o quarto do Copacabana Palace. Um *travelling* avança pelo corredor do hotel, repleto de fotos. O movimento da câmera corresponde ao caminhar (ouvimos passos) de Welles para o seu quarto. Um corte e, no quarto, ele está bêbado e fumando charuto e, ao seu lado, há uma alegoria nacional: uma mulata fantasiada de "nativa" ("Se a minha patroa me visse de nativa num filme de seu Welles...", diz ela). Sentado na cama, meio pensativo, Welles bebe e, de repente, começa a quebrar os objetos do quarto, enquanto a "nativa", índia alegorizada, faz evoluções coreográficas em cima da cama. Antes de atirar os objetos do quarto pela janela, Welles despeja sobre o corpo dela o conteúdo da garrafa, como para fazê-la se liberar das preocupações de serviçal.

As razões para o escândalo relacionado ao Copacabana Palace são aqui apresentadas como o desespero do cineasta diante da ameaça ao Humanismo. Ele assume a perspectiva do bárbaro como única saída para quem vive a barbárie, haja vista alguns dos objetos que atira pela janela: uma garrafa de whisky; uma gaiola; um quadro com uma reprodução fotográfica do *David* de Michelangelo; um pandeiro; o papagaio (o mesmo de antes) que, com as asas agitadas, procura se apoiar no quadro para não se afogar na piscina.

Entretanto, para a opinião pública o escândalo do Copacabana Palace assume outras razões, como se deduz do trecho da crônica citada logo em seguida, enquanto ocorre uma sucessão de imagens, multiplicando, como sempre, a possibilidade de conexões de sentidos. Há trechos de filmes antigos e recentes, como o plano do rapaz, um "nativo", escalando um coqueiro; charges de Orson Welles vestido de rei; o livro de ouro do Copacabana Palace; o luminoso do cinema: "Conheça a cachaça"; num jogo intertextual marcado pela dialética civilização/barbárie. Na trilha, ouvimos *Folha morta*: "Sei que falam de mim, oh Deus, como eu sou infeliz..."

> Locução (*over*): Caía a tarde em Copacabana. A gente despreocupada vinha em volta do passeio da Avenida Atlântica. Os filhos do adido da embaixada norte-americana brincavam na calçada. De repente começou a chover lá de cima. Não a água, não, não. Cadeiras, rádios, livros, bibelôs. Era ele. Sim, era ele que em boa e má companhia fazia tremendos estragos. Mil dólares foram pagos pela produtora do filme como indenização à companhia administradora do edifício pelos tremendos danos causados. Ele, porém, sorriu e disse apenas: "Só?"

Prestes a deixar o Brasil, Welles sente *saudades*. Trechos de filme em preto-e-branco nos situam no aeroporto, onde pessoas embarcam, subindo as escadas de um avião que, logo, se prepara para decolar. Aos trechos desse filme em preto-e-branco, intercalam-se trechos de filme colorido: uma câmera aérea em torno do Cristo Redentor. O mar é de um azul intenso e nele avistamos lá longe pequenas embarcações, inclusive, jangadas. Um corte e vemos detalhes do roteiro de *It's all true*. Na trilha, *Aquarela do Brasil*. Welles (Arrigo Barnabé): "Saudades. *It means something like that... sentimental memory... long sadness...* Saudades".

Em contrapartida, o Funcionário do DIP sai de um edifício, com latas de filme na mão, reclamando que "esse filme é uma porcaria", com "cenas de macumba". Joga as latas de *It´s all true* no esgoto, que corre para o mar (veremos um plano idêntico em *O signo do caos*). Ao fundo, ouvimos a voz de Orson Welles falando de cinema, ininterruptamente, como se resistindo ao discurso dos funcionários do DIP.

Welles se foi, mas as causas nefastas que levaram à sua saída permanecem e, até por isso, ele deveria retornar para concluir, junto com os integrantes de sua equipe, aquilo que começou. É isso que Grande Otelo vem cobrar de Orson Welles: a finalização de *It's all true*, recordando a experiência do passado.

> Grande Otelo (voz over): (...) Eu estou sentindo muita saudade do teu papo enrolado, misturado com português e espanhol. E mesmo estou sentindo saudade de uma coisa que você prometeu realizar, prometeu fazer e, por esta ou aquela razão, não fez. Ficou muito chato, sabe Orson? Eu jogava todas as minhas esperanças no *Tudo é verdade, It's all true.* (...) Mesmo que muita coisa tenha acontecido neste curto intervalo de 42 a 83, eu considero um curto intervalo, *It's all true* precisa aparecer, para tua honra, para a satisfação do Herivelto [Martins] e minha satisfação. Nós jogamos muito da nossa energia nesse trabalho. Não é justo que a nossa juventude, minha e do Herivelto, tenha se perdido, seja ela a razão que for. Dá um jeito, Orson. [Pausa] Estou à espera de *It's all true*, de todo ele ou pelo menos do que resta, viu Orson? Com toda a nossa amizade, é que eu te peço: dá um jeito.

Nesse intervalo da locução com Grande Otelo, vimos fotos de Orson Welles e imagens de Otelo jovem, sambando. E ainda observamos fotos de Getúlio Vargas, antes de se iniciar a colagem da sequência final de *Cidadão Kane* (desde a queima dos objetos de sua coleção em Xanadu, incluindo o trenó, até a placa com a inscrição "*No Trespassing*", que conclui o filme). Mais uma referência à dialética do sucesso/fracasso, e ressurge o luminoso de cinema: "Gênio ou burro?" – que também remete a "um gênio ou uma besta" de *O bandido da luz vermelha.*

Pois, apesar do fracasso de *It´s all true*, a resistência do cinema continua. Uma cartela do cinejornal do DIP anuncia novos embaixadores da Política de Boa Vizinhança: "No Palácio Rio Negro – Petrópolis: O Presidente Getúlio Vargas Recebe o Diretor Cinematográfico John Ford". Vemos então as imagens correspondentes ao evento e mais a fachada do palácio.

> Locução (*over*): John Ford e Gregg Toland [fotógrafo de *Cidadão Kane*], considerados respectivamente o criador essencial número um do gênero cinematográfico americano por excelência, o *western*, e Gregg Toland, mitologicamente o maior fotógrafo do mundo, foram recebidos por Getulio Vargas no Palácio Rio Negro, em Petrópolis.

Outra cartela do *Cine Jornal Brasileiro* do DIP: "Cinema Nacional – Rio: O Primeiro Filme de Longa-Metragem Produzido pelo Sistema Cooperativista". Vemos então João Ford e Grande Otelo, cumprimentando-se, no momento em que foram apresentados um ao outro. Depois, Ford e Gregg Toland fazem discursos ao microfone. E confirmando a resistência do cinema que interessa logo estamos nos ensaios de *Moleque Tião* (direção de José Carlos Burle, 1943), produção que conta com Grande Otelo como protagonista, tendo sua história como argumento para o próprio filme.

Apesar do fracasso de *It´s all true*, o cinema no Brasil ganhou força ("Amparo oficial ao cinema brasileiro") em razão das reivindicações de jangadeiros, de Orson Welles, Grande Otelo, dos negros, dos trabalhadores, da arte, pressionando Getúlio Vargas, Rockefeller e outros poderosos. De alguma forma Welles conseguiu sensibilizar corações e mentes, como indicam o próprio surgimento da Atlântida e as leis que favorecem as cooperativas nacionais de cinema. O esforço não foi em vão. E esse argumento otimista ganhará peso quando se retoma a jornada dos jangadeiros como exemplo de coragem única e se anuncia, além disso, a recuperação dos negativos de *It´s all true*, que estavam perdidos. Vem a legenda que explica:

> Quando concluí este filme foram encontradas num depósito da Paramount Pictures 309 latas contendo cópias de originais do filme *It's all true*. Até então todos acreditavam na versão de que os negativos de *It's all true* tinham sido jogados no mar, o que prova que no cinema como na vida... nem tudo é verdade. Rogério Sganzerla.

Sobem os créditos finais. Ao término de *Nem tudo é verdade*, a figura de Orson Welles é impalpável, sem contorno fixo. Multiplica-se em um sem número de possibilidades. Todas seguem um princípio dialético decorrente de uma montagem de conflito. Assim como na Praça Onze "é sempre Carnaval", também a figura de Orson Welles, um herói fechado, não encontra barreiras no tempo-espaço para se concretizar utópica e indefinidamente.

CAPÍTULO 8

Encontro de Shakespeare com Grande Otelo em *Linguagem de Orson Welles*

Junto com os longas-metragens *Nem tudo é verdade* (1986), *Tudo é Brasil* (1997) e *O signo do caos* (2003), o curta-metragem *Linguagem de Orson Welles* (1991) integra a tetralogia de filmes de Rogério Sganzerla inspirada em *It´s all true*. Um dado recorrente nesses filmes de Sganzerla diz respeito ao fato de que eles se estruturam, em maior ou menor medida, a partir do que é possível ser designado como material de arquivo, ou seja, fragmentos de outros textos audiovisuais – imagens e sons – recuperados de contextos diversos, tais como cinejornais, programas de rádio, recortes de jornal e revista, trechos de obras de ficção e documentários. Diante de tal quantidade e qualidade de materiais audiovisuais, podemos perceber uma característica fundamental na tetralogia de Sganzerla inspirada em *It´s all true*: são eminentemente filmes de montagem. Assim, sem desconsiderar as recorrências temáticas e formais dessa tetralogia como um todo, neste momento analisaremos mais detidamente o curta-metragem *Linguagem de Orson Welles*, a fim de compreender sentidos de suas figurações históricas sobre a passagem de Orson Welles pelo Brasil, no contexto do Estado Novo.

De antemão, é fundamental lembrar algumas características do trabalho de Rogério Sganzerla, em especial, no que diz respeito justamente à montagem. Frequentemente, esse realizador retoma os seus próprios filmes, supostamente acabados e mesmo quando já disponibilizados em cópias para exibição, com o propósito de remontá-los, alterando a ordem das sequências dadas em versões anteriores ou mesmo incluindo novas cenas. Tal procedimento, como veremos, é coerente com a sua concepção estética, em especial, em relação a uma concepção da História como conflito permanente.

Portanto, compreendendo-se a obra de Sganzerla como um *work in progress*, os pesquisadores interessados em analisá-la precisam explicar com qual material estão lidando, de modo a estabelecer um parâmetro referencial à discussão pretendida. No caso do curta-metragem considerado como objeto neste momento, é oportuno esclarecer que foi analisada uma cópia em 16 mm, disponibilizada no acervo do CTAV – Centro Técnico do Audiovisual, vinculado ao Ministério da Cultura (Minc). Essa versão difere em diversos aspectos, por exemplo, da que está disponível em DVD pela Programadora Brasil.[1]

Nesse sentido, uma pesquisa que ainda está por ser realizada, a propósito da obra de Sganzerla, deve considerar justamente os sentidos implicados nessa reelaboração permanente de seus filmes. Por ora, contudo, podemos observar que os materiais de arquivo incorporados à versão aqui analisada do curta *Linguagem de Orson Welles* estruturam-se a partir de uma montagem assíncrona de imagens e sons, pautada pelos princípios de Eisenstein.[2] De fato, a pesquisa de Régis Rasia, que se detém justamente na reflexão sobre os materiais de arquivo utilizados por Sganzerla em sua tetralogia sobre *It´s all true*, confirma o dado segundo o qual a referência em pauta é Eisenstein, sua concepção de "montagem de atração" transformada em "atração da montagem", como afirma:

> Para a composição dos objetos com um imbricado inventário de materiais, é com a montagem que se agencia materiais tão díspares. Um conceito é trazido então pelo diretor [Sganzerla], a "atração da montagem", perfazendo o *estilo neo-barroco* [grifo do autor]. Segun-

1 A Programadora Brasil é um projeto que resulta de uma parceria entre a Secretaria do Audiovisual do Minc, do CTAV e da Cinemateca Brasileira, com o objetivo de ampliar a distribuição e exibição de filmes nacionais para entidades jurídicas não-comerciais.

2 No capítulo anterior, sobre *Nem tudo é verdade*, introduzimos a questão da montagem de acordo com os princípios de Eisenstein e sua "montagem figurativa". Aqui permanece o mesmo princípio, ganhando ainda mais relevo a ausência de sincronia entre voz e imagem, no que poderíamos pensar como uma "montagem vertical". A propósito, como explica Ismail Xavier: "a formulação do cineasta russo [Eisenstein], embora apoiada numa situação particular [da adaptação literária para o cinema] abriu espaço para formas mais radicais de combinação assíncrona de palavra e imagem, formas de montagem vertical que o cinema moderno, depois de 1960, veio a explorar (como em Alain Resnais, Jean-Luc Godard, Bernardo Bertolucci, Robert Bresson ou Glauber Rocha)". Cf. XAVIER, Ismail. "O Olhar e a voz: a narração multifocal do cinema e a cifra da história em *São Bernardo*", p. 128.

do Sganzerla: "em cinema interessa(me) a atração dos planos, tomadas. Isto é, montagem por atração"...[3]

No filme *Linguagem de Orson Welles*, a montagem, por um lado, mais uma vez impede a constituição de personagens bem delimitadas, bem definidas, e propõe, em contrapartida, o princípio do enigma – "quem sou eu?" –, a pergunta implicada no mistério acerca de "*Rosebud*" em *Cidadão Kane* (Orson Welles, 1941), enigma que é recolocado nas figurações d'*O bandido da luz vermelha* (Rogério Sganzerla, 1968) e nos demais filmes de Sganzerla, em especial, na tetralogia inspirada em *It's all true*. Proponho então, como método para chegar aos sentidos implicados na montagem do material de arquivo em *Linguagem de Orson Welles*, retomar a discussão acerca da figuração-chave – quem sou eu? - em termos de uma intertextualidade entre os cinemas de Sganzerla e Orson Welles orientada pela *carnavalização*, a *viagem* e o *metacinema*.

No curta-metragem em questão, ao assumir por vezes a voz de Orson Welles, Grande Otelo torna-se uma espécie de seu alter-ego, um "outro eu" do cineasta americano, reverso, carnavalizado, paródico. Não por acaso a primeira imagem do filme é justamente um detalhe das calçadas das praias da Zona Sul do Rio de Janeiro, onde faixas pretas e brancas reproduzem as ondas do mar e sugerem uma harmonia de contrastes. Sobre esse detalhe aparece o primeiro crédito: "Tupan Apresenta". E já no plano seguinte sobrepõe-se a uma foto de Grande Otelo o título do filme: *Linguagem de Orson Welles*.

Grande Otelo, na verdade, poderia ser considerado como o narrador. Entretanto, sua voz está sempre *over*, o que nos impede a percepção de uma unidade corporal para sua figura. Vai-se estabelecendo dessa forma um espaço de ambiguidade ou imprecisão necessário à conexão de sua figura com as de Welles e Shakespeare. Em todo caso, será a voz de Grande Otelo que conduzirá a narrativa que, a exemplo de *Nem tudo é verdade*, também começa com uma referência a Shakespeare. Diz Grande Otelo (voz *over*): "Certa vez um repórter perguntou a Orson Welles se o maior dramaturgo de todos os tempos é realmente Shakespeare. Não, disse Welles deixando todo mundo em pânico por instantes. Shakespeare, continuou Orson Welles, não é o maior. É o único".

Ouvimos, simultaneamente a esta voz *over* que fala sobre Welles e Shakes-

---

3 RASIA, Régis Orlando. *Análise dos processos de criação documental com materiais de arquivo nos filmes wellesianos de* Rogério *Sganzerla*. Dissertação (mestrado em Multimeios) - UNICAMP, 2013, p. 107.

peare, uma trilha, uma música ao ritmo bossa nova que depois vem ao primeiro plano sonoro na voz de João Gilberto: a música *Baião*, de Humberto Teixeira e Luiz Gonzaga ("Eu vou mostrar pra vocês como se dança o baião"). A conexão entre a bossa nova e o baião vai sugerindo, sutilmente, um princípio de harmonia entre diferenças, aspecto já indicado desde a imagem das ondas desenhadas nas calçadas do Rio de Janeiro, no início do filme. Às articulações dessas imagens e sons, somam-se mais fotos sobre as quais são apresentados outros créditos. São imagens de Orson Welles jovem e, sobre elas, encontramos informações a respeito da produção (Embrafilme), montagem (Severino Dadá), música (João Gilberto, Dorival Caymmi, Herivelto Martins, Grande Otelo), realização (Rogério Sganzerla). A locução de Otelo conclui a abertura: "E toda a obra de Orson Welles reproduz essa admiração" (por Shakespeare).

Ainda ouvimos João Gilberto interpretando *Baião* quando surgem as primeiras imagens do *Cine jornal brasileiro* (1938–1946), produzido pelo Departamento de Imprensa e Propaganda (DIP), do Governo Vargas. São trechos (incluídos anteriormente em *Nem tudo é verdade*) que apresentam o momento em que Welles chega ao Rio de Janeiro (em 08 de fevereiro de 1942) em um avião da Panam. Welles acena para os brasileiros que estão à sua espera. Vêm os cumprimentos ao americano e aos brasileiros integrantes do grupo de recepção. Welles sorri e acena para todos. Um novo corte introduz o que parece ser o seu primeiro deslocamento pela cidade. Seguem-se os trechos de cinejornais filmados por outras razões, mas aqui organizados como se fossem o ponto de vista de um estrangeiro reconhecendo a terra aonde acaba de desembarcar. (Estratégia idêntica fora utilizada em *Nem tudo é verdade*, justamente a propósito do deslocamento de Welles do aeroporto até o hotel Copacabana Palace.) Em *travelling*, surgem avenidas por onde circulam carros; uma multidão caminha pelas calçadas; há monumentos nas praças públicas; observam-se aspectos da flora tropical. Enquanto isso, ouvimos uma conversa ao telefone, mas as frases estão fragmentadas e não permitem a identificação do assunto discutido. Alguém (Welles?) fala em inglês sobre algo que "começa a acontecer por toda a parte": o Carnaval? Logo as imagens e os sons vêm confirmar esta sugestão. Grupos de foliões fantasiados se sucedem em vários planos montados ao ritmo das marchas carnavalescas, como *Lero-Lero*, de Benedito Lacerda: "nosso lero-lero é diferente".

Além do samba, existem os acordes do frevo, *Vassourinhas*. Há canções populares como *Escravos de Jó*. Ou surge ainda a música-ícone da polêmica envolvida na transformação do samba, de expressão popular a instrumento de propaganda do Estado Novo, *Praça Onze*, de Herivelto Martins e Grande Otelo: "Vão acabar com a Praça Onze, não vai haver mais escola de samba, não vai; chora o tamborim, chora o mundo inteiro...". E sucedem-se várias cenas do Carnaval de rua, onde as pessoas se divertem, destacando-se (em planos mais fechados) ora uns, ora outros, em uma festa sem fronteiras: um grupo vestido de árabe, uma porta-bandeira, crianças e adolescentes que fazem caretas para a câmera, uma passista que vestida à Carmen Miranda balança os ombros sensualmente...

A essa altura do filme, vai se esclarecendo a inversão dos sentidos operados pela montagem em *Linguagem de Orson Welles*. E um exemplo disso diz justamente respeito ao material retirado dos cinejornais do DIP: opera-se uma inversão dos sentidos originalmente previstos pelo discurso do Estado Novo. Ou seja, a propaganda é contraposta à História, compreendida como lugar de conflito. O cinema de propaganda é marcado em grande medida pela estética clássica, constituindo uma mitologia em torno do herói de grandes feitos, representado em um contexto de continuidade monumental e espetacular. Exemplos dessa tendência são os filmes de Leni Riefenstahl, tais como *O triunfo da vontade* (1935) e *Olympia* (1938). Há nessas produções uma tentativa de se estabelecer sentidos de Eternidade e Monumentalidade, dados como elementos inquestionáveis, incontornáveis, devido a uma ordem metafísica alheia às tensões da História.[4] E aqui a lembrança dos filmes concebidos no contexto do nazismo não ocorre por acaso, uma vez que os funcionários do DIP mantinham grande admiração pelo trabalho realizado pelos alemães que trabalhavam no ministério de propaganda de Goebbels.[5] Portanto, certamente este é um dado, entre outros, a ser considerado na censura do Governo Vargas à imagem de um Brasil negro projetada em *It´s all true*.

Convém lembrar, a propósito da questão relacionada à propaganda, que o projeto de *I´ts all true* foi concebido pela RKO Radio Pictures e pelo OCIAA – *Office of the Coordinator or Inter-American Affairs*, nos Estados Unidos, o depar-

---

4 Sobre a noção de "monumentalidade" relacionada ao Estado Novo, ver MORETTIN, Eduardo. *Os limites de um projeto de monumentalização cinematográfica: uma análise do filme Descobrimento do Brasil (1937), de Humberto Mauro*, 2 v. Tese (doutorado em Ciências da Comunicação) – ECA-USP, 2001.

5 SOUZA, José Inacio de Melo Souza. *O Estado contra os meios de comunicação (1889-1945)*. São Paulo: Fapesp/Annablume, 2003, p. 90.

tamento federal criado em 1940 por Nelson Rockefeller, para justamente fazer a propaganda da causa dos Aliados na Segunda Guerra. Entretanto, *Linguagem de Orson Welles* justamente desconstrói os sentidos eternos, monumentais e unívocos implicados na propaganda do DIP. Sganzerla instaura, na verdade, uma narração carnavalizada, que perverte os sentidos originais dos cinejornais. No caminho das inversões, o princípio de carnavalização torna-se uma maneira de recriar o mundo, com novas perspectivas, com a reciclagem dos materiais e com sua (des)ordenação em torno de protagonistas impalpáveis.

A propósito, observe-se a própria figura de Grande Otelo. Ouvimos uma canção, interpretada por sua voz, que coincide em alguns momentos com a sua dança. Mas não há sincronia entre o corpo e a voz, nessa versão brasileira de uma personagem shakespeariana. Quem não conhece Grande Otelo não sabe que é ele quem narra, canta e dança. Otelo surge e evolui dançando com os seus movimentos, por vezes ao lado da bailarina Eros Volúsia, em um local privilegiado do enquadramento, à frente de um cartaz da UNE em um provável evento do Teatro Experimental do Negro, segundo informa Régis Rasia:

> Otelo e Eros aparecem nos filmes de arquivo com logomarca da UNE sendo vista ao fundo. Podemos cartografar a ocorrência do Teatro Experimental do Negro, ou TEM fundado em 1944 no Rio de Janeiro que se propunha a resgatar no Brasil os valores da pessoa humana e da cultura negro-africana. Otelo como um dos destaques e talento na época como ator negro, participava e se engajava com o Centro Popular de Cultura da União Nacional dos Estudantes cujas reuniões aconteciam na sede da UNE.[6]

Logo, porém, um efeito sonoro de sorriso sarcástico se sobrepõe à próxima imagem: uma foto na qual Getúlio Vargas recebe Welles em seu gabinete. O sorriso sarcástico continua quando partimos para os próximos planos: Nelson Rockefeller desce as escadas de um avião, chega ao Rio e é recepcionado por civis e militares. O sorriso sarcástico por fim desaparece mas, em seu lugar, a banda sonora é preenchida por um trecho de áudio retirado de *O sombra* (*The Shadow*), o personagem celebrizado no rádio com a interpretação do próprio Welles. Confirma-se o tom sinistro, enquanto ainda vemos um carro (conduzindo Rockefeller, Vargas, ambos?) e o aceno de moças uniformizadas, com bandeirinhas na mão, manifestação controlada de cumpri-

6 RASIA, Régis, *op. cit.*, p. 102.

mento ao cortejo das autoridades. Uma cartela do *Cine jornal brasileiro* esclarece o assunto tratado – "Rio: o sr. Nelson Rockefeller visita o Departamento de Imprensa e Propaganda". Seguem-se as cenas do cinejornal: Rockefeller sobe as escadas do majestoso prédio onde, já no interior do edifício, reúne-se com integrantes e simpatizantes do governo Vargas. O poderoso diretor do OCIAA assina alguns papeis. E um *insert* de uma animação sugere o teor dos documentos ao mostrar um barquinho que sai da cidade de Natal, no Rio Grande do Norte, em direção à África. Na capital do Rio Grande do Norte, instalava-se então uma base americana para defesa dos Aliados. Rockefeller é aplaudido por todos os presentes à solenidade. Welles, pela montagem, em uma foto na qual aparece ligeiramente de perfil, observa a cena com desconfiança.

Confirma-se gradualmente a inversão dos sentidos originalmente elegíacos associados às figuras de Vargas e Rockefeller no *Cine jornal brasileiro*. Os sorrisos sarcásticos assim como a referência ao Sombra vão instaurando um clima de suspense em torno das figuras de poder que protagonizam essas sequências e que, em última instância, são responsáveis pela censura a *It´s all true*. O tom sinistro logo é acentuado, com a presença das forças armadas, que surgem em torno de Rockefeller em alguns fragmentos de cena: a elite brasileira encontra-se em uma exposição de arte cuja intenção é a propaganda dos militares, representados em esculturas. Logo, os militares de fato desfilam para as autoridades, formam-se oficiais, observam aviões da força aérea.

Há então uma contrapartida ao tom militarista associado à figura de Rockefeller quando um recorte de jornal refere-se à presença de outro americano em visita ao Brasil, Waldo Frank, um intelectual socialista para quem a inter-relação racial e de gêneros tornam este um país interessante, um paradigma para o pan-americanismo.[7] Eis a deixa para o retorno a Welles, que reaparece em fotos abraçado com Manuel Olímpio Meira, o Jacaré, líder dos jangadeiros. Mais uma vez a voz de Grande Otelo conclui a sequência: "A primeira lei da História é não mentir; a segunda, não temer dizer a verdade". A afirmação parece constituir um comentário à performance de Rockefeller, em razão do seu papel fundamental como homem da propaganda americana, confrontado com a questão da verdade/mentira, tão cara a Welles e Sganzerla.

---

7 A propósito de Waldo Frank no Brasil, ver TOTA, Antonio Pedro. *O imperialismo sedutor: a americanização do Brasil na época da Segunda Guerra*. São Paulo: Companhia das Letras, 2000, p. 34.

Em suma, a ideia do Carnaval, no esforço de recuperação do episódio de *It´s all true*, é recolocada por Sganzerla em um discurso afinado com Welles no qual entra em pauta a possibilidade de uma inversão na ordem do poder. De fato, esse discurso, articulado pela montagem vertical de materiais de arquivo, explicita um princípio de carnavalização orientado segundo a concepção de Bakhtin, do Carnaval como *locus* de uma inversão por meio da qual os marginalizados assumem o centro simbólico do poder.[8]

A ideia da História como conflito é igualmente trabalhada a partir da recuperação de trechos de filmes de ficção, como, por exemplo, *A marca da maldade* (Welles, 1958). Trata-se daquele instante no qual o Capitão Quinlan, o policial americano corrupto (interpretado por um Welles já bem mais velho do que quando ele esteve no Brasil), desconsidera os pruridos de Miguel Vargas, o honesto diretor mexicano da Comissão Panamericana de Narcóticos (interpretado por Charlton Heston), e incrimina com falsas provas um mexicano suspeito de ser o responsável pela explosão de uma bomba, que acontece logo no início do filme, na fronteira entre os Estados Unidos e o México.

Esse material de ficção, contudo, é confrontado com outros materiais, pois, seguindo-se à questão da corrupção e dos preconceitos étnicos das autoridades americanas em *A marca da maldade*, vem uma sequência de fotos que registram cenas do episódio dos jangadeiros em *It's all true*. Mais precisamente são imagens relacionadas à morte de Jacaré, o líder dos pescadores. Uma legenda marca a data e o local do fatídico episódio: "19 de maio de 1942 – Joá (Afogamento de Jacaré)". Mais fotos revelam como Welles está desolado. Quando retornamos às imagens em movimento, prevalece um tom de suspense, um clima macabro: um avião faz manobras em um aeroporto. Seria Welles partindo para o Ceará, para dar continuidade ao projeto de *It´s all true* mesmo depois do acidente fatal? Há mais uma série de planos rápidos – pessoas com armas nas ruas, manifestações políticas e, em oposição a esse clima tenso, em outro espaço, jangadeiros caminham com suas redes pela praia –, enquanto a voz *over* de Getúlio Vargas aponta para a necessidade de "contrabalançar os fatos prejudiciais ao ritmo normal de nosso desenvolvimento".

8 Sobre a carnavalização como inversão simbólica das estruturas de poder, ver BAKHTIN, Mikhail. *A cultura popular na Idade Média e no Renascimento: o contexto de François Rabelais*. 2ª. ed. São Paulo/Brasília: Hucitec/Edunb, 1993. Ver também STAM, Robert. *Bakhtin: da teoria literária à cultura de massa*. São Paulo: Editora Ática, 1992.

Cenas de *A marca da maldade* retornam e reinstauram o clima tenso, de suspense, com imagens fixas do Capitão Quinlan provenientes da cena em que ele incrimina Manolo Sanchez, o jovem mexicano acusado de explodir a bomba. A tensão de poder entre os Estados Unidos e o México reitera-se com o próximo plano: um *insert* de um mapa onde percebemos claramente desenhada a linha de fronteira entre os dois países. Entre tantas imagens, vai se sobressaindo a ideia da Guerra: um avião explode no ar e, em terra, ocorre um bombardeio. Nesse ponto, *A marca da maldade,* cujas cenas, como se vê, passam a ser frequentemente retomadas em *Linguagem de Orson Welles,* funciona como *pathos* irradiante, capaz de atingir vários projetos que se frustram, tornando-se inacabados: como o próprio *It´s all true* e *The other side of the Wind,* o último filme de Welles. O jogo que intercala imagens e sons sugere a força da corrupção e dos interesses espúrios de personagens como Quinlan boicotando iniciativas de emancipação das nações latino-americanas.

Tal possibilidade será logo confirmada pelo depoimento de Edmar Morel, o "repórter das multidões" (que será um dos personagens principais de *O signo do caos,* o último filme da tetralogia de Sganzerla sobre *It´s all true*). Como jornalista, por vezes Morel intercedeu junto ao DIP pela liberação de filmes censurados. Morel escreveu, como repórter dos *Diários Associados,* o diário da viagem de Jacaré e, por conta disso, foi convidado por Welles para desenvolver um primeiro tratamento do episódio dos *Jangadeiros* para *It's all true,* trabalho para o qual montou um grupo de pesquisadores que trabalhava sob sua coordenação.[9] Não por acaso, portanto, são principalmente imagens relacionadas aos jangadeiros que vemos quando passamos a ouvir a voz *over* de Edmar Morel: "mas o que ele era mesmo [Welles] é um sujeito que queria fazer cinema. E tinha um grande amor à vida. Ele queria era fazer cinema a qualquer preço. Cinema para ele era fundamental. Ele filmava com aquela máquina tudo o que via".

Toda a montagem dessa sequência procura relacionar Welles aos jangadeiros, com fotos das filmagens do respectivo episódio, com imagens mais recentes, coloridas: jangadas na areia da praia, pescadores que passam; mulheres preparando rendas, bordados; homens preparando redes de pesca. Reitera-se, com o depoimento de Edmar Morel, um tom algo melancólico,

---

9 BENAMOU, Catherine. *Orson Welles's transcultural cinema: an historical/textual reconstruction of the suspended film, It's All True, 1941-1993.* Tese (doutorado em *Cinema Studies*) - New York University (NYU), 1997, p. 56-57.

reforçado pela trilha sonora na voz de Dorival Caymmi, cantando *A jangada voltou só*: "A jangada saiu com Chico, Ferreira e Bento; a jangada voltou só...". A canção, pontuando a vida difícil dos pescadores, sua proximidade com a morte e o frequente desamparo de suas famílias, como ocorreu com Jacaré, seguirá até a próxima sequência. Até lá, com essas imagens e trilha, associa-se cada vez mais à figura de Welles, por meio do depoimento de Morel: "Dinheiro para ele não valia nada, nada, nada. Ele repetia cenas horas e horas. Ele só queria a perfeição". Assim, a jornada heróica dos pescadores que se aventuram ao mar, correndo risco de morte, conecta-se à trajetória incansável de Welles em busca da perfeição, independentemente dos interesses alheios à sua arte. Assim como para os pescadores, também para Welles o trabalho é uma questão de vida ou morte.

Tal sugestão logo será confirmada pela discussão sobre *The other side of the wind*. John Huston faria parte desse filme, interpretando um veterano diretor a realizar o seu último filme. Em *Linguagem de Orson Welles*, o depoimento de Huston em voz *over* começa quando aparece uma foto de Welles na praia, caminhando à vontade, de camisa e calça brancas arregaçadas. É possível que Huston mantivesse uma identificação com Welles em vários aspectos. Quando criança, assim como Welles, Huston passou boa parte do tempo viajando com os pais. Quando jovem, manteve uma relação intensa com o México. Também viveu um tempo na Europa, meio nômade. Dirigia e atuava, como Welles. Realizou filmes que suscitam questões internacionais como, entre outros, *O tesouro de Sierra Madre* (1947), *Uma aventura na África* (1952), *O homem que queria ser rei* (1975), etc. Em sua homenagem a Orson Welles, Huston começa por afirmar: "É um dos maiores artistas de nossa era junto com os melhores pintores e escritores".

E aí a montagem encarrega-se de trazer à tona um desenho com a figura de Shakespeare, definindo a dimensão dos "maiores artistas de nossa era". Enquanto a voz de Huston segue com os elogios ao amigo, ainda veremos trechos do roteiro de *It's all true* e mais imagens coloridas do dia-a-dia dos pescadores: os homens saem em uma jangada e, já em alto-mar, preparam iscas, pescam, retornam da pescaria, pesam os peixes e, ao final da tarde, suas jangadas estão na praia. O tom melancólico permanece assim como a canção interpretada por Dorival Caymmi que ouvimos desde a sequência anterior – "A jangada saiu com Chico, Ferreira e Bento; a jangada voltou só...". John Huston (voz *over*): "[Orson Welles] Deu uma enorme contribuição e caiu em desgraça em Hollywood. Parece-me uma das coisas de que Hollywood deveria menos se orgulhar. A rejeição. De fato, foi mais do que uma rejeição".

Huston ainda fala sobre uma carta que recebeu de Orson Welles há alguns anos. Fala também sobre como tentou encorajá-lo em seus projetos, estimulando-o a superar o boicote implacável de Hollywood contra o seu gênio. E curiosamente, como que se valendo da referência a Shakespeare, define o amigo como um rei.

> John Huston (voz *over*): Boa hora para definir Orson. Como ele me chamava de príncipe, eu poderia dizer que ele é um rei. Honestamente, devo dizer, Orson era um rei com todos os dotes reais. Homem feito por si mesmo nos momentos difíceis. Ótimo quando tudo corria bem. Sempre para cima. Majestoso.

Concluída a homenagem de Huston a Welles, estamos no ponto em que as jangadas descansam na praia, velas abertas, ao final da tarde. Caymmi passa então a cantar *O mar*: "O mar quando quebra na praia é bonito..." E aí a imagem do próprio Caymmi surge em um trecho filmado em preto-e-branco quando o músico ainda era bem jovem. Sua figura parece ecoar a nobreza e a majestade há pouco relacionadas por Huston a Orson Welles, como sugere o enquadramento em ligeiro contra-plongée. Caymmi, a voz dos pescadores, corresponde, na música, a Welles, no cinema. Tal possibilidade de conexão entre música e cinema, Welles e Caymmi, pescadores e artistas, nobreza e popularidade, logo se confirma com mais uma canção incluída na trilha sonora, a *Valsa da despedida*: "A luz que brilha em teu olhar a certeza me deu de que ninguém pode afastar o meu coração do teu".

Essa declaração de amor musical assume uma dimensão ainda mais significativa quando consideramos as imagens às quais ela vem se associar. São os últimos planos do filme. Em *technicolor* surge um Rio de Janeiro registrado por uma das câmeras da equipe que em 1942 filmou com Welles no Brasil. Mas Welles está se despedindo. Estaríamos em 29 de julho de 1942, quando ele partiu deste país, rumo ao Uruguai e à Argentina, antes de voltar aos Estados Unidos? Em uma fotografia, Welles acena, dando adeus. Para quem?

Embalado nesse clima nostálgico, devido à perseguição aos projetos comprometidos com a perfeição artística e com a compreensão da Humanidade em toda a sua diversidade, surge, em um plano rápido, o próprio Rogério Sganzerla, apontando uma câmera na direção do espectador. Sganzerla, como sugere esse plano, prossegue com o trabalho iniciado por Welles. E esse plano é ainda mais significativo quando pensado em relação ao que lhe sucede: um recorte de jornal, no qual uma foto de Welles se destaca sob a seguinte manchete: "Sou uma vítima dos novos chefes da RKO". Entretanto, a presença de Sganzerla, prosseguindo com a reflexão sobre *It´s all true*, é uma prova de resistência à censura contra Welles. Apesar de tudo, as figuras de ambos complementam-se pelo esforço de manter vivo o cinema no qual acreditam.

A História como conflito

As estratégias empreendidas pela montagem no discurso de *Linguagem de Orson Welles*, orientadas pelos princípios de imprecisão quanto às personagens apresentadas ao longo do filme, assim como pela carnavalização e pela metalinguagem relacionadas aos fragmentos de imagens e sons articulados no transcorrer da narração, resultam no que se pode definir como o "cinema sem limite" de Sganzerla. No seu livro *Por um cinema sem limite*, no qual apresenta uma antologia das suas críticas de cinema, publicadas no Suplemento Literário do jornal *O Estado de S.Paulo*, nos anos 1960, e na *Folha de S.Paulo*, na década de 1980, Sganzerla afirma:

> Abordaremos certos filmes-limite para melhor exemplificar na prática o que constitui exatamente a essência do cinema moderno: sua relatividade voluntária, a desarticulação do discurso tradicional e uma evidente vocação neo-barroca. Trata-se de incorporar nossa experiência como um fenômeno interligado ao audiovisual mundial, sob o ponto de vista da renovação da linguagem e criatividade, destacando a figura do realizador independente, motor de idéias cinematográficas.[10]

Vocação neobarroca, desarticulação dos discursos tradicionais, relatividade voluntária, estas concepções certamente são fundamentais para a noção de História encontrada nos filmes de Sganzerla, inclusive, no curta-metragem *Linguagem de Orson Welles*, em que são descartadas as periodizações lineares e cronológicas, que enquadram a História em uma perspectiva teleológica, com início, meio e fim. Em lugar disso, surgem tempos e espaços superpostos, justapostos, colocados em permanente conflito.

---

10 SGANZERLA, Rogério. *Por um cinema sem limite*. Rio de Janeiro: Azougue Editorial, 2001, p. 11.

Nesse sentido, o cinema sem limite de Sganzerla aproxima-se de noções encontradas em pensadores como Giambattista Vico, para quem a História deve ser pensada como um processo de desdobramentos e contradições, inerentes a uma compreensão abrangente de uma dada realidade em determinada época, a partir das suas complexas relações sociais, políticas, econômicas.[11] É a partir de um tal princípio de História que faz sentido o esforço diante do qual Sganzerla se coloca, ao trabalhar sua própria obra como um *work in progress*, um corpo inacabado sujeito a inúmeras transformações. E obviamente tal esforço impõe-se também ao pesquisador ou espectador que, querendo compreendê-lo, é obrigado a seguir, em alguma medida, os mesmos passos.

Por fim, o cinema sem limite de Sganzerla aproxima-se também da concepção de História de Walter Benjamin, a partir de seus estudos sobre a *Origem do drama barroco alemão*.[12] Para Benjamin, não faz sentido a noção de progresso na História, a não ser sob a perspectiva dos que vencem e dominam os outros. Contra essa visão do vencedor, Benjamin propõe uma teoria da História orientada por um certo desencantamento (barroco) do mundo, por um princípio de desintegração e relatividade do tempo. Como esclarece Ismail Xavier, a propósito de Walter Benjamin:

> No lugar de uma manifestação da concretização do espírito em seu caminho, na direção da autoconsciência e da totalização, a história [para Benjamin] é um campo de sofrimento e conflito permanentes, não uma cadeia puramente lógica de eventos construtivos, mas uma escalada de violência sem limites. Não há teleologia, mas apenas uma coleção de configurações descontínuas e efêmeras da cultura.[13]

Segue por este caminho a concepção de História encontrada em *Linguagem de Orson Welles*, alcançada por meio da montagem de conflito de Eisenstein. A dialética de totalização e fragmentação proposta nesse filme aponta, em suma, para uma resistência contra a ordem pré-estabelecida de um mundo, que, afinal, pode ser reinventado, inclusive, na reelaboração de sua materialidade histórica.

---

11 SAID, Edward. "Introduction to the Fifth-Anniversary Edition". In: AUERBACH, Erich. *Mimesis: the representation of reality in Western literature*. New Jersey: Princeton University Press, 2003, p. ix-xxxii.

12 BENJAMIN, Walter. *Origem do drama barroco alemão*. São Paulo: Brasiliense, 1984.

13 XAVIER, Ismail. "A alegoria histórica". RAMOS, Fernão (org.). *Teoria contemporânea do cinema*. São Paulo: Senac, 2005, p. 357.

CAPÍTULO 9

Diálogo Multimídia Transnacional: *Tudo é Brasil*

Como vimos na discussão sobre a produção crítica de Rogério Sganzerla para o Suplemento Literário do jornal *O Estado de S.Paulo*, mais precisamente no artigo intitulado "Cidadão Kane",[1] um dos aspectos que chamam a atenção na biografia de Orson Welles é o seu envolvimento com distintos meios artísticos ou midiáticos: teatro, rádio, cinema, literatura. *Tudo é Brasil* reflete tal característica ao se apresentar como um filme que incorpora não só outros filmes, aspecto de metacinema já percebido nas análises de *Nem tudo é verdade* e *Linguagem de Orson Welles*, mas também outras expressões midiáticas, sobretudo, provenientes do rádio. É o caso de *Hello Americans*, uma série de doze edições de rádio, produzida para reforçar os laços pan-americanos entre os Aliados.[2] Depois de sua viagem à América Latina, para realizar *It´s all true*, Welles participou de *Hello Americans* como esforço de guerra, apresentando episódios, em especial, o primeiro deles, *Brazil*, no qual dialoga com Carmen Miranda. Desse episódio serão retirados vários trechos que integram a banda de áudio em *Tudo em Brasil*. Na verdade esse diálogo entre Welles e Carmen Miranda constitui o eixo estrutural do filme. Haverá, contudo, seções de outros programas de rádio, como, por exemplo,

1 SGANZERLA, Rogério. "Cidadão Kane", Suplemento Literário, *O Estado de S.Paulo*, 07-08-1965, p. 5.

2 Sobre os dados da série radiofônica *Hello Americans* e outros materiais utilizados por Sganzerla em *Tudo é Brasil*, ver: RASIA, Régis Orlando. *Análise dos processos de criação documental com materiais de arquivo nos filmes wellesianos de Rogério Sganzerla*. Dissertação (mestrado em Multimeios) - UNICAMP, 2013, p. 109-153.

a edição especialmente produzida no Cassino da Urca em homenagem ao aniversário de Getúlio Vargas, também apresentada por Welles.

Já no início de *Tudo é Brasil*, depois dos primeiros créditos ("Este filme foi produzido com o apoio da Secretaria para o Desenvolvimento do Audiovisual Minc"), vemos uma foto de Carmen Miranda, vestida da forma que lhe é peculiar, de baiana estilizada, dançando. Esse rápido plano é sucedido por um trecho de filme preto-e-branco no qual a cantora interpreta a canção *O que é que a baiana tem?*, acompanhada por músicos que lhe observam, batendo palmas ao ritmo da música e apontando o que a baiana tem no figurino da própria Carmen Miranda ("toldo de seda, brinco de ouro, balangandãs," etc.), em um cenário desenhado (uma ladeira) onde ao fundo a lua se sobressai.[3] Esta é a única sequência em *Tudo é Brasil* em que ocorre sincronia entre voz e corpo. A partir daí, a exemplo do que vimos sobretudo em *Linguagem de Orson Welles*, novamente instaura-se o princípio da montagem vertical.

Ao término da música interpretada por Carmen Miranda, vem uma locução *over*, com que é possível reconhecer a voz de Orson Welles (no caso, apresentando o referido programa radiofônico da série *Hello americans*). Aos trechos radiofônicos reúnem-se diversas imagens fixas e em movimento, em preto-e branco e em cor, que se intercalam, por exemplo, trechos de um desenho que reproduz o mapa-múndi. Vem o título do filme - *Tudo é Brasil* – que é também o nome de um fox de autoria de Vicente Paiva, uma das canções executadas na célebre noite da gravação do programa de rádio em homenagem ao aniversário de Getúlio Vargas. Como informa Antonio Pedro Tota, na noite em questão tocaram duas orquestras. Uma delas, regida por Carlos Machado, tocou a marcha *Cidade Maravilhosa*. A outra orquestra era regida pelo maestro francês Ray Ventura, que "cumprimentou a platéia em português, inglês e francês" e executou a canção de Vicente Paiva.[4] Essas informações,

3 Trata-se de um número retirado do filme *Banana da Terra* (1939), de Ruy Costa. Como diz João Luiz Vieira: "Foi também na voz de Carmen Miranda que Dorival Caymmi, então um compositor ainda desconhecido, lançou o célebre samba *O que é que a baiana tem?* Era o último filme de Carmen no Brasil, pois exatamente esse número, adaptado para o palco do Cassino da Urca e com acompanhamento do Bando da Lua, atraiu atenção do empresário norte-americano Lee Schubert, levando-o a convidar Carmen para cantar na Broadway". Ver VIEIRA, João Luiz. "A Chanchada e o cinema carioca (1930-1955)". In: RAMOS, Fernão (org.) *História do cinema brasileiro*. São Paulo: Art Editora, 1987, p. 151.

4 TOTA, Antonio Pedro. *O imperialismo sedutor: a americanização do Brasil na época da Segunda Guerra*, 2000. São Paulo: Companhia das Letras, 2000, p. 122-123.

devemos observar, não são esclarecidas no filme que, pelo contrário, mantém o sentido de quebra-cabeça proposto ao espectador, permanentemente.

O título *Tudo é Brasil* permanece, em letras brancas, enquanto as imagens continuam a ser apresentadas: Welles acenando (ao chegar ao Brasil), o Corcovado (sobrepõe-se os créditos: Direção Rogério Sganzerla, Produção Rogério Sganzerla). Destaca-se então uma sequência de cenas gráficas em que se sobressai a história do *Soldadinho de chumbo*, do escritor dinamarquês Hans Christian Andersen (1805–1875). Continuamos com a apresentação dos créditos (Depoimentos: Richard Wilson, Robert Wise, Bill Krohn, Edmar Morel, Paula Lima), enquanto ouvimos uma voz falando em inglês (Welles?): "Antes da Guerra, eu perambulava pelo cais à espera de um navio quando vi este mapa..." Vemos então um desenho colorido, a reprodução de um globo, onde se destacam a América do Sul e o Brasil. Logo voltamos às imagens em preto-e-branco: trechos de um filme antigo em que uma jangada é vista ao longe no que parece ser um pequeno porto. E um desenho em que, entre montanhas e coqueiros, destaca-se a palavra "Brazil" (sic). Sobre esse desenho, apresentam-se mais alguns créditos: "Pré-edição, seleção sonora e montagem: Sylvio Renoldi". Além do *Soldadinho de chumbo*, há outros desenhos. Alguns reproduzem a calçada da Zona Sul do Rio de Janeiro (as ondas pretas e brancas, já apresentadas no início de *Linguagem de Orson Welles*), foliões carnavalescos, postais do Rio. Vemos ainda fotos de Welles sozinho ou com sua equipe filmando o Carnaval. Temos mais uma voz *over*: "Tudo é Brasil, onde o céu tem mais luz e fulgor. Oh meu Brasil, terra que Deus criou. Tu és o primeiro no mundo". O tom da voz, supostamente de Orson Welles, reflete um grande entusiasmo, que de fato coincide com a descrição que faz Antonio Pedro Tota ao comentar as expectativas de todos os participantes da grande noite de festa para Getúlio Vargas (que, a propósito, nasceu em 19 de abril de 1882 e faleceu em 24 de agosto de 1954):

> Em 1942, no dia 18 de abril, os ouvintes americanos acompanharam, pelas ondas curtas da Blue Network, uma homenagem ao presidente Vargas, no Cassino da Urca, pela passagem de seu aniversário. O embaixador Jefferson Caffery foi o promotor da festa, em nome do governo dos Estados Unidos. Era uma festa de americanos para americanos e brasileiros especiais. O mestre-de-cerimônias foi Orson Welles, que havia chegado aqui em fevereiro. De casaca branca, iniciou o espetáculo num inglês teatral: "This is Orson Welles, spe-

> aking from South América, from Rio de Janeiro, in United States of Brazil". "[...] esta é uma festa de aniversário promovida [...] com muita honra pelo presidente dos Estados Unidos em homenagem ao presidente do Brasil, dr. Getúlio Vargas, o grande e bom amigo do presidente Roosevelt.[5]

A montagem logo se encarrega de demonstrar o jogo de muitos interesses implicado, no contexto da Segunda Guerra Mundial, entre os Aliados e os países do Eixo, no caso, introduzindo um novo trecho de locução, que se refere à questão da quinta-coluna. A quinta coluna é um assunto cuja importância era significativa e controversa em tempos de Guerra. Como registrava uma matéria do *Jornal do Brasil*, à época:

> Quinta coluna é uma locução que hoje, por via da Guerra, corre de boca em boca, sem que muitos dos que a repetem saibam qual é o seu significado real, ou melhor, qual o seu significado original, ora deturpado com o valor pejorativo que lhe dão para designar coletivamente os indivíduos que, dentro de um país, exercem a espionagem a mando e a serviço de outro.[6]

A dimensão do conflito também se instaura na relação entre os planos do filme. E sugere um alcance muito mais abrangente do que esse que diz diretamente respeito à Guerra, por exemplo, ao apresentar a reprodução de quadros, pinturas, cenas do Brasil do século XIX ou XVIII ou mesmo de antes: são imagens de uma Corte em palácios ou de escravos que caminham pelas ruas com potes na cabeça, índios arremessando flechas, mulheres costurando, discussões parlamentares, etc. É difícil situar o contexto das relações, porque não são dadas muitas pistas. Há referências a diferentes momentos da História, de uma forma aparentemente aleatória. Mas, no conjunto da cena, prevalece uma ideia de repressão, de um patriarcado que perpassa o tempo, colonialismo, imperialismo, escravagismo. E ressurgem então trechos do *Soldadinho de chumbo*, sendo levado pela correnteza do rio, entre mapas antigos do Brasil e trechos do roteiro de *It's all true*, o que aqui sugere uma perspectiva do neocolonialismo implicado na Política da Boa Vizinhança.

5 *Ibidem*, p. 120-121.

6 "Quinta Coluna". *Jornal do Brasil*, 12/02/1942. Na mesma página, há uma matéria sobre uma homenagem prestada a Orson Welles na embaixada americana no Rio: "Orson Welles Homenageado na Embaixada Americana".

Welles (em inglês): Senhoras e senhores, vamos ao ar diretamente do coração do Brasil, da cidade maravilhosa, encanto deste hemisfério. Seu nome soa qual música aos nossos ouvidos. Este programa chega até você transmitido do Rio de Janeiro.

A locução radiofônica conduz a narrativa, assim como ocorria em *O bandido da luz vermelha*. E aqui, como lá, as informações são antagônicas. Quem é o Welles que recita esses textos? Qual personagem? É impossível compor todas as peças do quebra-cabeça, pela inserção de planos que não corroboram um sentido monológico. Começamos a ouvir, por exemplo, João Gilberto cantando *Adeus, América*. E acompanhando essa música sucedem-se vários planos aéreos das praias da Zona Sul do Rio de Janeiro, iluminadas e coloridas, à noite: a Avenida Atlântica, a praia margeada pelo calçadão, Ipanema (o morro dos Dois Irmãos), etc. Esses belos planos podem indicar, na narrativa, o ponto de vista de Welles observando, do avião, a cidade onde desembarcará em alguns instantes. Porém, o tempo é solto. Essas imagens, provavelmente, foram filmadas muito tempo depois da passagem de Welles pelo Brasil (como indica a presença de prédios como o do Hotel Méridien, inaugurado em 1975).

Enquanto continuamos com João Gilberto interpretando *Adeus, América*, Welles desembarca na pista do Aeroporto Santos Dumont. Vemos as imagens em preto-e-branco de seu desembarque no Rio, que são repetidas inúmeras vezes: ele desce as escadas do avião da Panam, acena, sorri, cumprimenta uns e outros e é encaminhado para os automóveis que levarão sua comitiva ao hotel. A narração sempre volta a esse ponto, impedindo a ideia de um desenvolvimento contínuo da história.

Mais uma vez, seguem-se planos do Rio de Janeiro, como se a cidade estivesse sendo observada por um recém-chegado: grandes avenidas, fachadas de prédios, pessoas caminhando pelas ruas, a Baía da Guanabara, os bondes circulando pela cidade. O Rio é uma cidade urbanizada, uma metrópole, a capital do país, um símbolo nacional, monumental, um espaço dinâmico que transita em um tempo solto, no qual, contudo, tudo converge ou diverge a partir de 1942, ano da passagem de Welles pelo Brasil. Em 1942, o Estado Novo já durava cinco anos.

A propósito, inicia-se agora uma sequência bem fragmentada na qual, porém, se sobressai a figura de Getulio Vargas. Reconhecemos sua voz *over*:

"Nos quartéis e nas fábricas..." Ele fala para uma grande multidão que o aplaude. Mas vemos também cenas da homenagem que Orson Welles recebeu no Cinema Plaza. E, além disso, há uma cena relativamente longa de uma orquesta (do tipo *jazz band*, com os músicos vestidos de branco e gravata borboleta) seguindo o seu regente. Getulio Vargas surge novamente, em um camarote (em princípio, estaria assistindo à orquestra, mas, recordando os filmes anteriores e sobretudo as cartelas dos cinejornais neles exibidas, sabemos que o presidente assiste a um outro espetáculo). De volta ao espaço da orquestra, vêm Herivelto Martins e Dalva de Oliveira, agradecendo ao público (estamos provavelmente no Cassino da Urca). Dalva de Oliveira canta (sempre em voz *over*), elogiando "do peito em chamas" as belezas do Brasil.

E aí, sobre algumas fotos de Welles no Rio de Janeiro, ouvimos um diálogo em inglês, no qual uma criança pergunta ao seu pai o que é a vida. "A vida é maravilhosa, meu filho, não tenha medo dela" – responde o pai. A conversa entre pai e filho é bem curta, mas dura o suficiente para nos lembrar a nostalgia da infância que, como vimos, é uma matriz da obra de Orson Welles. Ou para sugerir, nesse contexto em que se destaca a figura de Getúlio, o "pai dos pobres", uma certa ironia.

Logo a cena é substituída por trechos de outro diálogo, entre Welles e Linda Batista, durante o programa especial do aniversário de Vargas. Antonio Pedro Tota analisa esse diálogo entre os dois artistas em seu livro *O imperialismo sedutor: a americanização do Brasil na época da Segunda Guerra.*[7] Um dos aspectos que lhe chama a atenção é o fato de Welles falar em português, em alguns momentos, e Linda Batista falar em inglês, em outros. Em mais uma sequência de fotos, o locutor enfatiza o lugar de onde fala. "Welles (em inglês): Senhoras e senhores, aqui é Orson Welles diretamente do Rio de Janeiro numa transmissão especial dedicada ao aniversário do presidente do Brasil." Desde então, ouvimos uma sirene que provavelmente corresponde à escolta do presidente Vargas, pois ele desfila de carro aberto (em fotos) ladeado por batedores de moto.

> Welles: Tudo é Brasil [ele diz em português, completando logo em seguida:] *that means "all is Brazil"*. [E continua falando em inglês:] Esta melodia envolvente [da língua] fala à alma e pode até estourar como melodia das Américas. Sem dúvida, nossos ouvidos ingleses serão brindados com

7 TOTA, Antonio Pedro, *op. cit.*, p. 124.

uma versão à altura do adorável sotaque português. Enquanto isso, para vocês vizinhos do Norte, eis uma parte dos versos: "Tudo é Brasil, onde o céu tem mais luz e fulgor, oh meu Brasil, terra que Deus criou".

E ainda veremos desenhos, pinturas relacionadas ao Brasil Colônia e Império, o rosto de Getúlio Vargas, cenas de Carnaval com os foliões dançando para a câmera, fotos da equipe de Welles filmando o Carnaval, Jacaré ajustando as cordas da jangada, etc. A ideia de que "tudo é Brasil" reúne todos esses segmentos de imagens e sons em uma relação dialógica. É justamente quando Carmen Miranda retorna à narrativa, ganhando relevo em uma sequência de diálogo com Welles. Trata-se de uma conversa em inglês entre ambos, que inicialmente ocorre sobre fotos dos dois, mas principalmente dela. Às vezes, pode surgir outra imagem, por exemplo, um *insert* de Grande Otelo. O diálogo é retirado do primeiro episódio de *Hello Americans*, dedicado ao Brasil.

Welles: Senhoras e senhores adivinhem quem vai cantar. Ela mesma, a favorita da América: Carmen Miranda. Carmen?

Carmen Miranda: Sim?

Welles: Se nossos ouvintes quiserem ensaiar alguns passos é só relaxar e requebrar, não é?

Carmen Miranda: Isto. E digo mais: salve o prazer. Sabe Orson, que tal cantar um pouco de samba, comigo?

Welles: Essa não.

Carmen Miranda: Como não?

Welles: Não sei cantar, Carmen.

Carmen Miranda: Ora, eu ensino.

Welles (cantarolando em português): No tabuleiro da baiana tem...

Carmen Miranda: Outra vez.

Welles (cantarolando, repete, em português): No tabuleiro do baiana tem...

Carmen Miranda: Vatapá, oi, caruru, munguzá...

E os dois começam a cantar juntos, em português: "Se eu pedir você me dá, o seu coração"... – e assim continuam durante vários versos. Ao final dessa primeira parte do diálogo musical, há mais fotos e comentários sobre a música *Nega do cabelo duro*. A questão discutida é se essa música "é marcha ou samba". Welles conclui: "Samba não é só uma variedade de jazz". Estamos, portanto, às voltas com um ideal do projeto *It´s all true* que, em sua concepção inicial, previa o episódio sobre o jazz para estabelecer o contraponto com o samba. Ou então estamos às voltas com a reminiscência do episódio do Carnaval e seu interesse pela heterologia do samba.

Em todo caso, mesmo com toda a empolgação resultante dessa esfuziante troca de conhecimentos musicais entre os dois embaixadores da Política de Boa Vizinhança, Welles e Carmen Miranda, a montagem estabelece contrapontos. O entusiasmo de Orson Welles com Getúlio Vargas, por exemplo, logo será questionado. Na sequência que agora se inicia, tendo Vargas como motivo recorrente, o ditador é inicialmente associado a Kane, mais precisamente à sequência do *News on the march*, a cena da impressão de jornais nas máquinas rotativas sugerindo o controle da informação sob o domínio dos poderosos. Mas, como a enunciação preserva o princípio dos antagonismos, Welles elogia a figura de Getulio Vargas: "Eis uma figura das mais raras na vida pública, um estadista que inspira confiança. Tem todo crédito em Washington, onde alcançou renome como embaixador de seu país. Devo enaltecer a ventura e valentia desse bravo".

Surgem então trechos de filmes em preto-e-branco, com gaúchos vestidos de bombachas, montados em cavalos, correndo pelos Pampas atrás das manadas. Procura-se, em suma, uma correspondência entre os Pampas e o Oeste dos caubóis americanos.

> Welles: Trata-se de um gaúcho. Sabem lá o que é isso? Eu fazia ideia de um caubói, até conhecê-lo de perto. Como exprimir tudo o que o gaúcho representa para o Brasil? Seu modo de pensar e agir? Impossível elogiá-lo o suficiente. Eu também não saberia definir, para os brasileiros, americanos tão singulares como o texano, o ianque...

A locução ainda se atém às comparações, elogiando o gaúcho, enquanto, na banda de imagem, vemos os preparativos para uma corrida de cavalos, na Gávea, no Rio de Janeiro, onde está o próprio Getúlio Vargas. Os espaços se superpõem. Ainda vemos imagens de cavaleiros e seus cavalos no faroeste gaúcho quando a locução passa a anunciar o motivo da próxima sequência.

Voltamos ao samba, um "ritmo de difícil execução para as nossas bandas", diz Welles, atribuindo a dificuldade à diferença existente entre os instrumentos brasileiros e os americanos. E essa diferença será mesmo o mote principal da cena, em que se procura uma correspondência entre Brasil e Estados Unidos, a partir da música. Representando o Brasil, surgem fotos do Carnaval, dentre as quais se sobressai Grande Otelo. Como representante dos Estados Unidos, uma animação movimenta, sobre as imagens de Grande Otelo, uma caixa de fósforos: "Rosebud Matches", que também pode se tornar um instrumento de percussão. Welles diz em sua locução que tem ao seu lado vários "bambas" que podem ajudá-lo a compreender a anatomia do samba. A uma certa altura, retorna à conversa com Carmen Miranda, e ambos procuram esclarecer as peculiaridades dos instrumentos musicais respectivos às suas nacionalidades.

> Welles: Ouçamos a batida. Não sou bacharel, mas estou cercado de bambas. Soa como um tambor, não? O aspecto é semelhante. Deve ter um nome típico difícil de pronunciar.
>
> Carmen Miranda: Surdo.
>
> Welles: Surdo? Até que é fácil. Lembra um instrumento africano.
>
> Carmen Miranda: E é, de fato.
>
> Welles: O surdo é alongado e bojudo, recurvado nas bordas.
>
> Carmen Miranda: Esse é o primeiro tamborim. [Ouvimos a percussão respectiva.]
>
> Welles: Tamborim? Senhoras e senhores, atenção: não confundir o tamborim como o nosso *tambourine* tal como chamamos o pandeiro. O tamborim não tem guizos. É um quadradrinho de madeira bem rústico, coberto por uma pele especial.
>
> Carmen Miranda: Couro de gato.

E assim a conversa continua, enquanto há uma profusão de imagens, que ora trazem registros das filmagens do episódio do *Carnaval* nos estúdios da

Cinédia, ora, outras cenas carnavalescas, como um grupo de garotos que surge tocando pandeiros e tamborins. Welles às vezes refere-se a Carmen Miranda como "Carmencita", com um sotaque espanhol que faz jus à imagem da artista como latino-americana. O tom ufanista é uma marca no diálogo dos dois embaixadores da Política de Boa Vizinhança, que segue entre acordes de *Aquarela do Brasil*.

> Welles: No Rio, dizem que o samba é a alma do Brasil. Esse é um refrão bem popular e, como todo refrão, sujeito a mil interpretações. Pode nos levar a crer que o brasileiro só pensa em cantar e batucar. Isto não é verdade, diriam eles.
>
> Carmen Miranda: Certo, Orson. Isto não é verdade. O Brasil é um grande país, um país muito grande.
>
> Welles: Terra maravilhosa.

Nesse momento as imagens estão relacionadas ao dia-a-dia da cidade, à gente que passa, à equipe que filma e, em outras paragens, a um hidroavião que faz evoluções no Amazonas.

> Welles: Alguns preferem os sertões, outros, os Pampas, os balneários da costa atlântica ou mesmo o interior da selva. Mas todos os brasileiros amam o Brasil. (...) Segurem esse ritmo. É a voz do samba e da selva.

Entretanto, a enunciação volta a se organizar em torno da Guerra, agora evocando *A guerra dos mundos* e o Mercury Theatre on The Air. Vemos fotos dos integrantes do Mercury Theatre em atividades no estúdio de rádio. Em destaque, Orson Welles aparece bem jovem. *A guerra dos mundos*, a célebre adaptação para o rádio do romance de H.G. Wells empreendida por Welles e outros integrantes do Mercury, em 1938, é associada a cenas de um filme em que prevalece a ideia de destruição vinda do espaço: aviões e seus pilotos jogam raios sobre a Terra. Welles diz que a emissão radiofônica de *A guerra dos mundos* foi um "recorde absoluto de audiência". Às cenas do filme, sobrepõem-se os diálogos da adaptação do Mercury Theatre. Inesperadamente, vemos então imagens de Hitler conversando com os seus oficiais e vistoriando tropas: a guerra dos mundos está acontecendo.

Welles: O futuro que H. G. Wells antecipou e todos pressentiam chegou para valer. (...) Caprichamos na reconstituição do ataque surpresa para torná-lo mais verossímil. Poucos suportaram o abalo, porque o impacto superou todas as expectativas. Enquanto Marte invadia a Terra, a polícia invadiu o estúdio. Logo estávamos cercados de policiais atônitos, tão confusos e perplexos quanto nós. Não sabiam quem prender, nem por quê. (...) O clima ficou tenso no estúdio. Procura-se um culpado. Algo falhou? Ouvintes se queixaram? Esqueceram a data de hoje? A Terra continuava a girar, mas o número de lunáticos no país tinha sido subestimado. Comoção nacional. Não podia prever, mas no dia seguinte acordaria famoso.

Locução (voz *over*): Orson só respeitava a disciplina do rádio. Pontualidade era tudo. Quando chegava a hora de entrar no ar, não havia desculpa. Não me lembro de uma só peça que não tivesse a estreia adiada. Porém, no rádio, os ponteiros se encontravam na hora marcada, a luz vermelha não falhava: no ar. Disso ele sabia, toda semana. Sem dúvida, a disciplina do microfone era a única acatada por Orson Welles.

Durante essa última locução, vemos um plano fechado de um relógio no estúdio de rádio, além de foto de Welles diante dos microfones e, como sempre, *inserts* aparentemente descontextualizados mas que, nesse caso, por exemplo, suscitam imagens relacionadas à Guerra, seja na representação da mídia (como a *Guerra dos mundos*), seja em fatos históricos, como as guerras mundiais. Em tal contexto, a questão a ser tratada agora é *Cidadão Kane*, filme no qual questões de mídia e de guerra são fundamentais. A montagem de *Tudo é Brasil* apresenta então uma equipe que está preparando um cenário do filme, vemos o *boom* do microfone, alguém sentado numa espécie de grua e, ao fundo, a foto de Kane que será utilizada em sua campanha à Presidência dos Estados Unidos. Nas próximas cenas do filme de Sganzerla, ocorre uma conexão entre Welles, Kane e a Guerra, na medida em que *It's all true* pode ser compreendido como a participação de Orson Welles no esforço de guerra dos Aliados liderados pelos Estados Unidos contra os países do Eixo, questão sugerida desde a inserção do *Soldadinho de chumbo* no início da narrativa.

Próximo passo a ser dado: a viagem de Welles ao Brasil dentro da Política de Boa Vizinhança, começando pelo Carnaval. Homens estão travestidos de mulheres na festa mais popular do Rio de Janeiro e do Brasil: esta foto colorida reintroduz uma série centrada no Carnaval, com pessoas fantasiadas, estandartes, etc. Mas vemos também fotos em preto-e-branco: Welles diante de microfones, entrevistando algumas pessoas. Ele ainda aparece ao lado de mulheres fantasiadas: baianas, gaúchas, ciganas, etc. Mas há a inserção de figuras ambíguas, no sentido de que talvez elas não estejam fantasiadas, mas sejam de fato, como um índio que dispõe nas mãos de arco e flecha.

> Welles: Não estou aqui por interesse, mas porque o rádio é o meu ofício, entre outros compromissos.
>
> Locução (?): Estourou a Guerra e ele saiu em missão oficial a convite do governo brasileiro.
>
> Welles: Senhoras e senhores, este programa vai ao ar diretamente da sede da própria alma brasileira, da mais bela cidade do mundo, berço do samba. Esse programa é transmitido diretamente do Rio de Janeiro.

O Rio de Janeiro é uma figura recorrente. Na trilha sonora desponta então uma música que a voz do próprio Welles identifica: "Sempre gostei dessa música, *Carioca*, é o nome que se dá aos cidadãos daqui". Retornam então trechos de um cinejornal que antes foram vistos em *Nem tudo é verdade*, identificados pela cartela como sendo a equipe de Welles que chega ao Rio: um grupo de estrangeiros desembarca de uma espécie de lancha, que está a alguma distância de um hidroavião ancorado no mar. Como integrante importante do episódio do Carnaval, logo teremos o depoimento de Grande Otelo, introduzido sobre imagens postais de um Rio de Janeiro colorido, filmado em *technicolor* pela equipe de Welles, e sobre fotos de cena das filmagens do referido episódio nos estúdios da Cinédia.

> Grande Otelo: O Rio, o nosso Rio, era um caleidoscópio da música que se fazia no país. E o roteiro do filme ninguém conhecia. E nem mesmo o autor, dizia-se. E as filmagens? Uma verdadeira bagunça, menos na hora de xingar. Quando a gente chegava no estúdio, eu e o Herivelto, ele já estava apontando pro relógio com aquele olhar de criança que me levou a chamá-lo de Orsi.

O depoimento de Grande Otelo não deixa de reproduzir ideias associadas aos excessos de Orson Welles, como o fato de que ele filmava sem roteiro, desperdiçando assim muito negativo. A propósito, *Tudo é Brasil* encarrega-se de desmentir essas ideias, trazendo as *provas*, por exemplo, da existência do roteiro. Vemos várias fotos de cena do *Carnaval* na Cinédia. De vez em quando, há um plano-detalhe do olho de Welles já idoso, como se observando sua própria história, retrospectivamente. Personalidades do Rio, a orquestra do Cassino da Urca, pessoas fantasiadas, músicos e seus instrumentos, tudo isso é observado por uma câmera que se movimenta explorando as fotos, enquanto Welles, na locução, elogia o Rio, o samba, a alma do Brasil. Otelo completa seu depoimento, dizendo que "Orson Welles armou a Praça Onze lá dentro do estúdio da Cinédia". Até que a fala de Otelo é interrompida por Welles, que passa a refletir sobre a origem da América. Voltamos então aos desenhos e pinturas, que reproduzem a fauna e a flora tropicais, em cores.

> Welles: Eu estava pensando nos velhos tempos, quando aqui chegaram nossos antepassados, há mais de quatrocentos anos. Como se sentiria o velho lobo do mar ao contemplar paragens tão remotas, arrebatado em pleno fim do mundo? Atracar em pântanos, desbravar florestas, enfrentar o gentio. Um fascínio agia poderosamente sobre eles. Não havia pecado, abominação. Atração transfigurada pela paixão.

Essa visão do Novo Mundo vai se conjugando cada vez mais ao Rio de Janeiro e também à Bahia, ao Carnaval, ao samba e à bossa nova, ampliando e relacionando espaços, tempos, expressões. Algumas falas ("*Listen, carefully*" – "*Here comes the samba now*") antecipam a entrada de João Gilberto na trilha sonora: "La vem a baiana de saia rendada, sandália enfeitada"... Grande Otelo aparece sambando, uma mulata de biquíni requebrando, foliões em um clube, foliões na rua. Mas, inesperadamente, em meio a essas referências do Carnaval, vêm imagens da indústria: operários saindo da Pirelli, operários manipulando máquinas de grande porte; pátio repleto de carros; a linha de montagem de caminhões. E, além da indústria de automóveis, há também a indústria têxtil, os teares, as trabalhadoras e os trabalhadores juntos na mesma jornada e, ainda, plantações de café, tudo nos remetendo ao nacional desenvolvimentismo que terá lugar com as políticas de Getúlio Vargas. Mas, no mundo criado pela enunciação de *Tudo é Brasil*, o Carnaval desorganiza a ordem da produção, sugerindo um caminho que poderia levar ao fim das fronteiras. A propósito, enquanto revemos cenas de *Cidadão Kane* e de artistas americanos que viajaram ao Brasil dentro da Política de Boa Vizinhança, Welles propõe o seu projeto.

> Welles (voz *over*): Vamos dar um basta à velha política de confrontos e manipulações. As pessoas almejam um governo de todas as nações, a chance de conhecer uns aos outros, visitar os vizinhos, estreitar a amizade. Eles querem fronteiras abertas, imprensa livre. Nada vale como uma verdade universal. Estamos cansados de segredos e de espiões. O povo quer ter os seus próprios diplomatas e terá, a menos que seja enganado. Apesar dos fantoches, nós conheceremos a primeira paz do mundo.

Com a possibilidade de um mundo sem fronteiras vem se articular a viagem épica dos jangadeiros cearenses. Desenhos coloridos mostram uma jangada ao mar. Fotos mostram a recepção do Rio de Janeiro aos jangadeiros provenientes de Fortaleza. Uma panorâmica apresenta os pescadores conjuntamente: Raimundo Correia Lima (Tatá), Manuel Pereira da Silva (Manuel Preto), Jerônimo André de Souza, Manoel Olímpio Meira (Jacaré). Welles e Jacaré surgem abraçados. Grande Otelo samba e a equipe de *It´s all true* filma um Rio de Janeiro exuberante em *technicolor*. Além disso, a possibilidade de um mundo sem fronteiras está mais uma vez relacionada ao diálogo de Orson Welles e Carmen Miranda, que continuam encontrando correspondências entre os instrumentos musicais:

> Welles: Senhoras e senhores, esse instrumento é idêntico ao nosso *tambourine*.
>
> Carmen Miranda: Bem, as coisas são assim.
>
> Welles: Sim, você tem razão. O *tambourine*, digo, o pandeiro é tocado com ambas as mãos. Uma balança o instrumento e a outra bate o ritmo.
>
> Carmen Miranda: Podemos continuar. Este é o reco-reco.
>
> Welles: Reco-reco?
>
> Carmen Miranda: Sim.
>
> Welles: Por que ele se chama reco-reco?
>
> Carmen Miranda: Por causa do som que ele produz.
>
> Welles: Excelente motivo. As crianças brasileiras aprendem a sambar antes de falar. Batucam antes de caminhar. Foi o que me disseram e eu acredito.

As correspondências nacionais, das identificações entre Brasil e Estados Unidos e vice-versa por meio da música, no diálogo dos dois artistas, na verdade, levam a pensar que o mundo sem fronteiras está francamente apoiado no pan-americanismo. Por exemplo: a execução de *Aquarela do Brasil* por uma orquestra, iniciada desde a sequência anterior, faz lembrar Antonio Pedro Tota, quando ele, remetendo-se à execução de *Cidade maravilhosa* no programa de rádio em homenagem a Getúlio Vargas, diz que...

> A marcha "Cidade Maravilhosa", interpretada pela orquestra de Carlos Machado, foi anunciada com grande entusiasmo pelo ator-diretor americano [Welles]. Na versão apresentada a marcha transformou-se num fox, com metais sobressaindo. Era uma *big band* brasileira.[8]

Mais do que a fusão, a conversa entre Welles e Carmen Miranda parece buscar uma equivalência das diferenças. O princípio das diferenças também aparece quando a enunciação se encaminha para uma relação entre aspectos da modernidade, como a urbanização, e aspectos de uma civilização mais primitiva, como indicam as embarcações dos jangadeiros. Nesse sentido, acompanhamos agora um Rio de Janeiro representado em foto preto-e-branco, em que se avistam barcos, homens sobre embarcações e, ao fundo, o Pão de Açúcar. Há um corte e vem outra foto do Rio explorada pelo movimento da câmera, que sai do Pão de Açúcar e, em uma panorâmica vertical, de cima para baixo, chega a um ponto da cidade em que, numa estrada vicinal, um homem caminha puxando um cavalo pela corda, seguido por outro indivíduo que está sobre o cavalo. Os dois homens parecem trabalhadores rurais.

> Welles: A noção harmoniosa de um hemisfério unido encontra aqui maior ressonância. O Brasil vem promovendo a solidariedade pan-americana e a luta por este nobre ideal desde os primórdios das guerras de libertação. Vai organizar em nosso hemisfério um concerto das nações americanas.

Enquanto Welles afirma frases como essas, as imagens e sua montagem às vezes parecem confirmar o seu entusiasmo, porém, em outros momentos, impõem uma certa desconfiança em relação ao que é dito. A alegria de Grande Otelo, por exemplo, parece uma prova desse pan-americanismo como passo fundamental para a extinção das fronteiras, sendo ele um ator, músico,

8 TOTA, Antonio Pedro, *op. cit.*, p 122.

poeta, que reúne em si Shakespeare e o samba. Já a tristeza dos homens que há pouco seguiam com o seu cavalo parece um contraponto a tudo isso. Ao incluir esses enunciados diversos, a enunciação mantém o princípio dialógico, construindo e desconstruindo sentidos reiteradamente.

Vejamos a propósito as conexões entre o samba e o jazz. Ainda ouvimos a fala de Grande Otelo (trata-se, na verdade, do depoimento que já fora apresentado em *Nem tudo é verdade*, quando ele conversava com Helena Ignez/ Senhorita Matilde) sobre as filmagens do episódio do Carnaval em *It´s all true*, quando vemos uma foto de Louis Armstrong. Otelo e Armstrong, o samba e o jazz, ritmos cuja origem está relacionada à cultura negra, remetem a relações interculturais. E as fotos apresentadas na sequência sugerem essa possibilidade: Welles interpreta *Othello*; negros americanos; um índio aparece com flecha e uma espécie de escudo, apresentando-se em um palco; uma mulata é observada por um "malandro"; Grande Otelo samba. Entretanto, os processos interculturais sofrem a pressão do poder, que querem acomodá-los a seus interesses: Getúlio Vargas desfila em carro aberto; Nelson Rockefeller encontra o dirigente brasileiro.

Mas a figuração carnavalizada retorna, trazendo a bandeira do Brasil com uma bola de futebol em lugar do céu estrelado e da faixa com o lema "ordem e progresso". E sobre essa bandeira com a bola de futebol, funde-se outra imagem: a Bandeira Pau-Brasil concebida por Tarsila do Amaral como efígie do respectivo manifesto. São referências que relacionam a tensão entre os artistas e os políticos interessados em incorporar a arte à sua propaganda.

Tal tensão continua, por exemplo, na cena em que Vargas assiste, em um camarote, a uma homenagem que lhe fazem. Apesar do clima de festa, mais uma vez sua figura é associada a *Cidadão Kane*. Entre Vargas e Kane, afinal, o domínio dos meios de comunicação é uma interseção. Nesse sentido, a essa altura do filme não há dúvida quanto ao fato de que a própria mídia e sua contaminação pelo poder estão no cerne dos problemas propostos em *Tudo é Brasil*.

Prova disso é um novo diálogo que se inicia: Orson Welles e Chucho Martinez falam sobre *Amélia*, e o alcance internacional da música de Ataulfo Alves e Mário Lago que fora gravada pelo mexicano também dentro do espírito da Política de Boa Vizinhança. Enquanto ouvimos o diálogo, vemos prédios importantes (da Central do Brasil, por exemplo) e pequenas ruas do centro do Rio de Janeiro.

Welles: Há um mês, apostamos em *Amélia,* aqui no Cassino da Urca. É o primeiro samba gravado por um mexicano no Rio de Janeiro. Acreditem ou não, agradou em cheio aos foliões. Quem diria?

Chucho (falando também em inglês): O samba é cem por cento brasileiro.

Welles: Aqui está o verdadeiro samba, *Amélia,* com Chucho Martinez e a orquestra do Cassino.

Os músicos do Cassino da Urca, com seus instrumentos, tocam *Amélia,* como de fato ocorreu no dia da gravação do programa de rádio em homenagem a Getúlio. Mas a cena, vez por outra, é intercalada por *inserts* do dia-a-dia do carioca, caminhando pelas ruas, tomando café, parado na fila à espera dos bondes que passam lotados.

Welles: Uma ilustre desconhecida do outro lado do Equador, deixem-me apresentar *Amélia* aos nossos ouvintes. Era uma garota maravilhosa. Não ligava para dinheiro. Passava até fome ao lado do seu amado. Não é isso, Chucho?

Chucho: Sim...

Welles e Chucho Martinez continuam falando sobre as características de *Amélia,* enquanto aparecem várias cenas dos ensaios e apresentações do Cassino da Urca. *Amélia* funciona então como ponto de interseção entre Brasil, México e Estados Unidos. Assim, não deixa de ser irônico o fato de *Amélia* ter se transformado em um dos problemas de Welles com a RKO durante a realização de *It´s all true,* pois a canção teria sido utilizada sem que o diretor dispusesse dos direitos para isso. Antes, porém, do esclarecimento dessa questão, teremos uma sequência na qual são contextualizados projetos nacionais em andamento nos inícios dos anos 1940, ao menos, nas promessas de Getúlio Vargas segundo Orson Welles.

Welles: Lembrem-se: promessa é dívida. A unificação do Brasil, Serviço de Proteção ao Índio, saúde e bem-estar da criança, povoamento da Amazônia, programas habitacionais, a marcha para o Oeste, defesa da navegação mercante, modernização da aviação, uma plataforma para a indústria nacional, recuperação dos mangues da Baixada Fluminense, uma série de promessas a cumprir. O presidente Vargas tomará todas as providências para levar a cabo este programa. Sua palavra vale ouro.

Enquanto ouvimos essa locução, vemos o Rio de Janeiro em *technicolor* já tantas vezes apresentado, mas há também uma casa em um local meio isolado, zona rural; já em um espaço urbanizado, uma moça dança na rua e é observada por várias pessoas; operários trabalhando na indústria têxtil; Welles e sua equipe filmando. Enfim, tudo parece confirmar as promessas de Vargas. Mas aí a história em torno de *Amélia* volta ao debate. Sobre uma série de documentos, em que se destaca a marca da RKO Radio Pictures Inc., Richard Wilson, que aparece em uma foto recente, diz, em voz *over*: "O estúdio protestou quando soube que Welles tinha gravado *Amélia* sem comprar os direitos diretamente com os autores, deixando o campo aberto para toda sorte de especuladores".

A estratégia da montagem – inserir os temas e relacioná-los ao longo da narrativa com outros temas correlatos, em uma espécie de permutação combinatória – volta-se mais uma vez para o pan-americanismo, com a alusão à conferência que ocorreu no Rio de Janeiro pouco antes do desembarque da equipe de *It´s all true*. Welles mostra-se entusiasmado com as possibilidades investidas na conferência: "O sonho torna-se realidade. 1942 fará uma boa figura nos livros de história. Grandes esperanças nutrimos neste ano de Nosso Senhor. Ano assinalado desde já pela Conferência Pan-americana no Rio".

E o diálogo internacional é prova disso também no campo das artes. Assim, retornamos a um diálogo iniciado anteriormente, estratégia que impõe o tempo solto como fundamento para uma narrativa que avança sem linearidade. Orson Welles e Linda Batista retomam a conversa, no caso agora, sobre a relação dos brasileiros com o Brasil.

Welles: Todo brasileiro ama muito o Brasil, você dizia...

Linda (também falando inglês): Muito.

Welles: Por que será, Linda?

Linda: Por duas razões. Primeira: Tudo é Brasil.

Welles: E a segunda?

Linda: Todo brasileiro atende ao chamado de sua pátria.

Welles: Então só me resta dar sequência ao programa apresentando o número de Linda Batista [e aí ele diz o nome do número em português]: Sabemos Lutar.

Linda: *We know how to fight.*

Welles: Samba, exaltação em louvor deste gigante, imenso Brasil, terra da liberdade, em sintonia com a hora decisiva. Momento crucial em defesa da humanidade. Clara advertência: resposta da nação ultrajada. Na guerra, se for preciso combater, eu defenderei meu país.

Há então uma montagem de duas fotos. Em uma delas, destaca-se o olho de Welles, já idoso. Na outra, a mesma coisa, porém, o olho está voltado para outra direção. Postas lado a lado, as duas fotos criam um efeito de olhares atravessados. Sugerem pontos de vista divergentes do próprio Welles em relação ao que ele observa. No contexto em que se apresentam na enunciação, as fotos levam a pensar na mudança de opinião de Welles, que vai do entusiasmo ao desapontamento com Vargas.

A conversa entre Welles e Linda Batista é explicitamente marcada pelos ideais difundidos pela propaganda do DIP, em especial, em época de guerra. Uma série de manchetes de jornal indica derrotas dos nazistas, sugerindo que o pano de fundo do esforço pan-americano tem origem nos interesses dos Aliados contra o Eixo. De fato, nessa sequência em que Linda Batista se destaca é explícita a referência a série *Why we fight?*, de Frank Capra, constituída por filmes de propaganda produzidos entre 1942–1945 como propaganda antinazista. Na mesma linha de raciocínio, é relevante pensar como a questão da propaganda apresenta-se em Orson Welles pelo menos desde *Cidadão Kane*, filme no qual se verifica, na sequência do *News on the march*, a citação da série de propaganda *The march of time* (1935–1954), muito popular sobretudo não só nos Estados Unidos mas também em outros países do mundo, com suas dramatizações de fatos históricos e a valorização da família como valor fundamental.

Como foi possível observar na discussão sobre os dois filmes anteriores da tetralogia de Sganzerla sobre *It´s all true*, os cinejornais do DIP constituem uma fonte maior de materiais de arquivo articulados por Sganzerla. A remontagem desses filmes de propaganda permite a construção de novos sentidos em razão das relações intertextuais fundamentadas no conflito entre os planos e as sequências. A ideia do "tornar-se vítima pela própria habilidade", que, como veremos, logo será associada a Orson Welles, na verdade, assume um registro ambíguo pela forma como também revela a própria estratégia da enunciação em *Tudo é Brasil*: recontextualizar um material de propaganda à luz de uma perspectiva dialética da História.

Vejamos o próximo passo da narrativa: em filmes antigos, provavelmente do cinema silencioso, vemos uma série de paisagens urbanas (uma panorâmica sobre o Vale do Anhangabaú, em São Paulo, por exemplo) e rurais (trabalhadores colhendo e tratando o café), dentro do princípio de oposições, no caso, entre cidade e campo. Planos gerais e detalhes alternam-se. E o discurso de Welles relaciona o Brasil e os Estados Unidos. Welles (voz *over*): "Aos amigos de todos os quadrantes, do Maine a Manaus, de São Paulo a Chicago, de São Salvador a São Francisco, este programa tem sido transmitido de várias estações do Brasil".

Contudo, a perspectiva otimista e entusiasmada do artista posto como embaixador da boa vizinhança mais uma vez se torna relativa pela própria ironia da enunciação. De repente, sobre um conjunto de imagens do Carnaval, em materiais diversos (fotos, filmes em preto-e-branco, filmes em cor, etc.), com as figuras que sempre se reiteram – Grande Otelo, o Rio, os foliões, o Pão de Açúcar – uma locução joga o ácido comentário: "Tornou-se vítima da própria habilidade". E aqui, pela organização do material na montagem, podemos pensar na dialética "um gênio ou uma besta" associada tanto ao próprio Welles como também ao Brasil.

Talvez uma prova disso seja o ditado "Deus é brasileiro", espécie de ampliação, no nível da metafísica, da ideia de que "Tudo é Brasil". Entramos nessa discussão a partir de um Welles idoso, enquadrado ligeiramente de costas, fumando charuto – sobre essa foto vem a locução do próprio Welles (interpretando algum personagem): "Ao som das trombetas desabam as muralhas de Jericó". A referência à cena bíblica só será esclarecida alguns planos depois – fachadas de prédios, crianças tomando banho no espelho d'água de uma praça pública, os jangadeiros, coqueiros, etc. –, quando efetivamente se introduz o dito popular "Deus é brasileiro".

> Locução (em inglês): Eu sou sociólogo e recolhi um ditado da terra: Deus é brasileiro. O Altíssimo favoreceu enormemente este país. Estima-se que poderia abrigar 90 milhões de almas, com casa, comida e conforto de sobra.
>
> Welles: Sabe-se, o homem é o ser mais importante no mundo.
>
> Locução: A população atual não passa de 45 milhões.
>
> Welles: Pretende acomodar o excedente na selva?

> Locução: Não, senhor, seria um absurdo despachá-los para a selva. Impraticável. Eu sou explorador há quarenta anos. Já estive na Índia, Malásia, África...

Novamente a enunciação encarrega-se de comentar a dimensão do "Deus é brasileiro" e do Brasil (na perspectiva de Pero Vaz de Caminha) como uma terra na qual "em se plantando tudo dá", ideia-chave no diálogo acima descrito, ao evocar a frustração dos projetos de Charles Foster Kane, ironicamente lembrado com trechos do referido filme. A população brasileira, ainda assim, continua como tópico da vez. Sob os acordes de *Praça Onze*, as imagens reportam-se ao Carnaval, ao samba, ao Rio de Janeiro...

> Welles: Povo especial, o carioca leva a vida com graça e humor, o que é compreensível nesse cenário deslumbrante onde ele vive. Nunca vi gente assim. Aceitem minhas desculpas por tocar uma rumba neste programa. A rumba não vem da América do Sul. Ela é originada na América Central. Ainda assim, para os ouvidos ianques soam como expressão daqui, fazem parte do excitamento desse lugar: glamour, luxo, atração internacional, cassinos, praias majestosas, mulheres insinuantes e lindas garotas, do que, aliás, os cariocas se orgulham. Mas existe um outro lado do Rio, nada chique ou vistoso. Núcleo irredutível da folia, o terreiro carioca conta só com a alegria e a alta-voltagem do ritmo, que obriga a dançar. Só um mago do jazz atinge esta comunhão de alma babélica. Ginga que está na massa do sangue umbilical, rica, profunda, espontânea, brasileira. Desce o morro e ganha as ruas. Todos dançam. Chama-se samba...

Nesta locução, Welles demonstra interesse em destrinchar preconceitos, ao apontar para a diversidade da América Latina e ao falar sobre os territórios do samba como sendo algo mais complexo do que uma visão edulcorada poderia levar a supor. Ainda assim, ele confirma a "alma babélica" do carioca, o que a enunciação parece confirmar ao trazer signos como a voz e o violão de João Gilberto, interpretando *Sandália de prata*, de Ary Barroso, no registro de um ritmo brasileiro que se torna internacional, a bossa nova. O discurso de Welles oscila entre a "alma babélica do carioca" e a ideia de que só no Brasil se sabe sambar o verdadeiro samba.

Welles: Como certos vinhos, o puro e velho samba não suporta longas viagens muito bem. Na América, muita gente jura que sabe sambar o que supõe ser o samba. Porém, do coração do país do Carnaval, posso lhes garantir que ouviram o galo cantar, mas não sabem onde. Nem imaginam.

E aí ele sugere que os americanos tentem aprender a dançar o samba.

Novamente, ao entusiasmo de Orson Welles pelo projeto pan-americano, vêm se contrapor os fatos, entre eles, a morte de Jacaré como representação maior dos obstáculos à concretização do ideal previsto em *It´s all true*. Uma música sinistra, os tubarões nadam no fundo do oceano, Vargas joga champanhe para inaugurar um avião e faz discurso em um palanque. Assim começa a longa sequência que tem como questão central, amarrando todas as imagens e sons, a morte de Jacaré. Vemos fotos das jangadas ao mar no dia do acidente; fotos de Getúlio Vargas cercado pelos quatro jangadeiros; um sobrevôo com imagens coloridas pela praia de Ipanema; a câmera que em *Nem tudo é verdade* corresponderia à câmera de Welles; a jangada de Jacaré (a mesma que aparecia em *Nem tudo é verdade*, virando); os tubarões, que sempre reaparecem; Nelson Rockefeller descendo as escadas do avião no Aeroporto Santos Dumont e cumprimentando autoridades em gabinetes do governo, etc. Entre algumas locuções, ouvimos uma conversa ao telefone:

Welles: Está morto, é só o que eu sei. Devorado pelos tubarões.

Locução: Quando foi isso?

Welles: Ontem. Nem enterro ele teve...

Segue-se à morte de Jacaré a suspensão das filmagens de *It´s all true* pela RKO, o que percebemos pelas manchetes de jornal: "*RKO boots Welles unit off the lot*".

Welles: Triste sina, anunciar a suspensão das filmagens.

E além dos problemas com a suspensão do filme, há a Guerra.

Welles: A propósito de navios brasileiros torpedeados em nossas águas, perda tão irreparável quanto à dos navios de bandeira americana...

A suspensão do filme, a Guerra e o populismo assumem uma correlação. Em contraposição ao Rio de Janeiro do Carnaval, assistimos agora às imagens do Rio de Janeiro oficial, com prédios governamentais, Getúlio Vargas no seu carro acompanhado pela multidão e os problemas com a RKO. Welles: "Últimas notícias de Hollywood: derrubaram o chefe do estúdio na calada da noite. Este tipo de golpe não é privilégio dos trópicos. Tornou-se uma praxe infernal".

Sobre alguns planos que enquadram uma roda de carruagem circulando, vem um trecho da fala de Welles interpretando um personagem, estratégia recorrente em *Tudo é Brasil*, agora, com um texto que alude a uma conspiração: "Não, nem a favor de um rei, sobre cujos bens e vida preciosa caíram em conspiração maldita". A referência das intrigas palacianas de Shakespeare encontra então espaço neste país. Vêm mapas do Brasil dividido em setores (defesa de guerra), Getúlio Vargas, documentos da RKO, cartas ("Ao bom amigo Luiz de Barros"), o Rio de Janeiro, Welles filmando, jangada ao mar, etc. Sintetizando o contexto, a locução traz um trecho de uma adaptação radiofônica empreendida pelo Mercury Theatre on the Air a partir da novela de Joseph Conrad, *Heart of darkness*, mais precisamente do final do texto, depois que o narrador conversa com a viúva de Kurtz. Welles: "Deveria ter contado toda a verdade? Não consegui. A verdade era por demais sombria". O final da fala coincide com imagens dos jangadeiros, manifestações públicas em torno de Getulio, o dirigível Zeppelin, Nelson Rockefeller, Getulio Vargas. Eis o contexto do "coração das trevas".

Contra as trevas, há a decisão pela continuidade do projeto *It's all true*. Welles (reproduzido em charges) está enfurecido. Foi aí que ele resolveu expurgar sua raiva destruindo e arremessando a mobília do seu quarto no Copacabana Palace, como logo saberemos. Ainda assim, Welles toma um avião e desembarca no aeroporto de Fortaleza, disposto a continuar com as filmagens dos Jangadeiros. Vemos então fotos de cena desse episódio, enquanto Richard Wilson expõe seu depoimento sobre os acontecimentos.

> Richard Wilson (voz *over*): Orson vinha de uma terrível noite em claro após o quebra-quebra da mobília [no Copacabana Palace], quando destruiu tudo à sua volta. Sua paciência chegara ao limite. Já a bordo [do avião], tentou dormir um pouco e tirou uma soneca até a Bahia. Despertou muito alegre e começou a narrar o memorável episódio [do hotel] rindo às gargalhadas. Sua risada era contagiante. O avião começou a trepidar. Ele pediu que lhe tirassem os sapatos se caísse no mar. Estarrecidos,

os passageiros se benziam, todos já descalços... (...) Finalmente pousamos em Fortaleza.

Seguem-se imagens coloridas de jangadeiros, filmadas mais recentemente, ou seja, em um momento próximo à realização de *Tudo é Brasil*: a câmera aérea do mar (que faz lembrar *Terra em transe*); um jangadeiro costurando a vela da jangada, enfim, várias imagens já conhecidas desde *Nem tudo é verdade* e outras, desconhecidas até então, em preto-e-branco, das praias de Fortaleza com suas jangadas.

Para o episódio dos Jangadeiros, as contribuições do jornalista Edmar Morel, como pesquisador, foram relevantes. Ele será agora o ponto de convergência dos interesses da narrativa. Sobre imagens das praias de Fortaleza e mais trechos do roteiro de *It's all true* relativos ao episódio dos jangadeiros e mais fotos de Welles no visor da câmera enquadrando seus personagens cearenses, Edmar Morel dá o seu depoimento a propósito de sua experiência com Orson Welles (na verdade, trata-se do mesmo depoimento que ouvimos em *Nem tudo é verdade*), destacando o amor de Welles pela vida, pelo cinema, seu interesse em filmar tudo, o fato de que ele "era um menino chorão, aberto, alegre", de que "dinheiro para ele não valia nada" e que "ele repetia a cena horas e horas", pois "só queria a perfeição".

O desaparecimento dos negativos de *It´s all true* é o próximo passo da narrativa. Continuamos com imagens referentes a Fortaleza, passamos às imagens em preto-e-branco do Rio de Janeiro, quando ouvimos:

> Locução (Bill Krohn?): Quando Fred Chandler localizou um lote de 309 latas de negativos nos porões da Paramount, logo liguei para Dick Wilson para dizer que esse material tinha sido descoberto. Dick ficou exultante. Lá estava intacto o filme que custara a carreira de Welles. Um projeto decisivo para ambos. Ironia da sorte: até então se supunha que os negativos foram jogados ao mar... Logo iniciou-se a nossa colaboração para um curta-metragem exibido quatro anos depois no Fest Rio, um ano depois da morte de Welles. Ainda tentamos restituir o material ao autor, sugerindo uma doação via AFI [American Film Institute] para que o próprio Welles o concluísse. Jamais veremos sua versão. Teria sido um filme decisivo e revelador. Welles, ele mesmo disse que não se mostrava muito interessado na parte do Carnaval. Mas quando se tem uma visão do conjunto de sua obra manifesta-se a celebração do Carnaval em muitos de seus filmes.

O depoimento sobre a descoberta dos negativos de *It´s all true*, nesse momento da narrativa de *Tudo é Brasil*, antecipa um dado ocorrido décadas depois da interrupção do projeto. Isso não impede um retorno ao contexto de 1942, pois agora vemos trechos de um filme em preto-e-branco, que mostram casais dançando no Cassino da Urca. Permanece em questão o Rio de Janeiro, com imagens da construção do Cristo Redentor, seguidas de desenhos do *Soldadinho de chumbo* e trechos de um filme de capa-espada. A montagem demonstra os conflitos em jogo. A monumentalização implicada na estátua do Cristo Redentor, como signo dos interesses de Getúlio Vargas; o fracasso do personagem de Hans Christian Andersen, como signo da interrupção do projeto dirigido pelo embaixador da boa vizinhança.

A essa altura, não há mais espaço para ufanismo. Welles, em sua fala, opõe-se ao racismo e à opressão sobre as minorias. A intolerância é a real dificuldade implicada em um ideal de pan-americanismo, como se pode verificar tanto no Brasil como nos Estados Unidos, afinal, assim como *It´s all true*, o filme *Cidadão Kane* também foi boicotado. A propósito, ouvimos o seguinte diálogo:

> Welles: Queriam queimar o filme, jogar o artista às feras. A coisa já começou mal
>
> Locução: Mas Hedda [Hopper] não se dizia sua amiga?
>
> Welles: Sim, até soar o alarme contra a corrente. Não me queixo, mas Louella [Parsons] sentiu o golpe.
>
> Locução (em português): ... Mas deve ter havido gente, agentes da RKO e agentes até manipulados pelos rivais dele de Hollywood, porque eles achavam que aquela invasão de Hollywood por um garoto de 24 para 25 anos, que aquilo era um escândalo, um insulto a toda indústria cinematográfica...

Resistência ao novo, falta de interesse pela diferença, eis algumas das impossibilidades em pauta. Vemos então fotos de Welles no Ceará, sua Carteira de Cachaceiro, cenas do *Soldadinho de chumbo*... Locução (Edmar Morel): "Ele era gentilíssimo, simpatississímo, super-humano".

Os desenhos do *Soldadinho de chumbo* são cada vez mais frequentes; vemos também, em *travelling*, detalhes do teto e dos lustres dos corredores do

Copacabana Palace. Ao fundo, ouvimos a voz de Rogério Sganzerla perguntando: "o que ele gostava de comer?"

> Locução (Edmar Morel): Tudo, tudo, tudo. Ele era o maior comilão. Gostava de comer e beber demais. E de experimentar comidas. Era o maior comilão. Comida francesa, comida brasileira. Eu garanto que no mundo inteiro ele experimentou tudo o que havia de melhor em todas as cozinhas.

Não ficam dúvidas quanto ao fato de que, para Orson Welles, o Rio de Janeiro deve ter significado um espaço-tempo de liberação, mas também de repressão. Nesse ponto da narrativa, veremos fotos de Welles em estúdio, assim como de pessoas que com ele trabalharam ou se relacionaram, como Lucille Ball.

> Locução (Bill Krohn?): Se Beth [Elisabeth] Wilson tiver razão, foi no Rio que Orson passou suas primeiras férias de adulto. Desde os 18 anos, ele trabalhou em teatro, depois teatro e rádio simultaneamente e então foi para Hollywood e fez duas obras-primas, cruzando o país de costa a costa semanalmente por causa de seus programas de rádio.

Ouvimos, então, um trecho de um diálogo de Welles que, na montagem, assume um caráter irônico quando posto em relação tanto com a possibilidade de "férias no Rio" como em relação à figura de Getúlio Vargas, o que marca, inclusive, sua mudança de opinião sobre o governante brasileiro. Welles: "Tem milhafre [ave de rapina] na plantação. Há muito tempo já teria cevado legiões de saúvas com as entranhas daquele patife. Traidor. Celerado insolente. Você me paga, canalha". É aí então, a partir da perspectiva de traição, que as fotos de Getúlio Vargas se proliferam, inclusive, em reuniões com o próprio Welles, que passa a fazer uma espécie de avaliação dos recentes eventos de sua vida: "Dificuldade espinhosa: fui vetado por nazistas e fascistas e boicotado na América. Os jornais da cadeia Hearst não podem sequer mencionar o meu nome. Porém, ser banido assim foi algo inédito".

Não há outra opção, senão deixar o Brasil. No aeroporto, Welles cumprimenta pessoas. Um funcionário empurra um carrinho com bagagens (o mesmo que vimos em *Nem tudo é verdade*, no desembarque da equipe, aliás, vemos também os integrantes da equipe, as câmeras no chão, etc.). Embora as cenas registrem o desembarque, aqui, pela estratégia da montagem, elas se organizam na narrativa em função do embarque, no caso, da volta aos Estados Unidos.

Welles: Um dos agentes com arma interpelou-me. Queriam revistar as gigantescas malas fora da alfândega. Ainda brincando, indaguei: "Blitz? Contrabando ou Narcóticos? De que lado está a lei?" A brincadeira não surtiu efeito. "Quer levar a polícia na conversa? Abra sua mala". E eu disse "não posso, porque ela explodiria". Expliquei que havia uma mini-bomba A, na mala, com o detonador preso ao fecho e, se alguém tentasse abri-la, haveria uma explosão. "Por quê?" Eu disse que ia para o Scala, que não gostava de ópera e estava revoltado com a direção da casa e ia fazer um escândalo. Daí a mala bomba. Ele disse que "com a polícia não se brinca". Ficamos discutindo até duas da manhã. Foi chato. Um desses trotes que passam da conta e a gente lamenta. Só depois conferiram o meu passaporte. Foi um alívio, claro.

No momento em que ele fala sobre a mala com a bomba, uma ilustração sobre a quinta-coluna aparece: justamente uma mala, imagem que reitera o clima de paranóia durante a Guerra. Além disso, há torpedos que avançam pelo mar. Ao término da locução, vemos o interior de um avião e, depois de um corte, um avião decolando. Um trecho que vem de *Nem tudo é verdade* (quando os negativos são queimados pelos funcionários do DIP) encaminha a história para o final. Confirmam essa ideia as fotos da cadeira do diretor vazia. Vemos ainda, como ocorrera no final de *Nem tudo é verdade*, John Ford em reunião com Getúlio Vargas.

Locução 1 (em espanhol): O que aconteceu?

Locução 2 (em espanhol): Cancelamos. Não tem mais filme, acabou.

E como fica o pan-americanismo? Trata-se de um projeto frustrado, um paraíso perdido? E o diálogo Norte-Sul? O Pão de Açúcar antecipa uma coleção de fotos de Carmen Miranda. Enquanto isso, ouvimos:

Welles: Ao contemplar a vitrine percebi um vulto gracioso.

Locução (voz de uma mulher): Lembra uma serpente, não?

Welles: Perdão?

Locução: O rio...

Welles: Onde?

Locução: No mapa. Cheio de tortuosos caminhos...

A "parábola dos cegos", que será contada a seguir, tenta explicar por que, afinal, projetos como *Cidadão Kane* e *It´s all true* são boicotados. De um carro alegórico, onde se destaca a figura de um elefante, passamos a um desenho que também traz uma forma desse animal. Seguem-se outros desenhos, outras imagens, inclusive, com referências ao nazismo, ao fascismo. Até que, entre cenas do Carnaval, em filme preto-e-branco, ganha relevo um menino fantasiado de pirata, antes de a multidão e os desfiles voltarem em grande quantidade. Ouvimos então a parábola dos cegos:

> Welles: Certa vez um grupo de cegos examinou um elefante. Para um, a perna era o tronco de uma grande árvore. Para outro, a cauda era uma corda curta e cabeluda. A tromba, um cipó com dois buracos. As presas de marfim, espadas, e assim por diante. Cada um entendia as coisas ao seu modo. Aí está: tudo é relativo, mesmo a verdade. O pior cego é aquele que não quer ver. Não pretendo ver mais nem melhor do que ninguém ao tentar descrever esse colosso. Mas prometo não me deter só na cauda, presas ou tromba; recursos naturais, borboletas, danças rituais ou comércio exterior. Não é fácil. Mas, seja como for, tentarei sugerir o contorno para que completem a figura e façam ideia do que vem a ser a outra metade da América.

"Tentarei sugerir o contorno para que completem a figura", dessa forma o próprio Orson Welles antecipa o trabalho de Rogério Sganzerla. A relação entre ambos, no sentido de espaços e tempos que se interceptam, dará a tônica ao final de *Tudo é Brasil.* Entre outros, o *travelling* áereo sobre a Zona Sul do Rio, o calçadão com os desenhos das ondas pretas e brancas, os banhistas na praia, o mar; desenhos do aeroporto, aviões; as imagens de Welles acenando (quando chegou ao país); fotos de Carmen Miranda; tudo isso marca o que seria Welles deixando este país, enquanto ouvimos *Aquarela do Brasil.* Encerra-se também seu diálogo com Carmen Miranda.

Welles: Esta foi Carmen Miranda. Bem, Carmencita, um grande abraço.

Carmen Miranda: Muito obrigada, Orson. [Em português:]E até loguinho.

Welles [em português:] Até logo, Carmen. Até loguinho. Até logo, todo mundo. *Good night, americans.*

Ainda vemos referências a Houdini; Grande Otelo; um avião na pista...; mais alguns planos do avião se locomovendo...

Locução: Temos que partir, senhor Welles, o avião nos espera.

Welles: Certo. Obrigado a todos e mil desculpas. Estou de saída para o aeroporto. A próxima escala será os Andes. Amanhã, rodaremos em Cochabamba...

A viagem continua. Mas a trilha instrumental traz a "Bahia que não me sai do pensamento". A câmera registra, numa câmera aérea, o mar, a praia, a avenida, os prédios da Zona Sul do Rio de Janeiro. Fundindo-se à "Bahia que não me sai do pensamento", ouvimos agora, em arranjo instrumental, *Aquarela do Brasil*. Na banda de imagem, o nome *It's all true* se destaca em um desenho explorado em panorâmica horizontal. Ao final da narrativa, temos a marca da nostalgia da infância da Humanidade. Welles: "O homem pré-histórico nos amaldiçoava, orava em nossa intenção, saudava-nos? Quem poderia saber? Não podíamos entender porque tínhamos ido longe demais".

É quando soa, bruscamente, a música *Brasileirinho*, e um *travelling* avança por uma ponte em Nova York. No plano seguinte, observa-se a silhueta colorida de Manhattan, com as torres do World Trade Center. Mas, às imagens em cor, fundem-se as imagens de uma Nova York antiga, em preto-e-branco, sempre em *travellings* rápidos que rimam com o ritmo de *Brasileirinho*. De novo a cadeira de Welles aparece, vazia; um bebê (sua filha?) com Rita Hayworth; a capa do livro organizado por Sganzerla sobre Orson Welles; foto dos jangadeiros; Welles em primeiro-plano, idoso; o *Soldadinho de chumbo*; desenhos coloridos do Carnaval; uma caricatura de Orson Welles no jornal; ele mais velho, de frente para nós, de perfil com uma câmera. Welles ressurge já bem mais idoso, com um charuto na boca, nas mãos. Welles ressurge jovem, com baianas ao seu lado. E mais uma vez, idoso, com a mão na cabeça.

Vêm os créditos finais. E ao final do filme é inevitável que o espectador se pergunte sobre o tamanho das implicações possíveis entre rádio e cinema, os dois veículos mais populares na propaganda da Política de Boa Vizinhança.

Em ambos, Orson Welles desempenhou um papel fundamental, utilizando esses meios de comunicação, de fato, como instrumentos de interação cultural, revelando, para além da propaganda, as utopias implicadas na vida dos ocupados. Sua figura, nesse caso de *Tudo é Brasil*, está, portanto, profundamente matizada pela interseção da própria mídia, como possibilidade de reinvenção do mundo.

CAPÍTULO 10

Entre a humanidade e a divindade: *O signo do caos*

"Riofilme, Tupan Realizações, Mercúrio Produções Artísticas Ltda. audaciosamente apresentam *O signo do caos, o antifilme*." Sem que se ouça qualquer trilha sonora, qualquer som, seguem-se os demais créditos iniciais, com os integrantes do elenco, direção e produção. A ausência de som assim como a sobriedade das letras em preto sobre fundo branco impõem alguma tensão, conotam um anúncio grave de algo prestes a acontecer, um contraste bem marcado que prepara o espectador para o "antifilme" em vias de começar. Estaremos no plano da ficção, como demonstra a indicação do elenco, ainda que o limite entre ficção e documentário não seja discernível segundo o próprio Sganzerla das críticas estudadas anteriormente.

A primeira sequência é ambientada em um porto. Ao interessado na intertextualidade entre Sganzerla e Welles, tal ambientação logo traz a lembrança de *A dama de Shangai*. O preto-e-branco instaura uma impressão de tempo passado, como se fossem imagens de arquivo (a fotografia é de Nélio Ferreira e Marcos Bonisson). Agora há uma trilha sonora, um registro de *jazz* (Chales Mingus e Ary Barroso são os únicos músicos, creditados ao final do filme na trilha sonora assinada por Sinai Sganzerla). Além disso, o espectador identifica o registro *noir* como um dado inequívoco da enunciação. As marcas do gênero *noir* remetem-nos, como é próprio de todo *filme de gênero*, a um universo já conhecido, codificado, pela repetição de semelhantes estratégias discursivas nos tantos filmes integrantes de um dado gênero. Entretanto, como esclarece Sarah Berry-Flint, embora muitos gêneros sejam internacionalmente conhecidos, eles sempre têm sentidos culturais específicos, até porque a intertextualidade é um pressuposto de sua própria constituição como texto.[1] Como explica a autora, embora existam três patamares indissociáveis do filme de gênero – a indústria, o público e o próprio texto fílmico –, eles preservam distinções em sua constituição, o que pode promover a variação dos sentidos do filme de gênero em razão de variados contextos históricos. Nesse sentido, um primeiro problema se coloca para a análise de *O signo do caos*: o que, no caso, significa o registro *noir*? Uma pista para a resposta pode ser dada com a lembrança de *O bandido da luz vermelha*, que provoca o espectador, interrogando-o quanto à identidade dos personagens. Considerado esse horizonte, um ponto-chave na comparação entre *O bandido da luz vermelha* e *O signo do caos*, na perspectiva do registro *noir*, talvez seja justamente a maneira como a experiência do passado invade o presente de modo a provocar o conflito, a ocasionar a crise que move a narrativa instaurada em um tempo solto (seja o esforço do Bandido para contar sua história e constituir uma identidade; seja *It´s all true* como resquício do "crime" de Orson Welles em *O signo do caos*). Voltarei a este ponto posteriormente.

Por enquanto, retomando a primeira sequência de *O signo do caos*, dois homens carregam um grande baú no qual um adesivo indica o conteúdo invisível: *It´s all true*. Eles poderiam ser agentes alfandegários. Mas logo perceberemos que eles são funcionários do DIP. Os dois têm uma atitude suspeita, parecem cúmplices em uma ação ilícita, integrantes de um grupo de mafiosos. Arrastam um baú pelos corredores do porto. E são observados por um papagaio, que comenta: "burros, burros". O papagaio reaparecerá outras

1 BERRY-FLINT, Sarah. "Genre". In: MILLER, Toby, STAM, Robert (eds.). *A companion to film theory* Melden/Oxford: Blackwell Publishers, p. 25-44. Estou aqui resumindo um ensaio que, na verdade, é bastante complexo pela maneira como apresenta um número significativo de questões relacionadas ao filme de gênero. Entre elas, poderiam ser lembrados os próprios problemas quanto à definição de "gênero" segundo visões que a autora organiza como clássicas (por exemplo, os estudos de Bazin sobre *o western*, nos quais a questão do "mito" é um dado central); iconológicas e estruturalistas (partindo de Erwin Panofsky e seus estudos sobre iconologia e iconografia, chegando a autores como Jim Kitses, Will Right e Thomas Shatz e as relações que eles estabelecem entre gênero e sociedade), ideológicas (implicadas nas dimensões de dominação, especialmente, pela pressão da indústria em um mundo pós-sacralizado, para lembrar Peter Brooks e suas considerações sobre o melodrama) e as políticas de gênero, a partir do parâmetro "interesse público" como norteador dos interesses em jogo, inclusive, nas formas de financiamento da produção de cinema e televisão.

vezes ao longo da narrativa. Lembrando os filmes anteriores da tetralogia de Sganzerla sobre *It's all true*, o papagaio poderia ser o mesmo que já vimos em *Nem tudo é verdade*, se não fosse por seus comentários, suas observações sobre a ação de outros personagens, como ocorre em *O signo do caos*. Os comentários do papagaio, embora tenham como objeto a ação dos demais personagens, visam, na verdade, o espectador, como uma entre as várias provocações propostas na enunciação do filme. Indiferente ao papagaio, contudo, segue o diálogo entre os dois funcionários, uma conversa construída sobre frases de efeito cômico, reproduzindo ditos populares depreciativos: "Não vale o feijão que come". Ou então piadas:

— O que nunca sai da mala?

— A alça.

A câmera, ao acompanhar os funcionários, registra suas sombras, define uma iluminação seca, de caráter expressionista. As indicações de que estamos lidando com um registro *noir* vão cada vez mais se tornando evidentes pela repetição de certos motivos identificados com uma dada produção hollywoodiana característica do pós-Guerra: sujeitos um tanto rústicos, durões, um ambiente funesto, sinistro, misterioso, por onde circulam detetives, policiais e criminosos, a presença da mulher fatal (que aparecerá depois, como veremos) e, sobretudo, o crime como elemento indicativo da crise maior da civilização. A luz expressionista, a combinação de voz *over* e *flashback*, a relevância do *décor* – elementos que tornam *A dama de Shangai* uma referência do gênero *noir* – podem nos servir como guia de reconhecimento em *O signo do caos*. Porém, o caráter próprio a um certo estilo de Sganzerla se anuncia pela associação desses motivos iconográficos e iconológicos próprios do *noir* com um certo humor cáustico. Vejamos: os dois funcionários continuam a transportar o baú, deslocando-se por áreas do porto, e são observados não se sabe ao certo por quem. Enquanto passam assoviando, eles ouvem pelo alto-falante (idêntico ao de *Alphaville*, de Godard) uma reprimenda: "É proibido assoviar no recinto". Como insistem nos assovios, ouvem nova reclamação: "Silêncio, grosseirão".

Os funcionários chegam, afinal, a uma sala onde se destaca, sobre uma mesa, a escultura de uma águia: um símbolo do Estado Novo[2] no Brasil e

2 Ver SOUZA, José Inácio de Melo. *O Estado contra os meios de comunicação (1889–1945)*. São Paulo: Fapesp/Annablume, 2003, p. 211.

também dos Estados Unidos. Estamos no escritório do Dr. Amnésio, chefe dos funcionários do DIP ou dos agentes alfandegários: a zona de indefinição entre os personagens e seus prováveis referentes na História é constante e faz parte do jogo de sentidos provocados pela enunciação com o espectador. Mas um dado chama a atenção na composição desse personagem: Dr. Amnésio é interpretado por Otávio Terceiro, o mesmo ator que, em *Nem tudo é verdade*, interpretava o papel do indivíduo associado ao DIP e ao boicote a *It´s all true*. Assim, os sentidos do texto de Sganzerla, ainda que cifrados, enigmáticos, tendem a se revelar na percepção da tetralogia como partes de um todo.

Antes mesmo de ver a imagem de Dr. Amnésio, ouvimos sua voz: "Um pássaro sem asa só sobrevive empalhado". Seu comentário, na verdade, projeta-se sobre a figura de Orson Welles (associado, pela águia, aos Estados Unidos), a ave cujas asas serão cortadas pela ação da censura característica da ditadura de Getúlio Vargas. A censura constituirá, de fato, o *pathos* fundamental em *O signo do caos*. Nesse início, ela aparece ancorada no Estado Novo, mais precisamente no campo de atuação do DIP. Dr. Amnésio pode ser associado a Lourival Fontes, o homem que durante anos dirigiu departamentos do governo de Vargas responsáveis pela censura à imprensa, ao rádio e ao cinema.[3] Mas em breve veremos que o problema com a censura, em *O signo do caos*, vai além do Estado Novo.

No escritório onde se sobressai a águia empalhada, há um corte, e no plano seguinte vemos pela primeira vez o Dr. Amnésio, que, em outro ambiente, mais íntimo, surge de roupão, cigarro longo, bebendo, conversando com outro personagem, este caracterizado por um figurino típico dos filmes de gangster: chapéu, capa e atitude de conspirador. Poderia ser Gustavo Capanema, o titular do Ministério da Educação e Saúde do governo Vargas no período que compreende de julho de 1934 até o fim do Estado Novo, em outubro de 1945 (o provável Capanema é interpretado pelo ator Freddy Ribeiro.)[4] Os dois conversam sem mencionar os próprios nomes. Dada essa forma aberta na construção da cena, sem delimitação precisa quanto aos envolvidos na

3 Para acompanhar a trajetória biográfica de Lourival Fontes, especialmente sua atuação como diretor do Departamento de Propaganda e Difusão Cultural (DPDC) e do Departamento de Imprensa e Propaganda (DIP), ver SOUZA, José Inácio de Melo, *op. cit.*, p. 84 ss.

4 Freddy Ribeiro fala sobre as orientações que recebeu de Rogério Sganzerla para compor o personagem de Gustavo Capanema no documentário *Retratos do Brasil: O elogio da luz*, de Joel Pizzini, 2004.

ação, de fato, seria possível pensá-la como uma conversa entre Getúlio Vargas e um dos seus principais ministros. Como José Inacio de Melo Souza observa, Getúlio costumava se reunir com seus ministros separadamente, em espaço reservado, sendo poucas as vezes em que ele promovia reuniões em grupo com os representantes dos ministérios. Assim, Dr. Amnésio também pode se associar à figura do líder do Estado Novo. Ele é incontestavelmente o líder dos funcionários-agentes envolvidos com o boicote ao filme de Orson Welles. E não por acaso o diálogo entre os prováveis Getúlio e Capanema na cena em questão gira em torno de um "cinecídeo":

> "Capanema": Em pouco tempo ele conseguiu demonstrar que tipo de fera era, louco o suficiente para se transformar no campeão da favela.
>
> Dr. Amnésio: Mas quem ele pensa que é? O rei do mundo? Temos que destruí-lo imediatamente, sejam quais forem as malditas circunstâncias.
>
> Em um ponto mais adiante da conversa:
>
> Dr. Amnésio: Não tenha dó nem piedade do material. Pode dispensar na primeira lixeira mais próxima. Mas cuidado com o rabo preso, hein?

Há um corte e a câmera assume um novo enquadramento no registro da conversa entre o Dr. Amnésio e o provável Capanema. Nesse novo enquadramento, Dr. Amnésio está em um plano mais aproximado e manipula uma jangada de brinquedo, típica do artesanato das praias do Nordeste brasileiro, em uma clara alusão ao episódio dos Jangadeiros de *It´s all true*. Também as falas seguintes do Dr. Amnésio e Capanema são muito indicativas dos significados atribuídos por eles a Orson Welles, a *It´s all true*. O crime a ser perpetrado pode ser contra o "pai" (Welles) ou contra o "filho" (seu filme). Sendo contra um ou contra o outro, de qualquer maneira, o ato atinge o Brasil, ou melhor, é executado no corpo deste país, que se confunde com o corpo do cineasta e o corpo de seu filme.

> Dr. Amnésio: Vou fazer uma operação cesariana com esse sujeito para tirar-lhe o rei da barriga. Vou abrir a barriga do Brasil para ver o que tem dentro. Vou cometer o parricídio.
>
> "Capanema": Parricídio, não. Já que o DIP é o pai do menino, melhor seria filhocídeo.

Dr. Amnésio: Filhocídeo? Não. Cinecídeo. O Brasil é o pai da criança natimorta. Cinecídeo. Brindemos. Cinecídeo, cinecídeo, cinecídio...

Na verdade, o pai ora é Orson Welles, ora é o DIP, ora é o Brasil. O filho é sempre o filme. Reitera-se, contudo, a ideia de que *It´s all true* está associado ao nascimento de um país. Essa ideia permanece na sequência seguinte: Dr. Amnésio está acompanhado por um número bem maior de integrantes de sua gangue. Eles arrombam uma porta e procuram, no interior do recinto invadido, com lanternas na mão, pelo baú com o adesivo *It´s all true*. O *jazz* da trilha sonora, o movimento das lanternas e dos atores, tudo compõe uma espécie de coreografia de imagens e sons: uma montagem interna orientada pelo ritmo da música. Enquanto a ação continua, eles dizem frases que, de uma maneira geral, criticam a condição dos brasileiros e reforçam a metáfora do nascimento seguido de morte: "todo brasileiro deveria ser proibido de nascer". O diálogo caótico, sem articulação aparente entre perguntas e respostas, se justifica pelo princípio de que "a imagem do caos é o próprio caos" – argumento proposto no momento em que todos esses integrantes do DIP se deparam com o baú sobre o qual se encontram várias latas de filme. O caos também se reflete na ignorância, que é uma característica dos agentes, personagens coadjuvantes: "Mas, afinal, o que estamos procurando, chefe?" – pergunta um deles ao Dr. Amnésio, que por sua vez responde: "Qualquer coisa que possa incriminar aquele gringo criador de caso". Enquanto recolhem as latas de filme, os comandados também fazem seus comentários contra o "sujeito burro". O chefe alude a uma projeção que vai começar às onze horas e que deve começar com "o projetor com defeito". O plano de boicote ao filme avança. Mas os agentes questionam:

— Mas, afinal, o que esse gringo fez de errado?

— Tudo, tudo errado.

— Estrangeiro é turista.

— O grande herói. Fez errado pagará errado.

— Ele saiu do programa oficial. Fez tudo ao seu gosto. E aí deu no que deu.

— Ofereceremos guerra ao gênio.

— Esse jamais poderá ser julgado.

O senso comum dos pequenos funcionários confirma a eficácia das orientações do Governo. No caso, os estrangeiros foram de fato um alvo permanente de Getúlio desde 1930, mas o empenho contra a sua presença em território nacional foi reforçado a partir de 1937, com a instauração do Estado Novo. Entre os inimigos do regime, segundo a doutrina nacionalista em grande parte idealizada por Gustavo Capanema, incluíam-se então, primeiro, os funcionários da administração pública que não compactuavam com as orientações dos seus superiores; segundo, os políticos liberais e os intelectuais; e por fim os partidários de ideologias radicais (comunistas e integralistas) e os estrangeiros (em especial, os judeus).[5] Obviamente essa situação tende a se alterar, ao menos em parte, quando, saindo de sua "neutralidade", em 1942 o Brasil entra na Guerra ao lado dos Aliados contra os países do Eixo. Mas, em suma, esse quadro pode ser pano de fundo para a percepção conturbada que os funcionários do DIP têm de Orson Welles como um estrangeiro que saiu do programa oficial. Incompreensão, ignorância e alienação são as marcas dos funcionários, que muitas vezes, apesar de não compreenderem o porquê das ordens recebidas, riem desmedida e escancaradamente ou, como é o caso nesse instante, assoviam a canção *Aquarela do Brasil* ensaiando passos atrapalhados de dança, batendo cabeças, literalmente.

Há então uma cena sobre o que poderia ser uma projeção de *It´s all true* em uma cabine do DIP. Reconhecemos o Dr. Amnésio, mas há outros dois personagens. Um deles é o jornalista Morel (interpretado por Sálvio do Prado), que fará contraponto ao Dr. Amnésio. O outro personagem é uma mulher que, também sem uma identidade definida, a não ser pelo figurino – uma espécie de casaco de pele, que se assemelha ao que mais tarde será usado por Djin Sganzerla – poderia ser uma namorada ou amante de Morel. Os três estão sentados na plateia da sala de projeção e, sobre eles, incide a luz da tela. No diálogo, dividem-se as opiniões. De um lado, Dr. Amnésio trata de desmerecer o filme a que assistem. Por outro lado, Morel afirma que "a verdade é que ninguém conhece a verdade", ou então que "o pior cego é aquele que não quer ver e o pior surdo é o que não quer ouvir". A verdade em questão está associada ao "é tudo verdade" registrado no filme projetado. O jornalista diz, por exemplo, que "o Brasil é um país de negros". Ao que o Dr. Amnésio retruca: "Mas também é o país do futuro". Com essas diferenças de opinião, o diálogo prossegue:

5 Ver SOUZA, José Inacio de Melo, *op. cit*, p. 164-165.

Dr. Amnésio: Isso é um abacaxi difícil de engolir.

Morel: Que é isso?! O homem é um gênio. Está a cinquenta anos de qualquer diretor. Fez tudo antes de todos.

Dr. Amnésio: Cinquenta anos para ficar numa prateleira, de uma geladeira, no limbo.

Morel: E o que o senhor sugere, então?

Dr. Amnésio: Projetá-lo na parede de um mictório infecto ou então cortar, cortar, ou então deixar para lá. Isso é uma mistura mais explosiva do que o samba-em-berlim, que aliás foi a única coisa válida daquele infeliz, atrevido, insolente. Mas que diabo é isso?

Morel: Os figurantes da favela.

Dr. Amnésio: Parecem tudo, menos figurantes.

Morel: São favelados autênticos.

Dr. Amnésio: Mas onde estão as grandes orquestras negras, os grandes sambistas? Podem ser tudo o que você quiser, menos músicos.

Morel: Olha, não são extras, são figurantes.

Mulher: A setenta mil réis o dia.

A dimensão de verdade que a imagem revela afirma-se como tópico central do diálogo. Enquanto expressam aquilo que vêem, o reflexo do filme projetado na tela incide sobre os três espectadores. As realidades percebidas nas imagens, contudo, não coincidem com a visão de cada um deles, pelo contrário, expressam as discordâncias dos seus pontos de vista, principalmente as diferenças entre Dr. Amnésio e Morel. Aqui, o metacinema põe em questão não só a questão do "mostrar a cena" mas também o problema da exibição e da interpretação sob diversos pontos de vista.[6] O *ponto de vista*, aspecto fundamental na teoria da narrativa tanto na literatura como no cinema, é posto em xeque na discussão empreendida sobre o filme (*It´s all true*) dentro do filme (*O signo do caos*). A voz de Dr. Amnésio em nada coincide

6 Sobre a "exposição de cenas para o olhar do leitor-espectador" e sobre a questão do "ponto de vista" tanto na literatura quanto no cinema, ver XAVIER, Ismail. "O Olhar e a Voz: a Narração Multifocal do Cinema e a Cifra da História em *São Bernardo*". In: *Literatura e Sociedade. Revista de Teoria Literária e Literatura Comparada*. São Paulo (2), 1997, p 126-138.

com a de Morel. Seus enunciados são opostos. O desagrado de Dr. Amnésio está situado em seu interesse por um cinema-propaganda, ao qual *It´s all true* não corresponde, ao menos, como ele desejaria. A defesa de Morel está fundada na suposta autenticidade de um cinema capaz de revelar a *vida real*. "Se esse filme não serve para ver, então a vida não serve para viver", dirá Morel em um ponto adiante de sua defesa contra as acusações de Dr. Amnésio. Mas, além das vozes desses personagens, outros dados compreendem a composição multifocal da narração em andamento. Nesse sentido, uma questão significativa é a substituição do filme projetado sobre o qual se desenvolve a conversa: em princípio é a exibição de *It´s all true* que está em pauta e constitui a razão do debate entre os personagens, mas, vez ou outra, as imagens do filme de Orson Welles são substituídas por imagens do próprio *O signo do caos* e, mais para o fim do filme, por imagens de outros filmes de Sganzerla como, por exemplo, *Nem tudo é verdade*. Essa substituição instiga certas interpretações. Leva-nos por exemplo a pensar o antifilme de Sganzerla como um equivalente do filme boicotado de Orson Welles. Leva-nos também a pensar o próprio Sganzerla como um cineasta que ocupa o lugar de Orson Welles, principalmente quando considerada a premissa de que, em *O signo do caos*, a figura dos cineastas está composta, por metonímia, com os seus filmes. De fato, na tetralogia de Sganzerla sobre *It´s all true*, *O signo do caos* é um filme no qual Orson Welles não aparece com tantas referências à sua figura humana. A figura de Welles, em *O signo do caos*, está relacionada ao filme *It´s all true*. Sua dimensão de figura, no caso, é a do seu próprio cinema: não só o filme mas também a projeção e a recepção, como claramente indica a construção da cena em andamento na cabine de projeção.

Outro tópico a respeito da cena diz respeito à memória. Não por acaso, enquanto ocorre a projeção dos filmes há um novo *insert* do papagaio: "os Vargas não perdoam, mas esquecem", diz ele – confirmando-se como personagem cujo papel consiste em comentar e criticar a ação dos personagens, contextualizando os acontecimentos de uma forma irônica como um narrador típico do teatro de Brecht.[7] A ironia aqui diz respeito ao fato de o papagaio criticar justamente a falta de memória dos humanos. "Num registro biológico", como explica Tunico Amancio, "o papagaio é uma designação comum a

7 Ver ROSENFELD, Anatol. *O teatro épico*. 3ª. ed. São Paulo: Perspectiva, 1997.

várias espécies de psitacídeos que, via de regra, imitam bem a voz humana".[8] Essa imitação, entretanto, é desprovida de sentido, tanto que o psitacismo constitui, para os humanos, um distúrbio de linguagem caracterizado pela repetição de palavras ou frases sem sentido. Aqui, entretanto, ocorre o contrário: o papagaio não só fala sem reproduzir a voz dos outros – ele tem, em vez disso, um discurso próprio – como ainda é capaz de estabelecer relações. No caso da frase "os Vargas não perdoam, mas esquecem", por um lado, é possível a lembrança de Vargas, em uma das cenas finais de *A marca da maldade*, tentando gravar em áudio a "verdade" sobre o crime cometido por Hank Quinlan, por outro, temos o Getúlio Vargas implicado em Dr. Amnésio tentando apagar a "verdade" registrada pelos sons e imagens de Orson Welles.

Diferentemente do papagaio, Dr. Amnésio não consegue estabelecer relações entre imagens, sons e memória. O mesmo não se pode afirmar sobre Morel que, em seu esforço de liberar a fita, constrói argumentos com base em comparações: "não queira medir o talento de um gênio pelo tamanho das bitolas dos pigmeus". E a enunciação, por sua vez, converge com o jornalista, pela maneira como reitera suas posições, sendo prova dessa convergência o próprio papagaio e a permuta de projeções entre *It´s all true* e *O signo do caos*. A ênfase da narração na composição disfórica do Dr. Amnésio implica, paradoxalmente, uma afirmação positiva do projeto *It´s all true*.

Na perspectiva de Amnésio, que assiste ao filme na expectativa de um cinema-propaganda, "o filme é mais real do que a realidade", por isso, para ele, "de graça ainda é caro". Segundo sua lógica, mesmo não sendo o Brasil o responsável pela conta de um projeto cinematográfico (financiado eminentemente pela RKO) que visa projetar o país e a Política de Boa Vizinhança, isso não é razão para se aceitar a elaboração de um discurso destoante com aquilo que Eduardo Morettin em sua tese define como a "monumentalização" da imagem do Brasil.[9] Mesmo quando Dr. Amnésio fala "em grandes

8 Partindo de um conto de Gustave Flaubert ("Um coração simples"), no qual um papagaio tem um papel importante na narrativa, Tunico Amancio descreve como essa ave está relacionada à dimensão do exótico no imaginário ocidental. Ver AMANCIO, Tunico, *O Brasil dos gringos: imagens no cinema*. Niterói: Intertexto, 2000, p. 134.

9 Em sua tese, Eduardo Morettin discute como o ideal programático de monumentalização do cinema nacional encontra-se em segmentos da produção brasileira pelo menos desde a década de 1920 em filmes como, por exemplo, *O Brasil potência militar* (1925), produzido pela Botelho Filme, e *Operações de guerra* (1925), de Luiz Thomaz Reis. Morettin também mostra como, na contrapartida dos projetos monumentalizantes, os chamados filmes natu-

orquestras negras" e "grandes sambistas" parece preconizar um projeto que, embora leve em conta a constituição do samba e da mestiçagem como símbolos nacionais, não deixa de revelar, principalmente quando lembramos de Carmen Miranda como ícone dos ritmos e da cultura brasileira em questão, um *controle* desse ideal. De fato, o discurso do Dr. Amnésio reproduz tais contradições: "Isso é imagem para um país? Mostrar um punhado de crioulo sambando? Quem vai querer ver isso? Pelo amor de Deus".

Dr. Amnésio está bem representado segundo um quadro de instituições e indivíduos controladores da produção de imagens que, desde os anos 1920, atuavam definindo rumos da produção cinematográfica brasileira. E aqui poderiam ser lembrados os policiais responsáveis pela prisão de Vittorio Capellaro durante as filmagens de *O Guarani* em 1926 devido à inclusão de índios no elenco[10] ou mesmo ideólogos intelectualizados como aqueles interessados na instituição do cinema como instrumento de educação e religião (católica, no caso) por meio da intervenção do Estado, caso de Jonathas Serrano e Francisco Venâncio Filho, exemplo emblemático. Em sua tese, Morettin discute como a visão de Jonathas Serrano e Venâncio Filho, expressa no livro de ambos, *Cinema e educação* (1931), estava preocupada com os possíveis danos morais que o cinema, dado o seu poder de sugestão, poderia provocar na sociedade caso não se atentasse para o teor das comédias, dramas e filmes policiais.[11] O "saneamento" do cinema brasileiro, nos anos 1920 e 1930, continua

---

rais, como *Brasil pitoresco – viagens de Cornélio Pires* (1925), frequentemente revelavam aspectos indesejáveis segundo uma certa visão "branca", "decente" e "ingênua" do país. Aponta também, tendo como horizonte o período Vargas, a insatisfação da crítica da época com os resultados considerados aquém das expectativas em termos de uma representação digna da monumentalidade nacional. Ver MORETTIN, Eduardo Victorio, *Os limites de um projeto de monumentalização cinematográfica: uma análise do filme* Descobrimento do Brasil *(1937), de Humberto Mauro*. 2 v. Tese (doutorado em Ciências da Comunicação) - ECA-USP, 2001. Ver especialmente o segundo capítulo: "Cinema Brasileiro e a Representação da História nos anos 20 e 30: o Cinema Imigrante, o Projeto de Cinema Educativo e a Questão da Propaganda", p. 101-201.

10 Ver GALVÃO, Maria Rita. *Crônica do cinema paulistano*. São Paulo: Ática, 1975. p. 58.

11 Havia, entretanto, posições diversas a propósito do cinema como instrumento de educação. Para situar a questão, é interessante observar a polêmica entre, de um lado, personalidades como Jonathas Serrano e Venâncio Filho e, de outro, defensores da chamada Escola Nova, como Roquette-Pinto. Ver a propósito a tese de Morettin, *op. cit.*, em especial o segundo capítulo: "Cinema Brasileiro e a Representação da História nos Anos 20 e 30: o Cinema Imigrante, o Projeto de Cinema Educativo e a Questão da Propaganda", p. 101-201.

Morettin, também encontrava, além dos citados defensores do cinema educativo, outra vertente para a sua defesa: a da crítica especializada em cinema. E aí *Cinearte* (que surge em 1926) é um exemplo relevante, dada a sua defesa da união dos profissionais de cinema em torno de certos princípios pautados pela busca das belas imagens, das cenas bonitas, de um cinema nacional sem contradições, sem oposição, sem diversidade.[12]

É no contexto desse controle ao cinema e a outros meios de comunicação, como a imprensa e o rádio, que surgem no Brasil as instituições da censura. A regulamentação do decreto 21.240, em 04 de abril de 1932, cria, por exemplo, o Departamento de Propaganda e Difusão Cultural (DPDC), cuja reestruturação, prevista no decreto-lei 1.915, de 27 de dezembro de 1939, dá origem ao Departamento de Imprensa e Propaganda (DIP). Como diz José Inacio de Melo Souza:

> O "famigerado DIP" continuou instalado no Palácio Tiradentes, a sede desativada da Câmera dos Deputados [depois do golpe de 1937]. A posse do edifício do Poder Legislativo, grande demais para o seu pequeno *staff*, revestia-se de um forte impacto no campo simbólico. Como um sinal que não colocava nenhuma dúvida sobre as intenções governamentais, erigia-se uma estrutura baseada na coerção e na corrupção sobre um espaço público que, bem ou mal, pertencera à ordem democrática. A reorganização fez com que o Departamento saísse da órbita do ministério da Justiça, respondendo [Lourival] Fontes diretamente ao presidente da República. Os objetivos principais do DIP eram "centralizar, coordenar, orientar e superintender a propaganda nacional interna e externa, e servir, permanentemente, como elemento auxiliar de informação dos ministérios e entidades públicas e privadas, na parte que interessava a propaganda nacional.[13]

Tal quadro diz respeito ao passado imediato (duas décadas, aproximadamente) e ao momento presente da censura a *It´s all true* (filmado em 1942), projetando-se para o futuro, pelo menos até o fim do Estado Novo, em 1945. Na diegese de *O signo do caos*, na verdade, projeta-se para um futuro ainda mais amplo. Tal fato é indicado, por exemplo, quando Dr. Amnésio, insatis-

12 Sobre o projeto de *Cinearte*, ver PAIVA, Samuel, "Possibilidades de Leitura sobre o Gênero Viagem na Revista Cinearte". In: PAIVA, Samuel; SCHVARZMAN, Sheila (orgs.). *Viagem ao cinema silencioso do Brasil*. Rio de Janeiro: Beco do Azougue, 2011, p. 65-87.

13 SOUZA, José Inacio de Melo, *op. cit.*, p. 107.

feito porque o episódio dos Jangadeiros não tem nenhuma estrela, um ator ou atriz famosa, ou seja, não se constitui como cinema-espetáculo, solicita a interrupção da projeção e conclui: "A melhor saída é o Aeroporto Santos Dumont, Tom Jobim, para voar, para voar". Dr. Amnésio, em sua ânsia de expulsar Orson Welles do Brasil, reproduz, em 1942, o *slogan* do governo Médici, da década de 1970: "Brasil, ame-o ou deixe-o", o que ele afirmará ao final da sessão de *It's all true* na sala de projeção do DIP. Indicações como estas, verificadas na fala do protagonista, que ora se refere a um dos aeroportos do Rio de Janeiro com o seu nome antigo, ora com o nome atual, vão evidenciando a construção de um "tempo solto" como estratégia da enunciação. Seguindo essa possibilidade, a crítica perpetrada em *O signo do caos* contra os censores de Orson Welles estende-se aos responsáveis pelos impedimentos à realização do próprio filme de Rogério Sganzerla (cinco anos decorreram-se para a realização desse seu último filme).

Na perspectiva de uma tal relação passado/presente, contra o mito do cinema bem feito, tecnicamente bem acabado, monumental na representação da nação, coloca-se *O signo do caos*. Nesse sentido, pode ser compreendida alguma precariedade identificada nesse filme, por exemplo, na maneira como ele incorpora o tropeço na fala dos atores ou quando pouco se importa com a continuidade ainda que em uma mesma cena (o reflexo da tela onde o filme é projetado sobre os espectadores na sessão do DIP às vezes aparece, às vezes não). Essas "sujeiras" seguem na contramão da "limpeza" perseguida nos projetos de monumentalização da imagem nacional prevista na ideologia dos censores. Enquanto Amnésio persegue imagens monumentais, espetaculares, belas, exuberantes, a enunciação parece seguir no caminho oposto, trabalhando em um registro em grande medida herdeiro da "estética do lixo", do Cinema Marginal,[14] inclusive, pela explícita referência ao próprio filme de gênero, pelas imagens abjetas (em *O signo do caos* repetem-se vários planos de esgoto desaguando no mar, como também ocorre em *Nem tudo é verdade*), pelo tom de horror associado ao mal-estar da civilização sob a barbárie da ditadura, com uma *visceralidade* nada digestiva, consistindo justamente neste ponto a eloquência de sua dialética: um discurso cinematográfico cuja *afirmação* ocorre sobre a *negação* do cinema.

14 Sobre a estética do lixo ver RAMOS, Fernão. *O cinema marginal: a representação em seu limite.* São Paulo: Brasiliense, 1986, p. 115 ss.

A propósito, comentando *O signo do caos* em razão de sua inserção na programação da Mostra Internacional de Cinema de São Paulo, edição de 2003, o crítico Inácio Araújo notava que, para Sganzerla, a censura ao filme de Orson Welles é a indicação da impossibilidade, da inviabilidade do cinema brasileiro ("Você ainda não viu nada, nem vai ver", diz Amnésio), mas isso não só nos tempos do Estado Novo como também no tempo atual:

> Restou o quê? A indústria cultural, isto é: isso que hoje se denomina "produtos audiovisuais". Produtos, em suma, engendrados por crenças do tipo "o cinema nacional melhorou muito ultimamente". Crenças que "O Signo do Caos" parece existir para desmentir: não, o cinema nacional não melhorou, porque não pode melhorar o que não existe.[15]

De fato, a inviabilidade do Brasil, ou do cinema brasileiro, reitera-se na voz de outros personagens. A inserção de uma *star* (interpretada por Djin Sganzerla) pode ser um parâmetro interessante nesta discussão. Ela talvez seja uma atriz e surge no momento em que é fotografada por Morel em uma praia do Rio de Janeiro. Ela tem uma gestualidade cheia de *glamour*, realçada pelas roupas que veste e pelas poses para a câmera do fotógrafo. E afirma que "eis um país onde eu nunca poria os pés". Ao que ele responde: "Muito bem, você é linda, belas fotos", sem entrar no mérito da recusa ao país. Mesmo não concordando com ela, Morel não esconde seu fascínio por sua imagem. Ainda assim, as diferenças entre ambos acarretarão problemas para ele, como veremos em um momento posterior. Por ora, ele encanta-se com a beleza da *star*, uma autêntica representante da arte-espetáculo segundo o modelo hollywoodiano, vinculada ao ideal de Amnésio e de outros homens do DIP, que serão os responsáveis pela prisão de Morel em sequência posterior.

Assim como a *star* nega o Brasil, Dr. Amnésio segue negando o filme de Orson Welles. O censor continua na sala de projeção, próximo da tela onde permanece a projeção de *It´s all true*. Mas sua disposição no plano provoca uma ambiguidade, em razão da construção da cena: Dr. Amnésio continua o diálogo com Morel, mas o censor está posicionado de frente para a câmera, olhando para nós espectadores, e tem às suas costas a tela onde se projeta o filme. Ou seja, nós espectadores assumimos a mesma posição de Morel,

15 ARAUJO, Inácio. "Rogério Sganzerla Filma contra a Ilusão Cinematográfica". *Folha de S.Paulo*, 24/10/2003, p. E5.

embora este, na perspectiva da diegese, esteja na plateia da sala de projeção do DIP, assim como Amnésio, seu interlocutor. Com tal estratégia de *mise--en-scène* – dispor o ator de frente para a câmera, para a qual ele se dirige diretamente –, o discurso do censor dirige-se tanto a Morel, espectador de *It´s all true*, como também a nós, espectadores de *O signo do caos* (no qual também reconhecemos os trechos projetados de *It´s all true*). Reitera-se, de tal forma, a figura de um filme dentro do outro. E essa reiteração tende a confirmar o princípio de negação aos dois filmes. Diz o Dr. Amnésio: "Vejam, procurem ver, não quer dizer nada, coisas comuns da vida, não é cinema". O cinema que não interessa por estar associado às "coisas comuns da vida", no caso, sugere uma distinção entre ficção e documentário como parâmetro para o discurso da censura e da propaganda. Morettin discute como os chamados *filmes naturais*, termo designativo do que hoje se compreende como documentário, eram mais visados pelo olhar da censura dos anos 1920 e 1930, por implicarem uma maior possibilidade de revelação de aspectos indesejáveis segundo a ideologia da monumentalização.[16] Por sua vez, em seu livro *O estado contra os meios de comunicação (1889–1945)*, José Inacio de Melo Souza discute como o *Cine Jornal Brasileiro*, produzido pelo DIP, voltava-se eminentemente para os eventos relacionados ao poder da indústria siderúrgica, naval, de aviação, têxtil, etc., como signos de segurança e progresso, com a devida ênfase na produção estatal sobre a particular.[17] Por tudo isso, é possível presumir como ideal do censor em questão aquilo que Paulo Emilio Salles Gomes uma vez designou como o "ritual do poder", associando-o aos filmes naturais que até os anos 1930 apresentavam ilustres políticos, representantes das forças armadas ou da alta sociedade civil, e o "berço esplêndido", o culto das belezas e potenciais da natureza, sendo esta, aliás, a base da produção industrial.[18]

Como não era este o horizonte previsto em *It´s all true*, verifica-se, na perspectiva do DIP, a necessidade de boicotá-lo. Os dois funcionários que no

---

16 Um exemplo trabalhado diz respeito à leitura da revista *Selecta* sobre o filme *Brasil pitoresco – Viagens de Cornélio Pires* (1925). Ver MORETTIN, op.cit., p. 106.

17 SOUZA, José Inacio de Melo. *op. cit.*, p. 215.

18 GOMES, Paulo Emilio Salles. "A expressão social dos filmes documentais no cinema mudo brasileiro (1898-1930). In: CALIL, Carlos Augusto; MACHADO, Maria Teresa (org.). *Paulo Emílio: um intelectual na linha de frente - coletânea de textos de Paulo Emilio Salles Gomes*. São Paulo/Rio de Janeiro: Brasiliense/Embrafilme, 1986. Obs.: a primeira edição do ensaio de Paulo Emilio data de 1974.

início transportavam o baú chegam afinal a um local onde vão depositá-lo por "meio século", tempo que correspondente ao intervalo compreendido entre a interrupção do filme, em 1942, passando pelo sumiço dos negativos durante décadas, até a sua descoberta nos anos 1980. Porém, diferentemente do que ocorre ao final de *Nem tudo é verdade*, quando os letreiros comemoram a descoberta dos negativos como um alvitre otimista, em *O signo do caos* o fato de que, ao menos em parte, *It's all true* foi recuperado não tem qualquer importância. Prevalece o pessimismo implicado no crime contra o filme. Daí, paradoxalmente, vem a alegria dos funcionários-agentes, sujeitos funestos que festejam, sorriem sarcasticamente, forjam passos de dança, sempre em espaços caracterizados como uma espécie de esconderijo da máfia. A dialética visibilidade/invisibilidade impulsiona suas ações, segundo as perspectivas de impedimento ou exposição do filme. Em um dado instante, durante o qual permanece o diálogo entre Dr. Amnésio e Morel, alguém ameaça destituir de seu ponto de apoio a tela onde as imagens de Orson Welles são projetadas. Diante das ameaças, o papagaio comenta: "vai e volta, vai e volta", marcando a imposição cada vez mais enfática das relações entre memória e esquecimento, visibilidade e invisibilidade. Tais relações tornam-se tão mais significativas na medida em que delas depende a integridade do país, segundo os pontos de vista dos principais personagens confrontados com o da própria narração.

> Dr. Amnésio: Não permitiremos levar essa imagem negativa para a tela mundial. É caos e crise, uma obra precária. Vejam, você. Sim, melhor do que recordar tudo, é poder esquecer tudo aquilo que se deseja. Vamos ver, por exemplo, o homem chega na sombra. Meus pensamentos encheriam uma cinemateca.
>
> Morel: Várias, onde jamais serão exibidos.

A imagem do país é o principal objeto da disputa e a ela está associada o caos, inclusive, como princípio (des)orientador da enunciação. Como Morel reconhece, "é o caos total". Não há mesmo possibilidade de uma leitura encadeada de *O signo do caos*, no sentido de uma evolução linear do espaço-tempo ou de uma relação direta entre causa e consequência. A montagem sempre repõe, por exemplo, os primeiros planos do filme, quando os dois funcionários transportam o baú com o adesivo *It's all true* pelos corredores do porto.

Muitas vezes, é fato, trata-se de uma repetição com diferença. À retomada dos primeiros planos, com o transporte do baú pelo porto, nota-se agora, por exemplo, a inserção de contraplanos: Morel observa os dois funcionários. Logo, entretanto, o provável passado implicado nesses planos já vistos, é associado pela montagem a uma nova ação, por exemplo, a dispensa do filme, em princípio de acordo com as ordens de Amnésio: o baú é transportado em um pequeno barco pelos dois funcionários-agentes, que encontrarão os seus companheiros em uma pedra à beira-mar, de onde todos arremessam as latas do filme. "A terra tremeu várias vezes, tudo por efeito daquele furacão humano", diz um deles. A dispensa do filme, o seu desaparecimento criminoso, seria então um ato decorrente de uma decisão anterior: o veto.

Novamente voltamos ao espaço do DIP, onde Dr. Amnésio e Morel ainda conversam sobre o veto enquanto assistem à projeção de *It's all true*. Mas, durante a conversa, são incluídos inúmeros *inserts* de cenas e personagens apresentados até então. Por vezes, revemos, por exemplo, a *star* interpretada por Djin Sganzerla, inclusive, como na sequência anterior, sendo fotografada por Morel. Às vezes, repetem-se as imagens dos funcionários transportando o baú pelo porto ou no pequeno barco, de onde arremessam latas de filme ao mar. Entretanto, o confronto dos argumentos entre Amnésio e Morel emoldura os vários fragmentos. Eles são como advogados de acusação e defesa, de um réu que, pela primeira vez, tem seu nome citado no seguinte diálogo:

> Dr. Amnésio: Pior que inútil. É como ensinar piada a papagaio surdo. Não sabe nada.
>
> Morel: Essa é a sua opinião.
>
> Dr. Amnésio: Para o bem de todos, deletem. Besteiral.
>
> Morel: Não voto em veto. Voto pela liberação da fita.
>
> Dr. Amnésio: Ou corta certas cenas ou veto.
>
> Morel: A sua intransigência não pode impedir que o mundo todo veja.
>
> Dr. Amnésio: Ver e não ver, eis a questão.
>
> Morel: É sob sua responsabilidade que esse veto vai ser autorizado. Com que direito você usa de sua autoridade para vetar uma obra de arte?
>
> Dr. Amnésio: Aquilo é péssimo e não pode ser visto por ninguém. Todos

já ouviram falar no louco do Orson, dormindo a sono solto e cercado de ladrões. Vai com tudo. A loucura apoderou-se desse enviado do outro mundo. Está tudo cancelado por hoje e sempre.

Morel: Uma vergonha, injustiça, falsa liberdade.

É interessante notar como o verbo *deletar*, próprio aos tempos da informática, é inserido no contexto de um veto da censura no Estado Novo. O jogo de visibilidade e invisibilidade, memória e esquecimento, ser e não ser, também está previsto nas poucas informações dispensadas sobre os personagens. Com exceção de Dr. Amnésio, os diálogos, em geral, indicam pouco e por vezes omitem completamente o nome dos envolvidos na cena. A imaginação e a curiosidade do espectador são, dessa forma, instigadas pela enunciação a construir os sentidos do texto. Tal estratégia – como vimos na discussão sobre os outros filmes da tetralogia – é recorrente no cinema de Sganzerla, no qual o princípio do quebra-cabeça, presente em *Cidadão Kane*, se confirma tanto pela montagem como pela caracterização dos personagens e cenários. Mas sempre há um nível de referência à História. O próprio Sganzerla confirma essa hipótese, falando sobre o processo de realização de *O signo do caos*:

> É o filme que deu mais trabalho para fazer. Nada é inventado. Tudo ali aconteceu. Eu conheci muito o [Edmar] Morel. Dentro do DIP ele ajudava a liberar os filmes. Faturava bem e era amigo dos censores. Ele manipulava bem as coisas lá dentro do DIP. Era uma espécie de Schindler do cinema. Ele faturou bem, e era brilhante. Um exímio jornalista.[19]

O vínculo do filme com a História, entretanto, é muito cifrado, enigmático. A opacidade característica do cinema moderno ganha aqui,[20] em sua estruturação como discurso, uma dimensão que parece, na verdade, corresponder à perspectiva da chamada Nova História, na medida em que a narração privilegia o confronto dos pontos de vista e expõe informações abertas, por

---

19 "O Signo do Caos Transpõe a Estética 'Wellesiana' para o Estado Novo", material divulgado pela assessoria de imprensa de Rogério Sganzerla, por ocasião do lançamento de *O Signo do caos*, no XXXI Festival de Cinema de Gramado. Nesse festival, o filme foi exibido em 19 de agosto de 2003, às 14h30, no programa "Sessão Especial".

20 A propósito da "transparência" do cinema clássico e da "opacidade" do cinema moderno, ver XAVIER, Ismail, *O discurso cinematográfico: a opacidade e a transparência*. 4ª ed. Rio de Janeiro: Paz e Terra, 2008.

exemplo, sobre os personagens. Como discuti em um artigo sobre a noção de História em filmes inspirados em *It´s all true*:

> Resumindo drasticamente o quadro, é possível afirmar que, para os historiadores, despontam fundamentalmente duas alternativas: a *história positiva* ou a *nova história*. A história positiva pauta-se, em síntese, por um princípio de objetividade sobre o ocorrido no passado, postulando uma trajetória temporal linear dos eventos ou acontecimentos, com encadeamentos de causa e consequência descritos em um relato em que prevalece um ponto de vista hegemônico. Já a nova história põe sob suspeita noções totalizantes como as de evento, acontecimento e relato, admitindo uma visão relativa em última instância às próprias opções do historiador ao constituir e observar o seu objeto como um processo. Em lugar da lógica de continuidade linear da história positiva, a nova história procura as evidências das ligações complexas e descontínuas que realidades perceptíveis podem manter entre si.[21]

Tal estratégia obriga o leitor do filme a investigar os processos estabelecidos entre a narrativa e a História, sendo as estratégias de metalinguagem, no caso, encarregadas de indicar as regras do jogo. "Cada cena é um susto", comenta um dos funcionários, confirmando o registro duplo das afirmações dirigidas tanto a *It´s all true* quanto ao próprio *O signo do caos*. Entre os fatores do susto está a repetição inesperada de cenas já vistas, estabelecendo uma circularidade inexorável, pois o tempo não evolui e os espaços são sempre os mesmos. Voltamos, por exemplo, às imagens da *estrela* fotografada por Morel. Voltamos às pedras à beira-mar de onde as latas de filme são arremessadas. E voltamos, sempre, ao espaço expressionista do DIP, esconderijo dos gangsters, onde eles se divertem desconsiderando *It´s all true*.

Morel: Tudo é uma espécie de teorema, um quebra-cabeça.

Dr. Amnésio: Racha cabeça.

Morel: Quis fazer cinema como Shakespeare, sua referência fundamental.

Dr. Amnésio: Ah, se eu pudesse matar minha memória com palavras cruzadas.

---

21 Ver PAIVA, Samuel, "A Montagem da História sobre It´s All True". In: CATANI, Alfredo Mendes et. al (orgs.) *Estudos Socine de cinema: ano IV*. São Paulo: Editora Panorama, 2003, p. 116 ss.

O filme expõe suas próprias estratégias discursivas reiteradamente. As falas acima, relacionadas a Orson Welles, seja pela recorrência à estrutura de quebra-cabeça em *Cidadão Kane*, seja pela citação de Shakespeare, sua referência maior, referem-se ao próprio *O signo do caos*, ao seu teorema, ao "ser ou não ser" do dilema shakeaspeareano atualizado em "ver ou não ver".

E assim como o *metacinema*, outro dado a ser considerado em *O signo do caos* no esquema de repetições temáticas e formais é a *viagem*. A começar pelo espaço do porto que se confunde ou é contíguo ao espaço do DIP. Há o trânsito do baú com as latas de *It´s all true* circulando por corredores ou pequenas embarcações. Há o grande navio que passa por trás do palácio da Ilha Fiscal, confundindo-se com a própria ilha, lentamente, emitindo o som poderoso das grandes embarcações. Os signos de viagem, trânsito, confirmam-se, em suma, na profusão de barcos, navios e aviões. Recordar a importância do automóvel para os cineastas do corpo – "apreender o fluxo do tempo com a sucessão do espaço" –[22] pode permitir analogias com o caso em questão. Além disso, em *O signo do caos* esses meios de transporte parecem indicar a ameaça de expulsão do filme e de seu autor ou até mesmo sua morte simbólica, afinal, o trânsito do baú com *It´s all true* se inicia no porto, continua pelos corredores do DIP, mas termina no mar, onde são arremessadas as latas do filme. Mas isso só ocorreria se o tempo em questão fosse linear.

Por sua vez, o mar pode ser o limite entre a civilização e a barbárie, a conexão capaz de reunir os extremos da Humanidade, sobretudo, na perspectiva de uma visão eurocêntrica típica do século XVI. "Ao invés do nosso BBB, bom, bonito e barato, eles nos afrontam com PPP, prostitutas, pretas e perdidas." A afirmação do Dr. Amnésio atualiza preconceitos em nome da civilização, em nome de um pan-americanismo perseguido como unidade, não como diversidade, entre as nações implicadas no projeto. Welles, identificado com os ocupados, "é perigoso até para nossa Política da Boa Vizinhança", até porque "esse lunático não pertence ao mundo dos civilizados".

Parece chegar afinal o ponto no qual Morel desiste dos argumentos e rompe com o Dr. Amnésio. Morel: "Amnésio não passa de um ignorantão. Louco por necessidade, besta por compulsão celeste, vivendo da sombra espichada,

---

22 SGANZERLA, Rogério. "Cineastas do Corpo". Suplemento Literário do *Estado de S.Paulo*, 26/06/1965, p. 5

feita da propina e do abraço". Morel decide não fazer parte "dessa tramóia", que se configura com todas as características de uma corrupção palaciana.

Enquanto isso, os funcionários do DIP vociferam suas ambições atribuindo a Orson Welles a sua própria incapacidade de criar. Estão ressentidos com o "furacão" que não compreendem. E nas repetições incessantes das cenas em que eles transportam o baú ou jogam latas de filme às pedras ou ao mar ouvimos suas vozes claramente marcadas pela percepção de uma distância existente entre eles próprios e Welles. "Devolvam esse lixo, ele não é nosso", diz um. "Significa alguma coisa?" - questiona outro. "Qualquer dia eu morro e levo você para o inferno, rapaz", completa outro. São sempre observados pelo chefe e, a partir dele, agem como disseminadores da corrupção. Resta-lhes tão somente a possibilidade de reproduzir o discurso do superior ("o chefe sempre tem razão"), para garantir a manutenção do seu pequeno *status quo.*

> Agente do DIP: Quando pisou nesse chão, a terra tremeu várias vezes. Tudo por efeito daquele furacão humano. Ele não conseguia parar de criar. Extrapolou, extravasou. Perdeu todas as chances. Fez misérias às barbas da lei. Extrapolou, extravasou. Escondam a obra-prima que eu não fiz.

A pequenez do funcionário corrupto se contrapõe à grandeza do gênio criador, capaz de enfrentar todos os obstáculos para afirmar a sua criação. É interessante pensar na ameaça que significa o "furacão" para os funcionários do DIP que navegam no pequeno barco com o baú de *It´s all true.* O barco desses funcionários é a antítese da jangada que transportara os jangadeiros cearenses de Fortaleza ao Rio de Janeiro, os verdadeiros heróis americanos, como dissera Welles anteriormente. O projeto de uns, jogar as latas de filme ao mar, é a antítese do projeto dos outros, afirmar melhores condições de vida e a criação. Tal correspondência dialética curiosamente se confirma com um mesmo ator (Guará), que interpretou Jacaré em *Nem tudo é verdade* e, em *O signo do caos*, é um dos funcionários do DIP a jogar filmes ao mar.

Nessa mesma perspectiva da representação reiterada, levando-nos a pensar *O signo do caos* como outro lado de *Nem tudo é verdade,* há o carnaval caricatural dos funcionários do DIP, que expressam sua alegria, dançando e batendo as cabeças, assoviando músicas como *Aquarela do Brasil,* sempre que executam um golpe contra o Orson Welles personificado em *It´s all true.* Em seu carnaval de escritório, eles transportam o chefe sobre o baú, como uma alegoria oficial, com o terno-e-gravata como fantasia. O que se comemora no DIP é a ordem da censura. Há que se observar, entretanto, a paródia evidente na construção da cena, seu registro caricatural remetendo à *carnavalização* no nível da enunciação, que mantém semelhanças com a *commedia dell'arte*, por exemplo, ao dispor o doutor e seus subordinados no plano do cômico grotesco, como era típico de certo tipo de representação teatral em que arlequins, capitães, colombinas, bufões e bobos assumiam papeis decisivos em tramas populares. A enunciação carnavaliza-se ao compor os representantes da ordem associados às grosserias, pilhérias e insultos caros ao universo de Rabelais. Carnavaliza-se também ao desconstruir a possibilidade da ordem na própria linguagem cinematográfica a exemplo do que fizeram autores da literatura e do teatro de outros tempos. Afinal, como diz Bakhtin, "lembremo-nos de que essa linguagem carnavalesca foi empregada também, de maneira e em proporções diversas, por Erasmo, Shakespeare, Cervantes, Lope de Vega", entre muitos outros.[23]

No plano da representação em pauta, todas as formas de poder tornam-se caricatura. E é isso que se verifica quando afinal chega a um termo a sequência em que Morel fotografa a *star* interpretada por Djin Sganzerla. Afetada, como convém à paródia de uma estrela, a representante do cinema-espetáculo, ela circula pelo espaço do DIP com certo ar de mistério, suspeita. Desloca-se em automóvel sem capota e com motorista, em poses sensuais. É fotografada por Morel na praia. E justo aí o jornalista é surpreendido por um grupo de seguranças que lhe interrompem o trabalho e ameaçam prendê-lo. A *star*, mulher fatal, misteriosa, quase leva Morel à queda, em uma reiteração do que fez o personagem de Rita Hayworth com o de Orson Welles em *A dama de Shangai*. Dessa forma, fecha-se um ciclo: as conspirações surtem efeito. Não por acaso essa primeira parte do filme encerra-se com Dr. Amnésio e Gustavo Capanema brindando alegremente, com braços cruzados como noivos no dia do casamento, felizes pelo êxito obtido.

Há então um *fade out* seguido de um *fade in* dando início à segunda parte do filme, que se distingue da primeira inicialmente porque é colorida. As cores surgem e a cena em questão é uma festa onde se reúnem personagens

---

23 BAKHTIN, Mikhail. *A cultura popular na Idade Média e no Renascimento: o contexto de François Rabelais*. 2ª ed. São Paulo/Brasília: Hucitec/Edunb, 1993, p. 10.

já conhecidos, como Dr. Amnésio, Morel e Capanema, mas, além desses, há outros. De uma maneira geral, todos riem, bebem e se divertem muito em um apartamento com amplas janelas e portas de vidro, através das quais avistam o mar e as montanhas da paisagem carioca. Entre os convivas destaca-se Helena Ignez de quem ouvimos a voz *over*: "Aqui a gente sonha maior e melhor". O "aqui" em questão, na verdade, é algo vago, mas em todo caso reforça uma marcação, além da cor, para esta segunda parte do filme. O personagem de Helena Ignez é fortemente inspirado na própria atriz, no sentido de retomar uma gestualidade, uma postura característica de outros papeis vividos por ela em filmes de Rogério Sganzerla. Personagens inspirados nos intérpretes, é oportuno lembrar, inscrevem-se na perspectiva do cinema moderno, como dizia o Sganzerla crítico no Suplemento Literário do *Estado de S.Paulo* a propósito de Godard.[24] A partir dessa possibilidade, e também porque a personagem interpretada por Helena Ignez não é nominada, vamos designá-la como Helena. Na sucessão de cortes que caracteriza o início da sequência da festa, Helena destaca-se entre os demais convivas, mas sua personagem, em todo caso, está em conjunção com a dos demais participantes da cena. A exceção de fato é Morel, seu cenho está franzido e sua voz *over* é grave e destoa dos comentários do Dr. Amnésio assim como também se distancia das observações de Helena, sendo estes últimos, como já é possível perceber, cúmplices em alguma medida.

Helena: Temos ainda algum dinheiro?

Dr. Amnésio: Zero quilômetro.

Morel: Nosso país possui a maior reserva de ferro e o mais alto

potencial hidráulico. Nós fizemos dele um país de sobremesa.

Dr. Amnésio: Deus o tenha.

Morel: Açúcar, cacau, banana, tabaco, café.

Ocorrem elipses, trazendo trechos dos diálogos ocorridos ao longo da festa. Essas elipses indicam em todo caso o contexto sobre o qual se desenvolvem os argumentos dos integrantes da festa. A questão, como parece

---

24 SGANZERLA, Rogério. "Viver a Vida I". Suplemento Literário do *Estado de S.Paulo*, 05/12/1964, p. 5.

indicar as falas, é a instalação de uma indústria de base no Brasil. Como se sabe, desde 1937 o Estado brasileiro empreendera um esforço de substituir importações pela produção interna, visando inclusive evitar os riscos de uma então provável guerra mundial. No contexto, a instalação de uma indústria siderúrgica recebe considerações especiais. Em 1940 define-se a implantação da Usina de Volta Redonda, financiada por créditos dos Estados Unidos. Logo, Volta Redonda passa ao controle de uma empresa de economia mista, a Companhia Siderúrgica Nacional, organizada em janeiro de 1941. É interessante notar como o petróleo fica de fora da conversa. De fato, comparando com o aço, a implementação de uma indústria petrolífera, pelo menos até a descoberta de petróleo na Bahia, em 1939, não tem a mesma relevância.[25] É notável na cena em questão, no âmbito da conversa em torno dos potenciais nacionais, a situação do cinema, apresentada por Helena: "O Brasil não produz cinema, como não produz cereja. É uma fatalidade. Ver, ouvir, calar".

Ou seja, aqui, nessa seção colorida de *O signo do caos*, o princípio de negação de certo tipo de cinema permanece, no caso, o cinema nacional. Não são ponderadas quaisquer saídas, não é considerada sequer tangencialmente, por exemplo, a legislação voltada para o cinema nacional que surge no governo Vargas, visando proteger em alguma medida a produção cinematográfica brasileira ao menos no campo da exibição, dominado pelos estrangeiros.[26] Portanto, a dimensão do fracasso, já evidente desde *O bandido da luz vermelha*, persiste. Porém, aparece de repente uma espécie de luz no fim do túnel. Como um contraplano da festa, onde todo mundo, com exceção de Morel, bebe, ri e se diverte, nota-se uma grande bandeira do Brasil, disposta como

25 Ver a propósito FAUSTO, Boris. "O Estado Getulista (1930-1945)". In: *História do Brasil*. 6a. ed. São Paulo: Edusp/Fundação para o Desenvolvimento da Educação, 1999, p. 329-394.

26 Como diz Tunico Amancio, "historicamente remonta a 1939 a primeira lei protecionista do filme de longa-metragem" no Brasil, determinada pelo Decreto-lei nº 1.949, de 30 de dezembro daquele ano, que determinava, como diz Alcino Teixeira de Mello, autor de *Legislação do cinema brasileiro* (Rio de Janeiro: Embrafilme, 1978, p. 24), citado no texto de Amâncio, que nos cinemas do país fossem exibidos "anualmente, no mínimo, um filme nacional de entrecho e de longa-metragem". Antes disso, o Decreto nº 18.527, de 12 de outubro de 1928, regulava a programação de espetáculos públicos e o Decreto nº 21.240, de 04 de abril de 1932, entrava no âmbito da censura e da "taxa cinematográfica para a educação popular". Ver AMANCIO, Tunico. *Artes e manhas da Embrafilme: cinema estatal brasileiro em sua época de outro (1977-1981)*. Niterói: Editora da UFF, 2000, p. 18.

uma espécie de cortina. Diante dela, uma mulher (Camila Pitanga) faz evoluções: brinca, dança, arruma a bandeira do Brasil. Pela singeleza e delicadeza dos seus gestos, ela destoa da postura exagerada dos demais participantes da festa. Enquanto esses executam movimentos excessivos, gesticulando muito, falando bastante, ela se move com tranquilidade e leveza. Enquanto eles se vestem de forma excessiva, com muitos adereços, ela veste um vestido simples. Enquanto eles são representantes da alta sociedade, ela, como observa Helena, "nunca viveu em sociedade". Ela poderia ser uma miragem dos convivas da festa. Ela pode ser a nostalgia de uma infância perdida, como sugere a bola de vidro ("*Rosebud*") com que brinca sobre a bandeira do Brasil. Sintomaticamente, será Morel o único participante da festa com quem ela estabelecerá algum diálogo. Ele se encaminha até o espaço alegórico onde ela se situa, envolta na bandeira do Brasil. E aí descobriremos, em parte, qual é a sua identidade. Camila Pitanga é Lolita, por quem, aliás, o Dr. Amnésio mostra-se explicitamente interessado.

Morel: Lolita! É verdade que você é o furacão de Santos?

Lolita (sorrindo): Claro. E você, o repórter aéreo, aquele que escreve para as multidões, no céu, nas nuvens, não é isso?

Morel: Talvez. Mas aqui na terra eu me sinto com a cabeça cansada. Esse calor.

Lolita: Então vamos dar uma volta no cassino. Você quer?

Morel: Agora eu não posso. Tenho que resolver uns problemas no Departamento.

Lolita: Como quiser. Água mole em pedra dura tanto bate até que fura.

Morel: Tem dias que até um coxo sai de casa com bons pés.

Lolita: Aguardente, cachaça, limão, coca-cola, tudo isso é samba-em-berlim.

Morel: E como é que você se sente?

Lolita: Bêbada.

Morel: Mais uma dose?

Lolita: Claro.

Não resta dúvida quanto à convergência entre Morel, Lolita e Orson Welles, aqui mais uma vez representado por uma metonímia, no caso, a bebida por ele inventada, cujo nome indica a possibilidade de uma mistura de elementos provenientes de culturas diversas: samba-em-berlim. Mas essa bebida também é consumida pelos participantes da festa, onde Welles também é motivo das conversas, ou melhor, das piadas e das manifestações de desprezo.

Dentre os convivas festivos, além de Helena, outro se sobressai. Esse talvez seja um ministro, como sugere uma fusão de sua imagem com a do Dr. Amnésio e a de Gustavo Capanema. Seu discurso, dada a reiterada referência à Lei e ao fato de Hollywood esperar Orson Welles com animosidade, sugere uma identidade para a personalidade em questão. Poderia ser, provavelmente, Osvaldo Aranha, o político gaúcho, amigo e articulador da ascensão de Getúlio Vargas ao poder em 1930. A trajetória de Osvaldo Aranha no primeiro Estado getulista – ministro da Justiça e Negócios Interiores em 1930, ministro da Fazenda em 1931, embaixador do Brasil em Washington em 1934, ministro das Relações Exteriores entre 1938 e 1944, quando defende com vigor o pan-americanismo e a Política da Boa Vizinhança de Roosevelt – parece fundamentar a construção desse personagem, em especial, seu interesse no impacto do caso Welles sobre as relações entre o Brasil e os Estados Unidos.

Na cena que seria seguinte à da festa (sim, porque a festa ainda retornará várias vezes), o discurso do provável Osvaldo Aranha torna-se mais claro. Os convivas saem da sala onde estavam reunidos e caminham até o porto, onde os funcionários do DIP circulam com o baú identificado com o adesivo *It´s all true*. O trânsito da festa ao porto caracteriza-se por cortes rápidos, compondo fragmentos do que aconteceu antes (trechos da festa, o papagaio afirmando "vai e volta, vai e volta") e do que acontecerá depois (a mulher de Morel, Aurora, à espera do marido, por exemplo). Depois, dispostos em uma plataforma do porto, entre os participantes da festa se sobressaem Helena, Dr. Amnésio, Capanema e Osvaldo Aranha. Este último questiona: "sabe com quem está falando?", uma frase indicativa de seu poder na cena. E mais adiante:

> "Osvaldo Aranha": Um naufrágio exatamente com uma taça do *drink* preparado por ele. E depois mandá-lo para as profundezas dos infernos. Lá pras quintas, onde o diabo perdeu as botas. Mesmo porque em Hollywood já prepararam uma boa cama de gato pra ele.

Helena: Para um bom banho de gato.

"Osvaldo Aranha": Certamente. Para deixá-lo suficientemente narcotizado. Vamos brindar ao naufrágio exatamente com uma taça do *drink* preparado por aquele louco. E depois mandá-lo pras profundezas dos infernos, lá pras quintas onde o Diabo perdeu as botas. Mesmo porque em Hollywood já prepararam uma boa...

Morel (voz *over*): Se o mundo acabar logo, eu espero que seja pela vontade de Deus.

Capanema: Os amigos fugiram. E os macumbeiros sempre ali, cobrando--lhe, cobrando-lhe...

Dr. Amnésio: A fama sempre cobra o seu preço, Freddy.

Osvaldo Aranha: Podem dar o golpe de misericórdia.

Dr. Amnésio: Veto *ad eternum* será sempre a minha tese.

Funcionário do DIP (Guará): Acompanhe meu raciocício. Chama tudo isso, e não chega aos pés de um seriado do Sombra...

Helena (interrompendo Guará): Aqui não é permitido pensar.

Funcionário do DIP (Guará, continuando): ... nem do Zorro. No Brasil, tudo que é bom acaba.

À repetição das falas, nos diálogos em questão, conjugam-se alguns cortes bruscos que enfatizam a fragmentação ou condensação brusca de vários acontecimentos em uma única cena. No jogo das gestualidades, enquanto as vozes são enunciadas, se estabelece uma proximidade entre Helena e Osvaldo Aranha, com certo jogo de erotismo, paródico, como os gestos como um todo. Dr. Amnésio dirige-se a Capanema chamando-o de Freddy, ou seja, substitui o nome do personagem pelo nome do ator que o interpreta. Morel, apesar de compor a comitiva, na verdade, está isolado, como indica a sua voz *over*, única na sequência. E o único questionamento crítico de um funcionário do DIP (Guará), capaz de estabelecer relação entre os fatos a partir das histórias em quadrinhos, é logo reprimido: "Aqui não é permitido pensar".

Na continuação dessa cena, o funcionário (Guará), admitindo que "não adianta espichar esta lenga-lenga", com a ajuda de Dr. Amnésio transporta o baú pela escada até um patamar inferior. Há um corte seguido de um *travelling* de baixo para cima, saindo das pedras até enquadrar a plataforma onde Helena, Dr. Amnésio e o funcionário estão fixos, como num *tableau*, estátuas dispostas em um dia ensolarado, com mar e céu azul. Só quando Morel se aproxima, vindo do fundo, o jazz que toca alto diminui e as "estátuas" parecem ganhar vida. Morel se dirige a Helena, reportando as últimas informações sobre Welles: "Antes de partir, Welles esteve na casa dos filhos de Jacaré, com uma indenização muito boa na época". A morte de Jacaré constitui mais um crime nessa estrutura *noir*, que, como *A dama de Shangai*, privilegia o sol e o mar. "Para mim tudo isso não passou de um crime muito bem planejado. Jacaré era um homem que falava demais, e a censura era muito brava naquela época", diz Morel. A repetição das frases de Morel, a busca de um novo enquadramento da cena da conversa entre o jornalista e Helena, retomada em um novo ângulo, tudo vai constituindo uma *mise-en-scène* que desmonta o princípio de ilusão da realidade, próprio da transparência do cinema clássico. Mas, mais que isso, a ilusão da realidade passa a adquirir, progressivamente, uma dimensão metafísica de viés religioso, de perspectiva hinduísta, como constataremos nas cenas finais de *O signo do caos*. Por ora, na continuação do diálogo, essa questão começa a entrar em pauta a partir da fala de Helena.

> Morel: Para mim tudo isso não passou de um crime muito bem planejado. Naquela época de censura, Jacaré falava demais. E também misterioso foi o sumiço da cena da morte de Jacaré. Tudo aquilo foi muito sinistro.
>
> Helena: Os cinco sentidos são tão tolos como uma criança, não sabem distinguir a ilusão da realidade, o verdadeiro do falso.
>
> Morel: "Para mim a realidade é que ele é o Napoleão do cinema, o deus dos deuses.
>
> Helena: Tolinho.

As relações entre Morel e Helena parecem ter sido íntimas no passado. Vindo da sequência anterior, mas com um novo enquadramento, na continuação da conversa entre eles ocorre um ajuste de contas. Ele pede de volta um anel que dera à "vigarista" em um tempo passado, porque, como explica, sua mulher, Aurora, não cansa de cobrá-lo. Helena lhe devolve o anel, não sem antes alertá-lo:

Helena: Para armar escândalo tem que estar bem seguro.

Morel: Passe logo o anel.

Morel ainda explica que, desde que perdeu o dinheiro, Aurora não lhe deixa mais em paz. Por isso, ele precisa do anel, para empenhá-lo. Em contrapartida, a superioridade e o tom de deboche de Helena, suas frases nesse diálogo com Morel, tudo reitera um jogo de enigmas nesse final do filme.

Na sequência seguinte, por exemplo, enquanto os convivas da festa ainda circulam pelo espaço do porto, Morel encontra com Aurora (Giovana Gold), sua mulher. O encontro de ambos foi antecipado várias vezes, com pequenos fragmentos nos quais Aurora, vestida como uma noiva hinduísta e com gestos de expectativa, chamava por Morel. Afinal, quando o jornalista chega para encontrá-la (continuamos no espaço do porto), Aurora pergunta como ele foi de viagem, mas, ao descobrir que ele perdeu "o dinheiro da nossa casa", revolta-se e acusa-o por seu envolvimento com "rapariga" e por ter desperdiçado tudo em "jogatina". O duelo do casal é entrecortado por cenas da festa, que sempre retornam: o passado, a festa, o encontro de Morel com a *star* e com a Lolita e com Helena, tudo isso poderia explicar o sumiço do dinheiro. Mas novamente a perspectiva de uma evolução narrativa linear não entra em questão, pois, segundo uma ordem narrativa linear, a cena do encontro de Morel com Aurora, quando ela lhe cobra o dinheiro sumido, deveria anteceder a sequência do encontro de Morel com Helena, quando ele lhe cobra o anel. No entanto, a narração não evolui dessa maneira, pois estamos em uma dimensão surrealista.

As conexões de sentido são abertas como em um sonho. Por exemplo: talvez Morel e Aurora estejam relacionados, como pai e mãe, à cena que vem em seguida, quando surge uma garotinha questionando o sentido das cores. Persistem os fragmentos já conhecidos da festa, mas a garotinha surge em planos mais longos, correndo entre árvores no campo, como se fora uma projeção dos amantes para o futuro. Os *inserts* recuperam em parte a festa, por exemplo, com as projeções no DIP (agora com a presença de Helena e do provável Osvaldo Aranha). No lugar de *It´s all true*, projetam-se cenas de *Nem tudo é verdade*. De volta às imagens da garotinha no campo, inicia-se então um diálogo em voz *over* entre ela e alguém que poderia ser sua mãe, explicando a diferença entre filmes em preto-e-branco e coloridos. "Antigamente o mundo era em preto-e-branco", diz a provável mãe. "É mesmo?", surpreende-se a criança. Mas a menina logo questiona por que há quadros antigos coloridos, se antigamente o mundo era em preto-e-branco. "Acontece que os pintores sempre foram malucos, vesgos ou caolhos, eram doidos irresponsáveis", continua a mãe. Diante da insatisfação da garotinha com a resposta, a mãe conclui: "os quadros se tornaram coloridos, como tudo, na década de 40". Enquanto transcorrem as belas imagens da menina correndo pelo campo, Dr. Amnésio questiona (em voz *over*): "Por que não filmar imagens como essas?" Entretanto, as cenas da menina conjugam-se menos com o ideal de "limpeza" de Amnésio e mais com o princípio de "ilusão" apresentado por Helena ("os cinco sentidos são tão tolos como uma criança") ou mesmo com a nostalgia da infância. Ressurge o casal Aurora e Morel, entre *inserts* dos convivas da festa, concluindo a briga e, afinal, se reconciliando.

Alguém poderia pensar em algo equivalente a um final feliz, dadas a "gênese" da cor nos anos 1940 e a reconciliação do casal nesse momento. Mas a voz do suposto Osvaldo Aranha – "a festa acabou" – sugere algo diverso. O cortejo do DIP sai de cena, descendo escadas em caracol. Ainda vemos Dr. Amnésio em um balcão do porto onde o baú com *It´s all true* é suspenso por uma corda. Observado pelo papagaio engaiolado, Dr. Amnésio prepara-se para queimar os filmes. "Você ainda não viu nada, nem verá", diz Dr. Amnésio. O sentido do fogo, elemento de destruição, será contudo reconsiderado pela inserção da figura de Shiva, o deus da transformação.[27] Em seu aspecto Nataraja, Shiva dança em um círculo de fogo que simboliza a renovação, o eterno movimento do universo para além das aparências e da ignorância. Sua imagem neutraliza, na composição do filme, o efeito dos atos nefastos de Dr. Amnésio. Reitera-se o princípio dialético do sucesso/fracasso à medida que o fogo atinge mas também emana da imagem religiosa.

Em *O signo do caos*, em suma, a experiência do passado é tão caótica quanto a experiência do presente. Isso se supormos a possibilidade de uma distinção entre passado e presente, porque, de fato, são evidentes, como procurei demonstrar, as indicações de que lidamos com um "tempo solto",[28] ou seja, com um tempo que, estando vinculado a um princípio de repetição, se es-

27 Cf. FREIRE, Maria Helena de Bastos; FREIRE FILHO, Ruy Alfredo de Bastos. *A escola dos Nathas e as origens do Hatha Yoga – tomo 1.* São Paulo: Tantrayana Editora Ltda 2007, p. 143: "Shiva – deus da transformação, faz parte da trindade Hindu junto com Visnu e Bramã".

28 Sobre o "tempo solto", ver SGANZERLA, Rogério. "Becos sem Saída". Suplemento Literário do Estado de S.Paulo, 21/11/1964, p. 5.

tende para um limite incomensurável. Assim como o tempo solto, de fato, é notável como esse último filme de Sganzerla repõe, temática e formalmente, questões tratadas por ele desde os anos 1960, tanto nas críticas como nos filmes. Está aqui presente, por exemplo, a questão enigmática do "quem sou eu?", vinculada a um Orson Welles apreensível em um contexto de visibilidade e invisibilidade. Recolocada nesse enigma, encontra-se a dialética "um gênio ou uma besta", dicotomia enfatizada no registro carnavalizado dos personagens de *O signo do caos*. Os personagens encontram-se no patamar dos heróis vazios, são como tipos, e movimentam-se em uma montagem sem interesse pelos encadeamentos de motivos psicológicos. O filme propõe uma visão cínica que, sem se interessar pela psicologia, está voltada, em contrapartida, para as revelações possíveis na duração das imagens, nas relações entre elas. Mesmo a morte como saída do Bandido, eletrocutado ao final do primeiro longa-metragem de Sganzerla, anuncia a morte como saída de Orson Welles, cujo filme é queimado nos últimos planos de *O signo do caos*. Porém, a ideia de caos, seja em sua acepção platônica de "vazio obscuro que preexistia ao mundo atual", seja em sua acepção oriental de "mistura confusa de todos os elementos do mundo, antes de eles serem ordenados por uma potência organizadora",[29] repõe as possibilidades da vida, no caso, o cinema.

29 LALANDE, André. *Vocabulário técnico e crítico da filosofia*. 3*a*. ed. São Paulo: Martins Fontes, 1999, p. 134.

CONSIDERAÇÕES FINAIS:

Carnavalização, viagem e metacinema

Ao final deste percurso sobre a figura de Orson Welles no cinema de Rogério Sganzerla, é relevante lembrar parte da discussão que foi apresentada na Introdução deste trabalho quando, no cotejo entre Jacques Aumont e Erich Auerbach, a propósito das noções de figura, questionava-se: afinal, como fazer justiça a todos os elementos de figuração em um filme, já que a análise fílmica nunca é interminável? Ou ainda: se a análise deve levar em conta as "configurações", quais seriam seus gestos iniciais? Lembrando que a *figuração* pode ser compreendida como a ordenação da matéria (fílmica, no caso) em uma perspectiva plástica,[1] esta trajetória, empreendida como análise do discurso cinematográfico de Rogério Sganzerla, permite algumas considerações finais.

Começando pelos filmes analisados na última seção do trabalho, nota-se a repetição de uma série de estratégias temáticas e formais, que já podiam ser observadas em alguma medida ora nas críticas de cinema produzidas por Sganzerla desde os anos 1960, ora em *O bandido da luz vermelha*, seu primeiro longa-metragem, e daí por diante até o surgimento da tetralogia sobre *It´s all true*.

Dentre essas repetições, a figura de Orson Welles reitera-se permanentemente, porém, assumindo diferentes contornos, motivos, formas. Trata-se, em síntese, de uma figura dispersa, esparsa, distendida no tempo-espaço, ainda que esteja associada, muitas vezes, a uma experiência historicamente delimitada: a realização de *It´s all true*, no Brasil, em 1942.

1 AUMONT, Jacques. *À quoi pensent les films*. Paris: Séguier, 1996, p. 165.

Como se processa, enfim, a composição dessa figura?

Para responder à pergunta, devemos recordar a distinção entre *forma* (modelo, molde) e *figura* (aparência externa que reproduz o modelo ou molde).[2] E a partir daí é possível admitir que são as *formas de indeterminação do sujeito* que constituem um ponto de partida para a composição das figuras de Orson Welles no cinema de Rogério Sganzerla.

Essas *formas de indeterminação* já se encontravam em Orson Welles, notadamente em *Cidadão Kane.* E passam a se encontrar também em *O bandido da luz vermelha,* de Rogério Sganzerla, que retoma estratégias de figuração do cineasta americano. Nessa retomada de estratégias de figuração de Orson Welles, Rogério Sganzerla enfatiza a questão do "quem sou eu?", enigma associado aos protagonistas das diversas narrativas de sua tetralogia sobre *It´s all true.*

Mas a essa figuração-mor reúnem-se outras figurações que, definindo configurações, reiteram a elaboração de uma figura aberta, dispersa, sem contorno definido. Tais configurações passam pelas noções de *carnavalização, viagem* e *metacinema,* sem que necessariamente se estabeleça uma hierarquia entre elas. Pelo contrário, há reiterações entre essas noções.

Carnavalização

Como estratégia de figuração, a carnavalização na obra de Rogério Sganzerla é orientada pela frequente permuta entre o erudito e o popular. Nesse sentido, suas críticas são chaves preciosas para a compreensão das opções estéticas que reconheceremos nos filmes. O Suplemento Literário do jornal *O Estado de S.Paulo* tem todas as características de uma publicação erudita, intelectualizada. São textos densos, repletos de teorias e referências, indicando um dialogismo marcado pela alta-cultura.

Por outro lado, os textos da *Folha da Tarde,* e principalmente do *Jornal da Tarde,* dialogam com os produtos da indústria cultural voltada para públicos amplos, populares. Sganzerla embarca nesse espírito sem perder sua visão crítica, assumindo o tom oportuno à comunicação almejada. O humor, a ironia aparecem já no título de matérias como "Alma Penada Não Morre do Coração"[3] ou então "Siga Nosso Conselho e Passe Longe do Cinema".[4]

---

2 AUERBACH, Erich. *Figura.* São Paulo: Ática,1997, p. 13-25.

3 SGANZERLA, Rogério. "Alma Penada Não Morre do Coração". *Jornal da Tarde,* 01/03/1966, p. 9.

4 SGANZERLA, Rogério. "Siga o Nosso Conselho e Passe Longe do Cinema". *Jornal da Tarde,*

É enorme a quantidade de filmes que ele discute dentro dessa linha de produção industrial em que se proliferam diversos gêneros, tais como faroeste, policial, melodrama, terror, etc. O cotejo entre suas críticas do *Jornal da Tarde* e os filmes explica em grande parte a elaboração paródica empreendida por ele de gêneros como a Chanchada (notadamente em *Nem tudo é verdade*) e o filme *noir* (em *O signo do caos*).

Tal dimensão paródica certamente está relacionada à nossa "incapacidade criativa em copiar", como afirma Paulo Emilio Salles Gomes, para quem o cineasta brasileiro é, genericamente, ocupante, pois "somos um prolongamento do ocidente, não há entre ele e nós a barreira natural de uma personalidade hindu ou árabe que precisa ser constantemente sufocada, contornada e violada".[5] Mas, mesmo sendo os cineastas ocidentais de origem ocupante, é possível dessolidarizar-se dessa origem, como fez a juventude do Cinema Novo "em nome de um destino mais alto para o qual se sentia chamada".[6] O afastamento da origem ocupante, no caso de Sganzerla, começa, entretanto, justamente pelo confronto com a ideia de um "destino mais alto" a ser cumprido. Em vez disso, é a dimensão do "riso", no sentido que lhe atribui Bakhtin em sua teoria da carnavalização, que atua na elaboração de suas figuras de Orson Welles. Welles é parodiado quando, remetendo-se à sua *persona*, aos seus personagens, aos seus programas de rádio, peças de teatro, livros e filmes, Sganzerla reproduz o original em chave cômica ou tragicômica. A reprodução do original é revestida pela condensação e deslocamento de várias possibilidades na chave da paródia carnavalesca, que não deixa de constituir, por um lado, uma admiração ao modelo original norte-americano, mas, por outro, também constitui uma resistência à sua hegemonia.[7]

Sganzerla vale-se da dinâmica da inversão própria ao Carnaval e coloca em xeque as alteridades implicadas em sua escolha: um estrangeiro associado ao sucesso mas também ao fracasso. No caminho das inversões, o Carnaval é uma maneira de recriar o mundo. E essa recriação é possível pela reciclagem

---

17/05/1966, p. 9.

5 GOMES, Paulo Emilio Salles. *Cinema: trajetória no subdesenvolvimento*. Rio de Janeiro: Paz e Terra, 1980, p. 77.

6 *Ibidem*, p. 83.

7 VIEIRA, João Luiz. "Este é meu, é seu, é nosso: introdução à paródia no cinema brasileiro". In: *Filme Cultura*, nº 41/42, maio de 1983, p. 22-29.

dos materiais – os incontáveis trechos de cinejornais, HQs, filmes de ficção, recolhidos e ressignificados pela montagem – e por sua (des)ordenação em torno do protagonista impalpável.

Dessa maneira, o protagonista impalpável é o produto das várias fontes implicadas em sua recriação. Ao organizar *O pensamento vivo de Orson Welles*, por exemplo, Sganzerla recolhe a opinião direta ou indireta de vários críticos. Haverá entre eles divergência de opinião. Paulo Emilio Salles Gomes percebe o americanismo como uma das características exemplares de Orson Welles. Para François Truffaut, por sua vez, Welles não pode ser pensado como um artista americano, justamente em razão de seu cosmopolitismo, decorrente das suas incontáveis viagens por todo o mundo. Para Sganzerla, organizador do livro, interessa justamente o princípio de oposições que lhe permite a referência de um indivíduo aristocrático identificado com jangadeiros, um erudito interessado pela cultura popular, um adulto que resiste à perda da infância, um artista que se expressa em muitos meios, um norte-americano identificado com os latino-americanos.

Viagem

A viagem remete à possibilidade de trânsito entre vários tempos e espaços e, sendo assim, define uma dimensão de *utopia*, como a probabilidade de um não-lugar e ao mesmo tempo como a possibilidade de existência de um lugar perfeito.[8] A tecnologia pode aproximar os mundos, como desconfia Sancho Pança ao observar a conquista espacial pela televisão ou a lua pela luneta em *Dom Quixote*. Mas só isso não é suficiente para a convivência das diferenças, como levam a supor as inúmeras repetições do plano no qual Orson Welles sobrevoa, desembarca, embarca no aeroporto do Rio de Janeiro, em contraposição às várias cenas dos jangadeiros avançando pelos mares em sua primitiva embarcação.

A viagem tem uma associação com a nostalgia de um mundo perdido, primitivo, harmônico, ancestral, difícil de ser recuperado. Ambos, Welles e Sganzerla, perseguem esse mundo e sentem angústia, porque é difícil atingi-lo e é sempre possível perdê-lo. As coleções do Cidadão Kane são um exemplo de tal possibilidade, assim como os objetos jogados pela janela do Copacabana Palace pelo Orson Welles interpretado por Arrigo Barnabé em *Nem tudo é verdade*.

---

8 MORE, Thomas. *Utopia*. São Paulo: Martins Fontes, 1999, p. XIII.

A viagem implica também uma nostalgia do próprio cinema.

Perseguem-se as "imagens sem fronteiras", como nos *filmes de viagem* dos primórdios do cinema.[9] Os filmes de Sganzerla repõem, pela própria repetição circular das imagens (os planos que são sempre retomados nas diversas sequências e nos vários filmes), o princípio dos panoramas do século XIX, dispositivo no qual não há propriamente início nem fim para a observação das imagens que reproduzem o mundo.

Entretanto, na tetralogia construída sobre *It´s all true*, mais do que "a apropriação do mundo pelas imagens",[10] viajar significa recriar o mundo, admitir a possibilidade de que ele seja um *simulacro* possibilitado pela ilusão do cinema, capaz, como a mágica, de superar os limites do tempo e do espaço. Com essa estratégia, não deixam de ser reveladas as ambiguidades de um poder que surge com a invenção do cinema, que coincide com o surgimento da indústria do turismo, com o desenvolvimento dos meios de transporte e com a expansão do colonialismo.

Tampouco é possível deixar de se perceber a dimensão utópica, revelada pela consideração de outros prováveis pontos de vista, para além daqueles implicados no olhar do ocupante. Sganzerla enfatiza a valorização desses outros pontos de vista, por exemplo, quando desconstrói os cinejornais do DIP, elaborando sentidos não previstos na ideologia do Estado Novo.

Em sua permanente recriação do mundo pelas imagens e pelos sons, a questão da alteridade nacional é diretamente atingida. Na verdade, frequentemente sua pauta ultrapassa a nação, atingindo uma dimensão transnacional. "O terceiro mundo vai explodir": a frase proferida em *O bandido da luz vermelha* é análoga à citação de *A guerra dos mundos* no mesmo filme. E assim como *A guerra dos mundos*, *It´s all true* também tem como fundo a Segunda Guerra Mundial. Esses são exemplos de parâmetros globais atuantes no preenchimento de uma figura que um dia foi responsável por uma série de programas de rádio como *Hello, Americans* ou por episódios para a televisão como *Around the world with Orson Welles*.

9 GUNNING, Tom. "The whole world within reach: travel Images without borders". In: COSANDEY, Roland; ALBERA, François (orgs.). *Images across borders*. Lausanne, Suisse: Editions Payot Lausanne/Nuit Blanche Editeur, 1982, p 21-36.

10 Tom Gunning atribui a Heidegger a ideia de apropriação do mundo pelas imagens. *Ibidem*, p. 27-28.

A questão internacional, transnacional, também constitui um grande tema na crítica de cinema produzida por Sganzerla. Na *Folha de S.Paulo*, por exemplo, situa-se no âmbito dos gênios que, nascidos em vários lugares do mundo, guardam semelhanças entre si e enfrentam a mediocridade à sua volta, sendo esta também provável em todo lugar. Na *Folha da Tarde* e no *Jornal da Tarde*, a cultura de massa e a indústria cultural são parâmetros confrontados, questionados, contrapostos à realidade local e global. No Suplemento Literário de *O Estado de S.Paulo*, os grandes vetores são a Nouvelle Vague e o Cinema Novo.

Nessas críticas, sobretudo nos textos dos anos 1960, Orson Welles parece aguardar o momento no qual estará em destaque na obra de Sganzerla. Welles exerce uma posição semelhante à de sua figura em *Documentário*. Nesse primeiro filme de Sganzerla, a figura de Orson Welles surge como *insert*: sua fotografia em primeiro plano. Da foto, Welles espreita dois rapazes que perambulam pela cidade de São Paulo, parando diante das salas de cinema, olhando cartazes dos filmes, sem conseguir se decidir por nenhum deles. Para cada possibilidade, são vários os argumentos, as críticas que impedem uma decisão por uma ou outra sessão. Por fim, eles não assistem nada. Seguem pela avenida em longo plano-sequência. No campo das repetições que sustentam a obra de Sganzerla, uma cena complementar ao final de *Documentário* poderia ser a frase ambígua de Dr. Amnésio em *O signo do caos*: "Você ainda não viu nada, nem vai ver". Mas outra possibilidade poderia vir de um texto de 1980: "A Arte É Nômade". Permanecem as reiterações, oposições, contradições.

Metacinema

Na perspectiva do metacinema, Welles se confunde com o próprio cinema, segundo a visão de Sganzerla, como pudemos notar nas críticas que ele escreveu nos anos 1960, com a exposição de conceitos relacionados à câmera cínica, ao cinema do corpo mais alma, à morte como saída, ao cinema-ensaio, ao tempo solto e, principalmente, ao herói fechado.

Todos esses princípios figuram, ou seja, aparecem em *Nem tudo é verdade, Linguagem de Orson Welles, Tudo é Brasil* e *O signo do caos*, como foi possível observar anteriormente. Em suma, o metacinema relaciona-se a diversas dimensões: políticas, econômicas, sociais, culturais. Em *Nem tudo é verdade,* como no jogo de espelhos de *A dama de Shangai*, a figura de Welles resulta de uma multiplicação da sua imagem: a encenação de Arrigo Barnabé contraposta à voz do próprio cineasta e às vozes de seus personagens, principalmente de *Cidadão Kane* e *A marca da maldade*. Em *Linguagem de Orson Welles*, o cineasta americano é constituído pela voz dos Outros, assim como Kane. O Outro, porém, nesse caso, é principalmente Grande Otelo, que encarna em si o próprio Welles, assumindo sua voz e a referência a Shakespeare. Em *Tudo é Brasil*, mais uma vez a montagem vertical impede a construção de uma identidade fechada do protagonista, que ainda assim perseguimos na colagem de inúmeros trechos de programas de rádio, recortes gráficos e trechos de filme. Em *O signo do caos*, Welles é representado como uma metonímia, do tipo o autor pela obra, no caso, *It´s all true*, o filme cuja projeção define uma dimensão da memória do próprio cinema.

Em suma, esse metacinema constrói um mundo, valendo-se dos referentes que lhe serviram como ponto de partida. Chega a propor uma História em que, de filme a filme, novos sentidos são construídos, quase sempre na reciclagem das mesmas imagens e sons. Em tal perspectiva, *O signo do caos* é um bom exemplo, como *aparência* simultânea da origem e do fim, como sugere a imagem dos negativos de *It´s all true* sendo queimados diante de Shiva, definindo um início e um fim simultâneos.

Um Gênio ou uma Besta?

As configurações da *carnavalização*, *viagem* e *metacinema* permitem uma resposta à figuração maior, ou seja, ao "quem sou eu?" implicado na elaboração das figuras de Orson Welles. A resposta diz respeito a uma nova pergunta – "um gênio ou uma besta"? - e encontra-se, como vimos, dentro de princípios paradoxais, contraditórios, antagônicos, dialéticos. Como princípio de organização temático e formal, essa dialética, que também poderia ser sintetizada na dimensão do "sucesso ou fracasso", atinge sua maior forma (origem, modelo) em *It´s all true*.

Nesse sentido, no cinema de Sganzerla *It´s all true* permite a elaboração de várias figuras. Ou seja, *It´s all true* é um *pretexto* para algo muito maior, de uma dimensão metafísica, ainda que conectada à História. Os acontecimentos de 1942 constituem um ponto de partida cujo significado mais profundo só seria alcançado no futuro, possivelmente cumprindo um percurso teleológico, no qual talvez pudéssemos reconhecer a base religiosa da *interpretação figural.*[11] Tal trajeto chegaria ao cinema de Rogério Sganzerla, instância responsável pelo preenchimento dos significados anteriores lançados por Orson Welles e, ao final do percurso, o jogo de substituição na projeção dos filmes dos dois cineastas em *O signo do caos* seria um exemplo emblemático e faria lembrar as palavras de Erich Auerbach quando ele, discutindo o princípio religioso da interpretação figural, afirma:

> A interpretação figural estabelece uma conexão entre dois acontecimentos ou duas pessoas, em que o primeiro significa não apenas a si mesmo mas também ao segundo. Os dois pólos da figura estão separados no tempo, mas ambos, sendo acontecimentos ou figuras reais, estão dentro do tempo, dentro da corrente da vida histórica.[12]

Entretanto, a dialética "um gênio ou uma besta", com sua dimensão de "sucesso–fracasso", repõe constantemente a pergunta "quem sou eu?", implicada no preenchimento da figura de Orson Welles por Rogério Sganzerla, o que por fim impede uma teleologia e reinstaura o enigma das identidades desconstruídas e relacionadas.

Por último, refiro-me aos momentos finais do texto *Cinema: trajetória no subdesenvolvimento*, quando Paulo Emilio Salles Gomes afirma:

> A deterioração da conjuntura estimulante dos inícios de sessenta fez com que o público intelectual que corresponde hoje [1973] ao daquele tempo se encontre órfão de cinema brasileiro e voltado inteiramente para o estrangeiro onde julga às vezes descobrir alimento para sua inconfidência cultural. Na realidade ele encontra apenas uma compensação falaciosa, uma diversão que o impede de *assumir a frustração* [grifo meu], primeiro passo para ultrapassá-la.[13]

Rogério Sganzerla não só assume a frustração a que Paulo Emilio se refere, mas, além disso, ele assume essa frustração segundo a perspectiva da "dialética rarefeita entre o não ser e o ser outro",[14] que é claramente perceptível em seu preenchimento da figura de Orson Welles. Nesse sentido, Sganzerla potencializa as dialéticas previstas em *Cinema: trajetória no subde-*

---

11 AUERBACH, Erich, *op. cit.*, p. 9.

12 *Ibidem*, p. 46.

13 GOMES, Paulo Emilio Salles, *op. cit.*, p. 87.

14 Id., ibid., p. 77.

senvolvimento e ao mesmo tempo oferece respostas relevantes para o contexto do mundo atual, ao propor identificações entre tantas diferenças.

REFERÊNCIAS BIBLIOGRÁFICAS

Críticas de Rogério Sganzerla no suplemento literário do jornal *O Estado de S. Paulo*

SGANZERLA, Rogério. "Revisão de Os Cafajestes I". *O Estado de S. Paulo,* Suplemento Literário. 04/01/1964, p. 5.

———. "Revisão de Os Cafajestes II". *O Estado de S. Paulo,* Suplemento Literário. 11/01/1964, p. 5.

———. "Oito e Meio e Fellini". *O Estado de S. Paulo,* Suplemento Literário. 04/07/1964, p. 5.

———. "A Câmera Cínica". *O Estado de S. Paulo,* Suplemento Literário. 11/07/1964, p. 5.

______. "Becos sem Saída". São Paulo: *O Estado de S. Paulo,* Suplemento. Literário 21/11/1964, p. 5.

______. "Viver a Vida I". São Paulo: *O Estado de S. Paulo,* Suplemento Literário. 05/12/1964, p. 5.

______. "Viver a Vida II". São Paulo: *O Estado de S. Paulo,* Suplemento Literário. 12/12/1964, p. 5.

______. "Introdução a Hawks". *O Estado de S. Paulo,* Suplemento Literário. 19/12/1964, p. 5.

______. "Malle-Ronet-Drieu e o Mundo I". *O Estado de S. Paulo,* Suplemento Literário. 09/01/1965, p. 5.

______. "Malle-Ronet-Drieu e o Mundo II. *O Estado de S. Paulo,* Suplemento. Literário 16/01/1965, p. 5.

______. "Noções de Cinema Moderno". *O Estado de S. Paulo*, Suplemento Literário. 30/01/1965, p.. 5.

______. "Cinema Impuro?" *O Estado de S. Paulo*, Suplemento Literário. 23/01/1965, p. 5.

______. "Humberto Mauro, Autor". *O Estado de S. Paulo*, Suplemento Literário. 16/02/1965, p. 5.

______. "Cineastas da Alma". *O Estado de S. Paulo*, Suplemento Literário. 12/06/1965, p. 5.

SGANZERLA, Rogério. "Cineastas do Corpo". *O Estado de S. Paulo*, Suplemento Literário. 26/06/1965, p. 5.

______. "Corpo mais Alma". *O Estado de S. Paulo*, Suplemento Literário. 31/071965, p. 5.

______. "Cidadão Kane". *O Estado de S. Paulo*, Suplemento Literário. 07/08/1965, p. 5.

______. "King Vidor: a Magia". *O Estado de S. Paulo*, Suplemento Literário. 21/08/1965, p. 5.

______. "O Legado de Kane". *O Estado de S. Paulo*, Suplemento Literário. 28/08/1965, p. 5.

______. "Filmar São Paulo I". *O Estado de S. Paulo*, Suplemento Literário. 16/10/1965, p. 5.

______. "Filmar São Paulo II". *O Estado de S. Paulo*, =Suplemento Literário. 23/10/1965, p. 5.

______. "Morte a Doze Segundos". *O Estado de S. Paulo*, Suplemento Literário. 05/03/1966, p. 5.

______. "Fala Glauber Rocha I". *O Estado de S. Paulo*, Suplemento Literário. 07/05/1966, p. 5.

______. "Fala Glauber Rocha II". *O Estado de S. Paulo*, Suplemento Literário. 14/05/1966, p. 5.

______. "O Marginal Paulo Cezar". *O Estado de S. Paulo*, Suplemento Literário. 21/05/1966, p. 5.

______. "Um Autor e um Ofício". *O Estado de S. Paulo*, Suplemento Literário. 24/09/1966, p. 5.

______. "Alpha, Cidade Aberta". *O Estado de S. Paulo*, Suplemento Literário. 22/10/1966, p. 5.

______. "Fala Gustavo Dahl". *O Estado de S. Paulo*, Suplemento Literário. 05/11/1966, p. 5.

______. "A Grande Cidade". *O Estado de S. Paulo*, Suplemento Literário . 26/11/1966, p. 5.

______. "Carlos Diegues Depõe I". *O Estado de S. Paulo*, Suplemento Literário. 24/12/1966, p. 5.

______. "Carlos Diegues Depõe II". *O Estado de S. Paulo*, Suplemento Literário. 07/01/1967, p. 5.

Críticas de Rogério Sganzerla no *Jornal da Tarde*

SGANZERLA, Rogério. "Ladrão de Hith Está Gasto". *Jornal da Tarde*, 04/01/1966, p. 22.

______. "A Volta de Musashi". *Jornal da Tarde*, 04/01/1966, p. 22.

______ "O Trágico Pirata Simpático". *Jornal da Tarde*, 08/01/1966, p. 13.

______. "Lewis Volta a Fazer Poesia do Absurdo". *Jornal da Tarde*, 11/01/1966, p. 10.

______. "Dois Loucos Não Muito Engraçados". *Jornal da Tarde*, 11/01/1966, p. 10.

______. "Nordeste Volta com Filme de Cangaço". *Jornal da Tarde*, 11/01/1966, p. 10.

______. "Elvis Louco Só no Título". *Jornal da Tarde*, 14/01/1966, p. 11.

______. "Velho Western Não Entusiasma". *Jornal da Tarde*, 18/01/1966, p. 9.

______. "Os Dilemas de um Bom Ladrão". *Jornal da Tarde*, 18/01/1966, p. 9.

______. "Terceiro Homem Já Não Tem Mais Segredo". *Jornal da Tarde*, 26/01/1966, p. 8.

______. "Heston, Bom Mocinho em Faroeste Sangrento". *Jornal da Tarde*, 26/01/1966, p. 8.

______. "Paraíso de Herói Não É Lugar de Selvagem". *Jornal da Tarde*, 01/02/1966, p. 10.

______. "Samurais de Hoje". *Jornal da Tarde*, 08/02/1966, p. 9.

______. "Joselito Cresceu". *Jornal da Tarde*, 08/02/1966, p. 9.

______. "O Homem de Sorte". *Jornal da Tarde*, 08/02/1966, p. 9.

______. "Vida de Nação em Conflito de Bravos". *Jornal da Tarde*, 15/02/1966, p. 8.

SGANZERLA, Rogério. "Dois Americanos Descobrem Paris". *Jornal da Tarde*, 15/02/1966, p. 8.

______. "O Crime Também se Faz sob Encomenda". *Jornal da Tarde*, 15/02/1966, p. 8.

______. "Um Vampiro Digno de Dó". *Jornal da Tarde*, 24/02/1966, p. 8.

______. "Alma Penada Não Morre do Coração". *Jornal da Tarde*, 01/03/1966, p. 9.

______. "Bom Pirata É Terror do Atlântico". *Jornal da Tarde*, 01/03/1966, p. 10.

______. "Karamazov Só Tem Luxo". *Jornal da Tarde*, 08/03/1966, p. 8.

______. "Faroeste Pacato sem Perseguição". *Jornal da Tarde*, 08/03/1966, p. 8.

______. "Homem Mau Morre Mal". *Jornal da Tarde*, 15/03/1966, p. 9.

______. "O Rin-Tin-Tin Russo Não Acerta o Alvo". *Jornal da Tarde*, 15/03/1966, p. 9.

______. "Como Suzanne se Perde". *Jornal da Tarde*, 22/03/1966, p. 8.

______. "Herói, até Certo Ponto". *Jornal da Tarde*, 22/03/1966, p. 8.

______. "História de Amor Não Teve Solução".*Jornal da Tarde*, 29/03/1966, p. 9.

______. "Missão Suicida em Faroeste Sangrento". *Jornal da Tarde*, 29/03/1966, p. 9.

______. "O Terror Perdeu a Bossa". *Jornal da Tarde*, 05/04/1966, p. 8.

______. "O Mundo do Boxe Visto por Dentro". *Jornal da Tarde*, 12/04/1966, p. 9.

______. "A Técnica dos Truques a Serviço do Grotesco. *Jornal da Tarde*, 12/04/1966, p. 9.

______. "Western Tem Atriz que Provoca Tôda Platéia". *Jornal da Tarde*, 19/04/1966, p. 13.

______. "Como É Triste Ver um Filme Péssimo". *Jornal da Tarde*, 19/04/1966, p. 13.

______. "Diligência Resiste ao Tempo". *Jornal da Tarde*, 26/04/1966, p. 9.

______. "Cine Olido Ficou Cheio de Homens". *Jornal da Tarde*, 28/04/1966, p. 9.

______. "O Mito de Presley Já Não Existe Mais". *Jornal da Tarde*, 05/05/1966, p. 9.

______ "Valadão Não Aprendeu a Fazer Cara de Mau". *Jornal da Tarde*, 03/05/1966, p. 9.

______. "Pode Entrar Sossegado". *Jornal da Tarde*, 10/05/1966, p. 9.

______. "O Que Ofende Mesmo É o Filme". *Jornal da Tarde*, 10/05/1966, p. 9.

______. "Quem Será o Ladrão, o Ator ou o Produtor". *Jornal da Tarde*, 17/05/1966, p. 9.

______. "Siga Nosso Conselho e Passe Longe do Cinema". *Jornal da Tarde*, 17/05/1966, p. 9.

______. "Esses Discos Voadores Já Não Conseguem Assustar Ninguém". *Jornal da Tarde*, 24/05/1966, p. 9.

______. "Veja Este Faroeste Bem Movimentado". *Jornal da Tarde*, 24/05/1966, p. 9.

______. "Ninguém Esperava a União Desses Bravos que Morrem Lutando". *Jornal da Tarde*, 24/05/1966, p. 9.

______. "Um Filme de Horror Não Pode Ser Assim". *Jornal da Tarde*, 07/06/1966, p. 9.

______. "A Solidão no Filme Dá Muita Melancolia". *Jornal da Tarde*, 07/06/1966, p. 9.

______. "Do Sincero Joaquim". *Jornal da Tarde*, 09-06-1966, p. 9.

______. "Só Hedy Lammar Salva-se do Ridículo". *Jornal da Tarde*, 14/06/1966, p. 9.

______. "Matriarcado Dá Comédia sem Graça". *Jornal da Tarde*, 14/06/1966, p. 9.

SGANZERLA, Rogério. "A Surpresa de uma Poesia Convincente". *Jornal da Tarde*, 21/06/1966, p. 9.

______. "Esses Gigantes Não Assustam a Ninguém". *Jornal da Tarde*, 21/06/1966, p. 9.

______. "Os Pobres Diabos Arruinaram o Filme". *Jornal da Tarde*, 21/06/1966, p. 9.

______. "Mexicanos Desta Vez Não Gastaram Tiros". *Jornal da Tarde*, 28/06/1966, p. 13.

______. "Velha História das Jovens Condenadas". *Jornal da Tarde*, 28/06/1966, p. 13.

______. "O Azar da Boa Dupla". *Jornal da Tarde*, 19/07/1966, p. 10.

______. "O Melhor dos Marx". *Jornal da Tarde*, 19/07/1966, p. 10.

______. "O Chaplin Primitivo". *Jornal da Tarde*, 19/07/1966, p. 10.

______. "Vingança de Homem Mau Não Convence". *Jornal da Tarde*, 26/07/1966, p. 9.

______. "Psicanálise Salva Lewis da Prisão". *Jornal da Tarde*, 26/07/1966, p. 9.

______. "Violência Acima de Tudo". *Jornal da Tarde*, 02/08/1966, p. 9.

______. "O Maníaco Odiava as Mulheres". *Jornal da Tarde*, 02/08/1966, p. 9.

______. "Cinema Explora Centro da Terra". *Jornal da Tarde*, 09/08/1966, p. 9.

______. "O Billy Desta Vez É Herói Mexicano". *Jornal da Tarde*, 09/08/1966, p. 9.

______. "Vampiro Ataca no Escuro". *Jornal da Tarde*, 16/08/1966, p. 13.

______. "Pesca no Lugar do Amor". *Jornal da Tarde*, 16/08/1966, p. 13.

______. "Aventuras em Faroeste Estranho". *Jornal da Tarde*, 23/08/1966, p. 13.

______. "Velho Drama Não Agrada". *Jornal da Tarde*, 23/08/1966, p. 13.

______. "Mesmo Sendo Antigo o Golpe Ainda Seduz". *Jornal da Tarde*, 30/08/1966, p. 13.

______. "Seriado da TV na Tela". *Jornal da Tarde*, 30/08/1966, p. 13.

______. "Outro Herói Violento". *Jornal da Tarde*, 30/08/1966, p. 13.

______. "Policial Carioca em Ritmo de Chanchada". *Jornal da Tarde*, 06/09/1966, p. 9.

______. "O Novo Mascarado do Faroeste Italiano". *Jornal da Tarde*, 06/09/1966, p. 9.

______. "Velho Pistoleiro Não Respeita a Tradição". *Jornal da Tarde*, 13/09/1966, p. 13.

______. "Jornalista Japonês Descobre a Verdade". *Jornal da Tarde*, 13/09/1966, p. 13.

______. "Obsessão pelo Mar". *Jornal da Tarde*, 04/10/1966, p. 9.

______. "Revólver de Ouro Não Convence". *Jornal da Tarde*, 04/10/1966, p. 9.

______. "As Aventuras dos Irmãos Diferentes". *Jornal da Tarde*, 11/10/1966, p. 9.

______. "Ciclone Mexicano Varre Cine Mônaco". *Jornal da Tarde*, 11/10/1966, p. 9

______. "O Golpe Baixo do Gangster". *Jornal da Tarde*, 18/10/1966, p. 9.

______. "Miss Cai no Velho Conto do Sucesso". *Jornal da Tarde*, 25/10/1966, p. 9.

______. "Uma Tribo Alemã". *Jornal da Tarde*, 08/11/1966, p. 8.

______. "Um Velho General". *Jornal da Tarde*, 08/11/1966, p. 8.

______. "A Paixão Segundo o Cinema Japonês". *Jornal da Tarde*, 15/11/1966, p. 6.

______. "Gladiador Invade o Império". *Jornal da Tarde*, 15/11/1966, p. 6.

______. "Um Crime Perfeito de Playboy Asteca". *Jornal da Tarde*, 15/11/1966, p. 6.

______. "As Brincadeiras do Garoto Mentiroso". *Jornal da Tarde*, 22/11/1966, p. 9.

______. "As Confissões do Velho Pistoleiro".*Jornal da Tarde*, 22/11/1966, p. 9.

______. "Quatro Dramas no Rio". *Jornal da Tarde*, 29/11/1966, p. 13.

______. "Chanchada Volta Pior".*Jornal da Tarde*, 29/11/1966, p. 13.

______. "Mal dos Grandes Temas". *Jornal da Tarde*, 06/12/1966, p. 9.

______. "Faltou Só o Tango". *Jornal da Tarde*, 06/12/1966, p. 9.

______. "Agente sem Graça". *Jornal da Tarde*, 06/12/1966, p. 9.

______. "A Testemunha Inconveniente". *Jornal da Tarde*, 20/12/1966, p. 9.

______. "Novo Agente no Espaço". *Jornal da Tarde*, 03/01/1967, p. 13.

______. "Um Pistoleiro sem Nada de Herói". *Jornal da Tarde*, 03/01/1967, p. 13.

______. "Um Amor de Bandido". *Jornal da Tarde*, 24/01/1967, p. 13.

______. "As Sereias Envelhecem". *Jornal da Tarde*, 31/01/1967, p. 13.

______. "Um Lobo Nada Mau". *Jornal da Tarde*, 31/01/1967, p. 13.

______. "Timidez Já Não É Problema de Lewis". *Jornal da Tarde*, 31/01/1967, p. 13.

______. "A Felicidade É um Filme Infeliz". *Jornal da Tarde*, 10/02/1967.

______. "Há Muito Mistério e Violência na Cidade". *Jornal da Tarde*, 14/02/1967, p. 13.

______. "Aventuras em Ritmo de Carnaval". *Jornal da Tarde*, 14/02/1967, p. 13.

______. "Franceses Fazem Comédia sem Graça". *Jornal da Tarde*, 14/02/1967, p. 13.

______. "Vulgaridade sem Limite". *Jornal da Tarde*, 21/02/1967, p. 13.

______. "Cavalgada sem Vigor". *Jornal da Tarde*, 28/02/1967, p. 9.

______. "Bandido Falsificado". *Jornal da Tarde*, 28/02/1967, p. 9.

______. "Quadrilhas Brigam por Tóxicos". *Jornal da Tarde*, 07/03/1967, p. 12.

______. "Sátira Mal Feita Vira Chanchada". *Jornal da Tarde*, 07/03/1967, p. 12.

______. "Este É um Rio Muito sem Graça". *Jornal da Tarde*, 21/03/1967, p. 12.

______. "Ringo Parece, Mas Não É um faroeste". *Jornal da Tarde*, 21/03/1967, p. 12.

______. "Bandido sem Atração". *Jornal da Tarde*, 28/03/1967, p. 9.

______. "O Indeciso do Oeste". *Jornal da Tarde*, 28/03/1967, p. 9.

______. "Guerra de Lágrimas e Baixo Romantismo". *Jornal da Tarde*, 04/04/1967, p. 14

______. "História da Bomba Cobiçada". *Jornal da Tarde*, 04/04/1967, p. 14.

______. "Cinco Cavaleiros Andantes". *Jornal da Tarde*, 11/04/1967, p. 13.

______. "Morte a Crédito Não Assusta Mais". *Jornal da Tarde*, 11/04/1967, p. 13.

______. "Nosso Cangaço, Tão Pobre, Tão Repetido". *Jornal da Tarde*, 11/04/1967.

______. "Torturas Nazistas Vinte Anos Depois". *Jornal da Tarde*, 18/04/1967, p. 12.

______. "Nosso Filme Decepcionou mas o Filme Italiano Foi Pior". *Jornal da-Tarde*, 05/05/1967, p. 10.

______. "Todos Podem Ser Bandidos". *Jornal da Tarde*, 05/05/1967.

______. "Uma Dama". *Jornal da Tarde*, 12/05/1967.

______. "Tragédia e Sertão". *Jornal da Tarde*, 19/09/1967.

Críticas de Rogério Sganzerla na *Folha da Tarde*

SGANZERLA, Rogério. "Bebel conta Babel da Cidade Grande". *Folha da Tarde*, 25/10/1967, p. 12.

______. "Crítica". *Folha da Tarde*, 26/10/1967, p. 12.

______. "Censura Aprova Jane Fonda Nua". *Folha da Tarde*, 27/10/1967, p. 12.

______. "Crítica de Cinema". *Folha da Tarde*, 31/10/1967, p. 12.

______. "Bandida". *Folha da Tarde*, 01/11/1967, p. 12.

______. "Crítica de Cinema". *Folha da Tarde*, 01/11/1967, p. 12.

______. "Crítica de Cinema". *Folha da Tarde*, 03/11/1967.

______. "Crítica de Cinema". *Folha da Tarde*, 06/11/1967, p. 16.

______. "Crítica de Cinema". *Folha da Tarde*, 07/11/1967, p. 12.

______. "Crítica de Cinema". *Folha da Tarde*, 08/11/1967, p. 12.

______. "Crítica de Cinema". *Folha da Tarde*, 09/11/1967, p. 12.

______. "Crítica de Cinema". *Folha da Tarde*, 10/11/1967, p. 12.

______. "Sexo Comanda". *Folha da Tarde*, 13/11/1967, p. 16.

______. "Crítica de Cinema". *Folha da Tarde*, 14/11/1967, p. 12.

______. "Crítica de Cinema". *Folha da Tarde*, 17/11/1967, p. 12.

______. "Karina em 3 Filmes". *Folha da Tarde*, 20/11/1967, p. 12.

______. "Crítica de Cinema". *Folha da Tarde*, 22/11/1967, p. 12.

______. "Crítica de Cinema". *Folha da Tarde*, 23/11/1967, p. 12.

______. "Crítica de Cinema". *Folha da Tarde*, 28/11/1967, p. 12.

______. "Crítica de Cinema". *Folha da Tarde*, 29/11/1967, p. 12.

______. "Crítica de Cinema". *Folha da Tarde*, 30/11/1967, p. 12.

Crítica de Rogério Sganzerla na *Folha de S. Paulo*

SGANZERLA, Rogério. "O Joio e o Trigo". *Folha de S.Paulo*, 19/10/1979, p. 36.

______. "Alberto Cavalcanti, a Esfinge Carioca". *Folha de S.Paulo*, 22/10/1979, p. 22

______. "O Gênio Total". *Folha de S.Paulo*, 17/11/1979, p. 20.

______. "Em Abacaxi Também Somos Auto-Suficientes". *Folha de S.Paulo*, 19/11/1979, p. 20.

______. "Jarbas Barbosa Inflama". *Folha de S.Paulo*, 21/11/1979, p. 28.

______. "Agora, Falta Discutir a Questão Cultural". *Folha de S.Paulo*, 26/11/1979, p. 22.

______. "Welles no Brasil". *Folha de S.Paulo*, 04/12/1979, p. 30.

______. "Terreno Inexplorado". *Folha de S.Paulo*, 13/12/1979, p. 36.

______. "De Salles a Almeida Salles". *Folha de S.Paulo*, 20/12/1979, p. 34.

______. "Sono das Nações". *Folha de S.Paulo*, 11/01/1980, p. 34.

______. "A Arte É Nômade. *Folha de S.Paulo*, 04/01/1980.

______. "Bossa". *Folha de S.Paulo*, 04/02/1980, p. 20.

______. "A Nova Década". *Folha de S.Paulo*, 11/02/1980, p. 22.

______. "Noel Pensador". *Folha de S.Paulo*, 18/02/1980, p. 18.

______. "Lixo em Órbita". *Folha de S.Paulo*, 25/02/1980, p. 20.

Outros textos de Rogério Sganzerla

IGNEZ, Helena; DRUMOND, Mario (orgs.). *Tudo é Brasil – projeto Rogério Sganzerla: fragmentos da obra literária*. Joinville: Letradágua, 2005.

SGANZERLA, Rogério. (org.) *O pensamento vivo de Orson Welles*. São Paulo: Martin Claret Editores, 1986.

______. *Por um cinema sem limite*. Rio de Janeiro, Azougue Editorial, 2001.

SGANZERLA Rogério (assessoria de imprensa). "O Signo do Caos transpõe a estética 'wellesiana' para o Estado Novo" (material divulgado por ocasião do lançamento de *O Signo do caos*, no XXXI Festival de Cinema de Gramado, 2004).

Bibliografia

ABREU, Nuno Cesar. *Boca do Lixo: cinema e classes populares*. Campinas: Editora da UNICAMP, 2006.

ALIGHIERI, Dante. *A divina comédia*, 3v. Trad. de Italo Eugenio Mauro. São Paulo: Editora 34, 1998.

AMANCIO, Tunico. *O Brasil dos gringos: imagens no cinema*. Niterói: Intertexto, 2000.

______. *Artes e manhas da Embrafilme: cinema estatal brasileiro em sua época de ouro.* Niterói: Editora da Universidade Federal Fluminense, 2000.

AMÂNCIO, Antônio. "Asas da Panair". In: RAMOS, Fernão *et al* (orgs.). *Estudos de cinema 2000 – Socine*, 2001.

ANDERSON, Benedict. *Nação e consciência nacional*. Trad. Lólio Lourenço de Oliveira. São Paulo: Editora Ática, 1989.

______. *Comunidades imaginadas: reflexões sobre a origem e a difusão do nacionalismo*. Trad. Denise Bottman. São Paulo: Companhia das Letras, 2011.

ANDRADE, Oswald de. *Do Pau-Brasil à antropofagia e às utopias*. Rio de Janeiro: Civilização Brasileira, 1978.

______. *Pau-Brasil*. São Paulo: Globo/Secretaria de Estado da Cultura, 1990.

______. *A utopia antropofágica*. São Paulo: Globo, Secretaria de Estado da Cultura. 1990.

______. *Memórias sentimentais de João Miramar*. São Paulo: Globo/ Secretaria do Estado da Cultura. 1990.

ANDREW, J. Dudley. *As principais teorias do cinema: uma introdução*. Trad. Teresa Ottoni. Rio de Janeiro: Jorge Zahar Editor, 1989.

ARAUJO, Inácio. "Rogério Sganzerla filma contra a ilusão cinematográfica". *Folha de S.Paulo*, 24/10/2003, p. E5.

ARAÚJO, Luciana. "Dois projetos: cinema mexicano e Vera Cruz". In: CAÑIZAL, Eduardo Peñuela. *Um jato na contramão: Buñuel no México*. São Paulo: Editora Perspectiva, 1993. (Col. Debates, 262)

ARAÚJO, Luciana Corrêa de. *Joaquim Pedro de Andrade: primeiros tempos*. São Paulo: Alameda, 2013.

ARAÚJO, Vicente de Paula. *A bela época do cinema brasileiro*. 2ª ed. São Paulo: Editora Perspectiva, 1985.

ASTRUC, Alexandre. "*Naissance d´une Nouvelle Avant-Garde: la Câmera-Stylo*". L´*Ecran Française*. Paris, nº 144, 30/03/1948.

AUTRAN, Arthur. "Ferreira, Jairo". In: RAMOS, Fernão; MIRANDA, Luiz Felipe (orgs.). *Enciclopédia do cinema brasileiro*. São Paulo: Editora Senac, 2000.

______. "Reis, Luís Tomás". In: RAMOS, Fernão, MIRANDA, Luiz Felipe (orgs.). *Enciclopédia do cinema brasileiro*. São Paulo: Editora Senac, 2000.

______. O pensamento industrial cinematográfico brasileiro. São Paulo: Hucitec Editora, 2013.

AUERBACH, Erich. *Figura*. Trad. Duda Machado. São Paulo: Ática, 1997.

———. *Mimesis: a representação da realidade na literatura ocidental*. 4a. ed. São Paulo: Perspectiva, 2002. (Estudos, 2)

AUGUSTO, Sérgio. *Este mundo é um pandeiro: a chanchada de Getúlio a JK*. São Paulo: Companhia das Letras, 1989.

AUMONT, Jacques, MARIE, Michel. *L'analyse des films*. Paris: Nathan, 1989.

______. *A imagem*. Campinas: Papirus, 1993.

______. À *quoi pensent les films*. Paris: Séguier, 1996.

AUTRAN, Arthur. *Alex Viany: crítico e historiador*. São Paulo/Rio de Janeiro, Perspectiva/Petrobras, 2003. (Debates, 290)

BAKHTIN, Mikhail. *La poétique de Dostoevski*. Paris: Seuil, 1970.

______. *The dialogical imagination*. Austin: University of Texas Press, 1981.

______. *Speech genres and other late essays*. Austin: University of Texas Press, 1986.

———.*A cultura popular na Idade Média e no Renascimento: o contexto de François Rabelais*. Trad. Yara Frateschi. 2ª ed. São Paulo/Brasília: Hucitec/ Edunb, 1993.

BARROS, Diana Luz Pessoa de. *Teoria do discurso: fundamentos semióticos*. São Paulo: Atual, 1988.

______. FIORIN, José Luiz (orgs.). *Dialogismo, polifonia, intertextualidade: em torno de Bakhtin*. São Paulo: Edusp, 1994. (Ensaios de Cultura, 7).

BARTHES, Roland. *S/Z*. Paris: Éditions du Seuil, 1970.

______. *O grau zero da escritura*. trad. de Anne Arnichand & Álvaro Lorencini, São Paulo, Cultrix, 1971.

______. *Mitologias*. São Paulo: Difel, 2003.

BASUALDO, Carlos (org.). *Tropicália – uma revolução na cultura brasileira*. São Paulo: Cosac Naify, 2007.

BAZIN, André. *Qu'est-ce que le cinema?* Paris: Éditions du Cerf, 1985.

______. *O cinema: ensaios*. São Paulo: Brasiliense,1991.

______. *Orson Welles*. Paris: Cahiers du Cinéma, 1998.

______. *et al*. *A política dos autores*, trad. Isabel Maria Lucas Pascoal, Lisboa, Assírio & Alvim, 1976 (Livros de Cinema, 1).

BELLOUR, Raymond. *Alexandre Astruc*. Paris: Editions Seghers, 1963. (Cinéma d'aujour'hui)

______. *Le cinéma americain, analyses de films*. 2 vols. Paris: Flammarion, 1980.

BELLOUR, Raymond. *Entre-imagens: foto, cinema, vídeo*. Campinas, Papirus, 1997.

BENAMOU, Catherine. *Orson Welles's transcultural cinema: an historical/textual reconstruction of the suspended film, It's All True, 1941-1993*. Tese (doutorado em *Cinema Studies*) - New York University (NYU), 1997.

______. "It's all true: um evento lembrado um filme inacabado". Catálogo do 7º Festival Internacional É Tudo Verdade, abril, 2002.

______. *It´s all true – Orson Welles's Pan-american odyssey*. Berkeley, Los Angeles, London: University of California Press, 2007.

BENJAMIN, Walter. *Origem do drama barroco alemão*. Trad. Sergio Paulo Rouanet. São Paulo: Brasiliense, 1984.

BENTES, Ivana (org). *Glauber Rocha: cartas ao mundo*. São Paulo: Companhia das Letras, 1997.

BERNARDET, Jean-Claude. *Brasil em tempo de cinema: ensaio sobre o cinema brasileiro*. 3ª. ed. Rio de Janeiro, Paz e Terra, 1978 (cinema v. 5).

______. *Cinema brasileiro: propostas para uma história*. Rio de Janeiro: Paz e Terra, 1979. (Coleção Cinema, v.7)

______. "A cidade, o campo: notas iniciais sobre a relação entre a cidade e o campo no cinema brasileiro". *Cinema brasileiro: oito estudos*. Rio de Janeiro, MEC/Embrafilme/Funarte, 1980.

______. *Cineastas e imagens do povo*. São Paulo: editora Brasiliense, 1985.

______. *O vôo dos anjos: estudos sobre a criação cinematográfica*. São Paulo: Editora Brasiliense, 1991.

______. *O autor no cinema: a política dos autores – França, Brasil anos 50 e 60*, São Paulo, Brasiliense/Edusp, 1994.

______, RAMOS, Alcides Freire. *Cinema e história do Brasil*. São Paulo: Ed. Contexto, 1994. (Coleção Repensando a História)

______. *Historiografia clássica do cinema brasileiro: metodologia e pedagogia*. São Paulo: Annablume, 1995. (Coleção E, 2)

______. "Cinema marginal?" in: *Cinema Marginal e suas fronteiras*: *Filmes produzidos nas décadas de 60 e 70*. PUPPO, Eugênio & HADDAD, Vera (orgs.). São Paulo: CCBB, 2001.

BERRY-FLINT, Sarah. "Genre". In: MILLER, Toby, STAM, Robert (ed.). *A companion to film theory*. Melden/Oxford: Blackwell Publishers, 1999.

BESSY, Maurice. *Orson Welles*. Paris: Seghers, 1963. (Cinéma d'aujourd'hui, 6)

BHABHA, Homi K. *O local da cultura*. Trad. Myriam Ávila, Eliana L. L. Reis, Gláucia R. Gonçalves. Belo Horizonte: Ed. da UFMG, 1998.

BIVAR, Antonio. *Verdes vales do fim do mundo*. Porto Alegre: L&PM, 2002.

BOGDANOVICH, Peter. *Este é Orson Welles*. Trad. Beth Vieira. São Paulo: Globo, 1995.

BORDWELL, David. *Narration in the fiction film*. Madison: University of Wiscosin Press, 1985.

BRESSANE, Júlio. "O Signo Sganzerla". In: Catálogo da Mostra *Rogério Sganzerla por um Cinema sem Limite*, 2004.

BURCH, Noël. *Práxis do Cinema*. São Paulo, Perspectiva, 1992.

CAEL, Pauline. *Criando Kane e outros ensaios*. Trad. Marcos Santarrita. Rio de Janeiro: Editora Record, 2000.

CALIL, Carlos Augusto e MACHADO, Maria Teresa (org.). *Paulo Emílio: um intelectual na linha de frente - coletânea de textos de Paulo Emilio Salles Gomes*. São Paulo/Rio de Janeiro: Brasiliense/Embrafilme, 1986.

______. (org.). *O cinema dos meus olhos*. São Paulo: Companhia das Letras/ Cinemateca Brasileira, 199.

CAMPOS, Haroldo de. "Uma poética da radicalidade", in ANDRADE, Oswald. *Pau-Brasil*. 5a. ed. São Paulo: Globo, 2000. (Obras completas de Oswald de Andrade).

CANCLINI, Nêstor. *Cultura híbridas: estratégias para entrar e sair da modernidade*. Trad. Ana Regina Lessa, Heloísa Pezza Cintrão. São Paulo: Edusp, 1998.

CANDIDO, Antonio. *Formação da literatura brasileira:momentos decivisos*.6ª ed. Belo Horizonte: Editora Itatiaia, 2000. (Coleção Reconquista do Brasil. 2a. série; vol 177-178)

CANUTO, Roberta (org.). *Rogério Sganzerla – encontros*. Rio de Janeiro: Beco do Azougue, 2007. (Coleção Encontros)

CAPOVILLA, Maurice. "É Mesmo um Poema". *Jornal da Tarde*, 09-06-1966, p. 9.

CARONE, Modesto. "Um Roteiro do Conceito de Figura", in AUERBACH, Erich. *Figura*. Trad. Duda Machado. São Paulo: Ática, 1997.

CHARNEY, Leo, SCHWARTZ, Vanessa R. (orgs.). *O cinema e a invenção da vida moderna*. Trad. Regina Thompson. São Paulo, Cosac & Naify Edições, 2001.

CHATMAN, Seymour. *Coming to terms, the rhetoric of narrative in fiction and film*. New York: Cornell Universitu Press, 1990.

CLARET, Martin. "Idealização da Coleção Pensamento Vivo", in SGANZERLA, Rogério (org.). *O pensamento vivo de Orson Welles*. São Paulo: Martin Claret Editores, 1986.

COSANDEY, Roland, ALBERA, François (orgs.). *Images across borders*. Lausanne, Suisse: Editions Payot Lausanne/Nuit Blanche Editeur, 1982.

COSTA, Iná Camargo. "Orson Welles, um militante da Frente Popular". *Revista Praga: Estudos marxistas*. São Paulo: nº 5, maio, 1998.

COWIE, Peter. *The cinema of Orson Welles*. New York: Da Capo, 1989.

DAHL, Gustavo. "Cinema Novo e Estruturas Econômicas Tradicionais". In: *Revista Civilização Brasileira*, nº 5/6, março, 1966.

DAVIES, Anthony. *Filming Shakespeare's plays*. Cambridge: Cambridge University Press, 1991

EISENSTEIN, Sergei. *O sentido do filme*. Rio de Janeiro, Jorge Zahar Editor, 1990.

______. *A forma do filme*. Rio de Janeiro, Jorge Zahar Editor, 1990.

FABRIS, Mariarosaria. *Nelson Pereira dos Santos: um olhar neo-realista?* São Paulo: Edusp/Fapesp, 1994.

FAUSTO, Boris. *História do Brasil*. 6a. ed. São Paulo: Edusp/Fundação para o Desenvolvimento da Educação, 1999.

______. "O Estado Getulista (1930-1945)". In: *História do Brasil*. 6a. ed. São Paulo: Edusp/Fundação para o Desenvolvimento da Educação, 1999, p. 329-394.

FAVARETTO, Celso, *Tropicália, alegoria, alegria*. 3a ed. Cotia: Ateliê Editorial, 2000.

FERREIRA, Jairo. "A Vida de Noel Rosa, na Visão de Sganzerla". São Paulo: *Folha de S.Paulo*, 06/09/1979, p. 29.

______. *Cinema de invenção*. 2ª. ed. São Paulo: Limiar, 2000.

FERRO, Marc. *Cinema e história*. Trad. Flávia Nascimento. Rio de Janeiro, Paz e Terra, 1992.

FLETCHER, Angus. *Allegory - the theory of a symbolic mode*. Ithaca: Cornell University Press, 1970.

FOLHA DA TARDE. "Cine Ronda". São Paulo, 09/11/1967, p. 12.

FOLHA DA TARDE. "Japoneses Ganham Terreno". São Paulo, 08/03/1968.

FOLHA DA TARDE. "Essa Maravilhosa Vigarista". São Paulo, 16/05/1968, p. 12.

FOLHA DE S.PAULO "Rogério Sganzerla Explica seu 'Abismu'". São Paulo, 09/10/1979, p. 29.

FRANCASTEL, Pierre. *La réalité figurative*. Denoel-Gonthier, 1965.

FREIRE, Maria Helena de Bastos; FREIRE FILHO, Ruy Alfredo de Bastos (coords.). *A escola dos Nathas e as origens do Hatha Yoga – tomo 1*. São Paulo: Tantrayana Editora Ltda., 2007

FREUD, S. L'Interprétation des rêves, trad. Fr. , P.U.F., 1926, éd revue, 1967.

GALVÃO, Maria Rita. *Crônica do cinema paulistano*. São Paulo: Ática, 1975

______. *Burguesia e cinema: o caso Vera Cruz*. Rio de Janeiro: Civilização Brasileira, 1981.

______. BERNARDET, Jean-Claude. *O nacional e o popular na cultura brasileira – Cinema*. Rio de Janeiro/São Paulo: Embrafilme/Brasiliense, 1983.

GAMO, Alessandro. *Aves sem rumo: a transitoriedade no cinema de Ozualdo Candeias*. Dissertação (mestrado em Multimeios) - UNICAMP, 2000.

______. (org.). *Jairo Ferreira: críticas de invenção – os anos do São Paulo Shimbun*. São Paulo: Imprensa Oficial do Estado de São Paulo, 2006.

______. *Vozes da Boca*. Tese (doutorado em Multimeios) - UNICAMP, 2006.

GATTI, José. "Pseudodialogismo Mallandro", in RAMOS, Fernão *et al.* (orgs.). *Estudos de cinema 2000 – Socine*. Porto Alegre: Sulina, 2001.

GENETTE, Gérard. *Figures III*. Paris: Éditions du Seuil, 1970.

GERVAISEAU, H.: *O Abrigo do tempo - Abordagens cinematográficas da passagem do tempo e do movimento da vida dos homens*. Tese (doutorado em Comunicação) - UFRJ, 2000.

GOMES, Paulo Emilio Salles. "Uma Situação Colonial?". *Estado de S.Paulo*, Suplemento Literário, 19/11/1960.

______. *Humberto Mauro, Cataguases, Cinearte*. São Paulo: Perspectiva/Edusp, 1974. (Estudos, 22)

______. *Cinema: trajetória no subdesenvolvimento*. Rio de Janeiro: Paz e Terra, 1980.

______. *Crítica de cinema no suplemento literário*. Vol. 1 e 2. Rio de Janeiro: Paz e Terra, 1981 (Coleção Cinema, v. 9)

______. "Orson Welles, o Americano", in *Crítica de cinema no Suplemento Literário*, vol. 1. Rio de Janeiro: Paz e Terra/Embrafilme, 1981, col. Cinema, v. 9.

______. "Charles Foster Kane", in *Crítica de cinema no Suplemento Literário*, vol. 1. Rio de Janeiro: Paz e Terra/Embrafilme, 1981, col. Cinema, v. 9.

______. "A Decepção de Orson Welles", in *Crítica de cinema no Suplemento Literário*, vol. 1. Rio de Janeiro: Paz e Terra/Embrafilme, 1981, col. Cinema, v. 9.

______. "Artesãos e Autores", in *Crítica de cinema no Suplemento Literário*, vol. 2. Rio de Janeiro: Paz e Terra/Embrafilme, 1981, col. Cinema, v. 9.

______. "Orson Welles: D. Quixote", in *Crítica de cinema no Suplemento Literário*, vol. 1. Rio de Janeiro: Paz e Terra/Embrafilme, 1981, col. Cinema, v. 9.

______. "Explicapresenta". *Jornal da Tarde,* em 10-04-1973. In: CALIL, GOMES, Paulo Emilio Salles. "A expressão social dos filmes documentais no cinema mudo brasileiro (1898-1930). In: CALIL, Carlos Augusto; MACHADO, Maria Teresa (org.). *Paulo Emílio: um intelectual na linha de frente - coletânea de textos de Paulo Emilio Salles Gomes*. São Paulo/Rio de Janeiro: Brasiliense/Embrafilme, 1986.

GOTTESMAN, Ronald. *Focus on Orson Welles*. Englewood Cliffs, N.J.: Prentice Hall, c. 1976.

GUNNING, Tom. "The Whole World within Reach: Travel Images without Borders", in COSANDEY, Roland, ALBERA, François (orgs.). *Images across borders*. Lausanne, Suisse: Editions Payot Lausanne/Nuit Blanche Editeur, 1982.

HALL, Stuart. *A identidade cultural na pós-modernidade*. Trad. Tomaz Tadeu da Silva, Guacira Lopes Louro. 3a. ed. Rio de Janeiro: DP&A, 1999.

HEFFNER, Hernani. "Paiva, Salvyano Cavalcanti de", in RAMOS, Fernão, MIRANDA, Luiz Felipe (orgs.). *Enciclopédia do cinema brasileiro*.

HIGHAM, Charles. *The films of Orson Welles*. Berkeley: University of California Press, 1970.

HOLANDA, Firmino. *Orson Welles no Ceará*. Fortaleza: Edições Demócrito Rocha, 2001.

HUTCHEON, Linda. *A theory of parody: the Teachings of Twentieth-Century Art Forms*. New York and London: Methuen & Co., 1985.

KAEL, Pauline. *Criando Kane e outros ensaios*. Trad. Marcos Santarrita. Rio de Janeiro/São Paulo: Editora Record, 2000.

KRISTEVA, Julia. *Semiotike - Recherches pour une Semanalyse*. Paris: Editions du Seuil, 1969.

______. *Desire in language*. New York: Columbia University Press, 1980.

______. *Revolution of poetic language*. New York: Columbia University Press, 1984.

JAMBEIRO, Othon. *Tempos de Vargas: o rádio e o controle da informação*. Salvador: Edufba, 2004.

JORNAL DO BRASIL. "Quinta Coluna". Rio de Janeiro, 12/02/1942.

JORNAL DO BRASIL. "Orson Welles Homenageado na Embaixada Americana". Rio de Janeiro, 12/02/1942.

LYRA, Bernadette. *A nave extraviada*. São Paulo, Annablume/ECA-USP, 1995. (Selo Universidade, 29).

LAGNY, Michèle: *De l'histoire du cinéma. Méthode historique et histoire du cinema*. Paris: Armand Colin. 1992.

LALANDE, André. *Vocabulário técnico e crítico da filosofia*. 3a. ed. São Paulo: Martins Fontes, 1999.

LEAMING, Bárbara. *Orson Welles: uma biografia*. Trad. de Milton Persson. Porto Alegre: L&PM, 1987.

LIMA, Antonio. "O Amor Perseguido". *Jornal da Tarde*, 09-06-1966, p. 9.

LYOTARD, Jean Francois. *Discours figure*. Klincksieck, 1971.

MACHADO JR., Rubens. "Brésil: Les ombres oubliées d'un cinéma inassouvi". L'Armateur n° 3, Paris, sep/oct 1992.

& RIAUDEL, Michel. «It›s almost all true» (It›s All True d›Orson Welles), Infos Brésil n° 89, Paris, février, 1994.

______. *Estudo sobre a organização do espaço em Terra em Transe*. Tese (doutorado em Cinema, TV e Rádio) - ECA-USP, 1997.

______. "Sobre o espaço barroco de TERRA EM TRANSE". Cinemais n° 13, Rio, setembro-outubro 1998.

______. «Tempos de cinema no Brasil». *Cinemais* n° 15, Rio de Janeiro, janeiro-fevereiro, 1999.

______. "Sganzerla, Rogério", in RAMOS, Fernão & MIRANDA, Luiz Felipe (orgs.). *Enciclopédia do cinema brasileiro*. São Paulo, Editora Senac, 2000.

______. "Passos e descompassos à margem" in: *Cinema Marginal e suas fronteiras: Filmes produzidos nas décadas de 60 e 70*, orgs. PUPPO, Eugênio Puppo & HADDAD (orgs.). São Paulo, CCBB, 2001.

______. *Marginália 70: o experimentalismo no Super-8 brasileiro* (catálogo). São Paulo, Itaú Cultural, 2001, 48 p. il.

______."Cineastas do corpo". *Jornal de Resenhas* da *Folha de S.Paulo,* 14/09/2002.

MALTA, Paulo do Couto. "15 Minutos com Orson Welles". *Diário de Pernambuco,* 16/07/1942.

______. "Biáfora, Rubem", in RAMOS, Fernão, MIRANDA, Luiz Felipe (orgs.). *Enciclopédia do cinema brasileiro.* São Paulo: Editora Senac, 2000.

MARTIN-BARBERO, Jesús. *Dos meios às mediações: comunicação, cultura e hegemonia.* Trad. Ronaldo Polito e Sérgio Alciedes. 2ª ed. Rio de Janeiro, Editora UFRJ, 2001.

MEDITSCH, Eduardo (org.). *Rádio e pânico: A Guerra dos Mundos, 60 anos depois.* Florianópolis: Editora Insular, 1998.

METZ, Christian. *A significação no cinema.* Trad. Jean-Claude Bernardet. São Paulo, Perspectiva, 1972. (Debates, 54)

MILLER, Toby, STAM, Robert (ed.). *A companion to film theory.* Malden (MA): Blackwell Publishing, 2004.

MIRANDA, Luiz Felipe. "Salles, Almeida (Francisco Luís de Almeida Salles)". In: RAMOS, Fernão, MIRANDA, Luiz Felipe (orgs.). *Enciclopédia do cinema brasileiro.* São Paulo: Senac, 2000.

MITRY, Jean. "Cinéma et Baroque (Essai d'approximation à propôs d'Orson Welles)", in *Études Cinematographiques* – Baroque et Cinéma, nº 1-2, 1º trimestre, 1960.

MORAES, Vinicius. "Traços da sua Personalidade". In: CALIL, Carlos Augusto (org.). *O cinema dos meus olhos.* São Paulo: Companhia das Letras/ Cinemateca Brasileira, 1991.

MORE, Thomas. *Utopia.* Trad. Jefferson Luiz Camargo e Marcelo Brandão Cipolla. São Paulo: Martins Fontes, 1999.

MORETTIN, Eduardo Victorio. *Os limites de um projeto de monumentalização cinematográfica: uma análise do filme* Descobrimento do Brasil *(1937), de Humberto Mauro.* 2 v. Tese (doutorado em Ciências da Comunicação) - ECA-USP, 2001.

______. *Humberto Mauro, cinema, história.* São Paulo: Alameda, 2013.

MOURA, Gerson. *Tio Sam chega ao Brasil*. São Paulo: Brasiliense, 1984.

MULVEY, Laura. "Prazer visual e cinema narrativo". In: XAVIER, Ismail (org.). *A experiência do cinema: antologia*. Rio de Janeiro: Edições Graal/Embrafilme, 1983. (Col. Arte e Cultura, v. 5)

______. *Cidadão Kane*.Trad. José Laurenio de Melo. Rio de Janeiro: Rocco, 1996.

NEGRI, Antonio. "O nacionalismo de esquerda". *Folha de S. Paulo*, Caderno Mais, 7/2/1999.

NICHOLS, Bill. *Representing reality*. Indiana: Indiana University Press, 1991.

NOBLE, Peter. *The fabulous Orson Welles*. London: Hutchinson, 1956

NUNES, Benedito. *Oswald Canibal*. São Paulo: Editora Perspectiva, 1979.

______. "A antropofagia ao alcance de todos". In: ANDRADE, Oswald. *A utopia antropofágica*. 2a. ed. São Paulo: Globo, 1995. (Obras completas de Oswald de Andrade)

ODIN, Roger. "Film documentaire, lecture documentarisante", in ODIN, R. e LYANT, J. C. (ed.). *Cinémas et réalités*. Saint-Etienne: Universidade de Saint-Etienne, 1984.

ORTIZ, Renato. *Cultura brasileira e identidade nacional*. São Paulo: Brasiliense, 1985.

ORTIZ, José Mário. "Reichenbach, Carlos", in: RAMOS, Fernão; MIRANDA, Luiz Felipe (orgs.). *Enciclopédia do cinema brasileiro*. São Paulo: Editora Senac, 2000.

PAIVA, Samuel. "Nem tudo é Brasil na crítica de Sganzerla". *Sinopse - Revista de Cinema*, nº 8, ano IV, abril, 2002.

______. "A Montagem da História sobre It's All True". In: CATANI, Alfredo Mendes et. al (orgs.). *Estudos Socine de cinema*: ano IV. São Paulo: Editora Panorama, 2003, p. 116 ss.

PAIVA, Samuel. *A figura de Orson Welles no cinema de Rogério Sganzerla*. Tese (doutorado em Ciências da Comunicação) - ECA-USP, 2005.

______. "Ao Redor do Brasil: Cinema como Apropriação?". In: MACHADO Jr., Rubens; SOARES, Rosana de Lima; ARAÚJO, Luciana Corrêa (orgs.). *Estudos de cinema Socine*. São Paulo: Annablume, 2006.

______. SCHVARZMAN, Sheila (orgs.). *Viagem ao cinema silencioso do Brasil.* Rio de Janeiro: Beco do Azougue, 2011.

______. "Possibilidades de Leitura sobre o Gênero Viagem na Revista Cinearte". In: PAIVA, Samuel; SCHVARZMAN, Sheila (orgs.), *Viagem ao cinema silencioso do Brasil*. Rio de Janeiro: Beco do Azougue, 2011. p. 65-87.

PARANAGUÁ, Paulo. *O cinema na América Latina: longe de Deus e perto de Hollywood*. Porto Alegre: L&PM, 1984, p. 90. (Col. Universidade Livre).

PAULA, José Agrippino de. *Panamérica.* 3a. ed. São Paulo: Editora Papagaio, 2001.

PRADO, Decio de Almeida. *O teatro brasileiro moderno*. São Paulo: Perspectiva, 1988.

______. *O drama romântico brasileiro*. São Paulo: Perspectiva, 1996.

PUPPO, Eugênio; HADDAD, Vera (orgs.). *Cinema Marginal e suas fronteiras: filmes produzidos na* décadas de 60 e 70. São Paulo: Centro Cultural do Banco do Brasil, 2001.

RAMOS, Fernão. *Cinema Marginal - a representação em seu limite*. São Paulo: Brasiliense, 1986.

______. (org.) *História do cinema brasileiro*. São Paulo: Art Editora, 1987.

______. MIRANDA, Luiz Felipe. *Enciclopédia do cinema brasileiro*. São Paulo, Editora do Senac, 2000.

______. "Cinema Marginal", in RAMOS, Fernão, MIRANDA, Luiz Felipe, *Enciclopédia do cinema brasileiro*, São Paulo: Editora Senac, 2000.

______. "Rocha, Glauber", in: RAMOS, Fernão; MIRANDA, Luiz Felipe (orgs.). *Enciclopédia do cinema brasileiro*. São Paulo: Editora Senac, 2000.

RAMOS, Lécio Augusto. "Manzon, Jean", in *Enciclopédia do cinema brasileiro*, São Paulo: Editora Senac, 2000.

RAMOS, Maria Guiomar Pessoa de Almeida. *Um cinema antropofágico?* Tese (doutorado em Estudos Cinematográficos e Audiovisuais) - ECA-USP, 2002.

RASIA, Régis Orlando. *Análise dos processos de criação documental com materiais de arquivo nos filmes wellesianos de Rogério Sganzerla*. Dissertação (mestrado em Multimeios) - UNICAMP, 2013.

ROCHA, Glauber. "Por uma Estética da Fome". *Revista Civilização Brasileira*, nº 3. Rio de Janeiro: Civilização Brasileira, 1965.

______. "Eztetyka da Fome". In: *Revolução do cinema novo*. Rio de Janeiro: Alhambra/Embrafilme, 1981.

______. *Revolução do Cinema Novo*. Rio de Janeiro: Alhambra/Embrafilme, 1981.

______. *Revisão crítica do cinema brasileiro*. São Paulo: Cosac & Naify, 2003.

______. *Revolução do Cinema Novo*. São Paulo: Cosac & Naify, 2004.

ROCHA, João Cezar de Castro. "Devorando Oswald". *Folha de S.Paulo*, Caderno Mais, 10/10/2004, p. 4.

ROSENFELD, Anatol. *O teatro épico*. 3a. ed. São Paulo: Perspectiva, 1997. (Debates, 193)

SADOUL, Georges. *História do cinema mundial: das origens a nossos dias*. 2 v. Trad. Sônia Salles Gomes. São Paulo: Livraria Martins Editora, sd

SALLES, Francisco Luiz de Almeida. *Cinema e verdade*. São Paulo: Companhia das Letras, 1988.

SANTOS, Milton; SOUZA, Maria Adélia A.; SILVEIRA, Maria Laura (orgs.). *Território: globalização e fragmentação*. São Paulo: Hucitec/Anpur, 1994.

______. *Por uma geografia nova*. 4ª ed. São Paulo, Ed. Hucitec, 1996.

SCHOULTZ, Lars. *Estados Unidos: poder e submissão – uma história da política norte-americana em relação à América Latina*. Trad. Raul Fiker. Bauru-São Paulo: Edusc, 2000.

SCHVARZMAN, Sheila. *Humberto Mauro e as imagens do Brasil*. São Paulo: Editora UNESP, 2004.

SCHWARZ, Roberto. "Nacional por Subtração". In: *Que horas são?: ensaios*. São Paulo: Companhia das Letras, 1987.

______. "Cultura e Política, 1964-1969". In: *O pai de família e outros estudos*. 2a. ed. Rio de Janeiro: Paz e Terra, 1992.

SESC *Cinema Inocente: Retrospectiva Júlio Bressane 2003*. São Paulo, 2003.

SHOHAT, Ella, STAM, Robert. *Unthinking eurocentrism: multiculturalism and the midia*. London/New York: Routledge, 1994.

SILVA NETO, Antônio Leão da. *Dicionário de filmes brasileiros: longa-metragem*. São Paulo: A.L. Silva Neto, 2002,

SIQUEIRA, Sérvulo. "Um terremoto clandestino: o filme brasileiro de Orson Welles visto através de um cine-jornal". In: *O Estado de Minas*, 1979. Disponível em:<http://www.guesaaudiovisual.com/CinemaFilosofiaLiteratura/EnsPesMemoria/TerremotoClandestino.html>. Acessado em março 2015.

SORLIN, Pierre. *Sociologie du cinéma: ouverture pour l'histoire de demain*. Paris: Aubier Montaigne, c. 1977.

SOUZA, José Inacio de Melo. *A carga da brigada ligeira: intelectuais e crítica cinematográfica, 1941-1945*. 2v. Tese (doutorado em Ciências da Comunicação) - ECA-USP, 1995.

______. *Paulo Emilio no paraíso*. Rio de Janeiro/São Paulo: Editora Record, 2002.

______. *O Estado contra os meios de comunicação (1889–1945)*. São Paulo: Fapesp/Annablume, 2003.

STAM, Robert. *Subversive pleasures: Bakhtin, cultural criticism, and film*. Baltimore: Johns Hopkins University Press, c. 1989.

______. *Bakhtin: da teoria literária à cultura de massa*. Trad. Heloísa Jahn. São Paulo: Editora Ática, 1992.

______.BURGOYNE, Robert, FLITTERMAN-LEWIS, Sandy. *Nuevos conceptos de la teoria del cine: estructuralismo, semiótica, narratología, psicoanálisis, intertextualidad*. Trad. José Pavía Cogollos. Barcelona, Editora Paidós, 1999.

STERNHEIM, Alfredo. *Cinema da Boca: dicionário de diretores*. São Paulo: Impressa Oficial. 2005.

TACCA, Fernando de. *A imagética da Comissão Rondon: etnografias fílmicas estratégicas*. Campinas: Papirus, 2001.

TATIT, Luiz. "Prefácio". In: FAVARETTO, Celso, *Tropicália, alegoria, alegria*. 3a ed. Cotia: Ateliê Editorial, 2000.

TORQUATO NETO, Carlos Pinto. *Os últimos dias de Paupéria do lado de dentro*. 2ª. ed. São Paulo: Max Limonad, 2002.

TOTA, Antonio Pedro. *O imperialismo sedutor: a americanização do Brasil na época da Segunda Guerra*. São Paulo: Companhia das Letras, 2000.

TRUFFAUT, François. "Welles et Bazin", in BAZIN, André. *Orson Welles*. Paris: Cahiers du Cinéma, 1998.

TULARD, Jean. *Diccionário de cinema: os diretores*. Trad. Moacyr Gomes Jr. Porto Alegre: L&PM, 1996.

UCHÔA, Fábio Raddi. *Perambulação, silêncio e erotismo nos filmes de Ozualdo Candeias (1967-1983)*. Tese (doutorado em Ciências da Comunicação) - ECA-USP, 2013.

VELOSO, Caetano. *Verdade tropical*. São Paulo: Companhia das Letras, 2008.

VELOSO, Geraldo. "Por uma arqueologia do outro cinema". *O Estado de Minas*, 1983. Disponível em: http://www.contracampo.com.br/92/artoutrocinema.htm. Acesso em janeiro de 2015.

VENTURA, Zuenir. *1968, o ano que não terminou*. Rio de Janeiro: Nova Fronteira, 1988.

VIANNA, Hermano. *O mistério do samba*. Rio de Janeiro, Jorge Zahar Editor/ Ed. da UFRJ, 1995.

VIANY, Alex. *Introdução ao cinema brasileiro*. Rio de Janeiro: Embrafilme/ Alhambra, 1987.

______. *O processo do Cinema Novo*. Rio de Janeiro: Aeroplano, 1999.

VIEIRA, João Luiz. "Este é meu, é seu, é nosso: introdução à paródia no cinema brasileiro". *Filme Cultura*, nº 41/42, maio de 1983.

______. "A Chanchada e o cinema carioca (1930-1955)". In: RAMOS, Fernão (org.) *História do cinema brasileiro*. São Paulo: Art Editora, 1987.

______. "Miranda, Carmen". In: RAMOS, Fernão & MIRANDA, Luiz Felipe (orgs.). *Enciclopédia do cinema brasileiro*. São Paulo: Editora Senac, 2000.

WILLIAMS, Linda. *Figures of desire: a theory and analysis of Surrealist film*. University of Illinois Press, 1981.

WÖLFFLIN, Heinrich. *Conceitos fundamentais da história da arte* (1914). São Martins Fontes,1984.

WRIGHT, Antonia Fernanda P. A. *Desafio americano à preponderância britânica no Brasil: 1808-1850*. Rio de Janeiro: Imprensa Nacional, 1972. (Col. Brasilianas, v. 367)

XAVIER, Ismail. *Sertão mar*. São Paulo: Embrafilme/Secretaria da Cultura/ MEC e Editora Brasiliense, 1983.

______. (org.). *A experiência do cinema*. Rio de Janeiro: Edições Graal/Embrafilme, 1983. (Coleção Arte e Cultura, v. nº 5)

______. *O discurso cinematográfico: a opacidade e a transparência*. 2ª ed. Rio de Janeiro: Paz e Terra, 1984.

XAVIER, Ismail. "Alegoria, Modernidade, Nacionalismo". Cadernos do NEP – Núcleo de Estudos e Pesquisas. Fevereiro de 1985.

______. "Do Golpe Militar à Abertura". In: XAVIER, Ismail, BERNARDET, Jean-Claude, PEREIRA, Miguel. *O desafio do cinema: a política do Estado e a política dos autores*. Rio de Janeiro: Jorge Zahar Editor, 1985.

______. BERNARDET, Jean-Claude; PEREIRA, Miguel. *O desafio do cinema*. Rio de Janeiro: Jorge Zahar Editor, 1985.

______. "Introdução". In: BAZIN, André. *O cinema: ensaios*. São Paulo: Editora Brasiliense, 1991.

______. *Alegorias do subdesenvolvimento*: cinema novo, tropicalismo, cinema marginal. São Paulo: Editora Brasiliense, 1993.

______. "O olhar e a voz: a narração multifocal do cinema e a cifra da história em *SãoBernardo*". In: *Literatura e Sociedade. Revista de Teoria Literária e Literatura Comparada*. São Paulo (2), 1997.

______. "Historical allegory". In: MILLER, Toby, STAM, Robert (orgs.). *A companion to film theory*. Massachusetts/Oxford (UK), Blackwell Publishers, 1999.

______. "O cinema marginal revisitado, ou o avesso dos anos 90". In: PUPPO, Eugênio; HADDAD, Vera (orgs.). *Cinema Marginal e suas fronteiras: Filmes produzidos nas décadas de 60 e 70*. São Paulo, CCBB, 2001.

______. "Prefácio". In: ROCHA, Glauber. *Revisão crítica do cinema brasileiro*, São Paulo, Cosac & Naify, 2003.

______. "O grande artista e sua condição: A espiral barroca de Rogério". In: catálogo da *Mostra Rogério Sganzerla: por um cinema sem limites*. São Paulo: Cinesesc, 2004.

______. "A alegoria histórica". In: RAMOS, Fernão (org.). *Teoria contemporânea do cinema*. São Paulo: Senac, 2005, p. 357.

______. *O discurso cinematográfico: a opacidade e a transparência*. 4ª ed. Rio de Janeiro: Paz e Terra, 2008.

______. *Alegorias do subdesenvolvimento*: cinema novo, tropicalismo, cinema marginal. 2ª. ed. São Paulo: Cosac Naify, 2012.

REFERÊNCIAS AUDIOVISUAIS

Filmes de Rogério Sganzerla

Curtas e Médias-metragens

Documentário (1966)
História em quadrinhos (1969)
Quadrinhos no Brasil (1969)
Viagem e descrição do Rio Guanabara por ocasião da França Antártica (1976)
Noel por Noel (1981)
Brasil (1981)
O petróleo (ou *O petróleo nasceu na Bahia*) (1981-1982)
Irani (1983).
Linguagem de Orson Welles (1991)
Isto é Noel (1990)
Perigo Negro (episódio do longa *Oswaldianas*, 1992)

Longas-metragens

O bandido da luz vermelha (1968)
A mulher de todos (1969)
Sem essa, Aranha (1970)
Copacabana mon amour (1970)
Carnaval na lama (*Betty Bomba, a exibicionista*) (1970)
Fora do baralho (*O anjo mixou fora do baralho*) (1971)
Abismu (1977)

Mudança de Hendrix (1978).
Nem tudo é verdade (1986)
Tudo é Brasil (1997)
O signo do caos (2003)

Vídeos

A alma do povo vista pelo artista (Rogério Sganzela, 1990)
Anônimo e incomum (Rogério Sganzela, 1990)
Informação: H. J. Koellreutter (Rogério Sganzerla, 2003)

Super-8

A miss e o dinossauro (Rogério Sganzerla e Júlio Bressane, 1970)

FILMES DE ORSON WELLES (como diretor)

Curta-metragem

The hearts of age (4 min., 16 mm, 1934, co-direção com William Vance)

Média-metragem

Too much Johnson (40 min., 16 mm, 1938)

Longas-metragens

Cidadão Kane (*Citizen Kane*, 1941)
Soberba (*The magnificent Ambersons*, 1942)
Jornada de pavor (*Jorney into fear*, 1942, codireção Norman Foster)
Tudo é verdade (*It's all true*, 1942)
O estranho (*The stranger*, 1946)
A dama de Shangai (*The lady from Shangai*, 1947)
Macbeth (1948)
Othello (1952)
Grilhões do passado (*Mr. Arkadin confidential report*, 1955)
Don Quixote (1955)
A marca da maldade (*Touch of evil*, 1958)

O processo (*Le procès*, 1962)
Chimes at midnight (*Falstaff*, 1966)
Uma história imortal (*The immortal story*, 1968)
The deep (1969, inacabado)
The other side of the wind (1970, inacabado)
Verdades e mentiras (*F for fake*, 1975)

FILMES DE ORSON WELLES (como ator)

Jane Eyre (Robert Stevenson, 1944)
O amanhã é eterno (*Tomorrow is forever*, Irving Pichel, 1946)
Black magic (Gregory Ratoff, 1947)
O favorito dos Borgias (*The prince of foxes*, Henry King, 1948)
O terceiro homem (*The third man*, Carol Reed, 1949)
A rosa negra (*The black rose* Henry Hathaway, 1950)
A dama de negro (*Trouble in the Glen*, Herbert Wilcox, 1953)
Se Versailles falasse (*Se Versailles m'était conté*, Sacha Guitry, 1954)
O homem, a besta e a virtude (*L'Uomo, la bestia e la virtù*, Steno 1953)
Rei Lear (*King Lear*, Peter Brook, 1953)
Moby Dick (John Huston, 1956)
O mercador de almas (*The long, hot Summer*, Martin Ritt, 1958)
As raízes do céu (*Roots of heaven*, John Huston, 1958)
Tragédia num espelho (*Crack in the mirror*, Richard Fleisher, 1959)
Os bravos tártaros (*The Tartari*, Richard Thorpe, 1961)
Lafayette (*La Fayette*, Jean Dréville, 1962)
Gente muito importante (*The Vips*, Anthony Asquit, 1963)
As aventuras de Marco Pólo (*La fabuleuse aventure de Marco Pólo*, Denis de la Pattelière, 1965)

Programas de TV de Orson Welles

Around the world with Orson Welles (série de programas para a BBC de Londres, 1955)
St. German des Pres (episódio de *Around the world with Orson Welles*)
Chelsea Pensioners (episódio de *Around the world with Orson Welles*)
Spain, the bullfight (episódio de *Around the world with Orson Welles*)

País Basco (episódio de *Around the world with Orson Welles*)
Portrait of Gina (Documentário sobre Gina Lollobrigida, 1958)

Programas de Rádio de Orson Welles

A guerra dos mundos (1938)
Hello Americans!
1 "*Brazil*" 15/11/1942
2 "*Andes*" 22/11/1942
3 "*The Islands*" 29/11/1942
4 "*Alphabet A to C*" 06/12/1942
5 "*Alphabet C to S*" 13/12/1942
6 "*Abednego*" 20/12/1942
7 "*The Bad-Will Ambassador*" 27/12/1942
8 "*Latin Music*" 03/01/1943
9 "*Mexico*" 10/01/1943
10 "*Feed the World*" 17/01/1943
11 "*Romantic Rhythms of the Americas*" 24/01/1943
12 "*Bolivar's Idea*" 31/01/1943

OUTRAS PRODUÇÕES

Vídeos

Reinvenção da rua, A (Helena Ignez, 2003)
Retratos brasileiros: Glauber Rocha (Joel Pizzini e Paloma Rocha, 2004)
Retratos Brasileiros: Jean-Claude Bernardet (Canal Brasil, 2004)
Retratos do Brasil: O elogio da luz (Joel Pizzini, 2004)
A miss e o dinossauro (Helena Ignez, 2005)

Produções Nacionais

Adorável trapalhão (J.B. Tanko, 1967)
Anjo nasceu, O (Júlio Bressane, 1970)
Assalto ao trem pagador (Roberto Farias, 1962)
Bahia de Todos os Santos (Jose Hipólito Trigueirinho Neto, 1960)
Banana da Terra (Ruy Costa 1939)

Bang bang (Andrea Tonacci, 1970)
Barão Olavo, o horrível (Júlio Bressane, 1970)
Bebel, a garota propaganda (Maurice Capovilla, 1967)
Berlim na batacuda (Luiz de Barros, 1944)
Brasil ano 2000 (Walter Lima Jr., 1969)
Busca do ouro, Em (Gustavo Dahl, 1964)
Cafajestes, Os (Ruy Guerra, 1962)
Cangaceiro, O (Lima Barreto, 1953)
Cangaceiros de Lampião, Os (Carlos Coimbra, 1967)
Canto da saudade, O (Humberto Mauro, 1950)
Capitu (Paulo César Saraceni, 1968)
Cara a cara (Júlio Bressane, 1967)
Cinco vezes favela (Miguel Borges e Carlos Diegues, 1962)
Circo, O (Arnaldo Jabor, 1965)
Coração de luto (Eduardo Llorente, 1967)
Cuidado madame (Júlio Bressane, 1970)
Desafio, O (Paulo César Saraceni, 1965)
Deus e o diabo na terra do sol (Glauber Rocha, 1964)
Doce esporte do sexo, O (Zelito Vianna, 1971)
Dragão da Maldade contra o santo guerreiro, O (Glauber Rocha, 1969)
Engano, O (Mario Fiorani, 1968)
Entre o amor e o cangaço (Aurélio Teixeira, 1965)
Essa gatinha é minha (Jece Valadão, 1966)
Expedição Roosevelt a Mato Grosso (Thomas Reis, 1914)
Falecida, A (Leon Hirszman, 1965)
Família do barulho (Júlio Bressane, 1970)
Fuzis, Os (Ruy Guerra, 1963)
Ganga bruta (Humberto Mauro, 1933)
Grande cidade, A (Carlos Diegues, 1965)
Grande feira, A (Roberto Pires, 1961)
Grande momento, O (Roberto Santos, 1958)
Homem do Sputnik (Carlos Manga, 1959)
Hora e a Vez de Augusto Matraga, A (Roberto Santos, 1965)
Horror palace hotel (Jairo Ferreira, 1978)
Idade da Terra (Glauber Rocha, 1980)
Indústria da borracha no Mato Grosso e no Amazonas (Thomas Reis, 1917)

Inspetoria E. de fronteiras (Thomas Reis, 1938)
Macunaíma (Joaquim Pedro de Andrade, 1969)
Margem, A (Ozualdo Candeias, 1967)
Matou a família e foi ao cinema (Júlio Bressane, 1969)
Mauro, Humberto (David Neves, 1964)
Menino de engenho (Walter Lima Jr., 1965)
Moleque Tião (José Carlos Burle, 1943)
Mr. Sganzerla – os signos da luz (Joel Pizzini, 2011)
Nadando em Dinheiro (Abílio Pereira de Almeida e Carlos Thiré, 1952)
Noite Vazia (Walter Hugo Khouri, 1969)
Opinião pública (Arnaldo Jabor, 1967)
Padre e a moça, O (Joaquim Pedro de Andrade, 1966)
Pagador de Promessas, O (Anselmo Duarte, 1962)
Paraíba, vida e morte de um bandido (Victor Lima, 1965)
Paralelos trágicos (Abud Lahdo, 1966)
Parimã, fronteira do Brasil (Thomas Reis, 1927)
Porto das caixas (Paulo César Sarraceni, 1962)
Redor do Brasil, Ao (Thomas Reis, filmado entre 1924 e 1930)
Rio, 40 graus (Nelson Pereira dos Santos, 1955)
Rio, verão e amor (Watson Macedo, 1966)
Rituais e festas bororó (Thomas Reis, 1916)
Samba em Berlim (Luiz de Barros, 1943)
Santa Cruz, De (Thomas Reis, 1912-1917)
São Paulo S.A (Luiz Sérgio Person, 1964)
Selva trágica (Roberto Farias, 1964)
Sertões de Mato Grosso, Os (Thomas Reis, 1912-1913)
Terra em transe (Glauber Rocha, 1967)
That´s a lero lero (Lírio Ferreira e Amin Stepple,1994)
Todas as mulheres do mundo (Domingos de Oliveira, 1967)
Três cabras de Lampião (Aurélio Teixeira, 1962)
Vampiro da cinemateca, O (Jairo Ferreira, 1977)
Viagem ao Roraima (Thomas Reis, 1928)
Vida quis assim, A (Edward Freund, 1967)
Vidas secas (Nelson Pereira dos Santos, 1953)
Xica da Silva (Carlos Diegues, 1976)

Produções de Outros Países

Acossado (*À bout de souffle*, Jean-Luc Godard, 1960)
Adorável mentirosa (*Adorable menteuse*, Michel Deville, 1961)
Agente Z-7 (Giancarlo Romitelli, 1966)
Agora ou nunca (*Ce soir ou jamais*, Michel Deville, 1960)
Al Capone (Richard Wilson, 1959)
Alphaville (Jean-Luc Godard, 1965)
Amor, O (*De l'amour*, Jean Aurel, 1964)
Amor do outro mundo, Um (*Goodbye Charlie*, Vincent Minnelli, 1964)
Ano passado em Marienbad, O (*L'année dernière à Marienbad*, Alain Resnais, 1961)
Apocalipse Now (Francis Ford Coppola, 1979)
Aventura na África, Uma (*The African Queen*, John Huston, 1952)
Aventuras de Miyamoto Musashi,4º episódio (*Miyamoto Musashi*, Tomu Uchida, 1964)
Aventuras na Costa do Marfim (*Le Gentleman de Cocody*, Christian Jaque, 1964)
Bandido Giuliano, O (*Salvatore Giuliano*, Francesco Rosi, 1962)
Bandido negro (*Ride to hangman's tree*, Alan Rafkin, 1967)
Bandoleiro humanitário (*Tokyô gyangu tai Honkon gyangu*, Teruo Ishii, 1964)
Barbarella (Roger Vadim, 1968)
Billy the Kid, o solitário (Arturo Martinez, 1963)
Blow-up (Michelangelo Antonioni, 1966)
Bravos da arena, Os (*Il momento della veritá*, Francesco Rosi, 1965)
Caçada humana (*The chase*, Arthur Penn, 1966)
Casa de bambu (*House of bamboo*, Samuel Füller, 1955)
Causa de uma mulher, Por (À cause, à cause d'une femme, Michel Deville, 1962)
Cavalgada para o inferno (*The last of the fast guns*, George Sherman, 1958)
Cem gritos de terror – Pânico e *Medo supremo* – (Ramón Obón, 1965)
Cinzas que queimam (*On dangerous ground*, Nicholas Ray, 1951)
Condessa descalça, A (*The barefoot contessa*, Joseph Mankiewicz, 1954)
Conquista de Eldorado, A (*La conquista de El Dorado*, Rafael Portillo, 1965)
Dama de Beirute, A (*La dama de Beirut*, Ladislao Vajda, 1965)
Demônio das onze horas, O (*Pierrot le fou*, Jean-Luc Godard, 1965)

Desafio à bala (*Requiem for a gun fighter*, Spencer Gordon Bennet, 1966)
Destino de um homem ambicioso (Osamu Takahashi, 1961)
Dr. Fantástico (*Dr. Strangelove*, Stanley Kubrick, 1964)
Duas faces da felicidade, As (*Le Bonheur*, Agnès Varda, 1965)
Duelo na Ilha de Genryu, (*Miyamoto Musashi: Ganryû-jima no kettô*, Tomu Ushida, 1965)
Escola de sereias (*Bathing beauty*, George Sidney, 1944)
Estrada de Santa Fé, A (*Santa Fe Trail*, Michael Curtiz, 1940)
Estrangulador de mulheres (*The strangler*, Burt Topper, 1964)
Eva (Joseph Losey, 1962)
Expedição sangrenta (*The far horizons*, Rudolf Maté, 1955)
Extra conjugal(*Extraconjugale*, Massimo Franciosa, 1964)
Festim diabólico (*Rope*, Alfred Hitchcock, 1948)
Golpe do século, O (*The jokers*, Michael Winner, 1966)
Greed (*Ouro e Maldição*, Erich Von Stroheim, 1924)
Homem de Aran, O (*Man of Aran*, Robert J. Flaherty, 1934)
Homem que comprou a morte, O (Alfred Vohrer)
Homem que queria ser rei, O (*The man who would be king*, John Huston, 1975)
Hotel de luxo (*Hotel*, Richard Quine, 1967)
Idílio perigoso (*Experiment Perilous*, Jacques Tourneur, 1944)
Ilha da bagunça, A (*Atoll K*, Leo Joannon, 1951)
Incompreendido, O (*Incompreso*, Luigi Comencini, 1966)
Intolerância (*Intolerance*, G.W. Griffith, 1916)
Intriga internacional (*North by Northwest*, Alfred Hitchcock, 1959)
It´s all true, sobre um filme inacabado de Orson Welles (Richard Wilson, Myron Meisel e Bill Krohn, 1993)
Ivan, o terrível (Eisenstein, 1944)
James Bond contra Goldfinger (Guy Hamilton, 1964)
Ladrão de casaca (*To catch a thief*, Alfred Hitchcock, 1955)
Ladrão de Damasco, O (*Il ladro di Damasco*, Mario Amendola, 1964)
Lawrence da Arábia (*Lawrence of Arábia*, David Lean, 1962)
Lei dos marginais, A (*Underworld U.S.A*, Samuel Füller, 1961)
Loteria da vida, A (*The Wrong box*, Bryan Forbes, 1966)
Louco por mulher (*Girl happy*, Boris Sagal, 1965)
Malvada, A (*All about Eve*, Joseph Mankiewicz, 1950)
Marnie, confissões de uma ladra (*Marnie*, Alfred Hitchcock, 1964)

Massacre traiçoeiro (*Santa Fe passage*, William Witney, 1955)
Mépris, Le (Jean-Luc Godard, 1963)
Morangos silvestres (*Smultronstallet*, Ingmar Bergman, 1957)
Mulher é uma mulher, Uma (*Une femme est une femme*, Jean-Luc Godard, 1961)
Noite, A (*La Notte*, Michelangelo Antonioni, 1961)
Noite dos pistoleiros, A (*Rough night in Jericho*, Arnold Laven, 1967)
Noite na opera, Uma (*A night at the opera*, Sam Wood, 1935)
Noites de circo (*Gycklarnas afton*, Ingmar Bergman, 1953)
Obsessão de amar (*A rage to live*, Walter Grauman, 1965)
Otário, O (*The patsy*, Jerry Lewis, 1964)
Passageira, A (*Pasazerka*, Andrzej Munk, 1963)
Perigoso jogo do amor, O (*La Curée*, Roger Vadim, 1966)
Pistola de ouro (*Johnny Oro*, Sergio Corbucci, 1966)
Pistolas do diabo, As (*Guns of diablo*, Boris Sagal, 1965)
Plano para matar (*Let's kill uncle*, William Castle, 1966)
Professor aloprado, O (*The Nutty Professor*, Jerry Lewis, 1963)
Provocação, A (*La sfida*, Francesco Rosi, 1958)
Rashomon (Akira Kurosawa, 1951)
Rio Bravo (*Onde começa o inferno*) (Howard Hawks, 1959)
Rocco e seus irmãos (*Rocco e i suoi Fratelli*, Luchino Visconti, 1960)
Sangue ficou gelado, Meu (*My blood runs cold*, William Conrad, 1965)
Scarface (Howard Hawks, 1932)
Sede de sangue (*Blood is dry*, Yoshishige Yoshida, 1960)
Segundo rosto, O (*Seconds*, John Frankenheimer, 1966)
Sexy gang (Henry Jacques, 1966)
Siegfried (Fritz Lang, 1924)
Tabu (F. W. Murnau, 1931)
Tempo das Diligências, No (*Stagecoach*, John Ford, 1939)
Tesouro de Sierra Madre, O (*The treasure of Sierra Madre*, John Huston, 1947)
Trabalho, O (*Boccacio 70*, LuchinoVisconti, 1962)
Três em um sofá (*Three on a couch*, Jerry Lewis, 1966)
Trinta anos essa noite (*Le Feu follet*, Louis Malle, 1963)
Trois femmes (André Michel, 1952)
Última cavalgada, A (*Der Letzte Ritt nach Santa Cruz*, Rolf Olsen, 1964)
Um de nós morrerá (The *Left-handed gun*, Arthur Penn, 1958)

Vagabundo, O (*The vagabond*, Charles Chaplin, 1916)
Vendaval em Jamaica (*A high wind in Jamaica*, Alexander Mackendrick, 1965)
Vida privada (*Vie Privée*, Louis Malle, 1962)
Vingador misterioso, O (*Der Rächer*, Karl Anton, 1960)
Viva México, Que (Eisenstein, 1932)
Viver a vida (*Vivre sa vie*, Jean-Luc Godard, 1962)
Volta de um bandoleiro, A (*The return of a gunfighter*, James Neilson, 1966)
002 Fugitivos de Sing-Sing (*I due evasi di Sing Sing*, Lucio Fulci, 1965)

FICHA TÉCNICA DOS FILMES ANALISADOS[1]

Nem Tudo É Verdade (1986, pb & cor, 95 min., 35 mm)

Direção, argumento, roteiro e seleção musical: Rogério Sganzerla. Fotografia: José Medeiros, Carlos Alberto Ebert, Edson Santos, Edson Batista, Affonso Viana, Victor Diniz. Sonografia: Roberto de Carvalho. Cenografia e figurino: Raul Williams. Edição: Severino Dada. Montagem: Denise Fontoura. Companhia Produtora: RS Produções Cinematográficas e Embrafilme. Distribuição: Embrafilme: Elenco: Arrigo Barnabé, Helena Ignez, Grande Otelo, Nina de Pádua, Mariana de Moraes, Abrahão Farc, Mario Cravo, José Marinho, Vânia Magalhães, Otávio Terceiro, Nonato Freire.

Linguagem de Orson Welles (1991, pb & cor, 15 min., 16 mm)

Direção, argumento e seleção musical: Rogério Sganzerla. Fotografia: José Mauro. Montagem e edição: Severino Dada. Ass. de montagem: Carlos Cox. Mixagem: Roberto Leite. Música adicional: João Gilberto, Dorival Caimmy,

---

1 Vale observar que nem sempre os filmes trazem, nos créditos, a totalidade dos participantes envolvidos na produção. Além disso, por vezes as cópias podem apresentar diferenças, entre umas e outras, em razão de eventuais intervenções do próprio Sganzerla em suas montagens. Em todo caso, para as fichas técnicas aqui apresentadas, além dos filmes que foram analisados, estão sendo levadas em conta informações que constam da dissertação de Régis Rasia, que justamente pesquisou os materiais de arquivo e o processo de criação de Sganzerla em sua tetralogia inspirada em *It's all true*. Cf. RASIA, Régis Orlando. *Análise dos processos de criação documental com materiais de arquivo nos filmes wellesianos de Rogério Sganzerla*. Dissertação (mestrado em Multimeios) - UNICAMP, 2013, p. 252-253.

Herivelto Martins. Narração: Grande Otelo, John Huston, Edmar Morel. Dir. de produção: Sérgio França.Coprodução: Embrafilme, CTAV. Animação: José Mauro. Transcrição: Ismael Cordeiro. Laboratório: Líder – Rio Estúdio de Som C.T.A.V / ROB'S.

Tudo É Brasil (1997, pb & cor, 82 min., 35 mm)

Direção, produção, roteiro e pesquisa: Rogério Sganzerla. Produção executiva: Roger Madruga. Som direto: Sylvio Renoldi. Programação visual: Vanda Soares. Montagem: Sylvio Renoldi, Mair Tavares e Hugo Mader. Música: João Gilberto e Rogério Sganzerla. Companhia produtora: Tupã Filmes. Destribuidora: Riofilme. Identidade/Elenco: Richard Wilson, Robert Wise, Bill Krohn, Edmar Morel, Paula Lima, H.G. Wells. Agradecimentos a Beatrice Welles. Músicas: *Amélia, Brasil moreno, Sandália de prata, Praça Onze, Brasil fantástico, No tabuleiro da baiana, Brasileirinho, A volta do americano*. Montagem final: Mair Tavares, assistência: Holly Mosher. Pré-montagem: Hugo Franco Mader, Luis Guimarães Castro. Apoio técnico: C.T.A.V, FUNARTE, MAM, MIS, ABA Films. Produtor associado: S.M. Produções e Thor Filmes. Assistente de produção: Odilon Coutinho. Colaboração musical: Maestro Lineu, Fernandes Pedrotti. Table top: Marcelo Marsillac, Sérgio Arena. Transcrição ou retranscrição de ruídos: Gilson Rodrigues, Julio Damasceno; assistente de edição: Gustavo Caux, Leonardo Queroy; montagem: Angela Eliana; narração de voz: IVO. Telecinagem: VTI. Laboratório Líder Cine. Companhias produtoras associadas; S.M. Produções, Thor Filmes. Colaboração: Francisco Moreira, Miécio Café, Jorge Guinle, João Lanari, Josh Grossberg, Catherine Benamou, Ivan Cardoso, Carlos Egberto, Urano de Carvalho, Suzana de Moraes, Francisco de Paula Lima, Primo Carbonari, Dudo de Souza Campos.

O Signo do Caos (2003, pb & cor, 60 min., 35 mm)

Direção e roteiro: Rogério Sganzerla. Fotografia: Nélio Ferreira e Marcos Bonisson. Montagem: Sylvio Renoldi e Rogério Sganzerla. Trilha sonora: Sinai Sganzerla. Câmera: Luiz Abrahmo e Roger Madruga. Som direto: Eron Alencar e Maurício (ass.). Edição sonora: Ricardo Reis e Karin Barros (ass.). Mixagem: Luiz Adelmo e Pedro Sérgio. Print master: José Luiz Sasso. Estúdio: JLS Effect. Som ótico: Magnus Sound-NYC. Consultor Dolby: Carlos Kalachquin. Figurino: Sérgio Reis. Ass. de prod.: Remier Lyon. Letreiros: Antonio Peticov. Stills: Marcos Bonisson e Pólo Produções de Imagens. Destribuição: Riofilme. Elenco: Otávio Terceiro, Sálvio do Prado, Helena Ignez, Guaracy Rodrigues, Freddy Ribeiro, Eduardo Cabus, Gilson Moura, Felipe Murray, Vera Magalhães, Anita Terrana, Ruth Mezek, Camila Pitanga, Giovana Gold, Djin Sganzerla.

AGRADECIMENTOS

Este trabalho é o resultado de uma tese de doutoramento em Ciências da Comunicação, na área de Comunicação e Estética do Audiovisual, defendida na Escola de Comunicações e Artes (ECA) da Universidade de São Paulo (USP). Para sua realização, a contribuição de vários professores foi fundamental. Agradeço especialmente a Rubens Machado Jr., orientador da pesquisa. Contei também com a valiosa contribuição dos docentes que participaram da banca de defesa: Catherine Benamou (UCLA), João Luiz Vieira (UFF), Henri Gervaiseau (USP) e Ismail Xavier (USP).

Para o levantamento de vários dados da pesquisa, foi de fundamental importância a participação de Helena Ignez, Djin Sganzerla e Roberto Rochenzel (em memória), facilitando, sempre de maneira muito cordial e afetiva, o acesso a diversas fontes referentes à obra de Rogério Sganzerla.

Agradeço também aos professores e alunos do Departamento de Artes e Comunicação (DAC) da Universidade Federal de São Carlos (UFSCar), onde desde 2006, quando ingressei nessa instituição, tenho tido a oportunidade de discutir vários aspectos do texto que aqui se apresenta, de modo a aprofundá-lo com as reflexões que vêm das salas de aula e do grupo de pesquisa Cinemídia – Estudos sobre História e Teoria das Mídias Audiovisuais. Agradeço especialmente pelas contribuições de Luciana Corrêa de Araújo, Flávia Cesarino Costa, Suzana Reck Miranda, Arthur Autran, Alessandro Gamo, Carlos Roberto de Souza, Gustavo Souza, Fábio Raddi Uchôa, Wiliam Pianco, Joyce Cury e Sancler Ebert.

Muitos amigos também contribuíram para a realização deste projeto em diversas perspectivas, em especial, Wagner Figueiredo, Marcelo Gomes, Sylvio Martins, Chica Mendonça, Adelina Pontual, Hilton Lacerda, Lírio Ferreira, Paulo Caldas, Cláudio Assis, Valéria Ferro, Cláudia Silveira, Patrícia Luna, Solange Rocha, Andrea Paula, André Lima, Alexandre Figueirôa, Patrícia Alves Dias, João Jr., Vilma Lima e João Elias Nery.

Gostaria ainda de estender os agradecimentos àqueles que também vêm pesquisando, direta ou indiretamente, a obra de Sganzerla, colegas que, em diversas ocasiões, têm sido interlocutores que sempre contribuem para o avançar das discussões implicadas neste projeto. Na impossibilidade de citar todos, gostaria de mencionar Régis Rasia, e sua dissertação, defendida na UNICAMP com a orientação de Francisco Elinaldo Teixeira, sobre os processos de criação e materiais de arquivo utilizados por Sganzerla em sua tetralogia inspirada em *It´s all true*. Trata-se, sem dúvida, de uma pesquisa complementar a esta que agora o leitor tem em mãos.

Por último mas não menos importante, agradeço também à CAPES (Coordenação de Aperfeiçoamento de Pessoal de Nível Superior), que me concedeu uma bolsa de estudos para a realização do doutorado, e à FAPESP (Fundação de Amparo à Pesquisa do Estado de São Paulo), por seu fundamental apoio para a publicação dos resultados da pesquisa neste livro que vem a público com o cuidadoso trabalho editorial da Alameda.

Em suma, a todas e todos já referidos e a muitos outros com quem, em ocasiões diversas, tive a oportunidade de conversar e debater sobre os resultados deste projeto ora apresentado em forma de livro, minha afetuosa gratidão!

Esta obra foi impressa em São Paulo na primavera de 2015. No texto, foi utilizada a fonte Palatino Lynotipe em corpo 10 e entrelinha de 15 pontos.